古代歷史文化 研究輯刊

二六編

王明蓀 主編

第 32 冊

1849～1877 年間越南燕行錄之研究

阮黃燕 著

國家圖書館出版品預行編目資料

1849～1877 年間越南燕行錄之研究／阮黃燕 著 -- 初版 --
新北市：花木蘭文化事業有限公司，2021〔民 110〕
目 4+276 面；19×26 公分
（古代歷史文化研究輯刊 二六編；第 32 冊）
ISBN 978-986-518-615-9（精裝）
1. 外交史 2. 清代 3. 中國 4. 越南
618   110011838

ISBN-978-986-518-615-9

9 789865 186159

古代歷史文化研究輯刊
二六編　第三二冊　　　　ISBN：978-986-518-615-9

1849～1877 年間越南燕行錄之研究

作　　者　阮黃燕
主　　編　王明蓀
總 編 輯　杜潔祥
副總編輯　楊嘉樂
編　　輯　許郁翎、張雅淋、潘玟靜　美術編輯　陳逸婷
出　　版　花木蘭文化事業有限公司
發 行 人　高小娟
聯絡地址　235 新北市中和區中安街七二號十三樓
　　　　　電話：02-2923-1455／傳真：02-2923-1452
網　　址　http://www.huamulan.tw 信箱 service@huamulans.com
印　　刷　普羅文化出版廣告事業
初　　版　2021 年 9 月
全書字數　270315 字
定　　價　二六編 32 冊（精裝）台幣 88,000 元　　　　版權所有·請勿翻印

1849～1877 年間越南燕行錄之研究

阮黃燕 著

作者簡介

阮黃燕，1985 年生於越南河內市。2015 年畢業於國立成功大學中國文學系，獲博士學位，現任教於越南胡志明市人文社會科學大學。曾任哈佛燕京學社訪問學者（2020 ～ 2021）、國立中山大學訪問學者（2019）。研究興趣主要在於探討越南以及東亞知識分子在歷史鼎革時期如何定位並調和「自我」與「他者」之間的關係。目前主要研究方向包括：中西文化交流、越南漢文學、越南及東亞使程文學（燕行錄）、越中文學比較等。已發表學術論文多篇，譯有《陳長慶短篇小說集》（越南文版）等。

提　　要

　　十九世紀對於東亞地區來講，可以說是「一個特殊時期」。當時，越南周邊的許多東南亞國家和地區，已經步入了殖民地時代。而中國，東亞文化圈的宗主龍頭，亦正要面臨一場「三千年來未有的大變局」。1800 年之前，中國無疑是一個強盛無比的龐大帝國，但到了乾隆（1735 ～ 1796）末年，中國就開始衰弱，並要面臨著來自西方各國的威脅。反觀越南，經過嗣德（1847 ～ 1883）前幾年相當平靜的局面，緊接著就是長期動盪不安的時期。國內動亂頻繁發生、經濟蕭條、吏治衰敗等，再加上不請自來的西方客人，更讓嗣德政府手足無措。

　　西方勢力的入侵及其所帶來的危機，重重打擊了東亞各國恪守千年的傳統儒家文化和信念，直接威脅他們的主權和存在。由於越中兩國情況尤為相似，因此當時被派出使中國的越南使節，有機會耳聞目睹國外的各種情勢和經驗，擴大了他們的知識和視野，從而改變他們對自己、對天朝、對世界的認識。同時，亦為治理國內情況提供了可以借鑑學習的內容。有基於此，本文以 1849 ～ 1877 年間，越南使節出使中國所創作的燕行作品為基礎，透過整理與研讀相關文獻，從文學、文化、歷史學的角度，探討西力東漸大背景下，越南使節士大夫如何看待當時的中國與西方勢力以及各自的命運。同時討論使節出使回國後，如何利用出使期間所學到的知識，應用於解決越南正要面對的大問題。這有助於推動越中兩國關係、越南被殖民前的歷史、越南燕行錄以及東西文化碰撞等多方面的研究。

This research is funded by Vietnam National University Hochiminh City (VNU-HCM) under grant number B2020-18b-02.

目

次

第一章　緒　論

第一節　研究動機與背景

　　十九世紀的東亞地區可以說是「一個特殊時期〔註1〕」。位在其中的東南亞情勢也是如此。在這之前，最晚來到東南亞的歐洲人透過幾世紀的試探與經營，逐漸進入並在此地區定居下來，且對當地社會產生了某種創新與適應性。葡萄牙、西班牙、英國、荷蘭等國的商船，為該地區的香料和特產所帶來的巨大利益所吸引，紛紛來到這裡，決心壟斷香料的貿易。從而這裡慢慢形成了一些商業繁華的港口，如果阿、馬六甲、澳門、帝汶、爪哇、馬尼拉港、望加錫、萬丹、蘇門答臘、巴達維亞、會安等。歐洲人新鮮的貿易、活動方式與具有優越性的建築、手槍、船和軍隊等，狠狠地在該地區留下了他們的印記。而東南亞當地人民，也透過與西方人的天天接觸，觸發了許多新思想與知識。其中影響最廣、最深遠的有如造船、生產武器等。隨著歷史的演進，無論是國際貿易參與的擴大還是歐洲人的入侵，該地區的國家還是陷入了政治分裂、朝向大型政治集團的現象。如越南就有北河（或稱塘外）和南河（或稱塘中）的分裂，而北河本身的情況是，「這個王國是專制君主制度的，但是我們從來沒有在世界任何國家見過這樣的君主制度。那裡有兩個國王，且各有各的權利，名稱分別為『王』和『主』……這兩位國王同時存在，但沒有血緣或家族關係〔註2〕。」其他如馬六甲、爪哇等地也形成了四分五裂的局面〔註3〕。這些政治上的變化，

〔註1〕此借用蔣廷黻教授在其《中國近代史》形容十九世紀的中國情勢的詞語。

〔註2〕參考威廉姆斯·丹皮爾（Williams, Dampier）：《1688年到越南塘外的旅行》（Một Chuyến Du Hành Đến Đàng Ngoài Năm 1688），河內：世界出版社，2007年，頁87～88。

〔註3〕參考尼古拉斯·塔林（Tarling, N.）：《劍橋東南亞史》，第1冊，昆明：雲南人民出版社，2003年，頁335～338。

為該地區的經濟、社會帶來了巨大的影響。伴隨著當地政經的變化，國際商業的高漲持續發展。到了十九世紀，歐洲各國更因工業革命而需要更多的原料、勞動力和市場。這加強了他們在東南亞的貿易活動，亦加劇了他們之間經商利益的矛盾。各國都希望在自己的勢力範圍內建立了專制制度，並以此擴大到其他國家和地區，以獲取更多的利益。而歐洲各國選擇獲取專制權的方法就是透過武力活動。西方列國藉著自己有優越性和強大的軍事力量，讓東南亞各國逐漸陷入他們完全掌控之中。從而促使了許多殖民地的產生，包括馬六甲、巴達維亞、爪哇、暹羅等地〔註4〕。這個時候東南亞許多國家和地區已經初步進入了殖民地的時代，並導致了當地經濟、社會上強烈的變遷和威脅。

十九世紀對於中國，東亞文化圈的宗主龍頭，亦是一直與越南關係最為密切的國家，也是一個非常動盪的時期。1800年之前，中國無疑是一個輝煌無比的龐大帝國，但到了乾隆末年，中國就開始走向衰弱。當時，中國要面臨著來自四面八方的威脅。西方勢力的湧進讓中國顯示出其致命的弱點。1840年一場中英之間的鴉片戰爭爆發，在英國先進的軍事力量和軍隊面前，中國完全束手無策，並在不得已的情況下陸續與英、美、法等國簽訂了不平等的條約。中國不僅要給西方列國割讓土地、開通更多通商口岸、提供巨額賠款，且還要給他們特殊的待遇。這打開了西方列強堂而皇之進入中國的大門，給中國帶來了無限的災難和屈辱。與此同時，行政無能、腐敗普遍〔註5〕、人口壓力〔註6〕、士

〔註4〕參考尼古拉斯‧塔林（Tarling, N.）：《劍橋東南亞史》，第1冊，昆明：雲南人民出版社，2003，頁475。

〔註5〕中國史書多處對其內憂有所記載。吏治敗壞、腐敗現象在晚清社會愈演愈烈，對此《清史稿》多次提及，例如「各督撫聲名狼藉，吏治廢弛。臣經過地方，體察官吏賢否，商民半皆蹙額興嘆。各省風氣，大抵皆然」（《列傳一百九》）、「王履謙疏陳河南吏治廢弛，軍需浮冒，河工糜費。」（《本紀二十》），而清朝各皇帝也有意整頓這個現象，「甲子，諭整頓廣東吏治、軍務、釐稅。」（《本紀二十一》）、「丙申，詔：『各省督撫勞於行政，亟於籌款，而恆疏於察吏。不知吏治不修，則勞民傷財，亂端且從此起，新政何由而行？其各慎選牧令，為地擇人，斯為經靖地方至計。』」（本紀二十五）等。參考〔清〕趙爾巽：《清史稿》，台北：新文豐出版公司，1981。

〔註6〕進入了清朝時期，是中國人口發展的第四高峰，特別是乾隆時期，人口激增，給社會、經濟帶來了許多壓力與影響。乾隆期間人口大增的原因是多方面的，有傳統文化和小農經濟的桎梏、高產糧食作物的推廣、政治局勢穩定、戶籍和賦稅改革的影響、社會賑濟政策的完善、氣候因素的影響、醫學技術的發展等諸多因素。根據統計，清乾隆六年（1741）中國人口為143,411,559人，到了乾隆六十年（1795）就達到296,968,968人。也就是說，在50年的時

人失責〔註7〕、會黨起義〔註8〕等內部削弱，更使中國的情勢大不如前。整個社會和政權都受到沉重的打擊〔註9〕。而隨著通商活動的逐漸自由化，西方知識和文明如潮水般湧入中國。一直沉睡於昔日輝煌的一些中國士大夫，已經意識到自己先前的處境，並開始去了解陌生的世界和未來〔註10〕。

　　十九世紀前半葉的越南，卻是一段「風暴前的風平浪靜」。阮福映於 1802年打敗了西山王朝，建立長達一百多年的封建集權的帝國。面對長期戰亂、人心惶惶的越南，阮福映和阮朝各皇帝決定以「獨尊儒術」來穩定國內人心和情勢、振興風俗，亦是為了鞏固其統治政權的政策。經過嘉隆（1802～1819）、明命（1820～1840）、紹治（1841～1847）的苦心經營，特別是嘉隆和明命時期，越南無論是經濟、社會、軍事等方面都得到了穩定的發展，且開始在周邊國家發揮其影響，形成了一個「小中華的世界秩序〔註11〕」的局面。儘管

　　　　間，人口增加了一倍。這樣的人口成長，帶來了大清盛世，但同時也埋下了
　　　　社會危機的種子。人口過剩對社會的影響是必然的，如人地矛盾加劇、物價
　　　　上漲，通貨膨脹、財政體系受到沖擊，國家經濟日益衰弱、人口大規模遷移、
　　　　農民起義頻發、吏治腐敗、自然環境遭到嚴重破壞等。參考李貴彬：《清代乾
　　　　隆時期人口問題及政府對策研究》，哈爾濱師范大學碩士論文，2009；趙文林、
　　　　謝淑君：《中國人口史》，北京：人民出版社，1988。
〔註7〕晚清期間，中國吏治敗壞，可謂官無不貪，吏無不惡。朝鮮使節對中國當時
　　　　官員的風氣記載道，「大抵為官長者，廉恥都喪，貨利是趨，知縣厚饋知府，
　　　　知府善事權要，上下相蒙，曲加庇護。」洪亮吉則記錄「士大夫漸不顧廉恥，
　　　　十餘年來，督撫藩臬之貪欺害政比比皆是……出巡則有站規、有門包，常時
　　　　則有節禮生日禮，按年則又有幫費，升遷調補之私相饋謝者尚未在此數。」
　　　　而《清史稿》裡面對官員浮冒作假和政府為抵制這個惡習所頒布的詔令的記
　　　　載，更是屢屢皆是。如乾隆期間貪污案件頻頻發生，如兩淮貪污案、甘肅冒
　　　　賑案、浙江貪污案等，幾乎遍布中國各地。而涉嫌人自總督、巡撫、司道諸
　　　　大員到州縣官員等。參考《清史稿》和吳晗：《朝鮮李朝實錄中的中國史料》，
　　　　第 11 冊，北京：中華書局，1980。
〔註8〕會黨起義在中國晚清時期頻繁發生。乾隆末年連續爆發了青甘兩省的蘇四十
　　　　三和田五起義、苗族起義、白蓮教起義和後來的天理教起義等，更加劇了中
　　　　國社會的矛盾，更急劇消減清朝的力量。
〔註9〕參考徐中約：《中國近代史：中國的奮鬥》，香港：香港中文大學出版社，2000。
〔註10〕參考熊月之：《西學東漸與晚清社會》，上海：上海人民出版社，1994，頁 142。
〔註11〕明命時期，越南實行了許多經濟、政治方面的改革，這促使了越南經濟、軍
　　　　事的長足發展。除了削平內亂，明命還主張擴大國外的影響，因此明命時期，
　　　　許多周邊國家視大南為宗主國，定期進行進貢，形成了與「中國的世界秩序」
　　　　相對應的「小中華的世界秩序」。參考史學院（Viện Sử học）：《越南歷史》（Lịch
　　　　Sử Việt Nam），河內：社會科學出版社，2007 年。

如此，此時越南還是要面臨很多的危機。人口壓力、農業壓力、國內輿論對阮朝統治的正統性、地方動亂等內部問題以及西方勢力的隱約威脅也正要阮朝面對嚴重的考驗。

與此同時，越南周邊的國家和地區如小西洋、馬六甲、新加坡、巴達維亞等，已經慢慢被不熟悉的西方各國所左右，並形成了許多繁華的通商港口。明命皇帝很早就對西方勢力有所警惕。因此為了掌握國際情勢、西方勢力在周邊的行動以及各國對它的反應，明命多次派商船到小西洋各地，並多由以效力贖罪為由的官員負責出海、買賣貨物，並蒐集相關情況。這些官員在其記錄中記載了在外地的所見所聞，了解了一些西方的文明與知識，隱隱約約地意識到西方勢力的野心。但堅守了一千多年的儒家傳統知識沒有讓他們意識到西方的文明和優缺點，仍深信著中華文化的優越性與正統性。而西方反而成為「蠻夷」〔註12〕。又加上正在此時，身為宗主龍頭的中國卻屢屢受挫於西方，隨即震撼了整個越南和其他東亞各國，讓越南各皇帝重新思考如何應對西方勢力的政策，以避免為西方列強所吞併。

而到了十九世紀後半葉，越南進入了一個非常動亂的時期，這體現在越南所有的方面上，如經濟、社會、政治等。越南一直以來都以農業為本。這時期，越南人口不斷增加，給社會添加了不少負擔。但當時的越南農業仍非常落後，再加上連年發生的水災、蟲災和戰亂，使得人民的生活苦不堪言。社會情況也不穩定，全國各地內亂時時發生。邊境地區又有中國太平天國餘黨來到越南並發動叛亂，危害一方。這使得當地人民生活不得安寧，而越南朝廷也要花不少精力但未能平定。加上越南吏治也敗壞不堪。阮思僩（Nguyễn Tư Giản，1823～1890）曾在其作品中形容當時的越南官場，官員數量過多，而實質工作者卻寥寥無幾。給官員的薪資又低，這樣的情況下有多少人可以保持清廉？又因官員人數多，導致工作繁多但無法解決，給人民帶來過大的負荷和麻煩〔註13〕。

〔註12〕 參考陳益源：〈越南漢文學中的東南亞新世界——以 1830 年代初期為考察對象〉，《深圳大學學報：人文社會科學版》，2010 年第 1 期，頁 119～25 和于向東：〈西方入侵前夕越南阮朝的外洋公務〉，《歷史研究》，2012 年第 1 期，頁 124～142。

〔註13〕 參考陳義（Trần, Nghĩa）：〈阮思僩——我國 19 世紀大名人〉（Nguyễn Tư Giản, Một Tri Thức Lớn Của Nước Ta Thế Kỷ Xix），收入東西文化語言中心（Trung Tâm Ngôn Ngữ Văn hóa Đông Tây）：《阮思僩：生平與作品》（Nguyễn Tư Giản: Cuộc Đời Và Thơ Văn），河內：東西文化語言中心，2001 年，頁 13～21。

　　內亂之餘，外患又起。長期覬覦越南的法西聯軍於 1858 年九月一日開槍攻打越南，開始了之後一系列挑釁活動。越南於 1862 年被迫簽下了第一次不平等的條約〔註 14〕，包括要割讓土地、賠錢、開港等。隨後的 1867 年南部西三省又被法國佔領，越南整個南圻落入法國手中，並要面臨法國勢力北上的危機。整個越南君臣為之慌亂，不知所措。

　　另一方面，綜觀越南歷史，自獨立建國之後與中國之間的外交關係大致上是非常密切的，可以說其密切程度只亞於朝鮮。阮朝之前，越南黎、李、陳、後黎諸朝都對中國宋、元、明朝稱臣納貢。之後九百多年，兩國基本上都維持這種朝貢－冊封關係，儘管期間兩國境內發生了戰爭、動亂等事件〔註 15〕。就阮朝時期而言，越南與中國的外交關係可以說是最為密切和完備的。從嘉隆到紹治年間，甚至是嗣德前幾年（1853 年之前），越南與中國交流頻繁，每兩年一貢或四年兩貢遣使赴華，從不停頓〔註 16〕。但自從中國發生太平天國事件後，雖然越南希望繼續定期進貢，但中方或以越南境內發生動亂、或以中國境內道路受阻為由，命越南例貢暫緩，或不必遣使遠來進貢，讓越南朝貢活動足足停了十六年之久。直到 1867 年再有使團從越南出發，四貢並進。從此越南又恢復了兩年一貢或四年兩貢的舊例，一直到 1883 年最後一次遣使入華為止。在此之前，法越於 1874 年簽訂了《第一次西貢條約》，其中一項內容是越南為獨立自主之國而非他國的藩屬。到了 1885 年法中《天津中法新約》完全切斷了中越之間傳統的朝貢外交關係。兩國關係進入了「法律性規範」的階段〔註 17〕。

　　綜觀以上歷史、社會背景和兩國的外交關係的演變，可見嗣德二年至嗣德三十年（1849～1877 年間）可以說是一個「非常時期」。那段時間，越南經

〔註 14〕此為《第一次西貢條約》，共 12 條款，主要內容為割讓嘉定、定祥、邊和東三省和崑崙島予法國；法國商船、戰船可以自由在九龍江及流域行駛；大南朝廷在未得到法國同意之下，不能與第三國家進行講和或割讓土地；法國、西班牙傳教士可以自由傳教，人民可以自由信教等。參考楊經國（Dương, Kinh Quốc）：《越南歷史年表：1858～1919》（Việt Nam Những Sự Kiện Lịch Sử（1858～1919）），河內：教育出版社，2006 年，頁 31～32。

〔註 15〕參考許文堂：〈十九世紀清越外交關係之演變〉，《中央研究所近代史研究所期刊》，2000 年第 34 期，頁 276～277。

〔註 16〕參考許文堂：〈十九世紀清越外交關係之演變〉，《中央研究所近代史研究所期刊》，2000 年第 34 期，頁 269～316。在論文的附錄部分，詳細列出阮朝時期遣使入華的時間、使節、目的等。

〔註 17〕參考許文堂：〈十九世紀清越外交關係之演變〉，《中央研究所近代史研究所期刊》，2000 年第 34 期，頁 277。

過嗣德前幾年相當平靜的局面，緊接其後就是長期動盪不安的時期。國內動亂蜂起，經濟蕭條，吏治衰敗，人民生活苦不堪言。再加上不速之客——西方勢力的威脅，更讓嗣德政府難以支撐。因此對當時的越南來說，最棘手的問題莫過於解決國內外問題的方法和經驗。

轉頭再看宗主國中國的情況，也是一塌糊塗的場面。中國自 1840 年鴉片戰爭過後，要為西方各國大開國門，並屢次受屈於洋人。加上其國內也動亂不已，官員腐敗現象非常普遍，國力因此急速下降。宗主國龍頭的這個事實，震撼了整個東亞的國家。儘管越南對中國此一情況早有耳聞，也多次對清朝的衰弱表示失望〔註18〕，但已固守一千多年的傳統文化與信念，仍讓他們對這個曾經強盛無比的「天朝」抱有希望。因此之後（1883 年）還派由阮述、范慎遹等組成的使團來中國查詢情況和求援，希望天朝會履行已成千年規矩的保護藩屬國的義務和責任〔註19〕。但中國那時已自身難保，哪能顧及越南的命運？

由此可見，在這個特殊的時期，中越兩國同樣要面對兩個致命的問題，分別為國內各方面的衰落和來自西方勢力的威脅。西方勢力的入侵以及國內外情勢的危機，不僅威脅了國家的主權和存在，且在雙方力量對比之下，重重打擊了固守千年的傳統信念和文化。面對國家命運的考驗，越南士大夫紛紛發表意見，對國外主張和解、死守、有條件和解、攻打等陸續出來，對國內則提出要改革政風、經濟和有要馬上進行革新以改變國家、追隨西方科技的水平等等。人人都希望盡一己之力為國為民，以早日解決國內困境和逃出西方的手掌心。

因中越兩國國內外情況極為相似，當時被派出使中國的越南士大夫有機會耳聞目睹國外的各種情勢和經驗，將其在國外的所見所聞記錄下來，這不

〔註18〕參考陳國寶：〈越南使臣對晚清社會的觀察與評論〉，《史學月刊》，2013 年第 10 期，頁 55～67。

〔註19〕本文不將 1883 年越南最後一次遣使赴華列入研究範圍，其原因是多方面的。第一，這一次遣使不僅是越中兩國冊封、朝貢關係的終結，而且還是阮述、范慎遹等（和一般越南士大夫）對中國形象的想像完全瓦解的轉變點，亦即對中國想像的終結。第二，這時候法國即將吞併全越南的事實和危機已經被嗣德皇帝徹底領悟與承認，不像之前他或許還存在一些天真、模糊的想法。簡言之，那時越南上下已經相當清楚地掌握自己所處的情勢。因此阮述這次出使，便多了一項主要且正式的任務：向中國求援以趕走法國。換句話說，1849～1877 年期間，就像一個轉接過程，讓越南使節和士大夫對中國、對國際情勢和對越南自身的命運有一個新的認識，並還有機會進行改革以脫離落入法國的手裡。但到了 1883 年，這一切都已經太晚了，越南再也無法反彈，終究逃不過政治上脫離中國，並淪為法國的殖民地。

僅為其他士大夫提供了不可多得的資料，擴大了他們的知識和視野，亦為治理國內情況提供了非常有用的參考資料。再加上，一直把中國視為「天朝」、「華夏文明」的越南也為中國那時的遭遇深受打擊。因此對於越南使節本身來說，出使前對中國的想像與期待和出使後耳聞目睹的現實中的中國及其心態，一定存在著很多落差，也值得我們去深入探討。

　　除此之外，有一個現象也讓筆者頗為好奇。面對西方勢力的來臨，中國士大夫曾翻譯或創作了不少探討西方人文、地理、風俗等著作。韓國也曾透過這些漢譯作品而接觸西方文明。那越南十九世紀中葉是否有這方面的書籍？如果有的話，那這些書籍是怎麼創作或怎麼傳進來的？流傳情況如何？對越南又有何影響？還有，同樣因為西方文明的強大湧入，使得像中國、日本等東亞國家當時都陸續提出多種改革、革新的方案，以脫離西方的手掌心。反觀越南情況，研究界耳熟能詳的阮長祚、阮露澤、丁田，或近期是裴援、范富庶等人的變法圖強計劃，對其他人的想法仍少有提及。這讓人頗感不解，更不能代表越南這時期這股強國換面風氣的全部樣貌。

　　因此，本書選擇了1849～1877年間越南使節出使中國北京（亦即燕京）作為主要的研究對象。出使北京與同時期出使中國其他地方的性質有所不同，他們肩負著越南整個國家和王朝的體面，因此使節的任務與心態上也往往與前往其他地方公幹有所差別。這段時間越南燕行錄的研究，不僅讓我們了解這段特殊時期越南與中國關係的實質交流狀況，而且還能讓我們從越南使節心態上的演變，更全面、更有系統地掌握越南士大夫對中國及中國文化的認同與信念，和越南士大夫對本國命運的認識與行動。亦可讓我們更加了解，在西勢東漸的大背景之下，越南民族意識與自主意識的生成與演變。

第二節　文獻回顧

　　這部分主要討論歷來越南和國外對越南燕行錄的研究，以讓讀者對越南燕行錄研究狀況有較為全面的掌握。

一、越南對燕行錄的研究

　　燕行作品一類歷來在越南被統稱為「使程詩」或「出使詩」（thơ đi sứ, thơ sứ trình, 和出使詩文 thơ văn đi sứ），因為詩歌佔其的絕大部分，儘管燕行作品其實包括很多體裁，如詩歌、公文、日記、雜錄等。越南燕行錄很早就被越

南學者公認為越南中代文學很重要的組成部分〔註20〕。燕行錄就內容性質來講是越南邦交文學的一環；就創作語言來講，亦是越南漢字文學和喃字文學非常重要的組成部分，特別是漢字文學而言。燕行錄涵蓋時間長，自十世紀到十九世紀末，完全包含在越南中代文學之內。它集合了很多作者和大量的內容豐富、體裁多樣的作品。燕行錄作者身為使者，同時也是詩人，都是經過越南皇帝精心挑選的有才華、善應變的大識者，因此他們之中大部分是越南文壇、政壇響噹噹的人物，如阮忠彥（1289～1370）、馮克寬（1528～1613）、黎貴惇（1726～1784）、阮攸（1766～1820）、阮文超（1799～1872）等〔註21〕。而燕行作品擁有較特定，較特別的內容。它大部分作品是在國外創作，是作者一路北行的活動、感情與生活的結晶。它表達了作者對對北國自然風物的愛慕，刻畫了作者思念家國的情懷，和與中國、外國文人詩文唱和的過程，流露出對本國文化、中國文化的認同與不同看法。綜合上面的說法，越南燕行錄因其作者的重要身份，作品數量夠多，內容相當完整、獨立與特殊，使得其成為越南中代文學重要，且甚具特色的組成部分。

綜觀越南對燕行錄的研究，可以分成三個階段。第一階段是從二十世紀二十年代到五十年代，第二階段是從二十世紀六十年代到兩千年，第三是從兩千年到現在。在每一個階段，我們將根據研究內容進行分類，讓讀者更易於掌握和利用資料。

〔註20〕參考丁嘉慶、越南文學總集編寫委員會（Đinh, Gia Khánh, Hội đồng biên tập tổng tập văn học Việt Nam）：《越南文學總集》（Tổng Tập Văn Học Việt Nam），河內：社會科學出版社，2000 年，頁 27 介紹「使程詩」的特徵與價值。

〔註21〕越南進行挑選燕行使者過程被譽為「皇華盛選」，是越南各朝代非常重視的工作。使者通常都是科舉出身，雄才兼備，同時又要善於詩文應對，以完成使命，同時要表現越南文化與不遜中華的精神。對於越南選使者的過程，可參考范邵、陶芳平（Phạm, Thiều, Đào Phương Bình）：《使程詩》（Thơ Đi Sứ），河內：社會科學出版社，1993 年。吳世龍（Nguyễn, Thế Long）：《古代出使與接待使節故事》（Chuyện Đi Sứ, Tiếp Sứ Thời Xưa），河內：文化通訊出版社，2001 年。于燕：《清代中越使節研究》，山東大學碩士論文，2007。汪泉：《清朝與越南使節往來研究》，暨南大學碩士論文，2008。陳氏詩（Trần, Thị The）：〈使程詩文的形成、發展與特徵〉（Vài Nét Về Sự Hình Thành, Phát Triển Và Đặc Điểm Của Thơ Đi Sứ），《河內師範大學科學學報》（Tạp chí khoa học, đại học sư phạm Hà Nội），2012 年第 57 期，頁 52～57。阮公理（Nguyễn, Công Lý）：〈越南中代使程詩概論及阮忠彥使程詩〉（Diện Mạo Thơ Sứ Trình Trung Đại Việt Nam Và Thơ Đi Sứ Của Nguyễn Trung Ngạn），《胡志明市師範大學科學學報》（Tạp chí khoa học, đại học sư phạm thành phố Hồ Chí Minh），2013 年第 49 期，頁 95～109。

（一）第一階段：二十世紀二十年代到五十年代

這一階段是越南學界對燕行錄研究的準備階段，也是他們重新認識「燕行錄」的過程。越南於 1883 年最後一次遣使來華，越南燕行錄的最後一批作品因此誕生，而中越宗藩關係也正式告一段落。自此越南就淪為法國殖民地。在法國的統治之下，越南無論是政治、社會、文化等方面都發生了巨大的變化。一度曾為文人之間的美談的燕行作品似乎被人所遺忘。直到二十世紀二十年代《南風雜誌》的問世〔註 22〕，陸續將一些燕行作品、作者和古代越南出使故事刊登出來，燕行作品才得以重現世面，越南燕行錄的研究也因此進入準備、醞釀的階段。

整體來講，這一階段的研究主要以介紹性為主，或刊登某燕行作品內容、或講述使節生平及其作品、古代出使禮儀和故事及其簡單的價值和評價等。值得注意的是，這一階段就有作者特別注意到越南使節與韓國使節在中國會面，並有詩文唱和的現象。因此他努力去蒐集韓國李芝峰的詩集介紹給讀者，同時對此特別的外交活動及其對越韓文化交流等作出評價〔註 23〕。這可以說是相當特別且有趣的現象。這一階段的主要研究成果如下：

1. 對燕行作者和作品的介紹

這一組研究主要介紹越南使節的生平、刊登燕行錄的作品或該使節的其他作品，讓讀者認識其作者及其燕行作品的內容。因燕行作品篇幅較長，因此雜誌通常只會刊登其某一章節或某一首較著名的詩而已。這些文章更象是一份報導，沒有深入進行研究或分析。根據筆者的統計，這一階段已經有專門介紹其生平的作者有阮忠彥〔註 24〕、武輝瑨（1749〜1800）〔註 25〕、吳仁靜（1761

〔註22〕《南風雜誌》越南文版、中文版和法文版，自 1917 年 7 月 1 號創刊至 1934 年 12 月停刊，17 年共 210 期，是越南第一份以嚴謹、科學的報刊格式出刊之一，其刊登作品也相當有思想、知識的水準。《南風雜誌》由范瓊任總編輯和主筆，范瓊為越南語版主編，阮伯卓為漢文版主編。《南風雜誌》出刊一開始是為了服務法國在越南的殖民政策。法國希望透過《南風雜誌》來割斷越南的傳統儒學和中國的影響，且對越南人民進行一場西方文化、法國文明的「開發」。到後來，范瓊慢慢將其轉向學術化，探討東西文化，特別是越南文化，以提高人民知識和民風為目的。參考越學院（Viện Việt Học）：《南風雜誌資料庫》（Nam Phong Tạp Chí 1917〜1934: Archive Collection），Westminster：越學院，2009 年。

〔註23〕參考李晬光：〈芝峰集——朝鮮李晬光著〉，《南風雜誌　中文版》，第 152 期。

〔註24〕參考日岩（Nhật Nham）：〈阮忠彥〉（Nguyễn Trung Ngạn），《知新雜誌》（Tri Tân），165 期。

〔註25〕參考華鵬（Hoa Bằng）：〈武輝瑨及其《華程隨步集》〉（Ông Võ Huy Tấn Và Tập

～1813）〔註 26〕、鄭懷德（1765～1825）〔註 27〕、黎光定（1759～1813）〔註 28〕、阮嘉吉（1760～1816）〔註 29〕、阮輝亮（？～1808）〔註 30〕等。介紹作品方面的有《使華閒詠》的現代越南語翻譯〔註 31〕、李文馥《使程便覽曲》〔註 32〕、《華程便覽曲》〔註 33〕、阮思僩詩集〔註 34〕、阮文超詩集〔註 35〕、阮嘉吉、武輝瑨使程詩〔註 36〕、黎侗（1750～1805）《北行略記》〔註 37〕、阮輝亮

Hoa Trình Tùy Bộ），《知新》（Tri Tân），1942 年第 35 期，頁 6～7。華鵬（Hoa Bằng）：〈武輝瑨及其《華程隨步集》〉（Ông Võ Huy Tấn Và Tập Hoa Trình Tùy Bộ），《知新》（Tri Tân），1942 年第 36 期，頁 8～9。華鵬（Hoa Bằng）：〈武輝瑨及其《華程隨筆》〉（Võ Huy Tấn Và Tập Hoa Trình Tùy Bút），《知新》（Tri Tân），1942 年第 37 期。華鵬（Hoa Bằng）：〈關於武輝瑨〉（Ông Võ Huy Tấn），《知新》（Tri Tân），1942 年第 40 期，頁 17～18。

〔註 26〕參考阮肇（Nguyễn Triệu）：〈吳仁靜〉（Ngô Nhân Tĩnh），《知新》（Tri Tân），1941 年第 6 期，頁 15～16。

〔註 27〕參考佚名：〈鄭懷德〉（Trịnh Hoài Đức），《知新》（Tri Tân），1941 年第 7 期，頁 12～13。

〔註 28〕參考佚名：〈黎光定〉（Lê Quang Định），《知新》（Tri Tân），1941 年第 8 期，頁 10。

〔註 29〕參考安山司（An Sơn Tư）：〈阮嘉吉的出使行程〉（Nguyễn Gia Cát-Đem Chuông Đi Đấm Xứ Người），《知新》（Tri Tân），1941 年第 18 期，頁 20。

〔註 30〕參考阮董芝（Nguyễn Đổng Chi）：〈阮輝亮及其《頌西湖賦》〉（Giới Thiệu Nguyễn Huy Lượng Với Bài Phú Tụng Tây Hồ），《文史地研究集刊》（Tập san nghiên cứu Văn Sử Địa），1956 年第 14 期，頁 60～68。

〔註 31〕參考佚名：〈使華閒詠〉（Sứ Hoa Nhàn Vịnh），《南風雜誌》（Nam Phong tạp chí），1921 年第 48 期，頁 482～485。（從第 48～54 期都有刊登其全詩）

〔註 32〕參考越文第 99 期李文馥（Lý Văn Phức）：〈李文馥使程之歌：《使程便覽曲》〉（Bài Ca Đi Sứ Của Cụ Lý Văn Phức: Sứ Trình Tiện Lãm Khúc），《南風雜誌》（Nam phong tạp chí），1925 年第 99 期，頁 253～261。

〔註 33〕參考《中北新聞》（Trung Bắc Tân Văn），1944 年 3 月第 195～198 期。

〔註 34〕參考《南風雜誌》漢文版第一卷第二期《石農詩集》，頁 34～35。《南風雜誌》漢文版第 58 期阮文超、阮思僩詩歌。

〔註 35〕參考《南風雜誌》漢文版第三卷第 17 期《方亭文集》。《南風雜誌》漢文版第 58 期阮文超、阮思僩詩歌。

〔註 36〕參考華鵬（Hoa Bằng）：〈武輝瑨及其《華程隨步集》〉（Ông Võ Huy Tấn Và Tập Hoa Trình Tùy Bộ），《知新》（Tri Tân），1942 年第 35 期，頁 6～7。華鵬（Hoa Bằng）：〈武輝瑨及其《華程隨步集》〉（Ông Võ Huy Tấn Và Tập Hoa Trình Tùy Bộ），《知新》（Tri Tân），1942 年第 36 期，頁 8～9。華鵬（Hoa Bằng）：〈武輝瑨及其《華程隨筆》〉（Võ Huy Tấn Và Tập Hoa Trình Tùy Bút），《知新》（Tri Tân），1942 年第 37 期。華鵬（Hoa Bằng）：〈關於武輝瑨〉（Ông Võ Huy Tấn），《知新》（Tri Tân），1942 年第 40 期，頁 17～18。

〔註 37〕參考黎侗：〈北行略記〉，《南風雜誌》漢文版，第 125 期。

《頌西湖賦》〔註 38〕、《北使佳話》〔註 39〕等。

2. 出使北國的故事

　　介紹越南使節出使北國或北國遣使來越的相關禮儀和故事是這一階段燕行錄研究的主要內容之一。主要作品包括越華邦交〔註 40〕、越中使節故事〔註41〕、接待中國使臣禮儀等。這類作品是認識、掌握越中歷史、文化背景，越南出使、接待使節及其態度的重要材料。

（二）第二階段：二十世紀六十年代到兩千年

　　這一階段的研究成果包括單篇論文和專書兩類，其數量明顯增加，比上一階段多近一倍，研究主題與範圍也更為豐富，也更有學術與參考價值。這一階段介紹燕行錄作品的文章仍佔大多數，介紹作者生平相對來講變少。探討斷代使節全貌的文章也開始出現。越南與朝鮮使節在中國的接觸與詩文唱和活動得到關注，陸續出現一系列專門探討這方面的文章。使程不同方面也首次被列入研究範圍，如相關碑文，使程路線等。專書數量還很少。其中最重要的一部是出版於 1993 年的《使程詩》。這是越南學界對燕行錄及其價值的總結與肯定，象徵著燕行錄重回學界的視野，也再次肯定使程作品是越南文學與文化重要的組成部分。總的來說，這一階段是越南燕行錄研究逐漸走向多樣化與深入化，學術含量更高，其主要研究方向如下：

1. 對燕行作品的介紹與評價

　　這一類的研究成果包括單篇論文和專書兩類。其中專書是比較後期才出版，為越南燕行錄研究提供了更多的參考資料。

〔註38〕 參考阮董芝（Nguyễn Đổng Chi）：〈阮輝亮及其《頌西湖賦》〉（Giới Thiệu Nguyễn Huy Lượng Với Bài Phú Tụng Tây Hồ），《文史地研究集刊》（Tập san nghiên cứu Văn Sử Địa），1956 年第 14 期，頁 60～68。

〔註39〕 參考〈北使佳話〉，《南風雜誌》漢文版，第 139～143 期。

〔註40〕 參考潘英（Phan Anh）：〈華越邦交〉（Bang Giao Hoa-Việt），《清議》（Thanh Nghị），95 期，頁 3。

〔註41〕 參考阮仲粉譯（Nguyễn Trọng Phấn dịch）：〈越南十七世紀社會：接待北國使節的儀式〉（Xã Hội Việt Nam Từ Thế Kỷ Thứ Xvii, Cách Tiếp Rước Sứ Tàu:），《清議》（Thanh Nghị），27 期，頁 9～10。〈越華逸話：越南、中國使臣出使故事〉，《南風雜誌》漢文版，第 135 期阮有進（Nguyễn Hữu Tiến）：〈我國前輩接待北國使節的故事〉（Nói Về Chuyện Các Cụ Nước Ta Đi Sứ Nước Tàu），《南風雜誌》（Nam Phong tạp chí），1924 年第 91 期，頁 113～122。〈擬錢某官奉往北使〉，《南風雜誌》漢文版，第 185 期。

　　單篇論文方面，這一階段介紹燕行作品數量還是最多，但是無論數量、內容還是參考價值都比前一階段有明顯的提高。這一階段的文章最大的特色是已經不只是介紹性文字，而對作品內容、藝術等價值已有初步的探討，對作者也提出更多有關其思想、文學成就的看法與評價。同時，更多作品和作者被加以關注、探討，對越南燕行錄研究奠定了很好的基礎。這一階段，被介紹的作品和作者有李文馥及其《使程便覽曲》〔註 42〕、阮思僩及其《燕軺詩集》〔註 43〕、阮貴德（1648～1720）〔註 44〕、潘輝注（1782～1840）〔註 45〕、黎英俊（1671～1736）〔註 46〕、鄭懷德喃文使程詩〔註 47〕、黎貴惇〔註 48〕、

〔註 42〕參考青蓮（Thanh Liên）：〈《華程便覽曲》——李文馥從順化到北京的使程日記〉（Hoa Trình Tiện Lãm Khúc-Nhật Ký Trên Đường Từ Huế Đi Bắc Kinh Của Lý Văn Phức），《文化月刊》（Văn hoá nguyệt san），1960 年第 57 期，頁 1623～27。阮董芝（Nguyễn Đổng Chi）：〈李文馥——阮朝出色的外交鬥爭筆斗〉（Lý Văn Phức Ngòi Bút Đấu Tranh Ngoại Giao Xuất Sắc Thời Nguyễn），《文學》（Văn học），1980 年第 2 期，頁 52～58。楊氏詩（Dương Thị The）：〈《使程便覽曲》——李文馥的一部喃文作品〉（Sứ Trình Tiện Lãm Khúc-Tác Phẩm Thơ Chữ Nôm Của Lý Văn Phức），《漢南雜誌》（Tạp chí Hán Nôm），1992 年第 1 期，頁 87～90。

〔註 43〕參考黃文樓（Hoàng Văn Lâu）：〈阮思僩《燕軺詩文集》之研究〉（Về Tác Phẩm Yên Thiều Thi Văn Tập Của Nguyễn Tư Giản），《漢喃雜誌》（Tạp chí Hán Nôm），2000 年第 3 期，頁 38～40。

〔註 44〕參考阮翠娥（Nguyễn Thúy Nga）：〈阮貴德詩文：文本與作品〉（Thơ Văn Của Nguyễn Quý Đức: Văn Bản Và Tác Phẩm），《漢喃雜誌》（Tạp chí Hán Nôm），1991 年第 2 期，頁 43～46。

〔註 45〕參考金英（Kim Anh）：〈潘輝注的一篇賦之研究〉（Bài Phú "Buông Thuyền Trên Hồ" Của Phan Huy Chú），《漢喃雜誌》（Tạp chí Hán Nôm），1992 年第 1 期，頁 84～86。

〔註 46〕參考阮春面（Nguyễn Xuân Diện）：〈越南十八世紀初詩人、尚書李英俊小傳〉（Về Tiểu Sử Của Lê Anh Tuấn Thượng Thư Nhà Thơ Đầu Thế Kỷ Xviii），《漢喃雜誌》（Tạp chí Hán Nôm），1991 年第 2 期，頁 77～79。

〔註 47〕參考高自清（Cao Tự Thanh）：〈鄭懷德的二十首喃文使程詩〉（Hai Mươi Bài Thơ Nôm Lúc Đi Sứ Của Trịnh Hoài Đức），《漢喃雜誌》（Tạp chí Hán Nôm），1987 年第 1 期，頁 86～93。

〔註 48〕參考黃春憾（Hoàng Xuân Hãn）：〈黎貴惇景興庚辰年北使及其喃文奏摺〉（Vụ Bắc Sứ Năm Canh Thìn Đời Cảnh Hưng Với Lê Quý Đôn Và Bài Trình Bằng Văn Nôm），《史地集刊》（Tập san sử địa），1967 年第 6 期，頁 3～5，142～162。黃春憾（Hoàng Xuân Hãn）：〈黎貴惇景興庚辰年北使及其喃文奏摺（第二期）〉（Vụ Bắc Sứ Năm Canh Thìn Đời Cảnh Hưng Với Lê Quý Đôn Và Bài Trình Bằng Văn Nôm-Kỳ 2），《史地集刊》（Tập san sử địa），1968 年第 11 期，頁 193～215。黃春憾（Hoàng, Xuân Hãn）：〈黎貴惇出使清朝〉

潘輝植（1778～1844）〔註49〕、黎侗《北行叢記》〔註50〕、《華程雜詠》作者
簡介〔註51〕、《使華叢詠》〔註52〕、《梅驛諏餘》〔註53〕等。其中又以介紹李
文馥、潘輝注的生平及其作品為多。因為李文馥、潘輝注都是越南文壇重要
的人物，李文馥燕行作品又是越南燕行錄少之又少用喃字創作的，因此學者
優先研究也是合乎情理的。

　　專書的出版是這一階段很重要的亮點，說明燕行錄研究已經得到學界的關
注與肯定。最值得注意的是《使程詩》〔註54〕這部書的出版。其蒐集了越南各
朝代的使節及其部分燕行作品的越南文翻譯和對作者、作品初步的評價，是越
南直至目前為止，蒐集最多燕行使者及其作品的書，具有非常高的參考與研究
價值。儘管沒有其他專門以燕行錄為主要對象的書籍出版，然而已經有不少個
別作者，同時也是使節的別集、總集問世，裡面收錄了該作者的燕行作品，為
關心這方面的讀者提供了更多研究文本。該類作品的有阮攸〔註55〕、吳時任

　　　　（Lê Quí Đôn Đi Sứ Nước Thanh），《團結春節專刊》（Đoàn Kết số Giai Phẩm
　　　　Xuân 80），1980 年第 1 期。
〔註49〕參考阮黃貴（Nguyễn Hoàng Quý）：〈潘輝植及其《使程雜詠》〉（Phan Huy Thực
　　　　Và Tác Phẩm Sứ Trình Tạp Vịnh）收入漢喃研究院（Viện nghiên cứu Hán Nôm）：
　　　　《漢喃學通報》（Thông Báo Hán Nôm Học），河內：漢喃研究院，1997 年，
　　　　506～516。
〔註50〕參考黃春憾（Hoàng Xuân Hãn）：〈北行叢記〉（Bắc Hành Tùng Ký），《史地集
　　　　刊》（Tập san sử địa），1969 年第 13 期，頁 3～32，181～183。
〔註51〕參考阮氏黃貴（Nguyễn Thị Hoàng Qúy）：〈《華程雜詠》作品作者簡介〉（Giới
　　　　Thiệu Tác Giả Tác Phẩm Hoa Trình Tạp Vịnh），《漢喃雜誌》（Tạp chí Hán Nôm），
　　　　2005 年第 6 期，頁 37～46。
〔註52〕參考周春交（Chu Xuân Giao）：〈《使華叢詠》作者名稱考〉（Đi Tìm Căn Cứ
　　　　Gốc Cho Danh Xưng Của Tác Giả "Sứ Hoa Tùng Vịnh" Khuê Hay Quai?），《漢
　　　　喃雜誌》（Tạp chí Hán Nôm），1994 年第 1 期，頁 39～42。
〔註53〕參考黃文樓（Hoàng Văn Lâu）：〈《梅驛諏餘》作者與創作時間考〉（Về Tác Giả
　　　　Và Niên Đại Của Tập Thơ Đi Sứ "Mai Dịch Tâu Dư"），《漢喃雜誌》（Tạp chí Hán
　　　　Nôm），1999 年第 2 期，頁 55～57。
〔註54〕參考范邵、陶芳平（Phạm Thiều, Đào Phương Bình）：《使程詩》（Thơ Đi Sứ），
　　　　河內：社會科學出版社，1993 年。
〔註55〕參考阮攸著、黎雀介紹（Nguyễn Du, Lê Thước）：《阮攸漢詩選》（Thơ Chữ Hán
　　　　Nguyễn Du），河內：文學出版社，1978 年。阮攸、裴幸謹（Nguyễn Du, Bùi
　　　　Hạnh Cẩn）：《阮攸 192 首漢詩》（192 Bài Thơ Chữ Hán Của Nguyễn Du），河
　　　　內：文化通信出版社，1996 年。梅國聯（Mai Quốc Liên）：《阮攸全集》（Nguyễn
　　　　Du Toàn Tập），河內：文學出版社，1996 年。

（1747～1803）〔註56〕、段阮俊（1750～？）〔註57〕、吳時仕（1726～1780）〔註58〕、范慎遹（1825～1885）〔註59〕、鄧輝𤏸（1825～1874）〔註60〕、阮偍（1761～1805）〔註61〕、馮克寬〔註62〕等。

2. 越南與朝鮮使節的研究

這一類研究的數量僅次於上面介紹燕行作品的文章，主要探討歷代越南與朝鮮使臣在中國的會面及其作品，以及對兩國文學、文化交流的意義。〈四海皆兄弟：越南使臣與韓國使臣在中國的交流〉對兩國使臣在中國的碰面次數進行全面統計〔註63〕。〈使者與詩人——論李睟光與馮克寬的關係以及韓越關係的開端〉〔註64〕、〈再發現四首黎貴惇與朝鮮使臣的唱和作品〉〔註65〕、〈武輝珽與朝鮮使臣新發現的兩首唱和詩〉〔註66〕則分別介紹越南使節馮克

〔註56〕參考吳時任著、高春輝介紹（Ngô Thì Nhậm, Cao Xuân Huy）：《吳時任詩文選集》（Tuyển Tập Thơ Văn Ngô Thì Nhậm），河內：社會科學出版社，1978 年。吳時任著、武藝介紹（Ngô Thì Nhậm, Vũ Khiêu）：《吳時任詩歌選譯》（Thơ Ngô Thì Nhậm: Tuyển Dịch），河內：文學出版社，1986 年。

〔註57〕參考編輯部（Nhiều người soạn）：《段阮俊詩文（《海翁詩集》）》（Thơ Văn Đoàn Nguyễn Tuấn（Tức Hải Ông Thi Tập）），河內：社會科學出版社，1982 年。

〔註58〕參考陳氏冰清（Trần Thị Băng Thanh）：《吳時仕》（Ngô Thì Sĩ），河內：河內出版社，1987 年。

〔註59〕參考阮文玄（Nguyễn Văn Huyền）：《范慎遹：生平與作品》（Phạm Thận Duật Cuộc Đời Và Tác Phẩm），河內：社會科學出版社，1989 年。

〔註60〕參考茶嶺組（Nhóm Trà Lĩnh）：《鄧輝𤏸：生平與作品》（Đặng Huy Trứ-Con Người Và Tác Phẩm），胡志明市：胡志明市出版社，1990 年。

〔註61〕參考編輯部（Nhiều người soạn）：《阮偍漢文詩選集》（Tuyển Tập Thơ Chữ Hán Nguyễn Đề），河內：社會科學出版社，1995 年。

〔註62〕參考裴維新（Bùi Duy Tân）：《馮克寬：作家和作品》（Trạng Bùng Phùng Khắc Khoan: Tác Gia, Tác Phẩm），河西：河西文化通訊處，2000 年。

〔註63〕參考佚名：〈四海皆兄弟：越南使臣與韓國使臣在中國的交流〉（Tứ Hải Giai Huynh Đệ: Những Cuộc Tao Ngộ Sứ Giả Nhà Thơ Việt-Triều Trên Đất Nước Trung Hoa Thời Trung Đại），《文學雜誌》（Tạp chí văn học），1995 年第 10 期。

〔註64〕參考裴維新（Bùi Duy Tân）：〈使者與詩人——論李睟光與馮克寬的關係以及韓越關係的開端〉（Lý Toái Quang-Phùng Khắc Khoan: Quan Hệ Sứ Giả-Nhà Thơ-Mở Đầu Tình Hữu Nghị Hàn Việt），收錄在《漢越文化交流研討會》論文集（Hội thảo giao lưu văn hoá Hàn-Việt），河內，1996 年。

〔註65〕參考阮明遵（Nguyễn Minh Tuân）：〈再發現四首黎貴惇與朝鮮使臣的唱和作品〉（Thêm 4 Bài Thơ Xướng Họa Giữa Lê Quý Đôn Với Sứ Thần Triều Tiên Đăng Trên Tạp Chí Hán Nôm Phát Hành Ở Việt Nam），《漢喃研究》（Tạp chí Hán Nôm），1999 年第 4 期，頁 79～84。

〔註66〕參考李春鐘（Lý Xuân Chung）：〈武輝珽與朝鮮使臣新發現的兩首唱和詩〉

寬、黎貴惇、武輝瑨與朝鮮使節在中國的交流活動及其唱和作品。〈越韓歷史
關係初考——以漢喃資料為中心〉〔註67〕則透過各種燕行錄探討越南與韓國
使節之間的交流，從而考察越南與韓國的關係。〈1790年越南與朝鮮使團在清
朝的會面〉透過1790年使團的燕行作品分析兩國使團在中國的各種交流〔註
68〕。可以發現，這一類作品目前多集中於統計或介紹某一次會面的詩文唱和
作品，有助於下一階段更深入的研究。

3. 使程路線

　　使程路線是這一階段新出現的研究課題。儘管數量不多，但非常值得注
意，豐富了該階段燕行錄研究的內容。〈《華程便覽曲》——李文馥從順化到北
京的日記〉〔註69〕主要介紹《華程便覽曲》文本，同時提到李文馥從順化到北
京的路程。〈阮思僩出使事件初探〉〔註70〕介紹阮思僩出使的歷史背景、使程
路線以及出使結果。〈鄧輝㷆使程和一份尚未公佈的資料〉〔註71〕則介紹有關
鄧輝㷆出使的　些新資料以及對其出使路線、歷史背景的補充與探討。

4. 其他研究課題

　　除了上述幾個大主題之外，還有一些論文探討燕行作品或使節、使程的個
別問題，雖然數量沒有很多，但也豐富了這一階段越南燕行錄的研究。〈阮朝

　　　　（Hai Bài Thơ Xướng Họa Giữa Vũ Huy Tấn Với Sứ Thần Triều Tiên Mới Được
　　　　Phát Hiện），收入漢喃研究院（Viện nghiên cứu Hán Nôm）：《漢喃學通報》
　　　　（Thông Báo Hán Nôm Học），河內：漢喃研究院，2005年，頁110～117。
〔註67〕參考李春鐘（Lý Xuân Chung）：〈越韓歷史關係初考——以漢喃資料為中心〉
　　　　（Bước Đầu Tìm Hiểu Quan Hệ Bang Giao Việt Hàn Qua Tư Liệu Hán Nôm），
　　　　收入漢喃研究院（Viện nghiên cứu Hán Nôm）：《漢喃學通報》（Thông Báo Hán
　　　　Nôm Học），河內：漢喃研究院，1996年，頁57～69。
〔註68〕參考阮維正（Nguyễn Duy Chính）：〈1790年越南與朝鮮使團在清朝的會面〉
　　　　（Cuộc Gặp Gỡ Giữa Phái Đoàn Triều Tiên Và Đại Việt Ở Triều Đình Nhà Thanh
　　　　Năm Canh Tuất（1790）），《研究與發展雜誌》（Tạp chí Nghiên cứu và Phát
　　　　triển），2010年第6期，頁3～22。
〔註69〕參考青蓮（Thanh Liên）：〈《華程便覽曲》——李文馥從順化到北京的使程日記〉
　　　　（Hoa Trình Tiện Lãm Khúc-Nhật Ký Trên Đường Từ Huế Đi Bắc Kinh Của Lý Văn
　　　　Phức），《文化月刊》（Văn hoá nguyệt san），1960年第57期，頁1623～1627。
〔註70〕參考潘文閣（Phan Văn Các）：〈阮思僩出使事件初探〉（Chuyến Đi Sứ Của Nguyễn
　　　　Tư Giản），《漢喃雜誌》（Tạp chí Hán Nôm），2000年第3期，頁33～37。
〔註71〕參考范俊慶（Phạm Tuấn Khánh）：〈鄧輝㷆使程和一份尚未公佈的資料〉
　　　　（Chuyến Đi Sứ Của Đặng Huy Trứ Và Một Tư Liệu Chưa Được Công Bố），《科
　　　　學與工藝通訊》（Thông tin Khoa học và Công nghệ），1995年第3期。

嘉隆到嗣德遣使中國的使團〉〔註72〕統計阮朝從嘉隆到嗣德皇帝遣使中國的
使團名單、使團成員、主要任務等，為阮朝遣使活動提供了相當概括的資料，
有利於以後的研究。〈陳朝與元朝的使程詩初探〉〔註73〕進行全面統計越南陳
朝與元朝現存的使程作品及其對其內容、藝術價值、完成使程任務等的評價。
〈光中與乾隆的交涉──以 16 州與岑宜棟廟為中心〉〔註74〕透過相關燕行
錄，從歷史角度分析該年光中皇帝出使中國，與乾隆皇帝會面並討論贈送十六
州與岑宜棟廟移動的事宜。〈使程詩──愛國與戰鬥之聲〉〔註75〕分析一些使
程詩文本，指出其內容寄託了使節的愛國之心，同時也體現了他們面對中國的
不屈不撓的精神。〈奉往北使寫記碑文再探〉〔註76〕、〈河北越安稀見碑文記載
越南使節出使中國不幸身亡〉〔註77〕介紹兩份重要碑文的內容及其價值，有助
於研究該使臣、使團的出使情況。〈諒山名勝與南北交流〉〔註78〕透過一些燕
行錄關於諒山的記載，肯定其在使程路上、南北交流的重要性。

〔註72〕參考寶琴（Bửu Cầm）：〈阮朝嘉隆到嗣德遣使中國的使團〉（Các Sứ Bộ Do Triều
Nguyễn Phái Sang Nhà Thanh（Từ Triều Gia Long Đến Đầu Triều Tự Đức）），
《史地集刊》（Tập san sử địa），1966 年第 2 期，頁 46～51。

〔註73〕參考陳氏冰清、范秀珠（Trần Thị Băng Thanh, Phạm Tú Châu）：〈陳朝與元朝的
使程詩初探〉（Vài Nét Về Văn Thơ Bang Giao, Đi Sứ Đời Trần Trong Giai Đoạn
Giao Thiệp Với Nhà Nguyên），《文學雜誌》（Tạp chí văn học），1974 年第 6 期。

〔註74〕參考李文雄（Lý Văn Hùng）：〈光中與乾隆的交涉──以 16 州與岑宜棟廟為
中心〉（Cuộc Giao Thiệp Giữa Quang Trung Với Càn Long. Vụ 16 Châu Và Xây
Đền Sầm Nghi Đống），《史地集刊》（Tập san sử địa），1969 年第 13 期，頁
135～142。

〔註75〕參考梅國聯（Mai Quốc Liên）：〈使程詩──愛國與戰鬥之聲〉（Thơ Đi Sứ, Khúc
Ca Của Lòng Yêu Nước Và Chí Chiến Đấu），《文學雜誌》（Tạp chí văn học），
1979 年第 3 期。

〔註76〕參考陳金英（Trần Kim Anh）：〈「奉往北使左記」碑文再探〉（Nói Lại Tấm Bia
"Phụng Vãng Bắc Sứ Tà Ký"），收入漢喃研究院（Viện nghiên cứu Hán Nôm）：
《漢喃學通報》（Thông Báo Hán Nôm Học），河內：漢喃研究院，1998 年，
頁 13～18。

〔註77〕參考阮重格（Nguyễn Trọng Cách）：〈河北省新發現的關於越南使臣碑文〉（Một
Tấm Bia Quí Nêu Việc Một Sứ Thần Việt Nam Đi Sứ Trung Quốc Không May Qua
Đời, Mới Phát Hiện Ở Xã Phúc Tăng, Huyện Việt Yên, Hà Bắc），收入漢喃研究
院（Viện nghiên cứu Hán Nôm）：《漢喃學通報》（Thông Báo Hán Nôm Học），
河內：漢喃研究院，1997 年，頁 40～45。

〔註78〕參考丁益全（Đinh Ích Toàn）：〈諒山名勝與南北交流〉（Danh Tích Xứ Lạng
Điểm Hội Tụ Sự Giao Lưu Nam Bắc），《漢喃雜誌》（Tạp chí Hán Nôm），1990
年第 2 期，頁 80～83。

（三）第三階段：從兩千年到現在

這一階段越南對燕行錄的研究數量有明顯的增加（第二階段長達四十年
——43 筆；這一階段僅二十年就有超過 80 筆）。就出版形式方面，較上一
階段多樣，除了單篇論文之外，專書、學位論文也明顯增加。上一階段專書
僅有一部，現階段已經有數十部出版，探討使節生平、中越外交關係、越南
使節出使故事、兩國外交禮儀等，分別是《越南使臣》〔註79〕、《117 位越南
使節》〔註80〕、《古代出使與接待使節故事》〔註81〕、《出使與接待使節故
事》〔註82〕、《越南阮朝邦交》〔註83〕等等。最值得注意的是，這一階段出
現較多研究越南燕行錄的學位論文，這意味著燕行錄越來越被重視。該階段
的研究主題也更為多元，且更加深度，一方面繼續蒐集、介紹燕行作品或使
程、使節相關資料，並將漢文原文作品翻譯成現代越南語，一方面加強對其
歷史、文化、研究價值的探討，有助於推動越南燕行錄研究走向發展與成熟
的階段。

1. 燕行作品的介紹及其史料、研究價值

此一類作品佔這一階段的大部分，但比上一階段的研究更為廣泛與深
入。從文章名稱我們就可以察覺到其差別。上一階段許多篇被命名為〈某
某燕行錄介紹／某作者介紹〉，到現在是〈某燕行錄及其價值／特點〉等，
這意味著作者研究思維與重點的改變。這一階段更多作者和作品被加以探
討，斷代使程詩也受到更多的研究。被提及的使節和作品包括丁儒完（1670
～1716）及其《默翁使集》〔註84〕、阮促《華程消遣後集》〔註85〕、阮公

〔註79〕參考范長康（Phạm Trường Khang）：《越南使臣》（Các Sứ Thần Việt Nam），
　　　　河內：文化通訊出版社，2010 年。

〔註80〕參考鄧越水（Đặng Việt Thủy）：《117 位越南使節》（117 Vị Sứ Thần Việt Nam），
　　　　河內：人民軍隊出版社，2009 年。

〔註81〕參考吳世龍（Nguyễn Thế Long）：《古代出使與接待使節故事》（Chuyện Đi Sứ,
　　　　Tiếp Sứ Thời Xưa），河內：文化通訊出版社，2001 年。

〔註82〕參考國際關係學院（Học viện Quan hệ Quốc tế）：《出使與接待使節故事》
　　　　（Những Mẩu Chuyện Đi Sứ Và Tiếp Sứ），河內：國際關係學院，2001 年。

〔註83〕參考吳世龍（Nguyễn Thế Long）：《越南阮朝邦交》（Bang Giao Việt Nam Thời
　　　　Nguyễn），河內：文化通訊出版社，2005 年。

〔註84〕參考吳德壽（Ngô Đức Thọ）：〈丁儒完及其《默翁使集》〉（Hoàng Giáp Đinh
　　　　Nho Hoàn Với Mặc Ông Sứ Tập），《義安文化》（Văn hóa Nghệ An），2008
　　　　年。

〔註85〕參考武宏維（Võ Hồng Huy）：〈阮促的《華程消遣後集》〉（Quế Hiên Nguyễn Nễ

基（1676～1733）﹝註 86﹞、阮宗窐（1692～1767）﹝註 87﹞、《往使天津日記》與《往津日記》﹝註 88﹞、陶公正（1639～1709）及其《北使詩集》﹝註 89﹞、鄭懷德﹝註 90﹞、潘輝族與使程詩﹝註 91﹞、潘仕熟（1822～1891）﹝註 92﹞、莫挺之（1272～1346）﹝註 93﹞、馮克寬﹝註 94﹞、鄧廷相（1649～1735）

Với Hoa Trình Tiêu Khiển Hậu Tập），《文學藝術》（Văn học nghệ thuật），2010 年第 316 期，阮氏鳳（Nguyễn Thị Phượng）〈阮偍詩研究〉（Về Văn Bản Thơ Nguyễn Đề），《漢喃雜誌》（Tạp chí Hán Nôm），2001 年第 88 期，頁 63～65。

﹝註 86﹞ 參考范黃江（Phạm Hoàng Giang）：〈阮公基與 1715 年的使程〉（Nguyễn Công Cơ Và Chuyến Đi Sứ Nhà Thanh Năm 1715），收入漢喃研究院（Viện nghiên cứu Hán Nôm）：《漢喃學通報》（Thông Báo Hán Nôm Học），河內：漢喃研究院，2005 年，頁 233～239。

﹝註 87﹞ 參考裴維新（Bùi Duy Tân）：〈阮宗窐的使程與使詩：喃文使程詩的開創人〉（Nguyễn Tông Quai（1693～1767）Đường Đi Sứ-Đường Thơ（Người Khai Sáng Dòng Ca Nôm Sứ Trình）），《漢喃雜誌》（Tạp chí Hán Nôm），2007 年第 2 期，頁 3～10。

﹝註 88﹞ 參考范黃軍（Phạm Hoàng Quân）：〈《往使天津日記》和《往津日記》略考〉（Lược Tả Về Sách "Vãng Sứ Thiên Tân Nhật Ký" Của Phạm Thận Duật Và "Vãng Tân Nhật Ký" Của Nguyễn Thuật），《研究與發展雜誌》（Tạp chí Nghiên cứu và Phát triển），2008 年第 6 期，頁 110～117。

﹝註 89﹞ 參考黃文樓（Hoàng Văn Lâu）：〈陶公正及其《北使詩集》〉（Đào Công Chính Với Bắc Sứ Thi Tập），收入漢喃研究院（Viện nghiên cứu Hán Nôm）：《漢喃學通報》（Thông Báo Hán Nôm Học），河內：漢喃研究院，2004 年，頁 314～318。

﹝註 90﹞ 參考黎光長（Lê Quang Trường）：〈鄭懷德使程詩初探〉（Bước Đầu Tìm Hiểu Thơ Đi Sứ Của Trịnh Hoài Đức），收入漢喃研究院（Viện nghiên cứu Hán Nôm）：《漢喃學通報》（Thông Báo Hán Nôm Học），河內：漢喃研究院，2007 年。

﹝註 91﹞ 參考阮黃貴（Nguyễn Hoàng Quý）：〈潘輝族與使程詩〉（Dòng Họ Phan Huy Sài Sơn Và Những Tập Thơ Đi Sứ），收入漢喃研究院（Viện nghiên cứu Hán Nôm）：《漢喃學通報》（Thông Báo Hán Nôm Học），河內：漢喃研究院，2003 年，頁 457～463。

﹝註 92﹞ 參考潘士嫡（Phan Sĩ Điệt）：〈潘仕熟及其 1872 年的使程〉（Phan Sĩ Thục（1822～1891）Và Chuyến Đi Sứ Sang Trung Quốc Năm 1872），《古與今》（Xưa và nay），2005 年第 243 期，頁 19～21。

﹝註 93﹞ 參考阮有心（Nguyễn Hữu Tâm）：〈莫挺之兩次出使元朝初探〉（Mạc Đĩnh Chi Với Hai Lần Đi Sứ Nguyên），《古與今》（Xưa và nay），2004 年第 219 期，頁 23～24。

﹝註 94﹞ 參考裴維新（Bùi Duy Tân）：〈馮克寬——全君命、壯國威的使者〉（Phùng Khắc Khoan-Sứ Giả "Toàn Quân Mệnh-Tráng Quốc Uy"），收入河內國家大學（Nhà xuất bản Đại học quốc gia Hà Nội）：《文學研究與傳授新發現》（Những Vấn Đề Mới Trong Nghiên Cứu Và Giảng Dạy Văn Học），河內：河內國家大學出版社，2006 年，頁 241～252。

〔註95〕、阮輝瑩（1713～1789）〔註96〕、阮忠彥〔註97〕、《使華叢詠》〔註98〕、鄧輝㷫〔註99〕、阮攸〔註100〕、《華原詩草》〔註101〕、范師孟（1300～1384）〔註102〕、

〔註95〕 參考阮氏銀（Nguyễn Thị Ngân）:〈鄧廷相：使者與詩人〉（Đặng Đình Tướng-Sứ Thần, Nhà Thơ），收入——（Nhà xuất bản Khoa học xã hội）:《越南喃文文學總集》（Tổng Tập Văn Học Nôm Việt Nam Tập 2），河內：社會科學出版社，2008 年，頁 556。

〔註96〕 參考阮輝瑩:《皇華使程圖》，榮市：榮市大學出版社，2018 年和 2021 年版；阮輝瑩:《皇華使程圖》，榮市：榮市大學出版社，2018 年和 2021 年版；阮輝瑩:《燕軺日程》，榮市：榮市大學出版社，2021 年；阮青松（Nguyễn Thanh Tùng）:〈阮輝瑩的外交事業〉（Sự Nghiệp Ngoại Giao Nguyễn Huy Oánh），收錄在《紀念阮輝瑩研討會》論文集（Hội thảo danh nhân văn hóa Nguyễn Huy Oánh），河靜：文學院，2007 年和阮青松（Nguyễn Thanh Tùng）:〈阮輝瑩《皇華使程圖版》文本初探〉（Vài Nét Về Tình Hình Văn Bản Hoàng Hoa Sứ Trình Đồ Bản Của Nguyễn Huy Oánh），《漢喃雜誌》（Tạp chí Hán Nôm），2011 年第 1 期，頁 23～32。

〔註97〕 參考阮公理(Nguyễn Công Lý):〈越南中代使程詩概論及阮忠彥使程詩〉（Diện Mạo Thơ Sứ Trình Trung Đại Việt Nam Và Thơ Đi Sứ Của Nguyễn Trung Ngạn），《胡志明市師範大學科學報》（Tạp chí khoa học, đại học sư phạm thành phố Hồ Chí Minh），2013 年第 49 期，頁 95～109。

〔註98〕 參考黎氏偉鳳（Lê Thị Vỹ Phượng）:〈《使華叢詠》簡介〉（Một Số Thông Tin Về Tác Phẩm Sứ Hoa Tùng Vịnh），《漢喃雜誌》（Tạp chí Hán Nôm），2012 年第 5 期，頁 38～47 和周春交（Chu Xuân Giao）:〈《使華叢詠》作者名稱的再確定〉（Trở Lại Để Tiếp Tục Khẳng Định Cách Đọc Nguyễn Tông Quai Cho Danh Xưng Tác Giả Sứ Hoa Tùng Vịnh），《漢喃雜誌》（Tạp chí Hán Nôm），2012 年第 1 期，頁 54～78。

〔註99〕 參考陳德英山（Trần Đức Anh Sơn）:〈鄧輝㷫兩次廣東公幹初探〉（Hai Chuyến Công Vụ Quảng Đông Của Đặng Huy Trứ（1865 Và 1867～1868）），《峴港經濟、社會發展雜誌》（Tạp chí Phát triển Kinh tế-Xã hội Đà Nẵng），2012 年第 30 期，頁 47～55。

〔註100〕 參考 Phạm Trọng Chánh. "Nguyễn Du Gặp Đoàn Nguyễn Tuấn , Sứ Đoàn Tây Sơn Tại Hoàng Châu 1790." nhathonguyentrongtao. Nguyễn Trọng Tạo 2013.

〔註101〕 參考阮廷馥（Nguyễn Đình Phúc）:〈對阮登挪博士〈阮攸在《華原詩草》的評語〉的一些看法〉（Về Bài Viết "Lời Bình Của Thi Hào Nguyễn Du Trong Hoa Nguyên Thi Thảo" Của Phó Giáo Sư Tiến Sỹ Nguyễn Đăng Na），《漢喃雜誌》（Tạp chí Hán Nôm），2008 年第 1 期，頁 63～76。

〔註102〕 參考阮青松（Nguyễn Thanh Tùng）:《范師孟——生平與作品》（Phạm Sư Mạnh-Cuộc đời và thơ văn），河內：師範大學出版社，2018 年和劉德意（Lưu Đức Ý）:范師孟——詩人、外交家、軍事家（Phạm Sư Mạnh: nhà thơ, nhà ngoại giao, nhà quân sự），《古與今》第 273 期，線上版網址 https://xuanay.vn/pham-su-manh-nha-tho-nha-ngoai-giao-nha-quan-su/。

《北使通錄》〔註103〕、李文馥〔註104〕、王有光（？～1886）〔註105〕等。學位論文方面有《裴櫃《燕臺嬰話曲》的介紹與翻譯》〔註106〕、《潘清簡使程詩研究》〔註107〕、《李文馥及其閩行著作之研究》〔註108〕。這都是介紹使節生平、使節作品及其價值的新作。

　　除此之外，該階段也開始出現文章專門探討使節出使過程的心理演變、使節的愛國精神和越南外交文化的基本特徵等，包括〈阮朝儒士鄭懷德出使中國的心理演變〉〔註109〕、〈詠史詩、使程詩與愛國精神〉〔註110〕、〈《方亭萬里集》的萬里思初探〉〔註111〕、〈越南中代外交的三大基本特徵〉〔註112〕、

〔註103〕參考黎貴惇著，阮氏雪翻譯，阮氏冰清校訂：《北使通錄》，河內：師範大學出版社，2018 年。

〔註104〕參考潘氏秋賢（Phan Thị Thu Hiền）：《李文馥的《閩行詩話》——史料、文學、文化和外交價值》（Mân hành thi thoại tập của Lý Văn Phức: Những giá trị sử liệu, văn chuwong, văn hoá và ngoại giao），河內：河內國家大學出版社，2020 年。潘氏秋賢另有幾篇單篇論文探討李文馥使程作品的相關問題，如作品版本考、民族自尊心、漢文作品題材考、作品中所表現出來的服裝文化等。

〔註105〕參考黎光長：〈王有光及其使華詩文〉，《科學與工藝發展雜誌》（社會科學版），第四期，2020 年，頁 789～801。

〔註106〕參考潘氏豔（Phan Thị Diễm）：《裴櫃《燕臺嬰話曲》的介紹與翻譯》（Phiên Dịch, Giới Thiệu "Yên Đài Anh Thoại Khúc" Của Bùi Quỹ），胡志明市人文社會科學大學學士論文，2013 年。

〔註107〕參考阮氏錦戎（Nguyễn Thị Cẩm Nhung）：《潘清簡使程詩》（Thơ Đi Sứ Của Phan Thanh Giản），胡志明市人文社會科學大學碩士論文，2014 年。

〔註108〕參考潘氏秋賢（Phan Thị Thu Hiền）：《李文馥及其閩行著作之研究》（Nghiên cứu nhóm văn bản Mân hành của Lý Văn Phức（1785～1849）），河內人文社會科學大學博士論文，2018 年。

〔註109〕參考黎光長（Lê Quang Trường）：〈阮朝儒士鄭懷德出使中國的心理演變〉（Trịnh Hoài Đức Và Tâm Sự Nho Thần Triều Nguyễn Trên Đường Đi Sứ Trung Quốc），收錄在《越南與中國的文化、文學關係國際學術研討會》論文集（Kỉ yếu Hội thảo khoa học quốc tế Việt Nam và Trung Quốc: những quan hệ văn hóa, văn học trong lịch sử, tháng 9-2011），胡志明市：胡志明市人文社會科學大學、湖南師範大學，2011 年。

〔註110〕參考裴維新（Bùi Duy Tân）：〈詠史詩、使程詩與愛國精神〉（Thơ Vịnh Sử, Thơ Đi Sứ Và Cảm Hứng Yêu Nước Thương Nòi），收入河內國家大學（Nhà xuất bản Đại học Quốc Gia Hà Nội）：《越南中代文學考》（Theo Dòng Khảo Luận Văn Học Trung Đại Việt Nam），河內：河內國家大學出版社，2005 年。

〔註111〕參考阮氏青鐘（Nguyễn Thị Thanh Chung）：〈《方亭萬里集》的萬里思初探〉（Tứ Thơ Vạn Lí Trong Phương Đình Vạn Lí Tập），《河內師範大學科學學報》（Tạp chí Khoa học trường Đại học sư phạm Hà Nội），2008 年第 6 期。

〔註112〕參考杜秋水（Đỗ Thu Thủy）：〈越南中代外交的三大基本特徵〉（Ba Đặc Trưng

〈《李文馥《閩行》作品中的民族自尊感探析》〉〔註113〕等。

2. 越南燕行錄整體或斷代的研究

到此階段，越南燕行錄研究已經有一定的累積，因此開始出現對越南燕行錄或斷代燕行錄的概括與綜合性研究的文章。文章主要探討越南燕行錄的形成和發展〔註114〕、各時期的作品數量、主要內容與思想、歷史與文獻價值等，包括陳朝〔註115〕、西山朝〔註116〕、景興到嘉隆時期〔註117〕、阮朝〔註118〕等。學位論文方面有《越南中代詩人使程詩研究》〔註119〕，為之後研究

Cơ Bản Trong Hoạt Động Ngoại Giao Văn Hóa Việt Nam Thời Trung Đại），收錄在《融入國際時期的對外文化研討會》論文集（Văn hóa đối ngoại thời kỳ hội nhập），2011 年。

〔註113〕參考潘氏秋賢（Phan Thị Thu Hiền）：〈《李文馥《閩行》作品中的民族自尊感探析〉《文學、藝術和漢喃研究改革：三十年的回顧　學術研討會論文集》，河內：河內國家大學出版社，2016 年，頁 206～2017。

〔註114〕參考陳氏詩（Trần Thị The）：〈使程詩文的形成、發展與特徵〉（Vài Nét Về Sự Hình Thành, Phát Triển Và Đặc Điểm Của Thơ Đi Sứ），《河內師範大學科學學報》（Tạp chí khoa học, đại học sư phạm Hà Nội），2012 年第 57 期，頁 52～57。

〔註115〕參考范文映（Phạm Văn Ánh）：〈陳朝外交文件：內容與藝術〉（Văn Thư Ngoại Giao Đời Trần: Nội Dung Và Nghệ Thuật），《研究與發展雜誌》（Tạp chí Nghiên cứu và phát triển），2012 年第 5 期，頁 3～20 和參考范文映（Phạm Văn Ánh）：〈陳朝外交文件：資料、數量、作者與體裁〉（Văn Thư Ngoại Giao Thời Trần（Các Nguồn Tư Liệu, Số Lượng, Tác Giả Và Thể Loại）），《漢喃雜誌》（Tạp chí Hán Nôm），2008 年第 1 期，頁 19～28。

〔註116〕參考陳玉映（Trần Ngọc Ánh）：〈西山朝外交初探：重要思想與歷史教訓〉（Ngoại Giao Tây Sơn-Những Tư Tưởng Đặc Sắc Và Bài Học Lịch Sử），《峴港大學科學與工藝雜誌》（Tạp chí khoa học và công nghệ, Đại học Đà Nẵng），2009 年第 1 期和阮德昇（Nguyễn Đức Thăng）：〈西山朝越南與中國的使程詩初探〉（Thơ Văn Bang Giao Việt Nam Và Trung Quốc Dưới Triều Tây Sơn），收錄在《越南與中國的文化、文學關係國際學術研討會》論文集（Hội thảo quốc tế "Việt Nam-Trung Quốc: Những quan hệ văn hóa, văn học trong lịch sử"），胡志明市：胡志明市人文社會科學大學、湖南師範大學，2011 年。

〔註117〕參考 Đỗ Thị Thu Thủy. "Vài Nét Về Thơ Sứ Trình Việt Nam Từ Thời Lê Cảnh Hưng Đến Hết Thời Gia Long（1740～1820）." Tạp chí Nghiên cứu Văn hóa 1.1（2013）。http://huc.edu.vn/vi/spct/id82/VAI-NET-VE-THO-SU-TRINH-VIET-NAM-TU-THOI-LE-CANH-HUNG-DEN-HET-THOI-GIA-LONG-1740--1820/.

〔註118〕參考陳益源：《越南阮朝所藏中國漢籍與使華詩文》，河內：師範大學出版社，2018 年；黃芳梅（Hoàng Phương Mai）：〈越南阮朝遣使清朝的使團介紹〉（Về Những Phái Đoàn Sứ Bộ Triều Nguyễn Đi Sứ Triều Thanh（Trung Quốc）），《漢喃雜誌》（Tạp chí Hán Nôm），2012 年第 6 期，頁 51～68。

〔註119〕參考阮氏玉英（Nguyễn Thị Ngọc Anh）：《越南中代詩人使程詩研究》（Tìm

提供了非常好的參考資料。

3. 燕行錄與越外文化交流

使節是越中兩國外交關係產生的載體，因此他們所創作的作品，必定是研究越中文化交流必不可少，且至關重要的材料。再加上，越南出使的目的地是中國首都，也是當時整個東亞地區的政治、文化交流舞台，讓他們可以展開與中國文人士大夫和其他國家使節、文人的交流。因此，透過中國這個 contact-zone 研究越南與外國的交涉，成為這一階段新的研究課題。研究主題可分成越中文化交流、越南與朝鮮、日本、西方各國的關係。因越南與朝鮮使節的研究數量可觀，筆者會專門在下節分開討論。這部分先介紹越中和越南與日本、西方各國的文化交流。

越中文化交流研究涉及越中朝貢外交關係〔註 120〕、使團的貿易活動〔註 121〕、漢詩與兩國文化、文學交流〔註 122〕、越使與中國形象〔註 123〕、越南使節在華訂製陶瓷活動〔註 124〕等等。不僅僅從越中兩國國家層面進行考察，另有文章探討越南使節與中國地方文化的關係，如越南使節與湖南

Hiểu Về Thơ Đi Sứ Của Các Nhà Thơ Trung Đại Việt Nam），榮市大學語文學系碩士論文，2009 年。

〔註 120〕參考阮氏美幸（Nguyễn Thị Mỹ Hạnh）：〈阮朝與清朝邦交關係中的朝貢活動〉（Hoạt Động Triều Cống Trong Quan Hệ Bang Giao Giữa Triều Nguyễn（Việt Nam）Với Triều Thanh（Trung Quốc）），《中國研究》（Nghiên cứu Trung Quốc），2009 年第 7 期，頁 65～74。

〔註 121〕參考陳德英山（Trần Đức Anh Sơn）：〈清代越南使團的貿易活動初探〉（Hoạt Động Thương Mại Kiêm Nhiệm Của Các Sứ Bộ Việt Nam Ở Trung Hoa Thời Nhà Thanh），收入世界出版社（Nhà xuất bản Thế giới）：《歷史遺產和新的切入點》（Di Sản Lịch Sử Và Những Hướng Tiếp Cận Mới），河內：世界出版社，2011 年。

〔註 122〕參考于在照（Vu Tại Chiếu）：〈越南燕行漢詩與中代中越文化交流〉（Thơ Bang Giao Chữ Hán Việt Nam Trong Sự Giao Lưu Văn Hóa Việt Nam Và Trung Quốc Trên Lịch Sử Trung Đại），收錄在《地區和國際視野下的越南文學研討會》論文集（Hội thảo quốc tế Văn học Việt Nam trong bối cảnh giao lưu văn hóa khu vực và quốc tế），河內：文學院，2006 年。

〔註 123〕參考阮黃燕：〈陌生的熟人：論越南知識分子對中國的期待與想像〉，《越南與東方文化、思想的交流國際學術研討會論文集》，胡志明市：胡志明市國家大學出版社，頁 940～955。

〔註 124〕參考 Philippe 張（Philippe Truong）：〈鄧輝㷨在廣東定做的祭祀陶瓷初探〉（Đồ Sứ Tế Tự Do Đặng Huy Trứ Đặt Làm Tại Trung Quốc），《順化：古與今》（Huế xưa và nay），2006 年第 78 期，頁 11。

文化〔註 125〕、越使在黃鶴樓的題詩活動〔註 126〕等。儘管這幾篇文章多為介紹性文字，但也是利用燕行錄於越中文化交流研究的好嘗試，其價值值得肯定。

　　相對於以上越中兩國文化交流研究來講，越南與日本、琉球和西方各國的研究多探討西勢東漸大背景下，雙方交流的方式和內容〔註 127〕、越南在中國獲取西方情報的管道〔註 128〕等等，有助於研究十九世紀西方勢力在亞洲的蔓延，以及東亞各國所要面臨的共同挑戰與危機。

　　4. 越南與朝鮮使節的研究

　　在全球化的影響之下，各國間的學術交流與合作更為頻繁，這幫助學者可以利用新資料來研究各國的交流與關係。在這樣的時代與學術背景之下，利用越南燕行錄來研究越南與朝鮮／韓國的交涉繼續成為此一階段研究的熱點，並有不少新的成果。根據考察，除了單篇論文之外，已經有學位論文專門探討越南與韓國使節在中國的接觸與詩文唱和活動〔註 129〕。這些論文對歷來越南與朝鮮使節在中國的詩文唱和活動進行全面的統計，並指出其對研究兩國關歷史、文化交流的價值。還有一部由越南漢喃研究院與韓國仁荷大學校共同合作的專書，專門探討越南與韓國使臣在中國的詩文唱和活動。這可以說是直至目前為止，兩國對此方面研究成果的累積與集大成〔註 130〕。

〔註 125〕 參考阮公埋（Nguyễn Công Lý）：〈越南中代使程詩與湖南文化——以阮忠彥詩為例〉（Thơ Đi Sứ Trung Đại Việt Nam Viết Về Danh Thắng Ở Hồ Nam-Trung Hoa Và Trường Hợp Nguyễn Trung Ngạn），收錄在《越南—中國關係：文化與文學研討會》論文集（Hội thảo Việt Nam-Trung Quốc: quan hệ văn hoá, văn học），胡志明市：胡志明市人文社會科學大學，2011 年。

〔註 126〕 參考 Lê Hùng Phong. "Người Việt Đầu Tiên Đề Thơ Ở Lầu Hoàng Hạc." phuctriethoc. Ed. Lê, Hùng Phong2012. 和 "Ngô Thì Vị Dề Thơ Lâu Hoàng Hạc."

〔註 127〕 參考阮黃燕：〈十九世紀後半葉越南與日本文人在中國的接觸〉，〈東北亞研究雜誌〉第四期，2016 年，頁 60～69。

〔註 128〕 參考阮黃燕：〈出使中國的越南使節蒐集西方訊息之管道〉，〈漢喃雜誌〉第二期，2015 年，頁 24～35。

〔註 129〕 參考李春鐘（Lý Xuân Chung）：《越南與韓國使節詩文唱和之研究》（Nghiên Cứu, Đánh Giá Thơ Văn Xướng Họa Của Các Sứ Thần Hai Nước Việt Nam, Hàn Quốc），漢喃研究院博士論文，2009 年。

〔註 130〕 參考鄭克孟、仁荷大學：《越南與韓國使節在中國的詩文唱和》，首爾：仁荷大學出版社，2014。

　　就單篇論文部分來講，主要有兩個研究重點。第一是繼續蒐集、發掘歷代越南與朝鮮使節的見面及所產生的詩文唱和作品，並加以對其進行分析，例如阮公沆（1680～1732）〔註131〕、劉庭質（1566～1627）〔註132〕、阮登（1577～?）〔註133〕、黎貴惇與朝鮮使節〔註134〕、十八世紀越南與朝鮮使節〔註135〕、1790 年越朝兩國使節〔註136〕、朝鮮金安國與越南使節〔註137〕、越南使節與韓國李氏使節〔註138〕等。第二個重點是對某一階段或整個中代文學時期越南與韓國使節接觸次數與所產生的詩文唱和作品進行統計與分析，讓讀者可以掌握兩國中代非正式外交活動的全貌，分別為〈一些越南與朝鮮使

〔註131〕 參考李春鐘（Lý Xuân Chung）：〈阮公沆與朝鮮使節詩文唱和作品〉（Về Văn Bản Thơ Xướng Họa Giữa Nguyễn Công Hãng （Việt Nam） Với Du Tập Nhất, Lý Thế Cẩn （Hàn Quốc） Trong Chuyến Đi Sứ Trung Quốc Năm 1718），收入漢喃研究院（Viện nghiên cứu Hán Nôm）：《漢喃學通報》（Thông Báo Hán Nôm Học），河內：漢喃研究院，2007 年。

〔註132〕 參考阮德銳（Nguyễn Đức Nhuệ）：〈越南使節劉庭質與朝鮮使節於十七世紀的會面〉（Cuộc Tiếp Xúc Giữa Sứ Thần Việt Nam Lưu Đình Chất Và Sứ Thần Triều Tiên Lý Đẩu Phong Đầu Thế Kỷ Xvii），《漢喃雜誌》（Tạp chí Hán Nôm），2009 年第 5 期，頁 20～23。

〔註133〕 參考鄭克孟、阮德全（Trịnh Khắc Mạnh, Nguyễn Đức Toàn）：〈越南使臣阮登與朝鮮使節的唱和作品〉（Thơ Xướng Họa Của Sứ Thần Đại Việt-Hoàng Giáp Nguyễn Đăng Với Sứ Thần Joseon-Lý Đẩu Phong），《漢喃雜誌》（Tạp chí Hán Nôm），2012 年第 3 期，頁 3～10。

〔註134〕 參考阮明祥（Nguyễn Minh Tường）：〈黎貴惇與朝鮮使節於 1760 年在中國的相遇〉（Cuộc Tiếp Xúc Giữa Sứ Thần Đại Việt Lê Quý Đôn Và Sứ Thần Hàn Quốc Hồng Khải Hy, Triệu Vinh Tiến, Lý Huy Trung Tại Bắc Kinh Năm 1760），《漢喃雜誌》（Tạp chí Hán Nôm），2009 年第 1 期，頁 3～17。

〔註135〕 參考 Shimizu Taro、梁氏秋譯、阮氏鶯校訂（Shimizu, Taro, Lương Thị Thu dịch, Nguyễn Thị Oanh hiệu đính）：〈十八世紀越南與朝鮮使節在中國的相遇〉（Cuộc Gặp Gỡ Của Sứ Thần Việt Nam Và Triều Tiên Ở Trung Quốc Trọng Tâm Là Chuyện Xảy Ra Trong Thế Kỷ Xviii），《漢喃研究院》（Tạp chí Hán Nôm），2001 年第 3 期，頁 88～99。

〔註136〕 參考阮維正（Nguyễn Duy Chính）：〈1790 年越南與朝鮮使團在清朝的會面〉（Cuộc Gặp Gỡ Giữa Phái Đoàn Triều Tiên Và Đại Việt Ở Triều Đình Nhà Thanh Năm Canh Tuất （1790）），《研究與發展雜誌》（Tạp chí Nghiên cứu và Phát triển），2010 年第 6 期，頁 3～22。

〔註137〕 參考 "Kim an Quốc Có Gặp Sứ Giả Việt Nam Tại Trung Quốc?" Đông A.

〔註138〕 參考鄭克孟、阮德全（Trịnh Khắc Mạnh, Nguyễn Đức Toàn）：〈再發現兩位越南使節與韓國李氏使節有唱和作品〉（Thêm Hai Sứ Thần Đại Việt Có Thơ Xướng Họa Với Sứ Thần Joseon），《漢喃雜誌》（Tạp chí Hán Nôm），2012 年第 5 期，頁 32～37。

節的相遇〉〔註139〕、〈越南與韓國使者的詩文唱和：文本學的研究成果〉〔註140〕。另外有一篇專門探討越南與朝鮮詩文唱和的特點與性質，指出其作品裡面的和好與競爭色彩，豐富了兩國詩文唱和研究的內涵，即〈友好與競爭：大越與朝鮮使節1766～1767年在中國的會面〉〔註141〕。

（四）越南對燕行錄研究：一些看法

綜觀越南對燕行錄的研究，可以容易看出，越南的燕行錄研究正處於發展中的階段。學界對燕行錄的注意與研究相當早，並已經累積了一定的成果。但其形式仍以單篇論文為主，專書和學位論文還在慢慢增多。研究主題逐步增加並有多樣化的趨勢，目前主要集中在燕行作品、使程及其價值的介紹，越南與中國文人、朝鮮、日本使節的詩文唱和西方知識的蒐集。儘管有更多燕行錄及使節已經被加以介紹與研究，但是相較於已經公佈的燕行錄及使節數量，這些研究仍然遠遠不夠的。

可以說，越南方面還沒有充分利用燕行錄本身的文獻與史料價值。造成這樣的現象是有多種因素的。最大的原因可能是語言的隔閡與資料取得的難度。越南燕行錄是以漢文和喃文呈現，少數部分已經被翻譯成現代越南語。然而目前大部分越南人都不熟悉漢語和喃字，導致無法閱讀文本及相關資料。第二個因素是資料方面的缺乏。目前越南燕行錄相關原始資料多集中在越南漢喃研究院、各大研究院或公有圖書館，然而因為這些漢喃資料幾乎沒

〔註139〕 參考阮明祥（Nguyễn Minh Tường）：〈中代越南使臣與韓國使程的一次接觸〉（Một Số Cuộc Tiếp Xúc Giữa Sứ Thần Việt Nam Và Sứ Thần Hàn Quốc Thời Trung Đại），《漢喃雜誌》（Tạp chí Hán Nôm），2007年第6期，頁3～12。

〔註140〕 參考李春鐘（Lý Xuân Chung）：〈越南與韓國使者的詩文唱和：文本學的研究成果〉（Thơ Văn Xướng Họa Của Các Tác Gia-Sứ Giả Việt Nam Hàn Quốc: Những Thành Tựu Nghiên Cứu Về Văn Bản Học），收入漢喃研究院（Viện nghiên cứu Hán Nôm）：《漢喃學通報》（Thông Báo Hán Nôm Học），河內：漢喃研究院，2009年。

〔註141〕 參考阮青松（Nguyễn Thanh Tùng）：〈友好與競爭：大越與朝鮮使節1766～1767年在中國的會面〉（Giao Hảo Và Cạnh Tranh: Về Cuộc Hội Ngộ Giữa Sứ Thần Đại Việt Và Sứ Thần Joseon Trên Đất Trung Hoa Năm 1766～1767），收錄在《越南—韓國關係：過去、現在與未來國際學術研討會》論文集（Hội thảo khoa học quốc tế "Quan hệ Việt Nam-Hàn Quốc: Quá khứ, Hiện tại và Tương lai"（International Conference on Vietnam-Korea Relationship in the past, the present and the future）），胡志明市：胡志明市人文社會科學大學、韓國中央文化研究院，2012年。

有被數位化公開使用，地理上的困難，加上材料取得費用較高、閱讀條件也相當麻煩，導致廣泛讀者仍無法順利接觸到資料，研究也因此而受到很大的限制。

二、國外對越南燕行錄的研究

越南與中國關係源遠流長，涵蓋面亦非常廣泛，因此國外對越中關係的研究起步很早，結果也相當豐碩，包括兩國文化、歷史、軍事、外交、交通、文學等各方面。作為兩國關係最直接相關的燕行文獻，其研究卻是最近幾十年的事情。

十幾年來，在全球化趨勢風靡全球各領域、各角落的趨勢之下，中外關係史、中外文化交流成為學術界的熱門話題。全球化力量非常龐大，但人們也因此更加關注地方性、民族性和民族／文化認同等問題。在此學術背景的影響之下，中國學界開始把目光往外展開，並開始關注域外漢籍的存在及其價值，進而擺脫了以往以自己為中心的研究心態，開始在看重本國的資料的同時，也關注外國資料與觀點。這樣一方面可以對過去社會與歷史事件有更全面的掌握和評價，另一方面是可以加強對自我的認識。就東亞漢字文化圈而言，這一趨勢體現得非常明顯。中國學術界自二十世紀九十年代以來，在關注域外漢籍的同時，開始集中研究韓國燕行錄的價值與意義〔註142〕。在這種學術氛圍內，與朝鮮同樣受中國文化影響和與中國有朝貢關係的越南，其燕行錄也開始吸引研究者的目光。自 1980 年阮述《往津日記》在陳荊和老師的努力之下在香港出版，特別是自從 2010 年《越南漢文燕行文獻集成》整理出版之後，學界就更加關注研究這部分文獻的內容與價值。總而言之，國外對越南燕行錄的研究與時代、學術背景有著非常密切的關係。這裡我們將國外，特別是中國大陸、台灣等國家與地區對越南燕行錄研究做個整理，以供大家參考。

在此，所謂「國外對越南燕行錄的研究」是包括單篇論文、學位論文、專書和研究計劃四種。以目前所收集到的資料來看，國外對越南燕行錄主要分佈在中國大陸、台灣、香港和美國等四地。國外越南燕行錄的研究可以分成兩個階段，以 2010 年《越南漢文燕行文獻集成》（後簡稱《集成》）出版時

〔註142〕參考王禹浪、程功、劉加明：〈近二十年中國《燕行錄》研究綜述〉，《哈爾濱學院學報》，2012 年第 11 期，頁 1～12。

間為轉接點。2010 年之前有七篇，從 1980 年陳荊和在出版《往津日記》時的出版說明講起。2010 年之後，因《集成》的出版，為廣大研究者提供了極難得的資料，也激起了越南燕行錄研究的熱潮，其成果因此而比上階段多了數十倍以上。綜觀外國學者對越南燕行錄的研究，就內容來講，我們可以分類如下：

（一）燕行作品的介紹及其文學、史料價值

越南燕行文獻的出版，為學界提供了一批新的研究資料，因此對於這部分資料的文本研究及其研究價值，深受大家的重視。綜觀這部分的研究成果，可以發現研究者多從文學、歷史和文化的角度介入越南燕行錄作品及其相關問題，從而肯定燕行錄的文學、史料價值。茲從以上三方面對這部分的研究介紹如下。

從文學的角度出發，研究者多注重作者生平、作品內容和藝術、版本和編排、路線、使團活動等相關考察，並在此基礎上分析作者的思想情感、精神氣質，肯定作者的才華，對中國文化的吸收與認同，以及作品的在越南、越中文學交流中的地位。這部分研究數量眾多，涉及的作品和作者也不少，包括個別作者，如阮攸〔註 143〕、馮克寬〔註 144〕、阮述〔註 145〕、丁儒完〔註 146〕、潘輝注〔註 147〕、吳時任〔註 148〕、武輝瑨〔註 149〕、阮宗奎〔註 150〕、李

〔註 143〕另外可以參考嚴艷：〈論越南使臣阮攸對杜甫的接受與承繼〉，《中國文化研究》，2019 年第四期。

〔註 144〕參考馮小祿、張歡：〈越南馮克寬《使華詩集》三考〉，〈文獻〉，2018 年第六期。張恩練：《越南仕宦馮克寬及其《梅嶺使華詩集》研究》，暨南大學碩士論文，2011 年。

〔註 145〕參考孫宏年：〈阮述：悲壯使命中的優雅使者〉，《世界知識》2010 年第六期。王志強：〈越南漢籍《阮述〈往津日記〉》與《建福元年如清日程》的比較〉，《東南亞縱橫》，2012 年第十二期。

〔註 146〕參考李炎：《越南後黎朝詩人丁儒完北使詩研究》，天津外國語大學碩士論文，2019 年。

〔註 147〕參考張晶晶：《潘輝注《華軺吟錄》《華程續吟》考論》，北京外國語大學碩士論文，2019 年。

〔註 148〕參考陳雅婷：《吳時任《皇華圖譜》的用典研究》，北京外國語大學碩士論文，2019 年。

〔註 149〕參考胡鑫蓉：《越南使者武輝瑨北使漢詩研究》，山西師範大學碩士論文，2019 年。

〔註 150〕參考范嶸嶸：《越南使者阮宗奎及其《使華叢詠》集研究》，山西師範大學碩士論文，2018 年。

文馥、潘清簡〔註151〕等等；另有單獨對某種文學體裁進行研究，如燕行錄漢詩〔註152〕、日記體〔註153〕等；或以一朝代或某特定時期的燕行錄為研究對象，考察該時期燕行作品內容、藝術上的特點〔註154〕。這裡僅列幾筆研究為例。陳益源教授《越南李文馥的北使經歷及其與中國文學之關係》以李文馥一系列北使作品為研究對象，包括李文馥到燕、閩、粵等的相關作品。從作品文本考察其北使過程、路線、詩文作品等，從而考察作者的生平、思想和文學成就。該項研究廣泛引用越、中、外文資料，是目前國外對李文馥北使作品研究最全面、最有權威的工程。《潘輝注《華軺吟錄》、《華程續吟》考論》深入分析潘輝注的思想感情與精神世界，並探討其詩歌中對中國文化的繼承與發展。《吳時任《皇華圖譜》的用典研究》考察吳時任的用典藝術及其所體現的文化思想，從而分析吳時任使華作品的藝術風格。《阮攸《北行雜錄》研究》從文學角度出發，介紹《北行雜錄》的版本、思想內容和藝術成就，從而對《北行雜錄》的文學價值做出整體的評價。〈范慎遹《如清日程》題解〉介紹《如清日程》的內容及其主要研究價值。《越南仕宦馮克寬及其《梅嶺使華詩集》研究》專門以馮克寬及其燕行作品為研究對象。論文對馮克寬使華過程與活動，《梅嶺使華使集》版本、內容、價值和貢路做出具體的考察，從而做出結論，越南文人對中國文化的認同和民族獨立意識同時存在，並非矛盾對立。《越南如清使漢文文學研究》（上下兩部）則以越南使程作品中用漢文書寫的部分為研究對象，分析其大致內容、藝術方面的特徵，從而指出作者的創作特點，以及對漢文化的接受〔註155〕。陳益源教授從越南使節在中國刻

〔註151〕 參考黎光長：〈「萬里關河夢未圓」——論潘清簡使節詩〉，《國文天地》，2020年第 424 期，頁 21～28。

〔註152〕 參考嚴艷：《越南如清使漢文文學研究》（上下兩部），台北：花木蘭文化事業公司，2019 年；彭茜：〈試論國內學界對越南來華使節及其漢詩的研究〉，《東南亞縱橫》2013 年第 8 期，頁 52～55。

〔註153〕 參考姚瑤、何氏錦燕：〈1840～1885 年越南使臣入清日記研究〉，《紅河學院學報》2021 年第一期，頁 16～20。

〔註154〕 參考嚴艷：〈18～19 世紀越南華裔如清使及其家族漢文學創作述論〉，《暨南學報（哲學社會科學版）》2017 年 06 期；楊煜涵：《越南西山朝使清詩歌研究》，雲南師範大學碩士論文，2019 年；後玉潔：《越南光中三年使團燕行文獻的研究與整理》，西南交通大學碩士論文，2016 年；曹良辰：《越南北使詩略論——以出使明清為中心》，上海師範大學碩士論文，2017 年。

〔註155〕 參考參考嚴艷：《越南如清使漢文文學研究》（上下兩部），台北：花木蘭文化事業公司，2019 年。

詩立碑的特殊活動進行分析，指出刻詩立碑的文化交流價值以及文學上使臣詩文版本校勘的功能，可謂視角新穎，成果豐碩。陳益源教授另從中國文人范仲淹的角度考察范仲淹《岳陽樓記》對越南使節詩歌的影響〔註156〕。可見，這部分的研究多以燕行錄為中心，展開分析其內容和藝術世界，以凸顯作者的藝術風格、漢文化程度和作品價值，為認識該作品、作者提供了極為具體、珍貴的材料。

　　從歷史角度出發的研究，在介紹作品大概內容、出使背景的基礎上，深入分析該作品、該使團對揭開歷史真實面目的價值與貢獻。這部分的研究與下一組「燕行錄與越中關係」研究，內容上有共通的地方，其不同的是該部分研究多為單篇論文，並且重點放在分析燕行錄對某歷史事件的具體價值。其中 1883 年越南最後一批遣使來華的事件尤受關注。例如陳荊和 1980 年《往津日記》〔註157〕的出版說明詳細介紹了阮述《往津日記》的發現與出版，同時肯定了《往津日記》對研究越南近代史、越中關係、朝貢制度、東亞局勢等的重要史料價值。這是一篇最早以越南燕行錄為研究對象的論文，其指導與啟發意義可想而知。〈阮述《往津日記》在近代史研究上的價值〉〔註158〕、〈越南漢籍《往津日記》及其史料價值評介〉在陳荊和研究基礎上，再次肯定《往津日記》在研究中越關係、中法越關係上的價值。〈中法戰爭前夕越南使節研究——以阮氏為例之探討〉探討中法戰爭前越南派往中國使團的情況、任務以及對中法戰爭的影響〔註159〕。因完成於後，可以參考更多資料，因此這些研究比陳荊和有更具體的看法。〈越南漢籍阮述《往津日記》與《建福元年如清日程》的比較〉將兩本同時產生於 1883 年使華行程的作品就版本、流傳、內容等方面進行比較，找出兩本在性質、文獻價值方面的差異，內容方面的互補，對研究當時歷史事件、越中關係等有重要的文獻、史料價值。另有《清代越南燕行文獻研究》以《越南漢文燕行文獻集成》為研究對象，全面

〔註156〕參考陳益源：〈范仲淹《岳陽樓記》對清代越南使節岳陽樓詩文的影響〉，《長江學術》2015 年第 01 期，頁 19～29。

〔註157〕參考〔越〕阮述撰、陳荊和註：《往津日記》，香港：香港中文大學新亞研究所東南亞研究室，1980。

〔註158〕參考陳三井：〈阮述《往津日記》在近代史研究上的價值〉，《台灣師大歷史學報》，1990 年，頁 231～244。

〔註159〕參考陳三井：〈中法戰爭前夕越南使節研究——以阮氏為例之探討〉，許文堂主編：《越南・中國與臺灣關係的轉變》，臺北：中央研究院東南亞區域研究計畫，2000 年，頁 63～76。

對越南清代使節、相關作品及其各方面的史料價值進行分析。其史料價值體現在三個方面，分別為越中朝貢制度、清代社會狀況和越南使節的中國觀。該論文相當全面地進行考察清代越南使節及其燕行作品。然而因為作品數量過多，涵蓋的時間較長，時代背景不同，研究問題自然相當多且複雜，一篇學位論文恐怕難以面面俱到。

（二）燕行作品與越中文化交流

越南燕行錄完成於出使過程，在橫跨半個中國的行旅中，越南使節與中國各地文人、官員等有著長期、親密且多方面的接觸，因此作品本身就帶有文化交流的意義。我們這裡所謂的「文化交流」含義相當廣，包括文學、外交、科技等眾多方面。茲從這三方面分別進行討論。

受東亞詩歌傳統的影響，出使過程中，越南使節經常與中國文人、外國文人進行詩文唱和，以表各自的大志。在這一場文化交流之中，文學交流顯得尤為熱鬧。劉玉珺〈越南使臣與中越文學交流〉〔註160〕很早就注意到這類文獻的文學交流特點。此篇闡述了越南使節身份特點、越中文人的文學交流方式（包括贈答唱和、請序題詞、鑑賞評點等）和六八體和喃文燕行詩作等問題，是最早對使華過程越中文人文學交流的著作，意義甚是重大。

之後的文章則很像是個案研究，或者針對某一位越南使節在中國出使期間的文學交流活動、或者考察中國某地方與越使的交流活動、或者分析某時期使節的文學交流，從而概況其交流特點。討論個別使節的文學交流活動包括裴文禩、李文馥、黃健齋（?～?）、汝伯仕（1788～1867）、黎文謙（?～?）、丁儒完、阮述、阮攸、鄧輝㷸〔註161〕、潘輝詠〔註162〕等。例如〈越南貢使與中國伴送官的文學交流——以裴文禩與楊恩壽交遊為中心〉〔註163〕具體考察越南使節裴文禩與中國文人楊恩壽的文學交流，指出裴、楊之間的詩文唱和、

〔註160〕 參考劉玉珺：〈越南使臣與中越文學交流〉，《學術交流》，2007 年第 1 期，頁 141～146。

〔註161〕 參考莊秋君：〈丈夫之志——兩次廣東使程對越南使節鄧輝㷸的影響探析〉，《雲漢學刊》2016 年第 33 期，頁 116～134 和李標福：〈寓粵越南使臣鄧輝㷸與清人之交誼及其他〉，《五邑大學學報》（社會科學版），2015 年第 17 卷第 2 期，頁 28～33。

〔註162〕 參考李娜：〈1849 年越南如清使臣與清朝伴送官唱和詩芻議〉，《南寧師範大學學報》（哲學社會科學版），2014 年第 06 期。

〔註163〕 參考張宇：〈越南貢使與中國伴送官的文學交流——以裴文禩與楊恩壽交遊為中心〉，《學術探索》，2010 年第 4 期，頁 140～144。

通信、贈答等活動。〈寓粵文人繆艮與越南使節的因緣際會〉〔註 164〕透過分析越南使節阮文章、李文馥、黃健齋、汝伯仕、黎文謙等與中國繆艮的作品，指出他們早期如何見面並進行詩文唱和、通信的場面，到後來無法會面，永留遺憾的深厚情誼。〈讀越南詩人阮攸《北行雜錄》有感〉〔註 165〕表達作者對阮攸作品的看法與評價。〈《默翁使集》中所見越南使臣丁儒完與清代文人之交往〉〔註 166〕介紹了越南使節丁儒完生平、《默翁使集》簡介、出使路線，並考察丁儒完與江南文人如王奢、陶文度、馬幾先等的結交，可彌補中國方面對這些文人資料的或缺。〈晚清壯族詩人黎申產與中越文學交流〉〔註 167〕則將重點轉換成中國文人，介紹黎申產的生平、與越南使節的詩文唱和活動，以及其作品流傳到越南之後所產生的影響。

在考察單一作者的文學交流情況的基礎上，出現了若干篇總結某一時期的文學交流，包括以越南朝代為主的陳朝、後黎朝〔註 168〕、西山朝、阮朝〔註 169〕，或以中國朝代為分割標準的，如宋代〔註 170〕、清朝〔註 171〕等等。例如羅長山〈越南陳朝使臣中國使程詩文選輯〉〔註 172〕蒐集並介紹越南陳朝使臣出使過程的詩文作品及其內容與價值。〈從越南漢籍《往津日記》看晚清中越文化交流〉〔註 173〕則以《往津日記》為中心，考察晚清時期阮述如何與中國

〔註 164〕 參考陳益源：〈寓粵文人繆艮與越南使節的因緣際會——從筆記小說《塗說》談起〉，《明清小說研究》，2011 年第 2 期，頁 212～226。

〔註 165〕 參考李修章：〈讀越南詩人阮攸《北行雜錄》有感〉，《東南亞研究》，1991 年第 1 期，頁 97～99+106。

〔註 166〕 參考鄭幸：〈《默翁使集》中所見越南使臣丁儒完與清代文人之交往〉，《文獻》，2013 年第 2 期，頁 174～180。

〔註 167〕 參考劉玉珺：〈晚清壯族詩人黎申產與中越文學交流〉，《民族文學研究》，2013 年第 3 期，頁 29～38；朱春潔：〈晚清壯族詩人黎申產與越南使臣的詩文交往〉，《河池學院學報》2018 年第 03 期。

〔註 168〕 參考賀春曉：《越南後黎朝使臣在華交遊考》，西南交通大學碩士論文，2018 年。

〔註 169〕 參考王雙葉：《19 世紀越南使臣在華交遊研究》，西南交通大學碩士論文，2018 年。

〔註 170〕 參考詹成燕：《宋代中越文化交流研究》，西南交通大學碩士論文，2012 年。

〔註 171〕 參考史蓬勃：《清代越南使臣在華交遊述論——以《越南漢文燕行文獻集成》為中心》，山東師範大學碩士論文，2014 年。莊秋君：《清代越南使臣在廣東的文學活動研究》，國立成功大學博士論文，2017 年。

〔註 172〕 參考羅長山：〈越南陳朝使臣中國使程詩文選輯〉，《廣西教育學院學報》，1998 年第 1 期，頁 205～211。

〔註 173〕 參考王志強：〈從越南漢籍《往津日記》看晚清中越文化交流〉，《蘭台世界》，

朋友進行文學交流，包括書信交流、互贈詩集、乞討題詞等。

　　另外一部分是考察中國某個地方的文人與越南使節的文學交流活動，一方面介紹兩國文人的密切活動，一方面肯定和提升地方的文化地位，包括湖南浯溪、閩南地區〔註 174〕、華山地區〔註 175〕、廣西〔註 176〕等。例如〈「北南還是一家親」——湖南永州浯溪所見越南朝貢使節詩刻述考〉〔註 177〕對越南各朝代使臣在浯溪所刻詩文進行整體考察，從而指出兩國文化方面的異同。

　　訪書、購書是越南出使中國期間必有的活動，充分體現了兩國的書籍交流，亦有助於研究中國當時的書籍價格和流通狀況。因此，這部分的研究相當豐碩，且不僅利用越南燕行錄，也多利用中國的地方資料進行考察。《十九世紀越南使節於中國購書記錄之調查與研究》〔註 178〕和〈清代越南使節在中國的購書經驗〉〔註 179〕對越南使節在中國購書的次數、背景等進行全面的統計與分析，並指出掌握越南使節的購書經驗，對研究北書南傳、中國書坊史、清代出版史等具有非常重要的價值。也有文章單獨探討越南使節在廣東的購書活動，如〈從清代粵越地方文獻看中越書籍交流〉〔註 180〕、〈清代廣東與越南的書籍交流〉〔註 181〕、〈越南使節鄧輝㷸與越中書籍的交流〉〔註 182〕等。

<hr>

2013 年第一月期，頁 31～32。

〔註 174〕 參考李惠玲、陳奕奕：〈相逢筆墨便相親——越南使臣李文馥在閩地的交遊與唱和〉，《百色學院學報》2017 年第 2 期，頁 122～27。

〔註 175〕 參考何永艷：〈越南花山岩畫文獻研究〉，《民族藝術研究》，2017 年第 6 期，頁 114～121。張惠鮮、王曉軍、張冬梅：〈淺論越南使臣與花山岩畫〉，《廣西民族研究》2016 年第 4 期。

〔註 176〕 主要集中在文人李申眉與越南使節的交流活動。另可參考劉曉敏、滕蘭花：〈清代越南使臣與廣西士人交遊探析〉，《玉溪師範學院學報》2017 年第 33 卷第 1 期，頁 8～13。

〔註 177〕 參考張京華：〈「北南還是一家親」——湖南永州浯溪所見越南朝貢使節詩刻述考〉，《中南大學學報（社會科學版）》，2011 年第 5 期，頁 160～163。

〔註 178〕 陳益源教授於國立成功大學所執行的國科會計劃。

〔註 179〕 參考陳益源：〈清代越南使節在中國的購書經驗〉，《越南漢籍文獻述論》，北京：中國書局，2011 年，頁 1～48。

〔註 180〕 參考劉玉珺：〈從清代粵越地方文獻看中越書籍交流〉，《中國文化研究》2017 年春之卷，頁 169～180。

〔註 181〕 參考李慶新：〈清代廣東與越南的書籍交流〉，《學術研究》2015 年第 12 期，頁 93～103。〈從清代粵越地方文獻看中越書籍交流〉

〔註 182〕 參考陳益源：〈越南使節鄧輝㷸與越中書籍的交流〉，《國文天地》2020 年第 424 期，頁 28～39。

　　詩文外交是使程文學的主要功能之一，因此多被發掘使用，以探討使節的外交本領、漢文化認同以及越中不同時代的外交的關係，可參考〈馮克寬獻萬曆帝祝嘏詩的外交文化解讀〉〔註183〕、〈吳時位未及獻上的祝壽詞〉〔註184〕、〈清代越南使臣之燕行及其詩文外交研究──以《越南漢文言性文獻集成》為中心〉〔註185〕、〈越南外交之特徵以及越南最後一批遣使來畫與李鴻章的交涉〉〔註186〕等文章。另有作品以筆談為接入點〔註187〕，指出筆談為東亞或漢字文化圈交際的重要工具，也因此越南、朝鮮使臣出使中國時就產生了酬唱、筆談的相關作品存世，是東亞文化圈特有的產品。

　　除了文學之外，燕行作品也體現了越中文化交流的其他面向，比如科技、藝術、飲食文化〔註188〕等。〈從傳統到「趨新」：使者的活動與清代中越科技文化交流芻議〉〔註189〕討論越南使節在中國的各種活動，特別是新事物、新科技方面的留意與交流。〈從越南漢籍《往津日記》看晚清中越文化交流〉〔註190〕除了考察晚清時期阮述與中國朋友進行文學交流之外，還進行多方面的文化交流，包括醫藥、近代科技、與日本人交涉等各方面。從而對阮述作品關於文化書寫方面做出評價〔註191〕。〈越南燕行使者的清宮遊歷與戲曲觀賞〉〔註192〕描述越南使節遊歷清宮的經過和在清宮觀賞戲曲的場面。從而希望可

〔註183〕參考呂小蓬：〈馮克寬獻萬曆帝祝嘏詩的外交文化解讀〉，《北京社會科學》2017年第10期，頁74～81。

〔註184〕參考武氏清簪：〈吳時位未及獻上的祝壽詞〉，《國文天地》2020年第424期，頁21～27。

〔註185〕參考劉曉聰：《清代越南使臣之燕行及其詩文外交研究──以《越南漢文言性文獻集成》為中心》，廣西民族大學碩士論文，2013年。

〔註186〕參考GFY. Tsang, HY Nguyen. The Vietnamese Confucian Diplomatic Tradition and the Last Nguyễn Precolonial Envoys' Textual Communication with Li Hongzhang. *Asian Studies* 8（2），213～232.

〔註187〕參考王勇：〈燕行使筆談文獻概述──東亞筆談文獻研究之一〉，《外文研究》，2013年第1期，頁37～42。

〔註188〕參考陳益源：〈越南李文馥筆下十九世紀初的亞洲飲食文化〉，《越南漢籍文獻述論》，北京：中華書局，2011年，頁263～282。

〔註189〕參考孫宏年：〈從傳統到「趨新」：使者的活動與清代中越科技文化交流芻議〉，《文山學院學報》，2010年第1期，頁39～44。

〔註190〕參考王志強：〈從越南漢籍《往津日記》看晚清中越文化交流〉，《蘭台世界》，2013年第一月期，頁31～32。

〔註191〕亦可參考阮玉郡、胡玉明：〈阮述與當時中國官員、知識分子之文化交流〉，《國文天地》2020年第424期，頁39～44。

〔註192〕參考陳正宏：〈越南燕行使者的清宮遊歷與戲曲觀賞〉，《故宮博物院院刊》，

以對中越戲曲的交流與影響做出更為詳細的研究。

（三）燕行作品與越中關係

使節是越中官方外交關係的載體，所以他們使程留下的作品理所當然是研究兩國關係必不可少的資料，因此被眾多學者加以利用，來探討不同時期的越中關係，以及背後所隱藏的文化、民族認同的問題。越中宗藩關係類論文或者探討整個朝代的宗藩關係，或者個別從某一年、某一位使節的角度進行討論，例如〈從 1883 年越南遣使來華看中越宗藩關係的終結〉〔註 193〕詳細分析 1883 年來華越南使團的歷史背景、在華活動，及其對中越宗藩關係終結、中越關係在中法戰爭前夕出現新變化的影響與意義。〈越南使臣與清代中越宗藩秩序〉〔註 194〕肯定了越南使臣對越清宗藩關係穩定發展的貢獻。作者指出，越南使臣實行越南皇帝「內帝外臣」的與中國的外交政策，每次出使盡力妥善處理與大國的外交關係，保護國家的自主權、平等權與國家利益。另有文章從禮儀之爭探討越中宗藩關係的複雜性〔註 195〕，或從李文馥的使程探討兩國關係〔註 196〕，豐富了此類研究的內涵。

文化、政治認同是探討越中兩國關係本質的重要接入點，儘管研究作品、作者不同，但大致上都肯定越南對中華文化的認同，但同時保持著不同的政治立場。這裡列出幾筆研究為例，美國黎明開博士論文《銅柱何在？越南使程詩和 16 至 19 世紀的越中關係》〔註 197〕透過分析越南十六到十九世紀的燕行詩歌，考察越南士人如何看待世界和越南與中國之間的關係。研究指出，越南士人認同中國文化，承認自己為中國藩屬國。這一部打破了西方研究者歷來對越南對文化認同、民族意識的觀點。〈拒斥與認同：安南阮攸《北行雜錄》文獻價

2012 年第 5 期，頁 31～40。

〔註 193〕參考王志強、權赫秀：〈從 1883 年越南遣使來華看中越宗藩關係的終結〉，《史林》，2011 年第 2 期，頁 85～91+189。

〔註 194〕參考陳國寶：〈越南使臣與清代中越宗藩秩序〉，《清史研究》，2012 年第 2 期，頁 63～75。

〔註 195〕參考鄭維寬、林炫臻：〈從禮儀之爭看歷史上中越宗藩關係的複雜性〉，《文山學院學報》2018 年第 31 卷第 1 期，頁 17～23。

〔註 196〕參考楊大衛：《越南使臣李文馥與 19 世紀初清越關係研究》，暨南大學碩士論文，2014 年。

〔註 197〕參考黎明開（Liam C, Kelley），"Whither the Bronze Pillars? Envoy Poetry and the Sino-Vietnamese Relationship in 16th to 19th Centuries（銅柱何在？越南使程詩和 16 至 19 世紀的越中關係）." University Of Hawaii，2001。

值審視〉〔註 198〕透過分析阮攸《北行雜錄》詩歌，指出阮攸對中國、中國文化的拒斥與認同，從而評價《北行雜錄》的文獻價值之所在。〈朝貢、禮儀與衣冠——從乾隆五十五年安南國王熱河祝壽及請改易服色說起〉〔註 199〕講述 1790年越南使團在乾隆祝壽典禮上主動要求改穿大清衣冠，使乾隆皇帝格外高興，越南使團當年也受到格外的重視，而此舉卻引起朝鮮使臣的不滿。從這樣的事件，作者考察中、越、朝等各國之間朝貢、禮儀與衣冠之間的聯繫及其背後複雜的關係。〈三「夷」相會——以越南漢文燕行文獻集成為中心〉〔註 200〕透過越南使節黎貴惇、阮思僩等人與中國文人、朝鮮文人的筆談、拜謁、酬唱等資料，集中探討越南使節對東亞禮樂文明的認同與越中兩國「夷夏觀」的交鋒。

　　越中關係內涵複雜，除了以上面向，又可以從疆界、使程路線、使團活動、使節出使心態〔註 201〕的等多方面進行探討兩國關係在不同時期的具體面貌。此類文獻可參考：〈宋代安南使節廣西段所經路線考〉〔註 202〕集中考察宋代越南使節出使中國在廣西境內的具體路線〔註 203〕。〈清代中國與鄰國「疆界觀」的碰撞、交融芻議——以中國、越南、朝鮮等國的「疆界觀」及影響為中心〉〔註 204〕同時分析清代中國、越南、朝鮮的「疆界觀」及在三國文人作品中的表現，從而對他們的觀點進行比較，得出異同點，是一篇非常有意義的論文。單獨從某一年使團或使節進行探討可參閱：《安南黎朝使臣在中國的活動與管待——兼論明清朝貢制度給官名帶來的負擔》〔註 205〕分析越南黎朝各使節在中

〔註 198〕　參考李謨潤：〈《拒斥與認同：安南阮攸《北行雜錄》文獻價值審視〉，《廣西民族學院學報（哲學社會科學版）》，2005 年第 6 期，頁 157～161。

〔註 199〕　參考葛兆光：〈朝貢、禮儀與衣冠——從乾隆五十五年安南國王熱河祝壽及請改易服色說起〉，《復旦學報（社會科學版）》，2012 年第 2 期，頁 1～11。

〔註 200〕　參考張京華：〈三「夷」相會——以越南漢文燕行文獻集成為中心〉，《外國文學評論》，2012 年第 1 期，頁 5～44。

〔註 201〕　參考李帥：〈越南使臣燕行心態——以南寧詩為例〉，《名作欣賞》2020 年 21期。

〔註 202〕　參考廖寅：〈宋代安南使節廣西段所經路線考〉，《中國歷史地理論叢》，2012年第 2 期，頁 95～104。

〔註 203〕　另可參考鄭幸：〈越南使臣入清京師路線考述——以漢文燕行文獻為中心〉，《歷史地理》2017 年第 35 輯，頁 130～139。

〔註 204〕　參考孫宏年：〈清代中國與鄰國「疆界觀」的碰撞、交融芻議——以中國、越南、朝鮮等國的「疆界觀」及影響為中心〉，《中國邊疆史地研究》，2011年第 4 期，頁 12～22。

〔註 205〕　參考陳文：〈安南黎朝使臣在中國的活動與管待——兼論明清朝貢制度給官名帶來的負擔〉，《東南亞縱橫》，2011 年第 5 期，頁 78～84。

國的各種政治、外交、交遊等活動以及中方對他們的招待。該論文特別利用《如清日記》一書對中方消費的記載以及越南使團所遭遇到的招待不周的問題進行分析，並指出朝貢制度給官民帶來的經濟負擔。另有涉及李文馥使節的在華活動〔註 206〕和 1868 年使團〔註 207〕的探討，詳細疏理每使節、使團的來畫背景、使程經過和朝貢活動等內容，進而探討該使節／使團使華的歷史意義。

（四）燕行文獻與地方研究

越南使者所經中國地方之多，所待時間之長和所寫內容之豐富，必為中國地方、區域研究提供極為寶貴的資料，因此越來越受到學者的重視，以發掘越南燕行作品中對中國某地方的地理、人文記載。這有助於還原中國地方的歷史、文化面貌，進而發掘其現代意義，同時也讓我們更加了解越南燕行錄本身的價值。從研究內容進行分析，可將此類文章分為：對中國整體的研究和對特定地方的探討，研究數量可觀，其中以個別地方研究為多。

對研究整個中國來講，多集中討論中國風貌、名勝古蹟或社會百態〔註 208〕，例如《清代越南燕行使者眼中的中國地理景觀》〔註 209〕以「地理景觀」為線索，分析了越南燕行作品中中國地理的不同面貌，如交通路線，城市與貿易網絡、和城市之外的中國包括地方信仰、社會生活和民居的記錄等。另外可以參考〈明清越南使節燕行檔案中的中國風貌〉〔註 210〕或《越南燕行使臣的中國勝景詩文研究》〔註 211〕等。

以個別地方為探討對象的研究，數量眾多，內容豐富，涉及了地方歷史、

〔註 206〕 參考楊大衛：《越南使臣李文馥與 19 世紀初清越關係研究》，暨南大學碩士論文，2014 年和陳益源：〈在閩南與越南之間——以越南使節李文馥家族為例〉，《應華學報》2016 年第 17 期，頁 1～16。

〔註 207〕 參考周大程：《1868 年越南阮朝黎峻如清使團研究》，雲南大學碩士論文，2017 年。

〔註 208〕 參考陳國保：〈越南使臣對晚清中國社會的觀察与評論〉，《史學月刊》，2013 年第 10 期，頁 55～67；曹雙：《越南使臣所見乾隆時期的清代社會》，鄭州大學碩士論文，2015 年；莊秋君：〈十九世紀越南華裔使節對中國的書寫——以越南燕行錄為主要考察對象〉，《漢學研究集刊》2015 年第 20 期，頁 113～135。

〔註 209〕 參考張茜：《清代越南燕行使者眼中的中國地理景觀》，復旦大學碩士論文，2012 年。

〔註 210〕 參考王晨光：〈明清越南使節燕行檔案中的中國風貌〉，《武漢大學哲學學院：浙江檔案》2014 年第 07 期，頁 51～53。

〔註 211〕 參考白鷺：《越南燕行使臣的中國勝景詩文研究》，西南交通大學碩士論文，2018 年。

文化、文學、地理、風俗習慣、信仰等不同面向。以目前的研究成果來講，廣西、湖南、湖北的相關研究最多，另有涉及北京、山東、河北等。因廣西、湖南地方研究最多，筆者將在下面進行單獨討論，這裡先介紹其他地方的研究作為參考。

　　關於湖北的研究，目前主要集中在黃鶴樓這個特殊的景點。文章從越南使節黃鶴樓詩文出發，在全面整理越使黃鶴樓詩的基礎上，分析越南使節對黃鶴樓的描寫與感懷，掌握清代黃鶴樓的興衰，進而探析越南使節與中國文化的觀感，和近代中國的變化，如《清代越南使節黃鶴樓詩文之調查、整理與研究》和〈清同治年間的黃鶴樓詩文〉〔註212〕等。另有研究涉及越南使節作品中的孝感，期望透過這些記載，發掘孝感作為以孝敬文化為旅遊資源的發展〔註213〕。

　　相對於對中國、湖北、和下面單獨介紹的廣西、湖南的研究，利用越南燕行錄進行中國其他地方的研究相對來講比較少，且多涉及其形象與風貌等主題，比如《文學地理學視域下的華北一景——越南如清使臣紀行詩中的雄安書寫研究》〔註214〕、《〈奉使燕京總歌並日記〉所見江蘇運河風物考述》〔註215〕、〈明清兩朝來華使節的花山詩篇〉〔註216〕、〈越南後黎朝使者筆下的山東形象探析〉〔註217〕、《清代越南燕行使節的北京書寫研究》〔註218〕等等。

1. 燕行錄與廣西

　　利用越南使節文獻進行對於廣西的研究，這幾年成果頗為豐碩，數量激增，內容豐富，視角多元。從地域來分，就有對整個廣西而言，又有涉及廣西的直轄地，如南寧、桂林、橫縣、龍州地區等。從研究視角來看，包括文學、文化、信仰、旅遊等等，可謂繽紛多彩。

〔註212〕此是陳益源教授於國立成功大學所執行的國科會計劃及成果之一。

〔註213〕參考陳益源：〈清代越南使節與孝感〉，《成大中文學報》2015 年第 50 期，頁 85～107。

〔註214〕參考呂小蓬：〈文學地理學視域下的華北一景——越南如清使臣紀行詩中的雄安書寫研究〉，《河南大學學報》（社會科學版）2020 年第 06 期。

〔註215〕參考胡夢飛：《〈奉使燕京總歌並日記〉所見江蘇運河風物考述》，《江蘇地方志》2017 年 02 期，頁 33～37。

〔註216〕參考黃權才：〈明清兩朝來華使節的花山詩篇〉，《廣西師範學院學報》（哲學社會科學版），2013 年第 34 卷第 2 期，頁 48～52。

〔註217〕參考姬芳序：〈越南後黎朝使者筆下的山東形象探析〉，《山東農業大學學報（社會科學版）》2020 年 03 期。

〔註218〕參考李宜樺：《清代越南燕行使節的北京書寫研究》，國立成功大學博士論文，2017 年。

就整個廣西而言，文章多從文學、文化學介入，探討越南使節的廣西詩歌，介紹其詩歌類型、藝術特點、文學意象〔註219〕等，從而展現使節對廣西自然風光的愛慕、與當地文人之交流〔註220〕，並分析使節詩中的廣西形象、少數民族形象〔註221〕和對廣西的態度〔註222〕，從而肯定廣西地區的歷史旅遊資源〔註223〕。

除此之外，其他研究特別探討廣西所轄地方的信仰、文化或社會風貌。例如《清代以來龍州地區馬援崇拜研究》〔註224〕利用《集成》進行考察馬伏波廟的地理分佈。另有文章對南寧〔註225〕、左江〔註226〕、桂林（靈渠文化）〔註227〕、扶綏〔註228〕、橫縣〔註229〕等各方面進行討論，再次肯定越南燕行

〔註219〕 參考王丹：《清代來華越南使臣筆下的廣西詩研究》，廣西民族大學碩士論文，2019 年；劉源：〈原型批評視閾下古代越南使節旅桂詩的意象研究〉，《欽州學院學報》2018 年第 33 卷第 9 期，頁 38～42。

〔註220〕 參考彭茜：《朝貢關係與文學交流：清代越南來華使臣與廣西研究》，廣西民族大學碩士論文，2014 年。

〔註221〕 參考潘怡君：〈清代越南使臣眼中的廣西少數民族形象及成因——以吳時任的《皇華圖譜》為中心〉，《科教導刊》2017 年第 08 期。

〔註222〕 參考劉源：〈論古代越南使節旅桂詩的廣西文化景觀〉，《名作欣賞》2018 年第 17 期，頁 98～99 和李惠玲：〈「他者」之眼：中越使臣詩中的廣西形象〉，《江西社會科學》2020 年 06 期。

〔註223〕 參考阮氏成李：〈《越南漢文燕行文獻集成》中的湘桂走廊歷史旅游資源研究〉，廣西大學碩士論文，2017 年和張澤槐：〈談談湘桂走廊的越南使者詩文〉，《廣西教育學院學報》2016 年第四期，頁 17～27。

〔註224〕 參考王雨：《清代以來龍州地區馬援崇拜研究》，廣西民族大學碩士論文，2012 年。

〔註225〕 參考黃權才：〈古代越南來華使節的南寧詩篇〉，《廣西文史》2014 年第 1 期，頁 70～76。

〔註226〕 參考張惠鮮：〈淺析越南阮攸的左江流域印象〉，《東南亞縱橫》2015 年第 5 期，頁 57～61；張惠鮮：〈左江流域視野下安南貢使與中越文化交流〉，《廣西社會科學》2018 年 12 期和劉曉敏：《清代越南使臣筆下的左江地區社會風貌研究》，廣西民族大學碩士論文，2017 年。

〔註227〕 參考黃騰：〈清代越南使臣桂林詩的生態美學意蘊——以《越南漢文燕行文獻集成》為視角〉，《桂林師範高等專科學校學報》2020 年 01 期。黃騰：〈清代越南使臣與安靈渠詩文研究——以《越南漢文燕行文獻集成》為視角〉，《桂林師範高等專科學校學報》2019 年 06 期。劉源：〈清朝越南使節旅桂詩中的靈渠文化〉，《廣西民族師範學院學報》2019 年 04 期。

〔註228〕 參考李曉媛：〈古代越南使臣筆下的廣西扶綏——以《越南漢文燕行文獻集成》為視角〉，《廣西教育學院學報》2020 年第 6 期。

〔註229〕 參考李帥：〈明清越南使臣眼中的橫縣——以《越南漢文燕行文獻集成》為中心〉，《老區建設》2020 年 04 期。

錄對中國地方研究的重要價值。

2. 燕行錄與湖南（「湘學」）

越南燕行使者路線幾乎必經湖南，因此對其寫下了不少詩文或筆記。而近年來，湖南一帶學者也在積極推動「湘學」的研究。因此，越使的記載，自然成為「湘學」不可多得的域外資料。因此湖南學者對此多加利用，並取得了不少成果。關於湖南的相關研究可以分成兩個部分，第一個部分主要對越南燕行錄作品中關於湖南、岳陽樓、永州、柳宗元等的詩歌進行詳細的整理與與分類。第二個部分在此基礎上對越使作品中的湖南風貌〔註230〕、人物、文化〔註231〕等進行分析，探索越南使節對湖南的態度〔註232〕和對中華文化的認同。例如〈從越南看湖南——《越南漢文燕行文獻集成》湖南詩提要〉〔註233〕對《集成》所有有關湖南的詩歌與作品進行統計與分類，對之後利用越南燕行錄研究湖南提供最好的基礎。〈黎貴惇《瀟湘百詠》校讀〉〔註234〕顧名思義是對黎貴惇在其燕行作品瀟湘一百首進行分類並一一介紹其背景，讓讀者更加了解詩作的原意。小如此類，〈越南使者詠屈原詩三十首校讀〉〔註235〕利用《集成》收集所有詠屈原的詩並進行校讀以供讀者參考與研究〔註236〕。〈越南使者詠永州〉〔註237〕

〔註230〕 參考何折：《越南使臣眼中的清代湖南社會風貌》，廣西民族大學碩士論文，2016 年。

〔註231〕 參考小峰和明、冉毅：〈瀟湘八景在東亞的展開〉，《湖南科技學院學報》2017 年 05 期。

〔註232〕 參考陳柏橋：《14～19 世紀中越使臣詩歌中的瀟湘印象》，廣西民族大學碩士論文，2017 年和嚴艷：〈越南如清使燕行詩中的洞庭文化探析〉，《廣西民族大學學報（哲學社會科學版）》2017 年 02 期。

〔註233〕 參考張京華：〈從越南看湖南——《越南漢文燕行文獻集成》湖南詩提要〉，《湖南科技學院學報》，2011 年第 3 期，頁 54～62。

〔註234〕 參考張京華：〈黎貴惇《瀟湘百詠》校讀〉，《湖南科技學院學報》，2011 年第 10 期，頁 41～48。

〔註235〕 參考彭丹華：〈越南使者詠屈原詩三十首校讀〉，《湖南科技學院學報》，2011 年第 10 期，頁 35～40。

〔註236〕 關於湖南名人的研究，亦可參考〈越南使者詠柳宗元〉，此篇收集了《集成》所有有關柳宗元的詩並一一校讀，從而指出越南使臣對柳宗元身世及其懷才不遇的感懷與嘆息。柳宗元儘管不是湖南人，但其與湖南有著非常密切的關係。而柳宗元的《永州八記》更是聞名中外，越南使臣也因此而慕其名，一到永州就對柳宗元懷念不已。越南使臣詠柳宗元亦由此而發。參考彭丹華：〈越南使者詠柳宗元〉，《湖南科技學院學報》，2011 年第 3 期，頁 27～29。

〔註237〕 參考彭丹華：〈越南使者詠永州（二）〉，《湖南科技學院學報》，2013 年第 9 期，頁 15～20。

系列作品蒐集了一百八十首越南使節關於永州的詩文作品，加上校讀與簡介讓讀者更容易了解作品的內容。位於湖南的岳陽樓是中國江南三大名樓之一，因此也是越南使節必遊之處。〈清代越南使節岳陽樓詩文之調查、整理與研究〉、〈范仲淹《岳陽樓記》對清代越南使節岳陽樓詩文的影響〉〔註238〕從越南燕行作品蒐集並統計所有有關岳陽樓的各種記載，並重新考察范仲淹《岳陽樓記》的傳播與影響，從而深入探究越中文人交往和越中文化交流。〈元結紀詠詩文研究——以湖南浯溪碑林與越南燕行文獻為中心〉〔註239〕透過分析越南燕行文獻和浯溪碑林所載的元結紀詠詩和紀詠文，指出浯溪文化、華夏文化的強大力量。

（五）燕行錄與中國歷史名人研究

如上面所述，越南使華途徑地方眾多，與所接觸到的中國各地文人亦不在少數，因此利用越南燕行錄研究中國文人是情理之中的現象。目前所涉及的人物有屈原〔註240〕、柳宗元〔註241〕、董仲舒〔註242〕、豫讓〔註243〕、馬援〔註244〕、賈誼〔註245〕、唐宋人物〔註246〕、舜帝〔註247〕、黎申產〔註248〕、項羽〔註249〕等等。研究以越南燕行錄為基本材料，分析詩中的人物刻畫與形

〔註238〕這是陳益源教授於國立成功大學所執行的國科會計劃。

〔註239〕參考彭敏：〈元結紀詠詩文研究——以湖南浯溪碑林與越南燕行文獻為中心〉，《湖南科技學院學報》，2012 年第 1 期，頁 16～20。

〔註240〕參考彭丹華：〈越南使者詠屈原詩三十首校讀〉，《湖南科技學院學報》，2011 年第 10 期，頁 35～40。

〔註241〕參考彭丹華：〈越南使者詠柳宗元〉，《湖南科技學院學報》，2011 年第 3 期，頁 27～29。

〔註242〕參考李帥：〈清代越南使臣詠董仲舒詩五首〉，《德州學院學報》2020 年第 36 卷第 5 期，頁 73～75。

〔註243〕參考李帥、楊寧寧：〈清代越南使臣詠豫讓詩注評〉，《邢台學院學報》2020 年第 2 期，頁 35～40 頁。

〔註244〕參考滕蘭花：〈清代越南使臣眼中的伏波將軍馬援形象分析——以《越南漢文燕行文獻集成》為視角〉，《廣西民族大學學報：哲學社會科學版》，2013 年第 3 期，頁 137～143 頁。

〔註245〕參考胡佳：〈越南使者詠賈誼〉，《湖南科技學院學報》2013 年第 06 期，頁 17～23。

〔註246〕參考彭丹華：《越南燕行文獻的唐宋人物紀詠詩研究》，陝西師範大學博士論文，2014 年。

〔註247〕參考張澤槐：〈越南使者詠舜詩選注〉，《湖南科技學院學報》2014 年第 4 期，頁 50～54。

〔註248〕參考朱春潔：《晚清詩人黎申產研究》，南京師範大學碩士論文，2017 年。

〔註249〕參考邱文彬：《項羽形象的塑造與轉變》，國立成功大學碩士論文，2017 年。

象，越使選擇歌詠人物的標準，越使詩歌的詠人風格，一方面從域外之眼，豐富了各人物的研究；一方面肯定越中文化交流的深層內涵，另一方面也探析越南使節對中華傳統文化的接受與認同。

（六）燕行文獻與中國形象

「形象／圖像」研究進來是學術界的熱點之一，而利用域外之眼來重視自己同時擁有新材料、新視角的優點，具有時代與實質的意義，因此有不少的研究問凷。中國形象的研究，或者選擇某一時代為接入點，如《後黎朝時期安南使臣眼中的中國——以《越南漢文燕行文獻集成》為中心》〔註250〕、〈十九世紀越南華裔使節對中國的書寫——以越南燕行錄為主要考察對象〉〔註251〕、《阮攸詩集《北行雜錄》中的中國形象研究》〔註252〕等；或者從比較宏觀的觀點進行探討，例如《越南中國觀的發展演變研究》〔註253〕、〈越南〔史臣〕與〔使臣〕對〔中國〕意識的分歧比較〉〔註254〕等；或者將中國形象的議題參雜在其他論著當中，譬如《清代越南燕行文獻研究》〔註255〕除了上面所述的史料價值、使程路線之外，同時指出越南使節的中國觀。作者透過越南使節對中國文化的接受與認同、華夷之辯、銅柱與受降城等三方面來陳述越南使節對中國的觀感，從而得出結論說，對於越南使節來講，「文化認同」與「獨立政治」是同時存在的。《近代域外人中國行紀里的晚清鏡像》〔註256〕利用日本、韓國和越南阮述《往津日記》考察外國人眼裡的晚清社會、文化等各方面。從不同國籍作者的不同角度進行觀察，使得中國晚清顯得更完整，也更貼切。除了對中國形象的探討，也有學者嘗試透過越南燕行錄，探討西方勢力在中國及同文國的活動和觀感，有助於揭開十九世紀西學東漸

〔註250〕　參考李小亭：《后黎朝時期安南使臣眼中的中國——以《越南漢文燕行文獻集成》為中心》，暨南大學碩士論文，2015 年。

〔註251〕　參考莊秋君：〈十九世紀越南華裔使節對中國的書寫——以越南燕行錄為主要考察對象〉，《漢學研究集刊》2015 年第 20 期，頁 113～135。

〔註252〕　參考景秀穩：《阮攸詩集《北行雜錄》中的中國形象研究》，廣東外語外貿大學碩士論文，2019 年。

〔註253〕　參考吳清香：《越南中國觀的發展演變研究》，雲南大學博士論文，2016 年。

〔註254〕　參考張崑將（Trương Côn Tương）（2015），越南〔史臣〕與〔使臣〕對〔中國〕意識的分歧比較，臺灣東亞文明研究學刊，12（1），167～191。

〔註255〕　參考周亮：《清代越南燕行文獻研究》，暨南大學碩士論文，2012 年。

〔註256〕　參考葉楊曦：《近代域外人中國行紀里的晚清鏡像》，南京大學碩士論文，2012 年。

背景下東亞各國的現況與命運〔註257〕。

（七）國外對越南燕行錄研究：一些看法

綜觀以上國外對越南燕行錄研究的介紹，我們可以得出下面幾個結論：

第一，國外對越南燕行錄的研究數量眾多，並且呈現增加的趨勢。從作品完成時間來看，絕大部分作品是《集成》出版之後而著。

第二，國外對越南燕行錄的研究呈現不均衡的現象，其表現是或者集中在某個使節和作品；或者聚焦某個地方。如以作者為準，被納入研究的使節作者有馮克寬、黎貴惇、阮攸、李文馥、汝伯仕、阮思僩、丁儒完、裴文禩、吳時位和阮述等人。其中又以馮克寬、黎貴惇、阮攸、李文馥、丁儒完、阮述的文章為多，研究視角也比較多元。如以燕行作品來看，真正作為研究對象的燕行作品只有六部，分別是馮克寬、阮攸、李文馥、丁儒完、裴文禩和阮述的作品。「六部」與《集成》所收集的「七十九部」兩個數字，相較之下更顯得少之又少。其中談得較為深入的作者或作品有阮攸、黎貴惇、李文馥、阮述。他們都是越南文壇響噹噹的人物，也是國外學者歷來研究最多的對象之一。其他使臣與作品幾乎乏人問津，實為可惜。若從研究對象進行討論，以目前的成果來看，主要集中在燕行錄的文學特點、兩國文化交流、燕行錄與與地方研究（其中又以湖南、廣西為多）和中國人物。研究對象集中的現象都是有其學術淵源與背景的。比如湖南學者近來極力推動湘學的研究，因此越南燕行錄作為新材料和新視角，是他們迫不及待要掌握與利用的好資料。而阮述《往津日記》則是最早與世人見面的越南燕行文獻之一（1980 年），再加上其產生背景較為特殊（1883 年是越南最後一次遣使來華，見證了越中朝貢制度的終結，也見證了中、法、越十九世紀末的交涉和中法戰爭前夕的東亞緊張局勢），自然吸引國外學者的更多關注。李文馥相關研究成果也是陳益源教授多年經營的研究計劃。而其他作者如阮攸、黎貴惇等，如上面所述是越南代表性人物，歷來國內外所累積的研究成果已相當多，在此基礎上繼續進行研究會給研究者帶來更多便利。

至於為什麼國外對越南燕行錄研究成果如此之少？筆者認為因為以下幾個方面。

〔註257〕 參考阮黃燕：〈「遠海驚看牛馬及」——越南使節眼中的西方見聞〉，《國文天地》2020 年第 424 期，頁 45～50。

（1）越南燕行錄相關研究資料不容易取得。儘管《集成》的出版給研究
者提供了文本，然而如果要做好某人、某作品的研究，也需要蒐集
相關參考資料，如該作者的其他作品、相關歷史文獻等。但是目前
那些越南的漢文資料遠在越南。再加上越南對漢喃資料仍然只有限
度的開放，數位化速度與數量還有很大努力的空間。越南語資料和
研究成果儘管多，但又存在語言隔閡的問題。這一切給研究者造成
很大的困擾，讓他們視而止步。

（2）越南燕行錄研究較韓國燕行錄研究起步比較晚，還沒有形成一種風
氣，導致研究數量還不夠多。總而言之，國外越南燕行錄研究研究
成果有待增加，研究主題也有限，因此可以說，國外越南燕行錄研
究仍處於起步的階段。

　　第三，國外對越南燕行錄的研究團隊有集中化的現象，這表現在作者群
的分配上。國外越南燕行錄研究目前呈現幾個重鎮，分別是中國湖南學者、
西南交通大學、廣西地區大學、廣州暨南大學、上海復旦大學和台灣國立成
功大學。湖南學者是因為其最近研究重點——湘學有關。廣州暨南大學、廣
西地區各大學利用其與越南較近的地理優勢，再加上在陳文原教授的帶領之
下也形成了相當龐大的研究團隊，歷來致力於越南史、中越關係的研究，而
越南燕行錄就是近年來較亮眼的研究成果之一。西南交通大學擁有可謂是越
南漢文文獻的大專家——劉玉郡教授，在她帶領之下，行程了長期、多元、
成果累累的越南燕行錄研究。復旦大學是負責出版《集成》的單位，本身就
擁有掌握資料與研究的優勢。台灣國立成功大學則有陳益源教授，歷來積極
推動域外漢籍，特別是越南方面的研究，並取得非常豐碩的結果。他很早之
前就開始關心越南漢籍資料和周遊列國的李文馥及其作品。越南燕行錄的研
究在此深厚的基礎上，自然會開出相當好的成果。

第三節　研究方法與步驟

　　本文以中國復旦大學、越南漢喃研究院合作出版的《越南漢文燕行文獻
集成》共二十五冊以及世界各地所藏的越南燕行文獻為主要研究對象，來探
討越南燕行錄的主要內容與體裁，以及 1849～1877 年西力東漸的特定時期
間，越中關係、越南知識分子的中國形象、越南歷史命運等諸多問題的討論，

以對燕行錄的價值有進一步的掌握。為了能有效呈現這些命題，本文主要使用「文獻整理與考訂」、「文獻分析法」，結合文學、歷史學觀點等研究思路與方法。

「文獻整理與考訂」方法的主要目的是確定越南燕行文獻的全貌。因為許多歷史因素，越南燕行文獻（和一般越南漢籍文獻）分散在世界各地圖書館，再加上語言方面的隔閡，嚴重影響了其收藏與相關研究。國外學界歷來只知道 1980 年陳荊和教授整理出版的《往津日記》，後來復旦大學、越南漢喃研究院於 2010 年合作出版了大型套書《越南漢文燕行文獻集成》，讓更多人接觸到這批資料。而越南國內這方面也陸續整理出版了不少相關作品。再加上大部分越南燕行文獻是手抄本，有時又沒有註明作者。因此在作品整理、建立目錄、確定作者、創作時間等方面仍需要我們下更大的功夫。

因此，本文積極從越南各家圖書館，如漢喃研究院、文學研究院、歷史研究院、國家圖書館，以及國外重點典藏越南漢籍文獻的圖書館，如美國國會圖書館、美國各大學圖書館、法國各家圖書館等學術機構蒐集燕行文獻和相關研究資料，從而初步掌握越南燕行文獻之全貌，並將所有燕行作品和研究成果建立目錄。這樣可以幫助我們了解燕行作品所呈現的主要內容。在此基礎上，將作品按內容、體裁進行分類，為我們進一步的研究建立更好的基礎，也可以幫我們找出研究或可接入研究的大方向。

其次是「文獻分析法」。本文雖然只選擇一段時間的燕行作品作為研究對象，但其所涉及的內容已經非常豐富。因此，筆者試圖閱讀並掌握所有作品的主要內容與體裁，從而進一步歸納出這一批作品對已鎖定的研究命題的觀點，包括越中兩國關係、越使對西勢東漸的觀察，和對越南歷史命運的反省。

在閱讀、分析文獻過程當中，時時記住文學、歷史、文化等觀點是必然的。如果沒有把作品放在正確、原有的歷史、文化語境之中，將無法了解作品的真正內容。另一方面，如果又沒有把作品放在多種不同的語境進行考察，我們亦將無法掌握作品的整體價值與面貌。越南燕行文獻本身就具有多重歷史、文化背景的作品。倘若沒有把它放在越中兩國關係、越南當時的社會、經濟情況以及整個東亞要面臨的西方東漸的背景之下，將會無法認識到其真正的內容與價值。因此，在研究過程當中，文獻考訂、文本閱讀與歷史、文化詮釋等方法需要緊密結合、相互補充的。

在資料蒐集與仔細研讀作品的基礎上，加上文化、文學、歷史學等觀點

來重看越南燕行錄作品，從而對各作品的內容及其對越中關係、西方勢力的行動和越南的歷史命運等進行探討，並寫成以下章節。

第一章為緒論，包括論文的研究目的與背景、研究方法與步驟和文獻回顧。這部分主要說明研究越南燕行錄的問題意識、問題背景及其研究目的。同時介紹論文研究所運用的方法與具體進行的步驟。文獻回顧部分闡述越南燕行錄國內外的相關研究成果，從而凸顯此研究的重要性與必要性。

第二章是越南燕行錄的基本問題，包括越南燕行錄在國內外的出版情況、燕行錄所使用的主要文體和主要內容分類等，讓讀者對越南燕行錄有較為全面的認識。

從第三章開始正式進入論文研究的重點。第三、四章從不同角度討論越南使節出使中國的兩個重要的體驗，分別討論越南使節的中國形象和對面對西方勢力東漸的各種感觸。

第五章討論越南使節出使中國回國後的所作所為及其對越南文化、文學、政策等的影響。這部分探討越南使者如何運用燕行時期的所見所聞於自身修養和經世濟民的活動。實際說明，許多越南使者利用他們在出使時期的所見、所聞、所看到的資料來應用於治理國家事務。這些資料的應用，讓燕行文獻有更深一層的意義與價值，也是本研究與其他研究有所不同的地方。

第六章為結論，再次肯定越南燕行錄研究的價值，本文的研究成果回顧和未來的研究方向。

第二章　越南燕行錄的若干問題及
1849～1877 年間作品的特點

第一節　越南燕行錄的名稱、創作語言和文體

一、作品名稱和創作語言

　　越南與中國的關係源遠流長，自越南丁朝于 938 年獨立開國，建立越南國之後至 1883 年，越南與中國的關係是透過（朝貢）——冊封體系來呈現。自此，越南定期遣使赴華。而越南各時代的使臣，把他們皇華路上的所見所聞詳細地記錄在自己的作品中，形成了越南文學獨特的一部分，即「使程文學」，也就是華人學界所熟悉的「燕行文獻」或「燕行錄」。

　　這些越南使臣所留下的燕行錄作品名稱各異。不少作者使用直指中國（北國）的詞語來命名其使華作品，如「使華／華程／花程／華原／皇華／北使／燕臺／燕軺／使清／如清／燕行／如燕」等。也有作者用與出使相關的詞語來命名，如「使程／使集／使軺／星軺」，或以形容使路遙遠的「萬里」來起名。其他作者就直接用其字號來稱其燕行作品，如《某某人詩集／文集／日錄》等。而不同朝代對燕行作品的命名也略存差異。後黎朝、西山朝時期多用「使程／使華／北使／往北／使軺／華程」等來命名。阮朝則有更多種命名法，在繼續沿用「使程／華原／北行」等名字的同時，後來還使用「使清／如清／燕行／燕軺」等來命名。前期越南使臣仍用「華程／華原」等字樣，到後來直呼其名「如清／使清」，不再使用「使華／華程」的現象。這意味著

在越南使臣眼裡，慢慢發現或意識到，清朝統治的中國與之前漢族統治的中國不一樣。這現象在筆者看來絕對不是偶然。例如裴樻 1847 年出使中國，正值中國國內發生很多動盪時期。中國國力日益衰落，暴露了清朝政府的懦弱與無能。越南使臣眼裡原本的大國形象大大受損，從而加深了其舊「華」、今「夷」之分（之前使臣潘輝注作品中也多次提出中國人民看到越南使團的衣服懷念明朝的記載。也有學者提出，越南阮朝也將滿族視為「夷」，不是「華」）。從使程作品名稱上看，我們可以明顯看出越南與朝鮮使臣心理演變的差別。朝鮮燕行文獻在明朝時期稱為「朝天錄」，清朝則是「燕行錄」〔註1〕。「朝天錄」和「使程／使華／北使／使輶／華程」等名稱相較之下，「朝天錄」明顯更具有對中國的敬仰與褒義的色彩。這因為朝鮮對明朝再造抱有感恩之心，但越南則不同。明朝曾經侵略越南，導致儘管越南臣服明政府，越南文人也普遍對中華文化羨慕有加，但是其內心仍然對「天朝」存在許多微妙的想法。

　　創作語言方面則多使用漢字，但也有喃字燕行作品問世，如李文馥的《使程便覽曲》、武樾《黎朝越蓮溪公北使自述記》、阮宗窒《使程新傳》、佚名《旅行吟集》、阮登選《燕台嬰語》等〔註2〕。這對於越南文學來說是一件非常有意思的現象。因為越南文學長期使用漢字來創作，並視其為雅文學。而出使北國在越南文人和世人看來是一件可以引以為傲的事。所以他們趁著一路往北創作了不少「詩以言志」的作品，還邀請中國文人為其寫序題詞，這大大提高了作品的價值，也體現了作者的才華，使他贏得其他文人的讚賞。當時喃字和喃字作品仍普遍被視為通俗的文字與文學。使用喃字來創作堂堂可登大雅的使華作品，的確是很有意義的嘗試。儘管現存數量不多，然而可以說明喃字至此已經發展到了一定的水平，而越南文人在某種程度上也開始更加重視本國的語言，其民族特色也因此更為濃厚。這對我們研究越南燕行錄的流傳與接受也起著非常重要的作用。

　　越南燕行錄所使用的文體，如同一般文體概念一樣，深受社會歷史、語言發展、作家創作才能等因素所制約與影響〔註3〕。因此考察越南燕行錄所使用的各種文體的情況與價值，有助於了解中越兩國文學交流的實際面貌以及

〔註1〕參考王禹浪、程功、劉加明：〈近二十年中國《燕行錄》研究綜述〉，《哈爾濱學院學報》，2012 年第 11 期，頁 1～12。

〔註2〕參考劉玉珺：〈越南使臣與中越文學交流〉，《學術交流》，2007 年第 1 期，頁 141～46。

〔註3〕參考褚斌杰：《中國古代文體概論》，北京：北京大學出版社，1990，頁 1。

越南使節受中國文學、文化影響的程度。因燕行錄作品數量多，所涵蓋的時間也很長，所以在考察燕行錄文體時，筆者的策略是，對所有燕行錄作品文體進行考察並指出其所使用的文體，但實際分析時主要以阮朝中期的燕行錄為主。

　　越南燕行作品體裁也非常豐富，包括詩集、日記（日錄）（如《如清日記》、《燕軺日程》）、雜錄（《北使通錄》、《北行叢記》、《使軺行狀》、《華程偶筆錄》、《使清文錄》、《使程遺錄》）、筆談（黎貴惇）、地理書（《北輿輯覽》）、圖譜（《皇華圖譜》、《如清圖》等）、奏草（《如燕驛程奏草》）等。其中以目前已公佈出版的作品來看，詩集為最多。而這些使節作品常以多種體裁混雜的方式行世，如詩集和日記，使集和雜錄，詩集與奏草，圖譜與雜錄等。簡言之，越南燕行錄文體，按文體性質來講，可以分為詩體和文類兩類。而詩歌又可分成兩類，一類是中越文學共有的詩體，另一類是越南獨有的詩體。就中越文學共有的詩體而言，可以分成近體律詩（七律、五律、七絕、六絕、五絕等）和古體詩（七言、五言、雜言等）。六八體是越南獨創的民族詩體，適應了越南語言複雜的特點。這一類作品多用喃字創作，數量不多，如《使程便覽曲》、《燕臺嬰話》等。另有截至目前為止僅發現的唯一一部用漢字書寫的六八體長詩，即《奉使燕臺總歌》。

　　文類作品在燕行錄雖不比詩體作品多，但作品數量也相當可觀，文體多樣，且有很重要的史料價值。根據褚斌杰的分類標準，可以分為論說文（如〈辨夷說〉）、雜記文（如阮文超《如燕驛程奏草》）、序跋文（參雜在各部燕行錄中）、祭文（祭江神、祭名人等）、各種公文（兩國往來的各種公文、越南遴選使節、安排出使等各種公文等）、書牘文（中越兩國文人書信往來）、日記體和雜記等。其中很特殊的現象是越南燕行錄有一部很有小說、傳奇色彩的作品，即阮公基的《使程日錄》。這一部分，筆者主要介紹越南燕行錄各種文體的使用狀況和功能，一方面幫助讀者掌握燕行錄各種文體的使用情況，一方面可以了解中越兩國文學交流的實際運作與面貌。

二、文體之一：詩體

　　越南燕行錄作品中，以詩歌為體裁的作品數量最多。燕行錄詩歌可以分為作者個人詩文創作和與中國官員、外國使節唱和的作品，內容豐富多樣，充分體現了越南使節的文學才華和漢文化的造詣。其中以作者歌詠沿途所見

所聞、思念家國的部分為多，與其他文人唱和作品數量次之。燕行錄所用詩體分近體詩，古體詩、詞和越南六八體詩歌等幾種。

　　在使用過程中，不同詩體適合於不同的場合。與中國、韓國官員、友人或越南親友唱和時，越南使節多用七律、五律、七絕、五絕等載體，古體詩則很少用於唱和、對答的場合。這裡杜慧月的解釋最為貼切，因為律詩各種規範的要求比天馬行空無所仿效更易於把握〔註 4〕，因此更易於對唱和表達各自的專對能力和詩才，這是律詩成為唱和場合首選詩體的重要原因。而排律、古體詩在格律、對仗、押韻等方面有相當大的自由，加上句數不拘，難以進行對答、唱和，相對來講更適合表達作者的內心感受的使節個人創作一類的作品。茲將各詩體的使用狀況與價值分別介紹如下：

（一）近體律詩的使用狀況

　　近體詩在越南燕行錄中的運用情況最為可觀。近體詩包括律詩、絕句和排律三大類。律詩則有五言、七言律詩。絕句根據每句字數也可分為五言絕句、六言絕句、七言絕句三類。根據筆者的初步統計，近體律詩是所有越南燕行錄作品中數量最多的一類。如阮偍《華程消遣集》之後集 118 首就有 117 首近體律詩，鄭懷德《艮齋觀光集》152 首、黎光定《華原詩草》74 首等全部都是近體律詩〔註 5〕，阮思僴《燕軺詩文集》共 399 首詩，其中有 274 首近體律詩等。

　　近體律詩的使用又以七言律詩為最多，五言律詩次之。其他類型的順序根據初步考察分別為是七言絕句、五言絕句、排律和六言絕句。這裡可以舉出幾個例子作為印證。以上所提到的鄭懷德《艮齋觀光集》152 首律詩中有122 首七言律詩、12 首五言律詩、8 首六言絕句、7 首五言絕句、3 首七言絕句。黎光定作品的 74 首根據統計也是七律最多，五律、七絕次之。阮偍《華程消遣集》後集 117 首律詩中七律 110 首、七絕 3 首、五絕 4 首。阮思僴《燕

〔註 4〕參考杜慧月：《明代文臣出使朝鮮與皇華集》，北京：人民出版社，2010，頁 116。
〔註 5〕參考黎光長（Lê Quang Trường）：〈鄭懷德使程詩初探〉（Bước Đầu Tìm Hiểu Thơ Đi Sứ Của Trịnh Hoài Đức），收入漢喃研究院（Viện nghiên cứu Hán Nôm）：《漢喃學通報》（Thông Báo Hán Nôm Học），河內：漢喃研究院，2007 年。杜氏美芳（Đỗ, Thị Mỹ Phương）：〈黎光定《華原詩草》初探〉（Hoa Nguyên Thi Thảo Của Lê Quang Định-Những Vần Thơ Đi Sứ Tươi Tắn, Hào Mại），《第一屆語文系青年學術研討會》（Hội thảo Khoa học trẻ I, khoa Ngữ Văn），河內：河內師範大學，2013 年。

輶詩文集》274 首律詩中七律 146 首、五律 108 首、七絕 48 首、五絕 8 首〔註
6〕。其中值得注意的是六言絕句〔註7〕的存在。鄭懷德《艮齋觀光集》裡面的
8 首六言絕句，也是越南燕行錄作品到目前為止中唯一 8 首六絕的作品。六
絕發源於中國，因其格律嚴謹、缺乏音樂美等特點，而在中國文壇相對於其
他詩體來講也相當少被詩人所使用，在越南文學也很少出現。因此鄭懷德連
寫 8 首的嘗試，的確是一個相當值得注意的現象。

　　從作品內容看詩體的分配與使用可以看出很有趣的現象。七律，「近體莫
難於七言律，五十六字之中，意若貫珠，言若合璧〔註8〕」，但同時又「有規
範而又自由，重法度卻仍靈活，嚴整的對仗增加了審美因素，確定的句型卻
包含多種風格的發展變化〔註9〕」，使得七律成為中國士人和越南士人最愛使
用的詩體的原因之一。越南燕行錄七律作品佔詩體大部分是其例子之一。七
律易於表達，且富於變化，因此七律作品題材眾多，寫景、寫事、詠物、詠史
等，特別是寫作者各種心理感受，可謂無處不是。五律在越南燕行錄的使用
只在七律之後，題材多為作者觸景生情，表達使節出使過程的各種心理感觸。
有些五律以組詩的形式出現，如阮思僩〈山行二首〉、〈落灘河守風二首〉、〈約
遊岳陽樓不果放船後書憶二首〉等。排律分五言排律、七言排律兩種，在近
體律詩中數量最少，筆者認為是因為「句句符合平仄律和聯聯對仗，又要廣
其篇幅，故難度是比較大的〔註10〕」。排律因其篇幅上較長的優勢，所以題材
多以描寫作者的心理感情為主，如阮思僩〈苦熱行〉、〈途中偶成〉、〈新樂喜
雨等〉、丁儒完的〈過洞庭湖賦長天排律一百言〉等。七絕、五絕、六絕使用

〔註 6〕其他例子如《奉使燕臺總歌並日記》除了一篇六八體長詩，其餘都是七律作
　　　品。《星槎紀行》七律 80 首，五律 3 首，五排 1 首，五古 1 首，贊 1 首，詞
　　　和曲各 10 首。
〔註 7〕六言絕句或六言四句是絕句的一種，稱為六絕，有嚴格的格律要求。六絕要
　　　求每句字數相等，平仄相對，一詩四句，偶句入韻，一韻到底，並有六律，
　　　平仄相對，偶句入韻，一詩八句，中兩聯對仗。主要使用以下三個句式進行
　　　組合：仄仄平平仄仄，平平仄仄平平。平平平平仄仄，仄仄仄仄平平。平平
　　　仄仄平仄，仄仄平平仄平。一聯慣用對仗，可不對，有時兩聯全用對仗。六
　　　絕之一類近體詩未通行。參考褚斌杰：《中國古代文體概論》，北京：北京大
　　　學出版社，1990，頁 217。
〔註 8〕胡應麟《詩藪——內編》卷五，參考胡應麟：《詩藪》，上海：上海古籍出版
　　　社，2002，第 82 頁。
〔註 9〕參考李澤厚：《美的歷程》，《美學三書》，合肥：安徽文藝出版社，1999，頁 143。
〔註 10〕參考褚斌杰：《中國古代文體概論》，北京：北京大學出版社，1990，頁 213。

比近體律詩少，且多用於寫景或刻畫作者的某種特殊、即發的心理活動。越南燕行錄中我們經常看到這樣的絕句詩作，如〈藍江偶題〉、〈啞泉漫題〉、〈梧州八首〉，或偶筆、興筆、夜坐、有感、有憶等五絕、七絕作品。絕句這兩種常見的題材，可能是因其短小精悍、節奏明快、便於創作、利於傳誦的特點所致。律詩、絕句之中又以七律、七絕作品更多，原因不外乎七律、七絕字數更多，更完整和更易於表達作者的內心感情。六絕，如上面所述，因其格律嚴謹、缺乏音樂美等特點，因此越南使節也少有創作。為了加強詩作的表達能力，七絕還常以組詩出現。因其每首四句，畢竟容量有限，因此作者將若干首七絕聯合在一起，來表達一個主題，這樣每首詩可以獨立存在，又可以互相補充，從而擴大了詩歌的思想、內容的容量。如阮思僩〈梧州八首〉、〈江天雜詠二首〉、〈邯鄲懷古四首〉、〈燕臺十二絕〉、〈和南陽太守劉拱宸七首〉等等。

（二）古體詩的使用狀況

古體詩包括五言古體、七言古體、雜言古體等三類，其作品數量遠比近體律詩少，主要用於表達作者一路往北的各種感觸，而較少為純詠景、詠物的詩作。其理由是因為五古、七古、雜言句數、字數不拘，敘事性強，更適合描寫作者的心理感受與演變，如阮思僩〈寒雨〉、〈夜起〉、〈五馬山歌〉等。

（三）詞的使用狀況

詞在越南燕行錄數量很少，參雜在各作品之中，但也有助於加強越南燕行作品的表現能力，豐富了越南燕行錄的文體〔註11〕。

詞是中國古代詩歌中的一體，相對於其他詩體，沒有被越南文人所廣泛接受，因此在整個越南文學史，作品數量非常少〔註12〕。燕行作者用詞創作

〔註11〕 參考阮公理（Nguyễn Công Lý）:〈越南中代使程詩概論及阮忠彥使程詩〉（Diện Mạo Thơ Sứ Trình Trung Đại Việt Nam Và Thơ Đi Sứ Của Nguyễn Trung Ngạn），《胡志明市師範大學科學報》（Tạp chí khoa học，đại học sư phạm thành phố Hồ Chí Minh），2013 年第 49 期，頁 95～109。陳氏詩（Trần Thị The）:〈使程詩文的形成、發展與特徵〉（Vài Nét Về Sự Hình Thành, Phát Triển Và Đặc Điểm Của Thơ Đi Sứ），《河內師範大學科學學報》（Tạp chí khoa học, đại học sư phạm Hà Nội），2012 年第 57 期，頁 52～57。

〔註12〕 根據范文映的研究，詞傳入越南的時間大概是越南取回獨立之後，也就是中國宋初的時候。根據其考察，李陳時期除了匡越大師的《阮郎歸》幾乎沒有留下其他詞品。黎初詞才再出現，並以馮克寬的作品為代表，但目前只存三首。這時期也沒有詞集出現，其作品參雜在士人的詩集、文集裡面。根據統計，這時越南已經有八位寫詞的作家，創作了共七十三首詞。到了西山和阮朝時期，詞

也比較少見，除了一般的詞作品，還包括竹枝詞，目前所找到的四位作者用此類文體創作，分別為：

潘輝益《裕庵吟錄》第二卷，作者為了慶祝乾隆八十大壽所作的十首詞，分別為〈滿庭芳〉、〈法駕引〉、〈千秋歲〉、〈臨江仙〉、〈秋波媚〉、〈卜養子〉、〈謁金門〉、〈賀聖朝〉、〈樂春風〉和〈鳳凰閣〉〔註13〕。上面十調，均為歌功頌德之句，因此多為詞藻艷麗、客套之語。那年為了慶祝乾隆萬壽聖節，越南阮光平甚至帶了一隊越南樂團前來慶祝，很有可能以上十首當時也被越南樂團表演給乾隆和百官觀看。同本詩集另有詞調十首，描述作者沿途的所見所聞〔註14〕。

吳時位（1774～1821）《枚驛諏餘》有賀壽詞三首，根據武氏清簪的研究，這三首本來是吳時位先填好，並打算獻給嘉慶皇帝作為祝壽禮，但因嘉慶要求以詩呈上。吳時位三首詞分別用〈千秋歲〉、〈賀聖朝〉、〈清平樂〉三調寫成〔註15〕。

潘輝注《華軺吟錄》卷卜有詞八首詠洋湘八景。當天潘輝注夏日經過此地，眼看「景緻淋漓」，美不勝收，想起去年冬天經過此地又是另一番景色，觸景生情，便籍此揮筆寫詩、詞各八首，以「無負此度洋湘遊也」。此八首為〈洋湘夜雨〉（更漏子）、〈洞庭秋月〉（西江月）、〈遠浦歸帆〉（浪門沙）、〈平沙落雁〉（惜分飛）、〈江天暮雪〉（梅花）、〈山市晴嵐〉（小重山）、〈漁村夕照〉（漁家傲）、〈煙寺晨鐘〉（霜大曉角）〔註16〕。潘輝注筆下的洋湘顯得多姿多

有了新的發展，甚至有作者試圖用喃字填詞（范彩的《梳鏡新妝》裡面有四首喃字詞）。這時期留下了兩本詞集，分別是《夢梅詞錄》和《蒼山詞集》。另有其他文人雖不專為詞人，但所寫的作品遠遠超過阮朝之前的所有詞品。值得注意的是這時期還出現了評論詞的作品，即詞話，是之前從未出現過的現象。參考范文映（Phạm Văn Ánh）：〈越南詞簡介〉（Vài Nét Phác Về Thể Loại Từ Tại Việt Nam Ta），《漢喃雜誌》（Tạp chí Hán Nôm），2009 年第 4 期，頁 22。

〔註13〕參考潘輝益：《星軺紀行》，《越南漢文燕行文獻集成（越南所藏編）》第 9 冊，復旦大學文史研究院、漢喃研究院，上海：復旦大學出版社，2010，頁 285～281。

〔註14〕參考潘輝益：《星軺紀行》，《越南漢文燕行文獻集成（越南所藏編）》第 9 冊，復旦大學文史研究院、漢喃研究院，上海：復旦大學出版社，2010，頁 275。

〔註15〕參考武氏清簪：〈越南使節吳時位未及獻上的祝壽詞〉，《國文天地》第 36 卷第 4 期，頁 7～11。

〔註16〕參考潘輝注：《華軺吟錄》，《越南漢文燕行文獻集成（越南所藏編）》第 10 冊，復旦大學文史研究院、漢喃研究院，上海：復旦大學出版社，2010，頁 318～325。

彩,體現作者文情並茂的才華。

裴文襈《萬里行吟》之〈梧州竹枝詞〉四首,描述梧州風景人情及其作者的喜愛。值得一提的是,裴氏使用竹枝詞進行創作,這是越南燕行文獻中僅此一例,不僅表現了作者的才華,同時也說明了中國文學對越南文學影響的廣度和深度。

值得注意的是,潘輝注就是潘輝益的三子,吳時仕外孫,吳時任外甥。「潘輝」和「吳時」家族都是越南當時著名的書香之家,以文學而名揚天下。在潘輝注之前,潘輝益、吳時仕、吳時任等都曾出使中國。可見因為生長在這樣的家庭背景,潘輝注更有機會從小就受古典文化、文學的培養與熏陶,因此潘輝注在少數越南使節當中可以運用填詞來創作,也是一脈相承,深有淵源的。

至於為什麼越南使節,甚至越南文人寫詞甚少,越南學者范文映提出了幾點看法。第一,從格律、音調來講,詞本為配樂的詩體,其格律、音樂與越南甚為不同,也難以掌握或取得,這給越南文人造成了很大的困難。第二,詞的發展基礎為都市生活,而在越南都市卻沒有那麼發達。第三,越南士人歷來為了科舉考試而唸書,對於那些與科舉少有干係的詞一類,也顯得沒有那麼熱衷。簡而言之,詞受其本身格律、詞譜等特點,以及越南社會文化環境所制約而在越南沒有得到普遍的接受,其作品因此非常少。更因為如此,而越南燕行錄中以上十八首詞更顯得特別。它們不僅僅豐富了燕行錄文體,而亦為西山、阮朝時期的詞體給予了非常珍貴的補充。

(四)六八體詩歌

六八體詩歌是越南獨創的詩體,適應了越南語言、語音複雜的特點。六八體詩歌(和雙七六八體、說唱體等)的問世,為抒情詩、敘事詩、詩傳等提供最適合、最方便的形式,因此從十五世紀往後,越南出現了大量長篇六八體喃文詩(又名喃傳、詩傳)〔註17〕。

〔註17〕參考以下書籍對越南中代文學的討論,阮登挪(Nguyễn Đăng Na):《越南中代文學解碼》(Con Đường Giải Mã Văn Học Trung Đại Việt Nam),丁嘉慶、越南文學總集編寫委員會(Đinh, Gia Khánh, Hội đồng biên tập tổng tập văn học Việt Nam):《越南文學總集》,越流(Dòng Việt):《越流第二期——越南語言與文學選集(第 1 集)》(Dòng Việt Số 2-Tuyển Tập Ngôn Ngữ Và Văn Học Việt Nam Số 2 Tập 1),坎貝爾:越流,1994 年,越流(Dòng Việt):《越流第二期——越南語言與文學選集(第 2 集)》(Dòng Việt Số 2-Tuyển Tập Ngôn Ngữ Và

對於六八體詩歌的產生，國內外學者的看法大同小異，認為越南詩人在越南語音的基礎上，加上越南民間文學的節拍和押韻方式，結合漢文學七言律詩七言四句的模式而產生了越南六八體和雙七六八體〔註18〕。

越南六八體格式是六字和八字各一行，兩者相間，以六字句在先，八字句在後。第一句（即六字句）末字起韻（一），第二句（即八字句）的第六字押韻（一），第八字則另起韻（二）。若接寫下去，則第三句的末字押前韻（二），第四句的第六字仍為押前韻（二），而第八字則另起韻（三）。如此周而復始，直到最後，且押韻大部分都為平韻。

六八體的標準平仄格律為：

六字句：平　平　仄　仄　平　平

八字句：平　平　仄　仄　平　平　仄　平。

其中斜字體表示 1、3、5 格律不論，但 2、4、6 要分明。當然在創作過程當中，為了表達的需求和語音的特點，押韻、平仄方面也出現例外，即變體六八體的現象。

篇幅方面，六八體整首詩長短不限〔註19〕。如阮攸《翹傳》有 3254 句六八句，阮廷炤《陸雲仙傳》有 2082 句，陳濟昌《雨衣》（Áo bông che bạn）則只有 8 句等。茲將阮攸《翹傳》裡面的一段作為示範例子：

縹醶中埃得些

荇才荇命靠羅恄饒

歧戈沒局彼榳

仍調睏體麻疒疸悉

邏之彼嗇斯豐，

歪靜怉退蜢紅打慳。

以上一段為喃字，現代越南文版如下：

　　　　Văn Học Việt Nam Số 2 Tập 2），坎貝爾：越流，1994 年。

〔註18〕 參考阮登挪（Nguyễn Đăng Na）：《越南中代文學解碼》（Con Đường Giải Mã Văn Học Trung Đại Việt Nam），河內：教育出版社，2007 年，頁 15。

〔註19〕 參考楊廣含（Dương Quảng Hàm）：《越南文學史要》（Việt Nam Văn Học Sử Yếu），胡志明市：青年出版社，2005 年，頁 202～210；李羨林、劉安武：《東方文學辭典》，吉林：吉林教育出版社，1992。另可參考雷慧萃：〈淺析越南獨特的詩歌體裁——六八體和雙七六八體〉，《東南亞縱橫》，2004 年第 8 期和張玉梅：《論越南六八體、雙七六八體詩與漢詩的關係》，華中師範大學碩士論文，2008。

Trăm năm trong cõi người **ta**,

平　　平　　平　仄　平　平 [1]

Chữ tài chữ mệnh khéo **là** ghét **nhau**

仄　平　仄　仄　仄　平 [2] 仄　平 [3]（平 1 和平 2 押韻「a」）

Trải qua một cuộc bể **dâu**,

仄　平　仄　仄　仄　平 [4]（平 3 和平 4 押韻「au」，不同於平 1、2 的韻）

Những điều trông thấy mà **đau** đớn **lòng**.

仄　　　平　平　仄　平　平 [5] 仄　平 [6]（平 4 和平 5 押韻「au」，到平 6 換韻「ong」，與平 7 押韻）

Lạ gì bỉ sắc tư **phong**

仄　平　仄　仄　平　平 [7]

Trời xanh quen thói má **hồng** đánh **ghen**.

平　平　　平　仄　仄　平 [8] 仄　　平 [9]

　　從以上的押韻、平仄格律來看，可知這一段阮攸都遵守了六八體的格律，字句整齊，語音搭配，用詞得當、嫻熟，念起來極為悅耳動聽，不愧為越南喃字文學的一塊寶石。

　　用六八體來創作燕行作品，目前所遺留下來的作品不多，共 5 部，其共同特點都是長篇詩，如《使程新傳》有 670 句六八、《奉使燕京總歌並日記》有 472 句六八等，且都是後黎朝後的作品。這些作者通常都有漢文燕行錄作品同時流行，如《使程新傳》作者同時有《使華叢詠》、《使程便覽曲》作者有《使程志略艸》、《使程遺錄》、《使程括要編》等。就創作語言來講，六八體燕行錄都用喃字來寫，惟有《奉使燕京總歌並日記》是漢文六八體，並有很詳盡的註釋。這部作品的讀音要以越南漢越音發音才能凸顯其聲調的規則，如果用漢語的音來讀，語音會參差難讀，聽起來很不順耳。這一本漢文六八體燕行錄可以說是非常特殊的嘗試。這些長篇六八體燕行錄的主要內容是記錄了使節一路北使的經過，從出關、經過中國各名勝古蹟、使程感想，一直到回國為止。在數幾百句的篇幅之內，可以說是較為完整地介紹使程的全部過程。茲將各六八體燕行錄作品介紹如下：

1. 已失傳的作品

　　這些作品在其他詩文集有提及，但考察越南各大圖書館和其他外國圖書

館都沒有找到文本，分別為黃仕愷〔註20〕《使北國語詩集》、《使程曲》等。

2. 現存的作品

這部分分別介紹現存的六八體使程作品。這些作品除了漢文六八體使程詩《奉使燕京總歌並日記》外，都沒有被收入在越南漢喃研究院和復旦大學共同合作出版的《越南漢文燕行文獻集成》。

（1）阮宗窐《使程新傳》

《使程新傳》是現存最早的喃文使程詩，因此阮宗窐被譽為越南喃文使程詩的開創人〔註21〕。《使程新傳》是阮宗窐於 1742 年出使的作品。目前漢喃研究院今存抄本一種，46 頁，編號 AB.155。該書內容包括有關阮宗窐出使中國的六八體喃歌以及題詠途中名勝的詩篇，詩篇有註釋，附載友人、親戚餞送武馬峰時的酬應文集，有序、帳、詩各乂體，喃文間有漢文。全詩共 670 句六八詩。喃文《使程新傳》已經被轉拼成現代越南語出版並介紹給廣泛讀者，即越南語版的 Sứ Trình Tân Truyện〔註22〕。

（2）武橚《黎朝武蓮溪公北使自述記》

《黎朝武蓮溪公北使自述記》，館藏編號 AB.632，今存抄本一種，40 頁，講述武橚〔註23〕使華行程的六八體喃文自敘詩，喃文間有現代越南文。該書附載六八體喃文傳《梅亭夢記》，有漢文序，講述一個遊客醉後夢見到仙居的梅亭，遇上美女的故事。

〔註20〕黃仕愷，生卒年不詳，有資料說他可能生於 1515 至 1520 期間，越南莫朝大臣，號懶齋，北寧良才人，甲辰年（西元 1544 年）進士，官至戶部尚書。作品流傳有《使北國語詩集》、《使程曲》、《小童樂賦》、《四時曲詠》等。有學者說黃仕愷是越南喃文使程詩的開山鼻祖，但因其作品已經失傳，無法考察。

〔註21〕參考裴維新（Bùi Duy Tân）:〈阮宗圭的使程與使詩：喃文使程詩的開創人〉（Nguyễn Tông Quai（1693～1767）Đường Đi Sứ-Đường Thơ（Người Khai Sáng Dòng Ca Nôm Sứ Trình））,《漢喃雜誌》（Tạp chí Hán Nôm），2007 年第 2 期，頁 3～10。

〔註22〕參考阮宗窐撰，梅紅介紹（Nguyễn Tông Quai, Mai Hồng giới thiệu）:《使程新傳》（Sứ Trình Tân Truyện），太平：太平文化通訊與體操處，1993 年。

〔註23〕武橚（1717～1782），字蓮溪，號梅亭，北寧良才人，1748 年中第三甲同進士出身，歷任吏部左侍郎兼國子監祭酒、國史館總裁等職。作品另有《國史續編》6 卷、《大越歷朝登科錄》，參與翻譯《三千字歷代文解音》成喃字等，其許多漢詩被收錄在《越詩續編》。范廷琥《雨中隨筆》中也記載有關武橚的傳奇故事。

（3）阮輝㑻《奉使燕京總歌並日記》

《奉使燕京總歌並日記》，又名《奉使燕臺總歌》，今存抄本二種，阮輝㑻撰於黎景興二十五年（1764），本書內容為記錄作者出使中國的日記體漢文詩歌，以及歌詠中國歷史遺蹟、名勝古蹟如岳陽樓、孔明廟的一百三十六首詩。館藏編號 A.373（156 頁）、VHv.1182（《奉使燕臺總歌》，阮輝似抄錄，76 頁）。本書已被收入在越南漢喃研究院和復旦大學共同合作出版的《越南漢文燕行文獻集成》第五冊。另外，目前越南國家圖書館有一本《奉使燕臺總歌》刻印本，碩亭藏版，50 頁，館藏編號 R.1375 和 R.2211。此書為刻印本，大可補充、參校漢喃院所藏的抄寫本。

（4）李文馥《使程便覽曲》

《使程便覽曲》，又名《如燕使程便覽》、《華程便覽曲》，是目前現存版本最多、流傳最廣的喃文使程詩作品，今存抄本六種，20 至 39 頁不等，館藏編號 VHv.200（34 頁，有引）、AB.400（24 頁）、AB.149（36 頁）、AB.131（題《如燕使程便覽》，並誤題正使阮公著撰，30 頁）、AB.571（20 頁，附有向嗣德祝壽的喃歌兩篇以及詠月詩三首）、AB.274（39 頁）。此書包括 620 句六八喃詩，講述李文馥 1841 年出使中國一事的喃歌。《回京日記》（館藏編號VNv.217）、《驩州風土記》（VHv.1458）亦附錄此詩。除了漢喃研究院，越南國家圖書館《掇拾雜記》，館藏編號 R.92〔註 24〕中也收錄了《使程便覽曲》文本。美國耶魯大學圖書館 Maurice Durand 漢喃手抄與刻印資料庫有一本館藏編號為 2.0007.039 的圖書裡面也收錄《使程便覽曲》的文本〔註 25〕。該版本內容與漢喃研究院 AB.149 一樣，是 1946～1956 期間現代人所抄錄，每一句喃文詩下面都有相對應的現代越南語。李文馥《使程便覽曲》還較早且多次被轉拼成現代越南語介紹給讀者，即越南語版《南風雜誌》和《中北新聞》都連載李文馥的《使程便覽曲》〔註 26〕，也因此對該書的討論與研究比其他喃

〔註 24〕《掇拾雜記》，越南國家圖書館館藏編號 R.92，手抄本，53 頁，收錄李文馥七部漢喃文作品，包括《掇拾雜記》、《二氏偶談賦》、《國音雜記》、《西海行舟記》、《不風流傳》、《使程便覽曲》、《南關至燕京總歌》。參考 http://lib.nom foundation.org/collection/1/volume/83/。

〔註 25〕美國耶魯大學圖書館 Maurice Durand 漢喃手抄與刻印資料庫館藏編號 2.0007.039，收錄了四部作品，分別為《使程便覽曲》（漢喃院館藏編號 AB.149）、《琵琶行演音》（AB.146）、《自情懷春曲》（AB.408）、《自情歌曲》（AB.408）。參考 http://findit.library.yale.edu/catalog/digcoll:197181。

〔註 26〕參考本論文的越南燕行錄在國內外的出版情況。

文使程詩多一些〔註 27〕。

（5）阮登選《燕臺嬰話》

　　阮登選〔註 28〕《燕臺嬰語》，又名《燕臺嬰話》，現存抄本一種，12 頁，與《繹邏羅國書語》合訂為一冊，館藏編號 AB.285，其書內容講述仙峰夢蓮亭阮登選 1848 年出使中國的喃文詩傳，共 244 句。該書結尾有「參知范芝香評，太僕寺卿杜俊大評」兩行。另外，美國耶魯大學圖書館 Maurice Durand 漢喃手抄與刻印資料庫有一本館藏編號為 2.0010.082 的圖書裡面也收錄《燕臺嬰語》的文本，名為《燕臺嬰話》，與漢喃院 AB.285 版本內容大致一樣，每一句喃文詩下面都有相對應的現代越南語〔註 29〕。這本書目前在國內外都還沒有相關的介紹與研究。

　　茲將以上六八體詩歌燕行作品總結成下表，以供讀者參考：

表 1　用六八體寫作的越南燕行作品統計表

序號	書名和作者	流傳狀況	圖書館和館藏編號		撰寫語言	種類
			漢喃院	其他		
1.	黃仕愷《使北國語詩集》、《使程曲》	已失傳				
2.	阮宗窒《使程新傳》	現存	AB.155		喃文	抄本

〔註 27〕參考青蓮（Thanh Liên）:〈《華程便覽曲》——李文馥從順化到北京的使程日記〉（Hoa Trình Tiện Lãm Khúc-Nhật Ký Trên Đường Từ Huế Đi Bắc Kinh Của Lý Văn Phức），《文化月刊》（Văn hoá nguyệt san），1960 年第 57 期，頁 1623～1627，楊氏詩（Dương Thị The）:〈《使程便覽曲》——李文馥的一部喃文作品〉（Sứ Trình Tiện Lãm Khúc-Tác Phẩm Thơ Chữ Nôm Của Lý Văn Phức），《漢喃雜誌》（Tạp chí Hán Nôm），1992 年第 1 期，頁 87～90。

〔註 28〕阮登選（1795～1880），北寧省人，號仙峰、夢蓮亭，曾任戶部主事、乘旨、侍讀等職。作品除了喃文《燕臺嬰語》還有漢文同名作品《燕臺嬰語》VHv.1733、《史歌》、《國音詩演歌》、《桃花夢記》、《會真記》等。參考《大南正編列傳》二集，卷 33 和賴原恩（Lại Nguyên Ân chủ biên）:《越南文學詞典》（Từ Điển Văn Học Việt Nam），河內：教育出版社，1999 年。

〔註 29〕參考美國耶魯大學圖書館 Maurice Durand 漢喃手抄與刻印資料庫館藏編號 2.0010.082，該書收錄了兩部作品，分別為《雲中月鏡新傳》（漢喃院館藏編號 AB.218）、《燕臺嬰話》（AB.284）。參考 http://findit.library.yale.edu/catalog/digcoll:14142。

3.	武樹《黎朝武蓮溪公北使自述記》	現存	AB.632		喃文	抄本
4.	阮輝儅《奉使燕京總歌並日記》	現存	A.373、VHv.1182	越南國家圖書館 R.1375、R.2211。	漢文	漢喃院抄本；國圖刻本
5.	李文馥《使程便覽曲》	現存	VHv.200（34 頁）、AB.400（24 頁）、AB.149（36 頁）、AB.131（30 頁）、AB.571（20 頁）、AB.274（39頁）。《回京日記》（館藏編號VNv.217）、《驩州風土記》（VHv.1458）亦附錄此詩。	越南國家圖書館《掇拾雜記》R.92中收錄了《使程便覽曲》文本。美國耶魯大學圖書館 Maurice Durand 漢喃手抄與刻印資料庫館藏編號為2.0007.039 也收錄。	喃文	抄本
6.	阮登選《燕臺嬰話》	現存	AB.285	美國耶魯大學圖書館 Maurice Durand 漢喃手抄與刻印資料庫館藏編號為2.0010.082。	喃文	抄本

三、文類

越南燕行錄文類作品數量和頁數比詩體少，但種類相當繁多，且內容多樣，具有很高的史料價值。如燕行錄雜記一類記錄了越南、中國各地的亭台樓閣、山川水秀、名勝古蹟、風土人情等。各類公文如謝表、奏、帖、啟等是越南使節與越南皇帝、官員或中國官員解決使務相關的文件。柬／書信是越南使節與中國友人、外國使節之間的交流方式。序、跋、評點等，表達了越中兩國文人之間或越南文人間文學交流活動與方式。論說／辨是越南使節給中方表達某種觀點而作。日記用來記錄越南使節出使的詳細過程。祭文多為越南使節每逢中越名勝古蹟、山川廟宇而作。茲對主要文體的使用狀況略述如下。

（一）公文

這裡所謂的公文是指越南使節在處理使務過程當中與越南、中國各方之

間的各類正式文件往來，包括給越南皇帝和地方官員、中國皇帝和官員的各類公文。從形式來講包括謝表、奏、帖、啟、咨等幾種，總體內容為解決使務的各種例行或新發生問題，如感謝越南皇帝給予出使重任、請見某中國官員、請使節來討論某一件事、請求留北京參加萬壽聖節等。這些文件被收錄在各部燕行錄之中。這類解決外交相關事宜的行政文類，具有很高的史料價值，讓我們了解當時使團各種外交活動、中越雙方的實際交涉內容，可以補充正史的缺失。而這些公文沿襲古代中國公文形式，就如現代的一種應用文一樣，又可以幫助我們掌握古代越南、中國行政公文的寫作範式。其主要類型和使用情況如下：

1. 奏章

奏章是古代臣屬向帝王進言陳事的文書。越南燕行錄奏章以上呈對象來分可分為兩類，第一是越南使節給越南皇帝的奏章，第二是越方給中國皇帝的奏章。從奏章內容、功能又可以分成很多類型，例如謝表、使團甄選題名相關奏章、請準改回本名奏本、越南使節在中國境內發回的回摺、越南皇帝給中國皇帝的上諭、稟文等。茲根據其上呈對象分述各類奏章如下：

（1）越南使節給越南皇帝的奏章

越南使節給越南皇帝的奏章包括越使出使前、在中國過程和回國後向皇帝上呈的相關使務的奏摺。由此可見凡跟使務有關的出使前後的奏章都歸於此類。根據筆者的考察，該類奏章內容繁多，包括使團人員以及人員調動、貢品、使程路線、使路見聞、使程各地情況等重要資料，不僅幫助我們了解各使團出使背景和詳細情況，同時提供了大量的地方見聞，具有很高的史料價值。這類奏章從功能、內容上可以分為以下幾類：使團人員、人員調動奏章；貢品名單及準備；使程見聞；謝表〔註 30〕或使節個別向皇帝請求某件事等。從形式上看則有奏、表、稟文、啟等幾種。這裡舉出幾個例子來說明奏章的功能與價值。

〔註 30〕謝表根據漢語字典，是舊時臣下感謝君主的奏章。越南燕行錄謝表是指越南使節給越南皇帝或中國皇帝上奏的公文，表達感恩之心。所謝之事包括感謝可充出使身份、感謝使團回國後越南皇帝所給的賞賜、感謝中國皇帝給使團的賞賜等。謝表與其他奏章語言典雅、恭敬、謙虛，以表達臣下對君主感恩之心。可以參考阮思僩使團回國後向嗣德皇帝上呈的謝表，收入阮思僩：《燕軺詩文集》，《越南漢文燕行文獻集成（越南所藏編）》第 20 冊，復旦大學文史研究院、漢喃研究院，上海：復旦大學出版社，2010，頁 187。

有關使團人員、人員調動相關奏章，可以幫助我們了解該使團的情況，同時揭開了阮朝選擇使節的過程和標準，具有相當高的史料價值。如1868年，又到了阮朝要向清朝進貢的貢期。嗣德下令廷臣推薦使團名單。為了選擇1868年的使團成員，阮朝廷臣初擬了正副使的名單上奏嗣德「即公遴舉京外官員，何係學識淹博通，練達政體，堪充使務三員〔註31〕」，但嗣德覺得第一次推薦名單恐難當重任「嗣德……硃批所舉恐皆生疏，或係粗執，未堪遠出專對」，並要求廷臣另選他人。廷臣因此再上奏出使名單，他們仍推薦黎竣為正使，因他「科甲出生，閱歷中外，政體頗屬諳嫻，想亦可堪專對，若另擇亦難其人，黎竣請應仍充正使」。至於甲乙副使，他們商量後報上阮思僩、黃竝兩人。這次獲得嗣德的批准，後再選使團隨行人員、貢品、打發物品等。由此可見，越方每逢貢期或有事要遣使如清，廷臣要先從京外遴選適當人選充當正副使三名，而遴選要求除了京外人，還要具有專對能力，這樣才會得到皇帝的批准，方能出使〔註32〕。這樣的記載在越南燕行錄相當少，因此更顯得有趣且相當珍貴。

另一個相當有趣的奏章是裴玉櫃被選任1848年告哀上諭使團正使後，出發前向嗣德皇帝請準改回本名裴櫃的奏本。奏章內容為：

臣裴玉謹奏為片

奏事由臣本姓裴名櫃，係臣父自幼命名。至明命玖年戊子鄉科，臣社里從謬著為裴玉櫃。是科濫預鄉激薦，繼登春榜。臣自出仕以來因以額籍既成，莫敢塵□聲請改正。茲臣濫叨使命，名通外國而臣現名玉櫃，字面想有未莊。請應改為裴櫃，敢具□陳請伏侯聖旨，謹奏。

紹治柒年拾貳月初陸日奉〔註33〕。

有此可見，裴玉櫃本名裴櫃，參加鄉試時名字有所差錯，但因不想驚動皇上而一直沒有要求改回原名。只是此次出使，代表國家，其名遠到國外，恐怕那個名字聽起來過於普通，影響天朝對本國的看法，因此才敢上奏請準

〔註31〕參考阮思僩：《燕軺筆錄》，《越南漢文燕行文獻集成（越南所藏編）》第19冊，復旦大學文史研究院、漢喃研究院，上海：復旦大學出版社，2010，頁15。

〔註32〕參考阮思僩：《燕軺筆錄》，《越南漢文燕行文獻集成（越南所藏編）》第19冊，復旦大學文史研究院、漢喃研究院，上海：復旦大學出版社，2010，頁15～17。

〔註33〕參考裴櫃：《燕行總載》，《越南漢文燕行文獻集成（越南所藏編）》第15冊，復旦大學文史研究院、漢喃研究院，上海：復旦大學出版社，2010，頁217～218。

改回裴檜本名。奏章事由記錄清楚，論述簡而有理，全為本國利益著想，因此最後得到「硃批依奏〔註 34〕」。此奏雖跟出使任務毫無關係，然而提供了該使團出使前的細節，以及出使過程所發生的種種趣事，因此顯得相當有趣，也給燕行錄帶來了不同的氣氛。

　　除了出使前後的奏章，越南使節踏入中國境內後也要時時將使團情況回報給越南皇帝。這一類的奏章名為「回摺」。這種在中國後回報的情況應該早有規定，我們在閱讀燕行錄時時常看到越南使節有關回摺的記載。如范世忠《使清文錄》所記錄的〈四月日在廣西回稟文〉，描繪了該使團從入關後在廣西境內的各種活動〔註 35〕。阮思僴各種燕行作品中講到越南使節擬寫回摺匯報越南皇帝的情況，而且這些回摺也要經過中國官員查看後才能透過各驛站傳遞回越南〔註 36〕。另外，阮述《每懷吟草》中也提到將〈廣西恭發回摺〉寄回越南〔註 37〕。這些奏摺可以幫助我們了解使團在中國的活動，以及越南使節對中國情勢的掌握與看法。但可惜的是，除了范世忠的稟文，其餘越南燕行錄都沒有看到完整的回摺奏本。

　　除了以上所列奏章之外，越南燕行錄許多作品也保留了該使團出使過程的相關奏章，如陶公正《北使詩集》所錄其啟文，上書給黎熙宗將其歸國後的詩集上呈御覽〔註 38〕。黎貴惇《北使通錄》對使團人員、貢品名單等的相關公文〔註 39〕。范世忠《使清文錄》中各種向越南皇帝上奏的奏章（有關使團人員、貢品名錄、數量等）〔註 40〕、阮思僴《燕軺詩文集》各種使團人員、

〔註 34〕　參考裴檜：《燕行總載》，《越南漢文燕行文獻集成（越南所藏編）》第 15 冊，復旦大學文史研究院、漢喃研究院，上海：復旦大學出版社，2010，頁 218。

〔註 35〕　參考范世忠：《使清文錄》，《越南漢文燕行文獻集成（越南所藏編）》第 14 冊，復旦大學文史研究院、漢喃研究院，上海：復旦大學出版社，2010，頁 90。

〔註 36〕　參考參考阮思僴：《燕軺筆錄》，《越南漢文燕行文獻集成（越南所藏編）》第 19 冊，復旦大學文史研究院、漢喃研究院，上海：復旦大學出版社，2010、阮思僴：《燕軺詩文集》，《越南漢文燕行文獻集成（越南所藏編）》第 20 冊，復旦大學文史研究院、漢喃研究院，上海：復旦大學出版社，2010。

〔註 37〕　參考阮述：《每懷吟草》，《越南漢文燕行文獻集成（越南所藏編）》第 23 冊，復旦大學文史研究院、漢喃研究院，上海：復旦大學出版社，2010。

〔註 38〕　參考陶公正：《北使詩集》，《越南漢文燕行文獻集成（越南所藏編）》第 1 冊，復旦大學文史研究院、漢喃研究院，上海：復旦大學出版社，2010，頁 219。

〔註 39〕　參考黎貴惇：《北使通錄四卷（存二卷）》，《越南漢文燕行文獻集成（越南所藏編）》，復旦大學文史研究院、漢喃研究院，上海：復旦大學出版社，2010，頁 15～21。

〔註 40〕　參考范世忠：《使清文錄》，《越南漢文燕行文獻集成（越南所藏編）》第 14 冊，

貢品名錄、數量和謝表等〔註41〕。這些都保留了當年使團的各種訊息，再次肯定了其極為重要的史料價值。

（2）越方給中國皇帝的奏章

越南皇帝給中國皇帝的上諭或越南使節給中國皇帝的稟文等都屬這一類的奏章，其任務不外乎完成某種外交交涉。這類公文讓我們了解該使團的主要任務、出使具體狀況，以及從側面反映越南皇帝、越南使節對中國的看法，其史料價值可想而知。

上諭是越南皇帝給中國皇帝的公文，其目的是向中國請求某件事情。燕行錄有幾處清楚記錄了越南皇帝的請求，如裴樻《燕行總載》中嗣德邀請清使來越冊封上諭〔註42〕，范世忠《使清文錄》越南皇帝向道光皇帝請讓使團出使及使程照料等的上諭〔註43〕。

而越南使節出使過程有時也有事情要稟報中方，如〈稟禮部堂乞納加賞物項公文〉〔註44〕，詳細開列了清朝政府賜給越南皇帝和使臣的各種禮品。又如因中國回贈越南的禮物質量不夠精良，而越南使臣范世忠等人上書請求調換物品的稟文〔註45〕。由此可見，清朝官員在接待越南貢使時應付了事的現象。這類公文，對我們研究中方接待越南貢使、外國貢使時的情況具有很高的價值。

2. 諭旨

諭旨是皇帝的詔令或皇帝曉示臣下的旨意。越南燕行錄諭旨一類包括越南皇帝或中國皇帝給越南使臣的詔令。如越南皇帝每逢貢期命廷臣推薦使臣

復旦大學文史研究院、漢喃研究院，上海：復旦大學出版社，2010。

〔註41〕參考阮思僴：《燕軺詩文集》，《越南漢文燕行文獻集成（越南所藏編）》第20冊，復旦大學文史研究院、漢喃研究院，上海：復旦大學出版社，2010。

〔註42〕參考裴樻：《燕行總載》，《越南漢文燕行文獻集成（越南所藏編）》第15冊，復旦大學文史研究院、漢喃研究院，上海：復旦大學出版社，2010，頁219～221。

〔註43〕參考范世忠：《使清文錄》，《越南漢文燕行文獻集成（越南所藏編）》第14冊，復旦大學文史研究院、漢喃研究院，上海：復旦大學出版社，2010，頁73～75。

〔註44〕參考阮思僴：《燕軺詩文集》，《越南漢文燕行文獻集成（越南所藏編）》第20冊，復旦大學文史研究院、漢喃研究院，上海：復旦大學出版社，2010，頁207。

〔註45〕參考范世忠：《使清文錄》，《越南漢文燕行文獻集成（越南所藏編）》第14冊，復旦大學文史研究院、漢喃研究院，上海：復旦大學出版社，2010，頁104～106。

名單的詔令、再擬使臣名單的詔令〔註46〕、吩咐使團出使過程注意事項的命令，又如中國皇帝回贈越南物品的諭旨〔註47〕等等。

3. 其他公文類

其他公文類包括越南使節給越南、中國各地官員間傳遞的各種外交公文。如使團到達通知單是越南使節每到各地通知當地官員的文件。各類文帖在越南燕行錄多有記載，是這類公文最常見的一類〔註48〕，包括越南使節請見中國官員的各種拜帖（或請謁帖，如〈請見布按帖文〉、〈請見湖南撫官帖〉等）〔註49〕、辭行帖（如〈稟辭行帖〉〔註50〕、〈廣西辭行帖〉〔註51〕）、辭別後的謝帖（如〈在廣西謝帖〉）〔註52〕等；和中方官員、文人向越南使節索詩求

〔註46〕參考裴樻：《燕行總載》，《越南漢文燕行文獻集成（越南所藏編）》第 15 冊，復旦大學文史研究院、漢喃研究院，上海：復旦大學出版社，2010，頁 215～219。阮思僩：《燕軺詩文集》，《越南漢文燕行文獻集成（越南所藏編）》第 20 冊，復旦大學文史研究院、漢喃研究院，上海：復旦大學出版社，2010。

〔註47〕參考阮思僩：《燕軺詩文集》，《越南漢文燕行文獻集成（越南所藏編）》第 20 冊，復旦大學文史研究院、漢喃研究院，上海：復旦大學出版社，2010，范世忠：《使清文錄》，《越南漢文燕行文獻集成（越南所藏編）》第 14 冊，復旦大學文史研究院、漢喃研究院，上海：復旦大學出版社，2010，頁 106～108。

〔註48〕文帖多記載在以下幾步燕行錄作品，范世忠：《使清文錄》，《越南漢文燕行文獻集成（越南所藏編）》第 14 冊，復旦大學文史研究院、漢喃研究院，上海：復旦大學出版社，2010、李文馥：《使程志略艸》，《越南漢文燕行文獻集成（越南所藏編）》第 15 冊，復旦大學文史研究院、漢喃研究院，上海：復旦大學出版社，2010、阮思僩：《燕軺筆錄》，《越南漢文燕行文獻集成（越南所藏編）》第 19 冊，復旦大學文史研究院、漢喃研究院，上海：復旦大學出版社，2010、阮思僩：《燕軺詩文集》，《越南漢文燕行文獻集成（越南所藏編）》第 20 冊，復旦大學文史研究院、漢喃研究院，上海：復旦大學出版社，2010 等。這些作品較為全面記錄了所經各地的請謁帖、辭別帖、謝帖、送好某某帖等，約四十篇。

〔註49〕參考李文馥：《使程志略艸》，《越南漢文燕行文獻集成（越南所藏編）》第 15 冊，復旦大學文史研究院、漢喃研究院，上海：復旦大學出版社，2010，頁 43、45。

〔註50〕參考李文馥：《使程志略艸》，《越南漢文燕行文獻集成（越南所藏編）》第 15 冊，復旦大學文史研究院、漢喃研究院，上海：復旦大學出版社，2010，頁 62。

〔註51〕參考阮思僩：《燕軺詩文集》，《越南漢文燕行文獻集成（越南所藏編）》第 20 冊，復旦大學文史研究院、漢喃研究院，上海：復旦大學出版社，2010，頁 195。

〔註52〕參考范世忠：《使清文錄》，《越南漢文燕行文獻集成（越南所藏編）》第 14 冊，復旦大學文史研究院、漢喃研究院，上海：復旦大學出版社，2010，頁 93。

和的文帖（如〈秋夜奉答林□縣尹廉公來帖索詩求和〉）〔註53〕、各地官員向使團發帖問好（如「騎尉南陽鎮新野營張必順具帖問好」、「湖北襄陽府知府恩聯委員遞帖問好」等〔註54〕）。咨文、照會是越中官員間就有關事務的行文，如黎竣、阮思僩、黃竝使團來到廣西境內，曾給中國官員咨文一封，「一封遞納，撫臺接受」，其內容是請「貴國請兵助剿」（指吳亞終）〔註55〕。隨後中方護貢李均公館拜會，「交出片紙問吳亞終事，令帶回公館商籌覆照」。阮思僩等人因此也有照會回其所問〔註56〕。由此可見，其中，通知單、帖文多為外交形式上的往來，有助於了解使團往返兩國之間的活動，而咨文、照會保留了當時兩國之間的公務或共同關心的事情，如雙方討論吳亞終事件，相對來講比前兩類更具有史料價值。

（二）書信

越南燕行錄中的書信體或柬是越南使節與中國官員、士人、其他外國使節（如朝鮮、琉球等）間交流的一種重要方式。其內容或是詩文交流，或是討論雙方政事，或是詢問其他事情，具有較高的史料價值，有助於我們了解越南使節的出使活動，以及東亞文人在天朝中國的交流情況。

與中國友人、外國使節書柬交流以互贈詩文是很普遍的現象，越南燕行錄中多次見類似的記載，如〈柬詩客縣尹王薌南〉、〈柬朝鮮國使〉、〈依前韻再柬〉〔註57〕、〈賜韻柬朝鮮判書徐翰林李□子〉〔註58〕。從一側面反映了

〔註53〕參考武輝瑨：《華原隨步集》，《越南漢文燕行文獻集成（越南所藏編）》第 6 冊，復旦大學文史研究院、漢喃研究院，上海：復旦大學出版社，2010，頁 324。

〔註54〕參考黎竣、阮思僩、黃竝：《如清日記》，《越南漢文燕行文獻集成（越南所藏編）》第 18 冊，復旦大學文史研究院、漢喃研究院，上海：復旦大學出版社，2010，頁 220～232。

〔註55〕參考黎竣、阮思僩、黃竝：《如清日記》，《越南漢文燕行文獻集成（越南所藏編）》第 18 冊，復旦大學文史研究院、漢喃研究院，上海：復旦大學出版社，2010，頁 117。

〔註56〕參考黎竣、阮思僩、黃竝：《如清日記》，《越南漢文燕行文獻集成（越南所藏編）》第 18 冊，復旦大學文史研究院、漢喃研究院，上海：復旦大學出版社，2010，頁 117～120。

〔註57〕參考武輝瑨：《華程後集》，《越南漢文燕行文獻集成（越南所藏編）》第 6 冊，復旦大學文史研究院、漢喃研究院，上海：復旦大學出版社，2010，頁 360、368、369。

〔註58〕參考段浚：《海煙詩集》，《越南漢文燕行文獻集成（越南所藏編）》第 7 冊，

在漢文化圈裡面越、中、韓等文人的文化認同與民族意識。除此之外，越南
使節也多次透過書信來詢問中國或朝鮮的情況，或者與中方討論雙方共同
關心的問題。如黎竣、阮思僩、黃竝使團經常透過書信來與中方討論吳亞終
問題或詢問中國情況。他們同時積極與朝鮮使節通信，以掌握該國對付西
方勢力的行為，這些內容明確反映在他們的作品裡面，如〈回覆李道臺編問
剿匪事宜，轉達撫憲書〉、〈柬朝鮮使臣金有淵南廷順趙秉鎬狀元〉〔註59〕。
透過這些書信的內容，我們可以得知當時中方對外國使節嚴格的管制，使
得他們儘管所住相距不遠，但無法到館相見，而要透過書信或到它處會面。
而〈答馬龍坊書〉是阮思僩回覆中國護貢馬先登所問的書信，書中簡而有理
地介紹越南歷史、沿革、風物、科舉制度等諸多情況，極具參考價值〔註60〕。
從而可見，書信在燕行錄數量雖少，但對研究越南使團在中國的活動、中方
對接待外國使節的規定、各國使團間的交流等課題，其史料價值是值得肯
定的。

（二）祭神文

　　祭文是在告祭死者或天地、山川等神祇時所誦讀的文章。越南使節基於
對神明和歷史名人的崇拜而每經山川廟宇都有拜訪，並留下相當多的祭文。
越南燕行錄所錄祭文包括對水神、山神祭文和對歷史名人的祭文，其文體則
祭山水神多為散文體，祭名人則多為四言體。

　　越南出使多由水路，因此為了求水神的保佑，所經水系都有祭文，以求
保佑，風帆安穩，使路無恙，如〈祭河伯水官〉（在珥河津）、〈十二月日回到
興安祭分水嶺神文〉〔註61〕、〈二月日祭寧明江神文〉〔註62〕、〈五月日祭洞

　　　　　復旦大學文史研究院、漢喃研究院，上海：復旦大學出版社，2010，頁 29。
〔註59〕參考阮思僩：《燕軺詩文集》，《越南漢文燕行文獻集成（越南所藏編）》第 20
　　　　　冊，復旦大學文史研究院、漢喃研究院，上海：復旦大學出版社，2010，頁
　　　　　219、119。
〔註60〕參考阮思僩：《燕軺詩文集》，《越南漢文燕行文獻集成（越南所藏編）》第 20
　　　　　冊，復旦大學文史研究院、漢喃研究院，上海：復旦大學出版社，2010，頁
　　　　　212。
〔註61〕參考黎貴惇：《北使通錄四卷（存二卷）》，《越南漢文燕行文獻集成（越南所
　　　　　藏編）》第 4 冊，復旦大學文史研究院、漢喃研究院，上海：復旦大學出版社，
　　　　　2010，頁 84、117。
〔註62〕范世忠：《使清文錄》，《越南漢文燕行文獻集成（越南所藏編）》第 14 冊，復
　　　　　旦大學文史研究院、漢喃研究院，上海：復旦大學出版社，2010，頁 88。祭
　　　　　寧明江神另外還有阮思僩〈祭寧明江神文〉（《燕軺詩文集》，頁 190）。

庭湖神文〉〔註63〕、〈岳州阻風申告湖神文〉〔註64〕等。

歷史名人祭祀多追念死者生前事蹟，歌頌他的品德、業績，激勵生者等。作品有〈古庵狀元程先生祭文〉〔註65〕、〈李八位神祠〉〔註66〕、〈三月日祭伏波大將軍祠〉〔註67〕、〈忠武神祠〉、〈坡隆神祠〉、〈坡維神祠〉〔註68〕等。其他祭祀文有〈鬼門關神祠〉〔註69〕、〈奉命告祭安常宮廟〉〔註70〕等。

（四）論說

論說是議論說明、表達意見的古代文體之一。越南燕行錄論說作品不多，其代表為李文馥的〈夷辯〉和阮思僩的〈辨夷說〉，在中越文壇都相當有名。李文馥和阮思僩面對中國，理直氣壯地表明越南無論是制度典章，還是禮樂風俗等，都與中國相似，所以當為「華」而非「夷」。兩位越南使節對華夷之辯的看法，反映了越南士人對本國的民族意識、對文化的認同以及對中國文化的觀點。

〔註63〕參考范世忠：《使清文錄》，《越南漢文燕行文獻集成（越南所藏編）》第 14 冊，復旦大學文史研究院、漢喃研究院，上海：復旦大學出版社，2010，頁 95。祭洞庭湖神另外還有李文馥〈祭洞庭廟文〉（《使程志略艸》，頁 57）、阮文超〈湖南祭洞庭廟文〉（《如燕驛程奏草》，頁 67）。

〔註64〕參考阮文超：《如燕驛程奏草》，《越南漢文燕行文獻集成（越南所藏編）》第 17 冊，復旦大學文史研究院、漢喃研究院，上海：復旦大學出版社，2010，頁 68。

〔註65〕指阮秉謙，越南著名文人。參考阮宗窐：《使華叢詠集》，《越南漢文燕行文獻集成（越南所藏編）》第 2 冊，復旦大學文史研究院、漢喃研究院，上海：復旦大學出版社，2010，此篇為喃文。

〔註66〕參考黎貴惇：《北使通錄四卷（存二卷）》，《越南漢文燕行文獻集成（越南所藏編）》第 4 冊，復旦大學文史研究院、漢喃研究院，上海：復旦大學出版社，2010，頁 84。

〔註67〕參考范世忠：《使清文錄》，《越南漢文燕行文獻集成（越南所藏編）》第 14 冊，復旦大學文史研究院、漢喃研究院，上海：復旦大學出版社，2010，頁 89。祭伏波將軍秒另外還有阮文超〈廣西祭馬伏波將軍廟文〉（《如燕驛程奏草》，頁 65）、阮思僩〈登五險灘故漢伏波記見廟〉（《燕軺詩文集》，頁 190～191）。

〔註68〕參考黎貴惇：《北使通錄四卷（存二卷）》，《越南漢文燕行文獻集成（越南所藏編）》第 4 冊，復旦大學文史研究院、漢喃研究院，上海：復旦大學出版社，2010，頁 84～87。

〔註69〕參考黎貴惇：《北使通錄四卷（存二卷）》，《越南漢文燕行文獻集成（越南所藏編）》第 4 冊，復旦大學文史研究院、漢喃研究院，上海：復旦大學出版社，2010，頁 85。

〔註70〕參考黎貴惇：《桂堂詩彙考》，《越南漢文燕行文獻集成（越南所藏編）》第 3 冊，復旦大學文史研究院、漢喃研究院，上海：復旦大學出版社，2010，頁 308。

對此兩篇論說，已經有若干專文討論其內容及價值，因此在此不再多做分析。

（五）賦

賦是在越南燕行錄中的文體之一，其總數約一百篇，主要以寫景、借景抒情為主。其作品有《海翁詩集》之〈五險灘賦〉、〈岳陽樓賦〉，《皇華圖譜》之〈登黃鶴樓賦〉，《華軺吟錄》兩卷中的四篇賦等。

（六）日記

日記體是把每天或經常把發生的事、處理的事務或觀察到的東西寫下來的記錄。使程日記是使節將每天發生的事情、使程活動或使路觀察到的東西記錄下來的文件，其目的是回國後上呈給皇帝，讓其掌握使團的出使全過程。因此，使程日記是了解使團各項活動最好的材料。而且，因為日記體的性質，執筆者通常會將所觀察到的人、事、物按個人見解記錄下來，對研究地方歷史、社會百態意義重大。另外，因作者立場和觀點不同而對同一件事可能會有不同的看法，因此經常可以會給我們提供更多視角、更全面地觀察。越南燕行錄的日記作品也是如此，因此雖然所存數量不多，但對研究該使團出使活動具有很大的價值。當然，對沿途地方生活、社會情勢也是很好的補充。越南日記體燕行錄有以下幾個作品：

黎貴惇《北使通錄》四卷，存二卷，第二卷為日記體燕行錄，記錄該使團從 1760 年六月到十二月回國的使團活動和沿途見聞。

阮輝𠐓《奉使燕京總歌並日記》，講述使團接待規格、相關使務，沿途風光，其中名勝古蹟、風土人情記敘最詳。越南國家圖書館也有本書的刻印本，館藏編號 R.1375 和 R.2211。

李文馥《使程志略艸》，記載使團各項活動，所經地方風貌的介紹等。

裴樻《燕行曲》，部分作品為日記體。

黎竣、阮思僩、黃竝《如清日記》，日記體燕行錄，記錄使團全部過程。

范慎遹、阮述《建福元年如清日程》，記錄自十二月二十一日（1883 年 1月 29 日）至隔年十二月二十九日（1884 年 1 月 26 日）全部經過，記錄外交交涉的活動、中越兩國間傳遞文書情況等，也有作者零星見聞。

以上六種日記體燕行錄都已收入復旦大學文史研究院、漢喃研究院所編的《越南漢文燕行文獻集成（越南所藏編）》。另外，根據陳正宏的考察，法國遠東學院圖書館也藏有兩本越南日記體燕行文獻，但這兩部不是漢籍全書而

是縮微膠本，分別為：

《北行略記》抄本 MF I 444（越南漢喃院館藏編號 A.1353）。根據漢喃院
的館藏資料，該書由黎侗撰，是黎侗隨黎昭統赴清求救並羈留中國多年的歷
史記錄，90 頁，是禮部据海陽通判黎侗之孫黎允素藏本重抄於嗣德十年
（1857）。其內容包括嘉隆稱帝後黎侗攜帶昭統帝骸骨回國之事，並附有作者
的往來書信及作者與黎昭統等人的詩作若干篇。

《范魚堂北槎日記》抄本 MF I 514（A.848）。根據漢喃院的館藏資料，
該書 172 頁，范熙亮及其他越南使節於嗣德二十三年（1870）出使中國的日
記，內容涉及路程、途中雜事、禮儀、交際、參觀等等，題雙桐阮椿燕株記於
嗣德二十五年（1872）〔註71〕。

以下舉出幾個例子，證明日記體燕行錄的價值。黎貴惇《北使通錄》卷
下（卷之四）記錄了黎貴惇使團 1760～1762 年之間出使中國的經過。使團沿
途購買了很多中國典籍，但是到了關口，中國官員認為有些書籍不便帶出國，
因此要求越南使團將這些書籍留下，並歸還購買這些書籍的錢。因此，《北使
通錄》記錄了一月十三日那天，使團將所不能帶回的書籍書目以及書價全部
抄錄了下來〔註72〕。這當時對於越南使團來說無疑是一個損失，但無意中幫
中國留下了當時一些書籍的名稱及其價錢，為研究中國當時書籍流傳、出版
史極為珍貴、罕有的材料。法國遠東學院圖書館所藏的《范魚堂北槎日記》
保留了其他同期燕行文獻所未提及的地方。如記錄了范熙亮使團進入中國後，
目睹了在華洋人的所作所為以及清朝的反應〔註73〕。這對研究中國當時狀況、
越南面對洋人的態度與措施，無疑是最有價值的資料。

（七）序跋

序跋是越南燕行錄文獻中的一種文體，主要為越南使節為自己的燕行作

〔註71〕 參考陳正宏：〈法國所藏越南漢文燕行文獻述論〉，《燕行使進紫禁城——14 至
19 世紀的宮廷文化與東亞秩序學術研討會》，北京：故宮博物院、故宮學研
究所，2014，頁 69～74。

〔註72〕 參考黎貴惇：《北使通錄四卷（存二卷）》，《越南漢文燕行文獻集成（越南所
藏編）》第 4 冊，復旦大學文史研究院、漢喃研究院，上海：復旦大學出版社，
2010，頁 185。

〔註73〕 參考陳正宏：〈法國所藏越南漢文燕行文獻述論〉，《燕行使進紫禁城——14 至
19 世紀的宮廷文化與東亞秩序學術研討會》，北京：故宮博物院、故宮學研
究所，2014，頁 73、74。

品所寫的自序、自跋、引，越南友人為其作品所寫的序跋，中國官員、文人為越南使節作品所寫的序跋和越南使節給中國文人作品的序跋。作者自序通常介紹作品的創作背景、卷數、作品內容概況等，如李文馥《周原襍詠草》、《使程括要編》的自序、阮攸《星軺隨筆》的自序、阮輝儃《北輿輯覽》小引、吳時任《皇華圖譜》小引等。越南友人或中國文人所寫的序跋包括與作者的認識背景、作者才華、活動等概況、作品大概內容和價值等，其中不乏頌揚、客套之語，如潘輝注、黃平政給阮忠彥《介軒詩集》的序、兵部尚書汪鈍夫〈梅嶺使華詩集序〉、阮仲常〈默翁使集引〉、李文田、滇西吳仲嗣〈燕軺詩文集序〉等。跋文交代了與作者相識的情況、作品寫作經過，作品內容和價值等內容，如黎文德《鏡海續吟跋》、潘輝湜《使程雜詠》之〈使程詩集跋〉、潘輝注《華軺吟錄》跋等。

　　另外，越南燕行錄也保留了一些較為特殊的寫序跋的情況。如各國文人為某一組詩所寫的序文，如朝鮮使節李芝峰專為馮克寬所獻給中國皇帝的三十餘首拜壽詩所寫的序文，即〈萬曆龍集丁酉卜□朝鮮副使刑曹參判李睟光芝峰道人序〉（收入在馮克寬《梅嶺使華手澤詩集》）。又如阮思僩為自己作品所寫的跋。這部作品其實為阮思僩與黎竣、黃竝之間的詩文唱和作品，阮思僩曾將此送給中國文人李幼梅。不料當使團回程後再見李幼梅時，他已經將此詩集裝訂，保留得很好，還向阮思僩求跋，即〈跋李幼梅皇華詩札冊後〉〔註74〕。由此可見中越文人之間密切的交往。還有另外一種情況是越南使節攜帶留在越南的友人的文集向中國文人所求的序跋。這樣寫序跋的人與文集作者沒有直接接觸，只能透過文集來認識此人，如李文田〈謙齋詩集序〉、許賡衡〈謙齋詩集題跋〉〔註75〕等。由此可見越南文人非常重視中國文人的序跋與評價，並以此為榮，從某種意義上說明了越南士大夫對華夏文明的認同與嚮往。

（八）雜記

　　雜記一體，根據薛鳳昌〔註76〕在其《文體論·雜記體》的論述，「所包甚

〔註74〕參考阮思僩：《燕軺詩文集》，《越南漢文燕行文獻集成（越南所藏編）》第 20 冊，復旦大學文史研究院、漢喃研究院，上海：復旦大學出版社，2010，頁 229。

〔註75〕參考阮思僩：《燕軺詩文集》，《越南漢文燕行文獻集成（越南所藏編）》第 20 冊，復旦大學文史研究院、漢喃研究院，上海：復旦大學出版社，2010，頁 304～306。

〔註76〕薛鳳昌（1876～1944），原名蟄龍，字硯耕，號公俠，一號病俠，同里鎮人，早年留學日本。民國元年（1912 年），他與費伯塤等創辦吳江縣立中學，任

廣。凡濬渠築塘，以及祠宇亭臺，登山涉水，遊讌觸詠，金石書畫古器物之考
訂，宦情隱德，遺聞軼事之敘述，皆記也。或施之刻石，則近於碑記；或侈為
考據，又近於序跋；雖綜名為記，其體不一，是誠雜也。〔註 77〕」由此可見
雜記所涉及的內容之廣泛，可謂無所不記。越南燕行使者一路往北，所經國
內外無數亭台樓閣、名勝古蹟、自然山水等，因此留下了不少雜記的作品。
這些雜記，或單獨為一冊，或參雜在詩文作品當中，且均以作者出使時間為
敘述主軸，按時間順序來介紹各地的亭臺樓閣、自然景觀或生活情勢等。單
獨為一冊的有阮公基的《使程日錄》、潘輝注《輶軒叢筆》、李文馥《使程括要
編》和阮文超《如燕驛程奏草》等。參雜在各詩文集中較為零散，或為詩文作
品的註解，或單獨為記錄某人、事、物的記錄。

　　根據雜記的內容和特點，褚斌杰將雜記分為四類，即臺閣名勝記、山水
遊記、書畫雜物記和人事雜記〔註 78〕。為了讓讀者便於掌握越南燕行錄雜記
體，茲根據褚斌杰對雜記的分類進行介紹越南燕行錄雜記的相關情況。其中
書畫雜物記類雖然在若干越南燕行錄有所記載〔註 79〕，但經考察所留內容都
沒有找到文本，因此在此沒有多做介紹。

　　越南燕行錄臺閣名勝記保存了不少使節遊覽各地名勝古蹟、亭臺樓閣等
的記錄。內容多為敘及遊覽、亭臺樓閣的建造歷史、名稱由來、與此相關的
名人趣事等等，通常會發起議論，以抒發作者的情懷。記錄名人祠廟時，亦
多對其紀事頌功，寄託哀思與仰慕之情。這類作品有潘輝注的〈幕府宮〉、〈伏
波廟〉、〈洞庭君廟〉、〈岳麓書院〉、〈岳陽樓〉、〈黃鶴樓〉、〈二程先生祠〉、〈武
勝關〉、〈子產廟〉、〈邯鄲古觀〉、〈隆興寺〉、〈圓明園〉〔註 80〕等，李文馥的

　　　　校長，未滿一年即辭職。4 年，又回任校長。6 年冬，他與柳亞子等人組織「吳
　　　　江文獻保存會」，保存、整理、研究鄉邦文獻。抗日戰爭前夕，赴上海光華大
　　　　學任中文教授。30 年，回同里與薛天游、陳旭旦等創辦私立同文中學，任校
　　　　長。33 年春，因拒絕敵偽派駐日籍教員而被捕，慘遭酷刑，被殺害。薛鳳昌
　　　　著述主要有《龔定庵年譜》、《松陵文徵》、《籍底拾殘》、《游庠錄》、《吳江文
　　　　獻保存會書目》（與柳亞子合輯）、《邃漢齋碑帖目》、《邃漢齋謎話》等。參考
　　　　百度百科網 http://baike.baidu.com/view/2110338.htm。

〔註 77〕參考薛鳳昌：《文體論》，台北：臺灣商務印書館，1998。

〔註 78〕參考褚斌杰：《中國古代文體概論》，北京：北京大學出版社，1990，頁 353。

〔註 79〕如黎光定《華原詩草》中有提到黎光定與中國友人有過書畫交流一事，且中
　　　　國文人還稱他「書畫尤勝」，但可惜都沒有記錄下來。

〔註 80〕參考潘輝注：《輶軒叢筆》，《越南漢文燕行文獻集成（越南所藏編）》第 11 冊，
　　　　復旦大學文史研究院、漢喃研究院，上海：復旦大學出版社，2010。

〈張桓侯祠〉、〈盧溝橋〉、〈國子監〉、〈彝倫堂〉、〈京中康舍〉〔註81〕等。

　　遊覽山水也是越南使節所樂於創作的題材之一，因此對各地山清水秀的記錄亦隨處可見，且內容都相當詳細，數量較多，篇幅也較長。山水遊記寫作形式比臺閣名勝記自由、隨意得多，多敘及山水名稱由來、歌頌其山川之秀麗、自然風物或與此相關的名人趣事等。作品有潘輝注〈五險灘〉、〈梧江三界〉、〈桂林山川風景〉、〈劉仙岩〉、〈象鼻山〉、〈桂海志敘岩洞〉、〈伏波岩〉、〈獨秀峰〉、〈置綵山〉、〈龍隱岩〉、〈屏風岩〉、〈稚山〉、〈興安山川〉、〈金州山水奇勝〉、〈諸葛兵書山〉、〈衡州迴雁峰〉、〈長沙山川〉、〈湘潭風物〉、〈洞庭湖〉、〈漢水〉、〈黃河〉等，李文馥的〈洋湘八景〉、〈燕臺八景〉；阮文超的〈太平江山〉、〈潯州名岩〉、〈梧州咽喉〉、〈臨桂山水〉、〈碻山太行形勢〉、〈西湖名勝〉、〈新鄭地形〉等。

　　以上各篇臺閣名勝記、山川遊記，都流露出越南燕行使者對越南和中國名勝古蹟、自然山川的愛慕之情。除此之外，越南使節出使中國，除了完成其出使的使命之外，還要服從越南皇帝的命令，將中國重要情勢記錄下來，回國後要向皇帝呈報。因此在那些記錄中，不乏看到越南使節對中國塘汛、堡店等的介紹，如李文馥的《使程括要編》對塘汛、堡店的記載，阮文超的〈梧州咽喉〉、〈武勝阨塞〉、〈塘汛烽燧〉等類似的作品。再者，有些燕行使者還根據自己所關注的問題而有選擇地記載或介紹中國的自然景觀。例如阮文超特別關心中國水利、治理黃河水災的問題，因此在其作品中對清朝河防水利建設的考察和看法都有非常詳細的記載，而且還廣引中國地方志、歷史書，以增加其真實性和參考價值，如〈洞庭水勢〉、〈江漢要會〉、〈黃河津要〉等。

　　人事雜記是專以記人敘事的文章，在越南燕行錄作品中數量不多，但仍有重要的史料價值。其內容多為記錄使程路上的所見所聞。如阮公基《使程日錄》是一本非常特殊的敘事文章。作品以阮公基的口吻，描繪了一段使程奇遇。故事講當時兩廣總督、浙江巡撫馮氏兄弟均為阮在越南教書時的外國門生。當阮氏到中國出使後，因為見到這兩位舊徒而使程變得非常順利。根據初步的考察，該書內容所講不是歷史事實。全文語言嫻熟、順暢、敘述性強，內容裡面有很多與該使程相符的事實，但更像是一本根據出使故事而創作的獨立作品，是一部是誇飾、疑偽一類的典型，從中可以看出出使中國在

〔註81〕參考李文馥：《使程括要編》，《越南漢文燕行文獻集成（越南所藏編）》第15冊，復旦大學文史研究院、漢喃研究院，上海：復旦大學出版社，2010。

越南士大夫心裡的崇拜與看法。另外，范世忠在其《使清文錄》中記錄了六則南返後向越南皇帝匯報沿途見聞的登記資料〔註82〕，其內容均為異事奇聞，語言順暢、耐讀，頗有小說家之言。這也是越南燕行錄人事雜記一類相當有價值的文章。

另外，根據越南燕行錄雜記作品的內容，還有另外一類是專門介紹所經地方地理沿革、歷史、物產、相關人員事蹟，有時還會有地方之間的距離的文章，我們暫且將其命名為地方誌／地理書一類，其中包括李文馥《使程括要編》、阮文超《如燕驛程奏草》的部分內容和阮輝僅的《北輿輯覽》一書。李文馥《使程括要編》記載使程所經的地方地理情況，如歷史沿革、塘汛堡店名稱、各地路程、地域、分野、附近名勝古蹟等，有些地方也有對社會實態的描寫。阮輝僅的《北輿輯覽》內容為介紹中國十五省並所轄府及直隸州名目，各地方的山川、城池等名稱，一些名目下面有小注。這部書疑為一部中國失傳的書，有很重要的資料價值。阮文超《如燕驛程奏草》本為向阮翼宗進呈的奏章，包括筆記 27 篇，選擇沿途所經山川險勝之地，詳細介紹其地理位置、周邊形勢、人文物產、歷史沿革等具體情況。這些文章，或因奉皇帝命令所寫，或是作者個人興趣完成，南返後或上呈給皇帝御覽，或贈送使節僚友，其內容簡要，不僅讓越南皇帝、士大夫了解中國土地之廣、名勝之多，同時是以後使部很重要的參考文獻，其價值可想而知。特別是這一類有一篇是用喃文寫的，即為杜覲〔註83〕所著的《金陵記》。根據研究，《金陵記》用喃字介紹了明朝京都金陵的風俗習慣和名勝古蹟，可惜這本書已經失傳。

四、圖版

使程圖雖然不是文體，但也是越南燕行錄的體裁之一，且數量相當多，

〔註82〕 參考范世忠：《使清文錄》，《越南漢文燕行文獻集成（越南所藏編）》第 14 冊，復旦大學文史研究院、漢喃研究院，上海：復旦大學出版社，2010，頁 135～144。

〔註83〕 杜覲，原名遠，後黎聖宗賜名廑，生於 1434 年，卒年不詳，太原省人，1478 年進士，1483 年出使明朝，並完成《金陵記》。他作品除了《金陵記》外，另有幾首詩收錄在黎貴惇的《全越詩錄》。參考阮光勝、阮伯世（Nguyễn Quang Thắng，Nguyễn Bá Thế）：《越南歷史人物詞典》（Từ Điển Nhân Vật Lịch Sử Việt Nam），河內：社會科學出版社，1992 年和陳氏冰清主編（Trần Thị Băng Thanh（chủ biên））：《越南十五至十七世紀文學》（Văn Học Thế Kỷ Xv-Xvii），河內：社會科學出版社，2004 年「杜覲」條。

將自越南至中國京城的使程畫成地圖集，或為單色圖，或為朱墨兩色彩圖，或為彩色圖。地圖之餘也有註釋，介紹地方名稱、驛站、里數、物產、歷史遺跡等，內容因地方不同而簡繁不一，不乏參考價值。《越南漢文燕行文獻集成（越南所藏編）》收錄了三部使程圖，分別為《燕軺日程》、《使清圖》和《燕軺萬里集》。越南漢喃研究院仍館藏了許多其他使程圖，但因其內容包括地理訊息，恐屬國家機密，因此越南方面暫且不願公開。越南近期也剛剛出版了一本介紹阮輝㑸於 1758 年出使的路線圖〔註 84〕。另美國耶魯大學圖書館 Maurice Durand 漢喃手抄與刻印資料也有一部越南燕行圖可供參考。

第二節　燕行錄作品的主要內容

　　越南燕行錄是越南使節出使中國過程所創作的詩文集，記錄了使節從任命、自越南京都出發到中國南京或燕京，至回國後的各種活動、所見所聞和內心感觸，其內容可謂豐富多彩、允貴具體、情文並茂。因現存燕行文獻數量眾多、作者喜好各異、出使時間、任務、事件亦不同而會有許多較為細緻、具體的內容或題材，無法一一加以介紹。在此根據詩文集的大致內容，將越南燕行錄的主要內容敘述如下，以幫讀者掌握越南燕行錄的全貌。

一、遊覽沿途各地風情

　　越南使節一生中，出使中國的機會可謂極為難得，且一路往北，路途遙遠，煩悶之餘都想遊覽所經地方的自然山川或名勝古蹟，並留下了大量描繪中越自然風光、名勝古蹟、地方社會情況的詩文作品，其數量是越南燕行錄中最多的部分。

　　越南使節對沿途自然山川、名勝古蹟的記載可分為越南境內和中國境內兩個部分。越南使節勤於寫作，幾乎經過每個地方都有留下作品為證，因此透過其作品和使程的時間順序，可以勾勒出各時代的使程路線。因燕行錄作品所涵蓋的時間很長，橫跨了越南超過五百年的歷史，包括明清兩代越南出使中國的情況，其路線因此而不盡相同。在此筆者不打算對各時代的使程路線作詳細的考察，只是想對所涉及自然山川、名勝古蹟等內容進行介紹。其

〔註 84〕參考阮輝㑸：《燕軺日程》，榮市：榮市大學出版社，2020 和阮輝㑸等：《皇華使程圖》榮市：榮市大學出版社，2020。

中，從出發到南關的國內行程因路程、時間較短，出使前各種準備工作、留別等事務繁忙，國內山川對越南使節也已經比較熟悉，因此所留下的作品遠比不上在中國境內的作品多。很多燕行作品甚至沒有記錄在越南境內的創作，而直接記載在中國使程的作品，如阮忠彥《介軒詩集》、馮克寬《使臣手澤詩集》、《梅嶺使華手澤詩集》、《旅行吟集》等、陶公正《北使詩集》、阮翹和阮宗窒《乾隆甲子使華叢詠》、阮宗窒《使華詩集》等。茲將以在越南的行程和在中國的行程為根據來介紹。

在越南的行程會經過順化、寧平、河內、北寧、諒山等地。越南燕行使節或在路上完成，或在拜訪名勝古蹟時即興賦題，其中最常出現的形象為「珥河」、「山行」、「二、三青峒」、「蘇氏望夫山」、「諒山道」、「鬼門關」等，都是越南非常有名、途徑必訪的名勝古蹟。這些作品描繪了使程所經過的地方，但更是借景抒情，表達作者對本國自然山川、人文景觀的愛慕之情與各種感慨。入諒山後創作作品更流露使節正式過關，離開祖國踏入他國之前內心複雜的變化。

自過關進入中國後，越南使節的行程在雍正之前是循著水路前往中國北京，之後則隨著陸路前進燕京，可謂千里跋涉。這些路線我們都可以根據不同時代的越南使節的作品而有所掌握。如有清一代，越南使節大部分是要透過陸路前往北京的，且路線改變不多，都要經過廣西、湖南、湖北、河南，渡過黃河，經直隸，抵達北京等。入中國後，使團日夜趕路，公務相對較少，又對中國自然景觀、亭台樓閣早有仰慕之心，因此往往想辦法盡覽沿途山峻水秀，並拜訪著名的名勝古蹟。所以像〈南寧〉、〈伏波將軍廟〉、〈桂林風景〉、〈桂林八景〉、〈湘山寺〉、〈洞庭湖〉、〈岳陽樓〉、〈黃鶴樓〉、〈赤壁〉、〈龍山寺〉、〈金陵〉、〈過黃河〉、〈夫子廟〉、〈燕京〉等相關詩文作品，在越南燕行錄作品中處處都是。他們或者對其山光水秀表達其無限的愛慕，或者為名勝古蹟的悠久歷史、名人的豐功偉業而感慨萬分，既表達其哀思之念，又藉此來激勵今人，其感情可謂表達得淋漓盡致、至切至誠。

除了對山光水秀、名勝古蹟的記載，越南燕行使者的域外之眼也特別關心沿途地方的生活百態。這部分有時也彌補了中國歷史方面的缺失，意義非常重大。越南使節對地方情況的記載內容極為豐富多樣，例如對地方歷史沿革的介紹、地方民俗與事蹟、沿途奇聞異事等。這一類的作品或以詩歌的形式呈現，如〈燕臺十二記〉以現實敘述法記錄了燕京的歷史、經濟、社會、軍事等情況；或以詩文作品的註釋或註解的方式呈現，如〈自北芹赴仙麗驛記

見〉中對地方名產——雲酒的介紹，或〈泊舟平南縣未曉偶起〉有對流過平南縣的江河的介紹「江自潯州以上□江合流，水黃濁，縣城砌以石，不用磚。昔平南將軍陶侃生於此，後因以名縣。起廟於縣城北門外，詢之，土人言往年嘗大水，廟流失，今未及建」〔註85〕。但更多是用雜記體來記錄地方歷史、沿革、物產、風俗習慣等，如《輶軒叢筆》、《使程括要編》等作品。

二、使程艱辛，想念家國

　　自越南京都到中國北京，使路將近八千多里，各使團通常要花一年多的時間才能完成，甚至有使團因中國境內發生動亂被迫停留在中國，三年後才得回國。一路跋涉，每天都要趕路，頂著天氣變化無常、旅途勞累、路程遙遠乏味、中方接待不周、病患、戰爭、心裏百般交雜等種種困難，最後幸好可以安然無恙回國，然而有些使臣或使團成員不幸死在國外，可謂嘗盡了使程的辛苦，這些驚心動魄的使程艱辛也時時反映在越南燕行作品之中，告訴我們今人古代出使的各種辛苦。大氣變化是使節最先要面對的考驗，使路有時要忍著「苦熱」而行，有時又因大雨所阻礙，「何會風浪阻，鼓枻更愆期。每食煩津吏，無錢乞罟師」〔註86〕。北國的冬天是最難熬的，過了一開始第一次見到雪的驚喜，接下來是種種寒冷的感受，且雪中行路更是艱難萬分，無法形容，「亂雪連日壓湘渚，江天夜夜聽風雨〔註87〕」。不僅如此，有時中方安排接待不周，地方不發飯食，使團不得已要自己換錢處理飲食問題。另一種狀況是要使團出錢賄賂才給發車馬前行等等。像這樣的例子，幾乎每年使團，包括黎貴惇使團，或黎竣、阮思僴、黃竝使團屢次要解決，可謂累贅煩人至極〔註88〕。患病是每一位使團成員都要面對的危機，而歷來有不少記載越南

〔註85〕　參考參考阮思僴：《燕軺詩文集》，《越南漢文燕行文獻集成（越南所藏編）》第 20 冊，復旦大學文史研究院、漢喃研究院，上海：復旦大學出版社，2010 之〈新寧阻舟〉，頁 121、122、143。

〔註86〕　參考阮思僴：《燕軺詩文集》，《越南漢文燕行文獻集成（越南所藏編）》第 20 冊，復旦大學文史研究院、漢喃研究院，上海：復旦大學出版社，2010 之〈新寧阻舟〉，頁 33。

〔註87〕　參考阮思僴：《燕軺詩文集》，《越南漢文燕行文獻集成（越南所藏編）》第 20 冊，復旦大學文史研究院、漢喃研究院，上海：復旦大學出版社，2010 之〈風雪歌〉，頁 83。

〔註88〕　參考黎竣、阮思僴、黃竝：《如清日記》，《越南漢文燕行文獻集成（越南所藏編）》第 18 冊，復旦大學文史研究院、漢喃研究院，上海：復旦大學出版社，2010。

使節或使團成員在出使過程中不幸身亡。如丁儒完為 1715 年使團副使，不幸病逝於北京城外〔註89〕。1868 年四貢並進使團更是災難種種，書吏阮得進於 1869 年八月二十九日亦感風寒病故〔註90〕，又隔年四月通言武登琗亦病劇身故〔註91〕。而一般感冒、臥病不起幾天更是普遍的事情，在燕行錄常常有類似的記載，如〈臥病數日，忽風雨中開船力疾看衡山〉、〈連日北風寒雨病中悶作〉〔註92〕。但值得一提的是，儘管使路如此辛苦不堪，但越南使節永遠以最積極、最樂觀的精神來迎接前面的挑戰。路雖長，但可以讓他們大開眼界，「更識乘槎趣，未辭行路危」。舟雖不能前進但也促成了一首浪漫的「守夜詩」。旅程有時不免乏味，使節便與船戶進行詩文唱和、盡情交流，成了一篇〈船戶文國仁以江路閒無事，乞作長歌書以興之〉〔註93〕。足以見證使節盡力享受使程各種情況，其樂亦是無窮。

　　使路艱辛，路途遙遙，更激起了越南使節思念家國之情。思鄉情懷的表現也極為豐富，包括對親人好友的思念，對故鄉、故國、君王的顧念，其又可包括對故國風景名勝或風俗習慣等等的聯想。坐在船上前往燕京的越南使節，觀賞月亮之餘，思鄉之情忽然湧上心懷，心裡不禁發問不知故鄉的月亮與此時此地的月亮是否一樣，並想起之前與朋友同聚，共享千杯之時，「如何故鄉月，來照麗江船。……中秋佳節今，何處酒樓邊。〔註94〕」使程路上偶爾吃上了柑子，不知不覺吃到了懷念故鄉的舊景舊物，無限感懷「故鄉音信斷，

〔註89〕 參考丁儒完：《默翁使集》，《越南漢文燕行文獻集成（越南所藏編）》第 1 冊，復旦大學文史研究院、漢喃研究院，上海：復旦大學出版社，2010 之〈默翁使集引〉，頁 303。

〔註90〕 參考黎竣、阮思僴、黃竝：《如清日記》，《越南漢文燕行文獻集成（越南所藏編）》第 18 冊，復旦大學文史研究院、漢喃研究院，上海：復旦大學出版社，2010，頁 98。

〔註91〕 參考黎竣、阮思僴、黃竝：《如清日記》，《越南漢文燕行文獻集成（越南所藏編）》第 18 冊，復旦大學文史研究院、漢喃研究院，上海：復旦大學出版社，2010，頁 219。

〔註92〕 參考阮思僴：《燕軺詩文集》，《越南漢文燕行文獻集成（越南所藏編）》第 20 冊，復旦大學文史研究院、漢喃研究院，上海：復旦大學出版社，2010，頁 76。

〔註93〕 參考阮思僴：《燕軺詩文集》，《越南漢文燕行文獻集成（越南所藏編）》第 20 冊，復旦大學文史研究院、漢喃研究院，上海：復旦大學出版社，2010，頁 23、33、66。

〔註94〕 參考阮思僴：《燕軺詩文集》，《越南漢文燕行文獻集成（越南所藏編）》第 20 冊，復旦大學文史研究院、漢喃研究院，上海：復旦大學出版社，2010，頁 32。

楚澤飽霜柑。安得衡陽雁，隨風更向南。」並有註釋云「本國清化海陽甜柑，例以冬天月驛進。是日隨僕上岸，市數枚，歸剖而甘之，慨然有懷。〔註95〕」

　　心念故國不僅體現在以上思鄉情懷，面對國外所看到的種種事情而進行對國內情勢的檢討與關心也是想念家國的重要表現之一。使節出使使命重大、儀式繁多，但他們時時關心國內的戰情和戰爭所給人民生活帶來的痛苦，「太原兵火近何如，江湖萬里悲秋感，又在雞鳴月落初」。想啊想啊，但是當時已無法得到消息，使得他們更能意識到自己當時的力不從心而不盡嘆息「戰場方未定，使命愧無能。〔註96〕」或在與中國官員討論中國狀況的時候，得知西方勢力在中國的所作所為，讓他們也想起了本國現在要面臨的問題，不知如何是好，「書雲劇談洋事及星學。夜深屢欲去復止。〔註97〕」或路上看到北國人民因天災而生活落得極為艱苦難堪，使節心裡也湧上了對自己國家人民的同情與愛惜，並且只希望奇蹟會發生，讓各地人民的生活得到安寧，「沈思此方民，十年杵漂血。吾國亦同患，炎瘴積道暍。言解湯火阨，願借燕雲雪，頓促世界涼〔註98〕。」

　　值得一提的是，綜觀越南燕行錄，刻畫使程艱辛和直接涉及想念家國的詩作大部分都在路程前半部比較多。其原因也易於理解，因為剛剛上路離開自己所熟悉的國家和親友而踏進異國時，面對一直在變化的人、事、物，身邊又無熟悉的親朋好友，讓越南使節第一時間仍無法適應，因此每見一物，每聽一事，都情不自禁地想起故鄉的人與事。到後來，習慣了不斷移動的旅程，也習慣了與身邊使團成員、中國友人的交流與互動，更習慣了要收斂自己和調整自己心裡的感受，使得使節對路程的艱辛少了幾分在意，對故鄉的思念也變得更為深沉與含蓄。到後來得知快要回到離別已久的故國之時，才

〔註95〕參考阮思僩：《燕軺詩文集》，《越南漢文燕行文獻集成（越南所藏編）》第20冊，復旦大學文史研究院、漢喃研究院，上海：復旦大學出版社，2010，頁75。

〔註96〕參考阮思僩：《燕軺詩文集》，《越南漢文燕行文獻集成（越南所藏編）》第20冊，復旦大學文史研究院、漢喃研究院，上海：復旦大學出版社，2010，頁179、177。

〔註97〕參考阮思僩：《燕軺詩文集》，《越南漢文燕行文獻集成（越南所藏編）》第20冊，復旦大學文史研究院、漢喃研究院，上海：復旦大學出版社，2010，頁95。

〔註98〕參考阮思僩：《燕軺詩文集》，《越南漢文燕行文獻集成（越南所藏編）》第20冊，復旦大學文史研究院、漢喃研究院，上海：復旦大學出版社，2010，頁30。

又情不自禁地說出「回程喜賦」、「抵關喜賦」等欣慰之語。

三、完成使程任務、參與各種活動

　　使臣出使，其任務不外乎要完成皇帝所交付的使命、體現越南的國格和捍衛國體。因此燕行錄作品中也多有提及使團的各項任務、使團要參與的各種地方、中央的外交活動。黎貴惇、范世忠、李文馥、阮思僩等在其燕行作品用了不少篇幅來介紹使團從任命，到準備各種貢品、打發物品、人員調動到實際啟程出國的各種經過與手續。而入中國後要參加的各種外交儀式如拜見地方官員、叩見禮、給護貢相關人員的打發物品、叩見中國皇帝等記載更是屢屢皆是。如馮克寬於 1597 年出使明朝，其任務是要請明朝承認黎朝在越南的合法性。由於之前明朝已經頒印予莫朝，因此情勢相當敏感，任務也較為艱巨。而馮克寬不僅出色地完成了其艱難使命，讓明朝承認了黎朝，還獲得了中方對他高度的肯定，將其獻給明朝萬曆皇帝的賀壽詩付梓，讓其廣為流傳。又如范熙亮 1870 年出使之前，嗣德皇帝命其廣為蒐集西方各個在中國的行動以及中國對此的反應。因此范熙亮在其回報作品中記錄了很多相關的情況，對越南當然很有參考價值，也保留了當時西方各國在中國的情況以及中國政府的回應〔註 99〕。而拜訪中國文人、購買書籍也是越南使節在中國的主要活動之一，因此各種越南燕行錄也保留了很多越南使團留京期間走訪中外文人、到街坊尋書的記錄，如汝伯仕在廣州購買書籍的情況或阮思僩在北京訪問中國文人、到琉璃廠購書的記載〔註 100〕。

四、與國內外友人進行詩文唱和

　　越南燕行錄中很重要的部分之一就是越南使節與國內外友人進行詩文唱和所留下的作品。其友人分為越南親友、中國官員與文人和朝鮮、琉球使節或人士等。這些詩文作品多被零散收錄在各燕行錄之中，有時可單獨成為一

〔註99〕陳正宏：〈法國所藏越南漢文燕行文獻述論〉，《燕行使進紫禁城──14 至 19 世紀的宮廷文化與東亞秩序學術研討會》，北京：故宮博物院、故宮研究所，2014，69～74。

〔註100〕參考陳益源、凌欣欣：〈中國古籍在越南的傳播與接受──據北書南印板以考〉，《國際中國學研究》2009 年第十二輯，頁 21；陳益源：〈中國明清小說在越南的流傳與影響〉，《上海師範大學學報（哲學社會科學版）》2009 年第 38 卷第 1 期，頁 81；陳益源：〈清代越南使節在中國的購書經驗〉，《越南漢籍文獻述論》，北京：中國書局，2011. 1～48。

冊，如《中外群英會錄》（李文馥、汝伯仕等與廣州中國文人唱和之作）、《稚舟酬唱集》（清朝楊恩壽與越南裴文禩共著）、《中州瓊瑤集》（只有中國文人的唱和作品）等。這些作品或是越南使節與中國文人一起遊山玩水、拜訪名勝古蹟時之作，或是遙遙使路上的即興之作，或與朝鮮、琉球使節一唱一和之作。值得注意的現象是，在與中國官員、文人進行詩文唱和之時，多是中國文人先起唱，越南使節再和韻，表現出其對中國、對天朝的敬重，如〈和韻答衡州知府周有仙〉、〈和韻答橫陽知縣度雲閣〉、〈次韻酬湖北護貢陳藍洲〉、〈次韻酬翰林太史陳啟泰〉等。而在與朝鮮、琉球使節進行交流時，越南使節則表現出其主動性，多先起唱送予外國使節進行和韻、次韻，如〈贈朝鮮國使詩並引〉和〈附朝鮮使答贈詩並引二首〉、〈柬鮮國使〉和〈朝鮮徐判書和送再柬〉等。這折射出在越南士大夫的意識裡，越南與韓國、琉球同為中國的藩屬國，亦是同文之邦，因此也是一樣、是同等的。就唱和方式而言，各國文人多選擇次韻和和韻兩種。其中，次韻要按照原詩的韻和用韻的次序來和詩次韻，其難度更大，但也因此更具挑戰性，並更能顯示各自的文學才能。眾所周知，越南遴選使節的標準就是其精通儒家經典、善於詩文，且要具有專對能力。因此越南使節大多都是越南赫赫有名的詩人、文人。而使節任務之一就是發揚越南之文化，捍衛國體，證明越南亦是「文獻之邦」。因此繼承「詩賦外交」傳統，自然成為他們實現其使命的首選。因此，透過這些詩文唱和作品，我們不僅可以看出雙方文學、文化交流的友好交往與親密接觸，也能覺察出其鬥才爭勝以光耀國家的深層意味。

五、小結

綜觀越南燕行錄的各種文體或內容，從作者的創作態度來看，都是極為認真和重視的，且表現了各位使節作家多才多藝、多愁善感和積極的一面。而越南使節，儘管是用外國語言來寫詩抒情或進行詩文唱和，都顯得相當熟練、自由，既可以維護國體，又可以施展其詩歌才華與個人情操，從而實際推動了中越兩國的文學與文化交流。

越南燕行錄詩歌作品中最常用的詩體是近體律詩，其中又以七律為多。其原因是多方面的，這裡簡述幾個主要原因，以供參考。第一，其充分表現了越南詩風的實態。越南中代文學各種詩體都有著作，但詩歌崇尚復古，尤其是唐

詩，因此唐律詩成為這時代創作的主流〔註 101〕。因此各位作家都以各種唐律詩為表現自己的詩歌才華、心理包袱的載體，又尤以七律為多。這詩風愈演愈熱，一直延長到十九世紀末、二十世紀初。因此七律也變成使程詩的一個特點，從中也可以折射出使節本身是較為傳統、守舊的越南儒士。第二，七律等各種近體律詩本身對格律、對仗、押韻等要求嚴格，但相對來講又比無具體格律、天馬行空的詩體更易於掌握與上手。特別是在詩文唱和的場合，要施展自己的詩才和應對能力，唐律、七律自然是最方便、最合適的首選。

從價值的角度來看，探討越南燕行錄的各種文體與內容，其不僅在於讓我們掌握燕行錄各種文體的使用狀況與功能，或更加了解越中、越朝文人之間的文化、文學交流。從另外一個角度來看，就其豐富的文體，多彩的內容而言，這套越南燕行錄作品就像一部較大型的越南中代文學的作品選集。這放在華文世界還沒有很多比較完整、全面的越南文學作品集出現之現況，無疑提供了了解越南中代文學、越南文人世界的窗口，其價值和意義可想而知。具體來講，越南燕行文獻總集，涵蓋的時間很長（571 年，從阮忠彥 1314 年出使到阮述 1884 年出使）、作品數量眾多（79 部作品）、使節作者人數多（共53 位）〔註 102〕，其中不乏越南文壇赫赫有名的代表，如阮秉謙、阮忠彥、黎貴惇、鄭懷德、阮攸、潘輝注、李文馥、阮文超等。從作品題材、內容來講也包含了所有越南中代文學的主要主題，如愛國愛民、人道主義、浪漫主義、現實主義等。就創作思想觀之，燕行作品充分體現了越南中代詩風和創作觀念。而從文體來講更是豐富多樣，詩體、文體應有盡有，文體從應用文到敘事文都盡在其中，甚至比任何一部中代文學作品選集的文體還要多和具體。論創作語言，也包括了越南文學所並行使用的漢文和喃字。單單以上幾筆勾

〔註 101〕 參考楊廣含（Dương Quảng Hàm）:《越南文學史要》（Việt Nam Văn Học Sử Yếu），河內：教育部，1968 年，黎文超（Lê，Văn Siêu）:《越南文學史》（Văn Học Sử Việt Nam），胡志明市：文學出版社，2006 年，陳氏冰清主編（Trần Thị Băng Thanh（chủ biên））:《越南十五至十七世紀文學》（Văn Học Thế Kỷ Xv～Xvii），河內：社會科學出版社，2004 年，阮登挪（Nguyễn，Đăng Na）:《越南中代文學解碼》（Con Đường Giải Mã Văn Học Trung Đại Việt Nam），河內：教育出版社，2007 年。

〔註 102〕 參考阮公理（Nguyễn Công Lý）:〈越南中代使程詩概論及阮忠彥使程詩〉（Diện Mạo Thơ Sứ Trình Trung Đại Việt Nam Và Thơ Đi Sứ Của Nguyễn Trung Ngạn），《胡志明市師範大學科學報》（Tạp chí khoa học, đại học sư phạm thành phố Hồ Chí Minh），2013 年第 49 期，頁 95～109。

勒其文學特點就可以發現，越南燕行文獻總集從另一個角度來講，是越南中代文學的一本教科書，足以成為了解越南中代文學的一個重要窗口〔註103〕。

第三節　1849～1877 年間燕行錄的主要特點

一、1849～1877 年間出使北京的燕行作品

　　1849～1877 年間越南出使北京的燕行錄是指從嗣德二年（1849）到嗣德二十九年（1877）年間越南六部使團的十一部燕行作品。茲將這段時間出使中國北京的使團及其任務、使程作品等整理如下，以便讀者掌握及參考：

表 2　1849～1877 年間越南出使中國北京的使團及其作品統計表〔註104〕

序號	時　間	使團人員 （正、甲、乙副使）	出使目的和任務	相關使程作品
1.	1849 道光 29 年 嗣德 2 年	潘靖‧枚德常、阮文超	瞻見，例貢	阮义超《方亭萬里集》、《如燕驛程奏草》
2.	1853 咸豐 3 年 嗣德 6 年	兩部使團，第一為潘輝泳、劉亮、武文俊；第二為范芝香等人。	瞻見，答謝，例貢	潘輝泳《駰程隨筆》、范芝香《志庵東溪詩集》
3.	1856 咸豐 6 年 嗣德 8 年		例貢，但清朝諭越各省用兵，例貢者緩	
4.	1860 咸豐 10 年 嗣德 12 年		諭丁己、辛酉例貢著緩	

〔註103〕對燕行錄的評價，劉玉珺也在其文章中提到，「作為詩賦外交的產物，北使詩文反映了漢文化向域外輻射的廣度與深度。如果單純從藝術價值來看，北使詩文卻未必都算得上精品，它們的審美功能只是交際功能的一種附麗，但它們卻是越南古典文學最重要的寶貴財富之一。從作者的數量而言，它們在越南文學史上所占的比重超過了七分之一，若從集部相關類別的漢文作品而言，則佔有五分之一的比重。這些數字表明，以詩賦外交為主要形式的中越文化往來，是越南古典文學發展的一種強大助力。」參考劉玉珺：〈越南使臣與中越文學交流〉，《學術交流》2007 年第一期，頁 141～46。
〔註104〕表內部分內容參考許文堂：〈十九世紀清越外交關係之演變〉，《中央研究所近代史研究所期刊》，2000 年第 34 期，頁 314～316。

5.	1863 同治 2 年 嗣德 15 年		例貢，中方讓越方不用遣使遠來進香	
6.	1864 同治 3 年 嗣德 16 年		越諮請貢上次例貢方物，清方命展緩	
7.	1869 同治 8 年 嗣德 22 年	黎竣、阮思僩、黃竝	瞻見，四貢並進	黎竣、阮思僩《如清日記》，阮思僩《燕軺筆錄》、《燕軺詩文集》
8.	1871 同治 4 年 嗣德 24 年	阮有立、范熙亮、陳文準	瞻見，謝恩、貢方物、馴象	范熙亮《北溟雛羽偶錄》、《范魚堂北槎日記》
9.	1873 同治 12 年 嗣德 26 年	潘仕俶、何文開、阮修	歲貢	
10.	1877 光緒 3 年 嗣德 29 年	裴殷年、林宏、黎吉	歲貢	裴文禩《萬里行吟》、《中州酬應集》，中清朝楊恩壽、越阮朝裴文禩《稚舟酬唱集》

二、1849～1877 年間燕行錄的特點

產生於 1849 至 1877 年間「非常時期」的出使中國燕京的越南燕行錄具有很多「特殊」的特點。茲分別從創作背景、使程路線和作品內容等方面的特點進行介紹，具體如下：

首先，這一階段燕行錄作品的創作背景是越中兩國外交關係的一個特殊的時期，它連接了十九世紀越南與中國外交關係的兩個完全不同的階段。其中，前一階段（1802～1848 年間）兩國一直維持比較穩定發展的外交關係。後一個階段（1878～1883）是越中傳統外交關係走向瓦解，最後終止的階段。在第一階段，越南情勢慢慢走向穩定，並在明命時期達到頂峰。越中關係也跟著越南國內情況而比較穩定地發展，越南定期進行歲貢，從不停頓。但在 1849 年之後，兩國情況如上面所述，發生了眾多變化，兩國關係也因此深受影響。

1849～1877 年間兩國朝貢關係，又可以分成兩個階段。第一階段是從 1849 年至 1858 年，越南被法國聯軍進攻之前；第二階段是從 1859 年至 1877

年，被法國進攻之後。在第一階段，越南與中國的狀況存在著許多差別。越南 1849 年後剛從國情比較穩定且強盛的時期走過來，全國正要面臨來自國內外的許多挑戰和危機。西方勢力對越南的威脅早已存在，但在 1858 年之前，至少沒有過正面的武力衝突，所以內外力量相比之下還屬於比較緩和的狀態。反觀中國的情況，中國早在十八世紀末、十九世紀初就開始衰落。加上中國於 1840 年與英國交戰失敗後，被迫與英國和其他西方列強簽下了不平等的條約。緊接著國內又發生了許多大型的起義，如太平天國、捻軍等，使得中國似乎被掏空一般，毫無力氣可言。天朝這個處境，震驚了整個東亞地區的國家。儘管這期間越南仍堅持請中國同意遣使來華，但中方曾於 1852～1867 年間以國內外情況不妙，道路阻塞，命越南不用「遠來進香」。到了 1858 年以後，越南與中國的情況已經出現了許多相同的特點。當時越南與中國一樣飽受西方勢力的踐踏，在不得已的情況之下簽下了不平等條約，或要割地、或要巨款賠償等。加上國內經濟蕭條、官員腐敗、動亂蜂起，越南舉國上下頓時不知所措。主和、主戰等意見紛紛出來，全國也發生了許多對抗法國的運動，但始終沒有找到適合、有效的制夷之法。

因此，這段時間出使燕京的使團肩上除了以往的例貢、瞻覲等任務之外，還加了新的使命，即打聽西方各國在中國及周邊國家的行動及中國和其他國家對其的反應，以為國內借鑒學習。儘管如此，進入第三階段，即 1878～1883 年，在西方壓力日益囂張的情況之下，越南最終還是淪落為法國殖民地，正式終止了越南與中國之間的傳統朝貢——冊封的外交關係。

其次，因其特殊的背景，使得這階段的使燕行程有了不同以往的任務，所以其作品也增加了許多新的內容，即紀錄跟西方各國有關的事情。對於正要面對的西方勢力，越南正處在不知所措、暫無對策的狀態。來自西方的客人，其實越南早已認識，並有過接觸〔註 105〕。但是面對他們兇猛的軍事力量和野心，越南還是始終摸不著其底細和如何來應對這位舊識的客人。所以嗣德皇帝在給這時期出使中國的使節諭旨中，都命令他們其要多加留意西方各

〔註 105〕參考坪井善明（Yoshiharu，Tsuboi）：《面對法國與中國的大南（1847～85）》（Nước Đại Nam Đối Diện Với Pháp Và Trung Hoa（1847～1885）），胡志明市：青年出版社，2011 年。坪井善明於書中指出，阮朝與中國、朝鮮相比，甚至更早就有與西方勢力接觸並合作過的經驗。阮福映跟法國簽訂了條約，並藉著法國的援助而推翻了西山皇朝。阮朝成立後，阮福映還履行承諾讓一些法國官員擔任越南政府的官職，並給他們許多厚待。

國如英吉利、法蘭西等國在中國、周邊國家的狀況，以及中國的對應措施。如嗣德皇帝對 1871 年范熙亮使團的諭旨：「爾等三人，皆有學問，茲委出疆，凡事當協心商等，務要得體。途間亦當周咨清國、英、富、俄、衣諸國情頭，回辰具覆。勿如前使部多略，未稱朕懷〔註106〕」由此可見，在這之前的使團也有同樣的任務。也正因為如此，這階段的燕行作品多了這兩方面的記載。這成為我們研究中國當時的實況、越中實質關係和使節對西方的態度等，提供了非常珍貴的材料。

不僅如此，越中兩國的困境，特別是中國頹廢不起的情況，還激起了越南使節對中國、中國文化等這個天朝從未有過的矛盾心態。在越南歷代士大夫看來，中國無疑是一個文明大國。但出使後親眼目睹其國內的腐敗現象以及飽受西方的屈辱的中國，使得越南使節不得不經歷了一段強化對中國的認識的旅程。而這些對中國境內沿途的觀察以及心理上的變化，都在他們的作品中體現得淋漓盡致，讓我們有機會跟著他們的出使腳步，去探討他們對中國、中國文化的體驗與變遷。

再者，這時期各使團的貢路因中國內部情勢也存在許多變動。關於越南使節的貢路，我們可以透過使節的沿途記錄掌握得相當清楚，有些研究也曾提及這個問題〔註107〕。這裡簡單介紹這時期的貢路以讓讀者更加了解越南使團當時出使的情況。

根據 1849、1868、1871、1873、1877 年使團的相關作品，發現這五次使程路線大致上一樣。越南境內為從順化出發，經海雲關後過廣治、廣平、河靜省、清化省、寧平省、昇龍、北寧、諒山等省，然後過關。相較於中國境內

〔註106〕 轉錄自陳正宏：〈法國所藏越南漢文燕行文獻述論〉，《燕行使進紫禁城——14 至 19 世紀的宮廷文化與東亞秩序學術研討會》，北京：故宮博物院、故宮學研究所，2014，頁 72。

〔註107〕 越南方面的相關研究可參考〈《華程便覽曲》——李文馥從順化到北京的日記〉（Hoa Trình Tiện Lãm Khúc-Nhật Ký Trên Đường Từ Huế Đi Bắc Kinh Của Lý Văn Phức）介紹《華程便覽曲》文本，同時提到李文馥從順化到北京的路程。〈阮思僩出使事件初探〉（Chuyến Di Sứ Của Nguyễn Tư Giản）介紹阮思僩一團使程路線等內容。〈鄧輝煑使程和一份尚未公佈的資料〉（Chuyến Đi Sứ Của Đặng Huy Trứ Và Một Tư Liệu Chưa Được Công Bố）也有提及鄧輝煑的出使路線。國外方面有張恩練《越南仕宦馮克寬及其《梅嶺使華詩集》研究》專門以馮克寬及其燕行作品為研究對象，裡面有對馮克寬使華貢路等內容做出具體的考察。周亮《清代越南燕行文獻研究》對有清一代各越南使團的使程路線做了詳細的表格。

的記載，這些地方的相關詩作比較少，也沒有很詳細。內容多為使節的沿途見聞和即將要離開祖國和親朋好友的內心感觸，充分體現了使節愛國愛民之心和出使的使命感。

中國境內所經地方則大概為廣西鎮南關、憑祥州、下石西州、寧明州、太平府崇左縣、南寧府新寧州、南寧府宣化縣、永淳縣、橫州、潯州府貴縣、桂平縣、平南縣、梧州府藤縣、蒼梧縣、平樂府昭平縣、平樂府平樂縣、桂林府、全州、湖南永州府、衡州府、長沙府、岳州府、湖北武昌府嘉魚縣、武昌府江夏縣、漢陽府黃陂縣、孝感縣、德安府雲夢縣、安陸縣、應山縣、河南汝寧府信陽州、確山縣、遂平縣、西平縣、許州直隸州鄢城縣、許州、開封府新鄭縣、鄭州、滎澤縣、懷慶府、衛輝府獲嘉縣、衛輝府汲縣、彰德府、直隸廣平府、順德府、趙州、正定府、定州、保定府、順天府涿州、良鄉縣、宛平縣等地〔註 108〕。中國境內的相關記錄佔燕行作品最大的部分，甚至有些燕行錄沒有記錄國內的行程。內容包括導覽沿途各地風情、使程艱辛、想念家國、完成使程相關任務、與國外有人進行詩文唱和等，可謂豐富多彩，且相當詳細，具有很高的史料價值。

要特別留意的是，1853 年兩部使團（即分別以潘輝泳和范芝香為正使的兩部使團）使程路線較以上使團有了較大的變化。越南境內路線仍相當一致，為順化、廣治、廣平、河靜省、清化省、寧平省、昇龍、北寧、諒山等省。在中國境內去程到長沙府前還大概一樣。但因為當時中國境內爆發了聲勢浩大的太平天國運動，為了保證外國使團的安全與順利，清朝皇帝下令改道入貢，從長沙府開始改走常德府，歷沅江、常德、龍陽、武陵、澧州、公安、荊州、襄陽等州縣入京。〔註 109〕。

這兩部使團回程時也因中國境內戰亂不斷，多處受阻而不得不改變行程。范芝香使團回到廣西後，因戰情受阻，被迫在廣西一帶停留近三年，後經廣東才得以回到越南〔註 110〕。而潘輝泳使部也同樣歷經艱辛。他們一樣在廣西

〔註 108〕 參考周亮《清代越南燕行文獻研究》，暨南大學碩士論文，頁 36。
〔註 109〕 參考周亮《清代越南燕行文獻研究》，暨南大學碩士論文，頁 39 和潘輝泳：《駰程隨筆》，《越南漢文燕行文獻集成（越南所藏編）》第 17 冊，中國復旦大學文史研究院、越南漢喃研究院合編，上海：復旦大學出版社，2010，頁224、318 等。
〔註 110〕 參考范芝香《志庵東溪詩集》對於在梧州停留和經粵東回程的詩作，頁 190～205。

梧州滯留多時，擬改廣東出海回國，但因廣東通道也在阻塞，不得不又回梧州。後又繞經廣東回越南〔註111〕。造成兩部使團以上的路線改變，原因不外乎因為中國境內在發生太平天國的運動。這次行程的相關作品雖然都沒有直接描寫戰爭的情況，但透過使節與同團友人、中國友人的詩文唱和和他們細膩的筆觸，可以側面了解當時的緊張情況、當地人民的生活以及使節想念家國和長期滯留他鄉的苦悶心情。這對研究中國當時太平天國在地方的影響有較多的參考價值。

　　當然，除了以上比較新鮮的內容之外，這段時期的燕行作品的內容也與其他使程作品有一樣的地方。比如他們沿途所觀察到的風土人情、地方具體情況、與中國官員、外國使節的交流與接觸等，都成為我們研究、考察中國情況以及當時越中外交關係的重要材料。

〔註111〕參考和潘輝泳《駰程隨筆》對回程的相關記載，頁 342～352。

第三章 漸行漸遠的天朝形象——
越南使節 1849 至 1877 年的使程體驗

　　中越關係本來就是一個非常複雜的概念，其內涵因時間、地點的不同而
有所變遷，又特別受政治思想、社會環境等深刻的影響。中國身為大國，其
文化屬強勢文化，對越南及其他周邊國家產生影響是理所當然，且毋庸置疑
的。歷來學者多以中國為中心，研究中國／中國文化對越南的傳播與影響。
近來有些學者試著從「周邊看中國」的角度來探討兩國的文化交流與互動。
他們試圖從越南的觀點來探討越南接受或改變中國文化的各種現象與方式，
包括朝貢、科舉制度、文學、民俗等諸多方面〔註1〕。少數文章在其論述中詳

〔註 1〕關於此類研究，可以參考以下文章，Yu Insun（Yu Insun）:〈十九世紀越南與
　　　　中國關係史：朝貢體制之實與虛〉（Lịch Sử Quan Hệ Việt Nam-Trung Quốc Thế
　　　　Kỳ Xix Thể Chế Triều Cống, Thực Và Hư），收錄在《第三屆越南學國際研討
　　　　會》論文集（Hội thảo quốc tế Việt Nam học lần thứ 3），河內：河內國家大學出
　　　　版社，2010 年。這篇從越南角度解釋越中朝貢制度。作者指出越南施行朝貢
　　　　完全是從其本身的經濟、文化、保持完整領土等目的與利益出發，而完全不
　　　　是一直以來中國和其他學者所認為的因為越南崇尚、敬仰天朝和天朝文化的
　　　　結果。這篇文章的反思結構，對這一類的研究具有很大的啟發價值。接下來
　　　　中國大陸學者、台灣學者和越南學者陸續以越南資料與越南視角為中心，討
　　　　論越南與中國詩歌、文化等各方面的交流與影響。此類文章可參考張京華:
　　　　〈從越南看湖南——《越南漢文燕行文獻集成》湖南詩提要〉，《湖南科技學
　　　　院學報》，2011 年第 3 期，頁 54～62。彭丹華:〈越南使者詠屈原詩三十首校
　　　　讀〉，《湖南科技學院學報》，2011 年第 10 期，頁 35～40。彭丹華:〈越南使

細介紹越南接受中國文化的方式，以及越南士人對中國形象的看法，但如上面所述，這問題因時空不同、政治、社會環境各異而所呈現的內涵和形式也各有落差，因此相關研究難免都較為概括，沒有很具體和深入。因此，在此篇論文當中，筆者希望藉由這特殊時期出使中國使節的各種漢喃文書寫的作品，透過深度閱讀與分析，建構當時阮朝越南士人對中國形象的真實面貌，更重要的是指出形成這種想像的方式及其意義。

越中兩國，因為其山連山、水連水的特殊地理環境，致使兩國很早就產生了各種各樣的關係。越南有四千多年的歷史，但在秦始皇將其列入版圖，設象郡之前，到目前都沒有找到更確切的文獻記載，幾乎都是開國、衛國的傳說故事。根據越南歷史學家的說法，越南的歷史就是戰鬥、衛國衛民的歷史。而在越南近代史所謂的戰鬥對象，大多是指北方的中國〔註2〕。在越南三千年來有信史的歷史，越中經歷過了無數次的交鋒。中國多次興兵侵略越南，企圖對越南進行統治和同化。而越南經過三次北屬時期和多次戰勝中國之後，自 938 年建立自主國家，為了自身力量與利益的考量，積極和主動與中國建立以朝貢—冊封為載體的外交關係。這種制度一直延續到 1883 年法國殖民越南才結束，徹底改變了越中兩國的關係。

者詠柳宗元〉，《湖南科技學院學報》，2011 年第 3 期，頁 27～29。張京華：〈黎貴惇《瀟湘百詠》校讀〉，《湖南科技學院學報》，2011 年第 10 期，頁 41～48。彭丹華：〈越南使者詠永州（二）〉，《湖南科技學院學報》，2013 年第 9 期，頁 15～20。鄭幸：〈《默翁使集》中所見越南使臣丁儒完與清代文人之交往〉，《文獻》，2013 年第 2 期，頁 174～80。王志強：〈從越南漢籍《往津日記》看晚清中越文化交流〉，《蘭台世界》，2013 年第一月期，頁 31～32。陳益源：《清代越南使節岳陽樓詩文之調查、整理與研究》，台南：國立成功大學，2012。阮公理（Nguyễn Công Lý）：〈越南中代使程詩與湖南文化——以阮忠彥詩為例〉（Thơ Đi Sứ Trung Đại Việt Nam Viết Về Danh Thắng Ở Hồ Nam-Trung Hoa Và Trường Hợp Nguyễn Trung Ngạn），收錄在《越南—中國關係：文化與文學研討會》論文集（Hội thảo Việt Nam-Trung Quốc: quan hệ văn hoá, văn học），胡志明市：胡志明市人文社會科學大學，2011 年。彭敏：〈元結紀詠詩文研究——以湖南浯溪碑林與越南燕行文獻為中心〉，《湖南科技學院學報》，2012 年第 1 期，頁 16～20。于在照（Vu Tại Chiếu）：〈越南燕行漢詩與中代中越文化交流〉（Thơ Bang Giao Chữ Hán Việt Nam Trong Sự Giao Lưu Văn Hóa Việt Nam Và Trung Quốc Trên Lịch Sử Trung Đại），收錄在《地區和國際視野下的越南文學研討會》論文集（Hội thảo quốc tế Văn học Việt Nam trong bối cảnh giao lưu văn hóa khu vực và quốc tế），河內：文學院，2006 年等。

〔註 2〕參考陳仲金（Trần Trọng Kim）：《越南史略》（Việt Nam Sử Lược），河內：文化通訊出版社，1999 年。

在這歷史過程，越南士人（包括越南使節）到底如何看待中國和中國文化呢？在探討阮朝士人對中國的想像與期待之前，我們必須討論形成這種觀點和看法的成因與背景。可以說，越南士人對中國的看法，是「文本中的中國」與「現實中的中國」相互影響的結果。

第一節　越南士大夫對中國想像形成的背景

一、越南士人對中國想像形成的話語

（一）文本中的中國

阮朝士人生活在越南以儒教為治國的綱領與工具，因此他們對中國的認識，就離不開中國儒教以及整個學習過程、生活環境的話語。早在西漢末年，中國統治越南並有意對越南進行「教化」，也就是「漢化」過程，從「錫光在交趾教民以禮儀」，「延乃教民墾闢」，而「嶺南文風始二守焉」〔註3〕。儒教，作為漢文化的一部分也因此開始傳入越南。將儒教典籍和思想傳入越南的過程中，最值得一提的人物就是士燮（137～226）。越南人稱他為「士王」，對他極為尊崇。相傳士燮任交趾太守時，積極將儒家經典與義理教給交趾人，因此越史稱越南自士燮「通詩書，習禮樂」〔註4〕。之後，儘管越南多次改朝換代，儒教在各時期的盛衰不同，然而可以說，儒教對於越南整個立國和建國過程，都被越南各工朝視為規條，具有非常大的影響〔註5〕。

根據專家分析，在北屬時期傳入越南和從十世紀到十五世紀期間，這些時期的儒教是漢儒和宋儒，然而其思想特徵沒有很明顯〔註6〕。到了十五世紀，明軍於 1406 年侵略越南，建立各行政單位，並開始強力的漢化、同化過程。明朝在越南各府、縣建立孔子廟，同時在府、州、縣等成立學校，教學內

〔註3〕參考〔越〕吳士連等編，〔日〕引田利章校訂：《大越史記全書》，東京：填上堂出版，1884，屬西漢紀，頁 141。

〔註4〕參考吳士連、越南社會科學院（Ngô S.L., Viện khoa học xã hội Việt Nam）：《大越史記全書》（Đại Việt Sử Ký Toàn Thư），河內：社會科學院，1993 年。

〔註5〕參考謝玉璉（Tạ Ngọc Liễn）：〈從十五世紀到十六世紀初的越南儒學〉（Nho Giáo Ở Việt Nam Từ Thế Kỷ Xv-Đầu Thế Kỷ Xvi），收入世界出版社（Nhà xuất bản Thế giới）：《從跨學科視角研究越南儒學》（Nghiên Cứu Tư Tưởng Nho Gia Ở Việt Nam Từ Hướng Tiếp Cận Liên Ngành），河內：世界出版社，2009 年，頁 130～149。

〔註6〕參考陳仲金（Trần Trọng Kim）：《儒家》（Nho Giáo），河內：新越，2003 年。

容全面以四書五經為教材，期望透過教育，可以同化越南及越南人的思想與文化，更能透過此手段，可以選出幫助明朝統治越南的人才。黎太祖（即黎利，1385～1433）統領人民打敗明軍之後，為了統一社會、人民思想與文化，同時為了建立中央集權的封建政府，主動將儒教視為其治理國家的思想綱領與工具。經過黎太宗（1423～1442）、黎仁宗（1441～1459）到黎聖宗（1442～1497）的加強與鞏固，儒教在越南思想、文化領域中佔主導的地位，並且有很鮮明的特點。黎朝儒學是強調學習詞章、經義、詩賦、文策等，一切以參加科舉考試，出來當官，一生為國為民為目標。到了阮朝，這種「尋章摘句」的儒學更被推崇到極點。一般公認阮朝是越南「獨尊儒學」的時期，儒教完全主導社會的思想與文化，成為無論是至尊的皇帝還是平民老百姓至高無上的待人處事、齊家治國平天下的準則〔註 7〕。越南儒生，在參加科舉考試之前，就要熟讀四書五經及其他儒家經典，另要學習寫詩賦、策文等。經過多年的學習中國典籍，中國的人、事、物、情等等，潛移默化地成為越南儒生的常識。對中國、中國文化的認識、想像和幻想也因此慢慢成形。

因此，可以說，對於大部分越南人而言，中國／中國文化的形象與想像是在此文本和科舉、社會環境中形成的。經典中的中國，加上越南「獨尊儒術」的學術、社會環境，使得中國的想像顯得非常美好，是儒家道德、價值觀的典範世界。在越南儒生看來，中國，作為聖人、典籍的發源地，有責任和義務成為標準的儒學國度。以下我們且看造就這種美麗想像的文本中的儒家話語和環境。

1. 「獨尊儒術」的學術、社會環境

阮朝之前，黎朝為了建立中央集權國家，儒教受到重用並實際上發揮了積極的治理國家、統一人民思想與文化的作用。儒教透過其嚴謹的「三綱五常」、「正名」、「三從四德」等理論，規定了社會各階級的尊卑封建關係與秩序。皇帝有至高無上的權威，被視為「天子」，官僚機構也日趨完善，形成從中央到地方嚴密、完整的管理國家的體制。人民的思想也完全被儒家思想所困住，任命成為「天子」天下的「臣民」，所有社會關係與活動如君臣、父子、

〔註 7〕參考陳義（Trần Nghĩa）：〈各時期越南儒教的分類〉（Thử Phân Loại Nho Giáo Việt Nam Qua Các Thời Kỳ），收入世界出版社（Nhà xuất bản Thế giới）：《從跨領域視角研究越南儒學》（Nghiên Cứu Tư Tưởng Nho Gia Ở Việt Nam Từ Hướng Tiếp Cận Liên Ngành），河內：世界出版社，2009 年，頁 150～179。

夫妻、兄弟等，無不完全服從儒教的規定。黎朝在這樣的基礎之上，建立了中央集權的政府，穩定國內局勢，國內社會、政治逐步穩定與發展，並在黎聖宗時期，無論是經濟、文化等諸多方面都達到了高峰。

　　阮福映（或阮福暎）打敗西山王朝，統一越南全國之後，面對國內長期的戰爭與分割，人心惶惶，歷史給他最大的考驗是如何整頓並管理好這個分裂，且受傷的國家？綜觀越南各朝代的興衰，特別是前黎朝的榜樣，阮福映明確認識到，當時只有儒教及其「齊家治國平天下」的理論與學說，才有機會成為他「治國平天下」的思想、理論基礎和工具。因此阮朝自第一位嘉隆皇帝阮福映到其他皇帝，在恢復封建中央集權政府的同時，加倍重視儒教，振興儒學和科舉制度〔註8〕。阮朝各皇帝為了鞏固儒教的獨尊、主導地位，積極頒布了很多律例和政策，例如制定法律、排斥基督教、並推崇科舉考試。

　　阮朝從中央到地方，無不重視並提倡儒學，努力透過各種措施來擴大儒學教育。阮朝在全國建立學校，並命令興建文廟，祭祀孔子和先賢，以廣泛宣傳儒學，讓儒學深入一般人民的生活。根據前人的研究，阮朝統治後，除了在首都順化建立文廟，同時在其他府、州、縣建立文廟、文祠、文址等系統，積極鼓勵各種祭祀孔子、先賢儀式〔註9〕。儒教，透過這樣從中央到地方的祭祀孔子的機構，對越南人民產生了潛移默化的影響。與此同時，阮朝極力推崇儒教學習，因此由政府出錢，在各府、州、縣成立公立學校，並定期發送教科書，無不是儒家經典〔註10〕。不僅如此，透過各鄉社的碑文和鄉約資

〔註8〕 參考謝文林（Tạ Văn Lâm）：《阮朝獨尊儒術現象：原因及其當時的影響》（Sự Độc Tôn Nho Giáo Dưới Triều Nguyễn: Nguyên Nhân Và Ảnh Hưởng Đương Thời Của Nó），河內人文社會科學大學碩士論文，2009 年。阮氏營（Nguyễn Thị Oanh）：〈嘉隆時期越南儒學〉（Tìm Hiểu Về Nho Giáo Việt Nam Dưới Thời Vua Gia Long），收入世界出版社（Nhà xuất bản Thế giới）：《從跨領域視角研究越南儒學》（Nghiên Cứu Tư Tưởng Nho Gia Ở Việt Nam Từ Hướng Tiếp Cận Liên Ngành），河內：世界出版社，2009 年，頁 189~218。Brian Zottoli: Confusianism, Statecraft and Family Politics in Early Mordern Vietnam. Hà Nội: Nhà xuất bản Khoa học xã hội, 2006.

〔註9〕 參考阮有未（Nguyễn Hữu Mùi）：〈透過文廟、文祠、文址考察儒教對越南的影響〉（Ảnh Hưởng Của Nho Giáo Ở Việt Nam Qua Hệ Thống Văn Miếu, Văn Từ Và Văn Chỉ），收入世界出版社（Nhà xuất bản Thế giới）：《從跨領域的視角研究越南儒學》（Nghiên Cứu Tư Tưởng Nho Gia Ở Việt Nam Từ Hướng Tiếp Cận Liên Ngành），河內：世界出版社，2009 年。

〔註10〕 參考范德成勇、順化古都遺跡保存中心（Phạm Đức Thành Dũng, Trung tâm bảo tồn di tích cố đô Huế）：《科舉和阮朝中試者》（Khoa Cử Và Các Nhà Khoa Bảng

料可知，為了幫助地方儒生有機會讀聖賢之書，以後「穿上錦衣」，各鄉社也努力集資建立鄉社學校或立學田，以利後學。甚至為了勉勵考生，還制定了詳細的鼓勵條文，例如提供部分筆墨、紙張、公用圖書，或根據學生的成績提供獎勵、免雜役或某種稅務等，將田地、米、錢等賞給學生，給參加考試的學生提供路費，或為了鼓勵學生盡快考到名次，約定如果考上可以加入鄉社尊貴的「斯文會」。除了對考生本身，村里任何有學之士可以集合五十名學生來唸書，賞一貫錢；老師在鄉社有很高的地位，除了提供他們平常的吃住以外，他們的後事也由該社全包；另有規定鄉社學校周圍的家庭不許吵鬧、煮菜、燒酒、吵架、調戲女人等〔註 11〕。

另外，我們還可以從現存的有關儒教的漢喃資料來看越南儒教與科舉制度對越南人的深刻影響。根據統計，目前越南保存最多漢喃資料的漢喃研究院圖書館有 1689 儒教資料書目，佔全圖書館 5080 個書目的 33.25%。每個書目又可能有許多不同的版本，其館藏編號因此也不同。1689 個書目包括 2497個館藏編號，其中有 1246 個編號是屬於儒教文學（以儒教觀點為基礎進行文學創作的作品），佔 49.89%；537 個編號屬於儒家科舉書籍（包括考試策文範本、考試題目、考試規定等），佔 21.50%，其他是屬於儒家經典（81，3.24%）、儒教道德（134，5.36%）、法律（40，1.60%）、統治制度（151，6.04%）、儒教典禮與禮儀（120，4.80%）〔註 12〕。由此可見科舉制度和儒教已經走進了

Triều Nguyễn），順化：順化古都遺跡保存中心，2000 年；和阮玉瓊（Nguyễn Ngọc Quỳnh）：《阮朝教育系統和科舉制度》（Hệ Thống Giáo Dục Và Khoa Cử Nho Giáo Triều Nguyễn），河內：國家政治出版社，2011 年。

〔註 11〕 參考阮有未（Nguyễn Hữu Mùi）：〈透過碑文資料考察社、村單位的儒學教育〉（Vài Nét Về Tình Hình Giáo Dục Nho Học Ở Cấp Làng Xã Qua Tư Liệu Văn Bia），收入社會科學院（Nhà xuất bản Khoa học xã hội）：《越南的儒學》（Nho Giáo Ở Việt Nam），河內：社會科學出版社，2006 年，頁 345～360。丁克順（Đinh Khắc Thuân）：〈越南社村的好學與科舉傳統〉（Truyền Thống Hiếu Học Và Khoa Bảng Nho Học Ở Làng Xã Người Việt），收入世界出版社（Nhà xuất bản Thế giới）：《從跨領域視角研究越南儒學》（Nghiên Cứu Tư Tưởng Nho Gia Ở Việt Nam Từ Hướng Tiếp Cận Liên Ngành），河內：世界出版社，2009 年，頁 816～832。丁克順（Đinh Khắc Thuân）：〈透過鄉約資料考察儒教對越南社村的影響〉（Sự Xâm Nhập Của Nho Giáo Với Làng Xã Qua Tư Liệu Hương Ước），收入社會科學院（Nhà xuất bản Khoa học xã hội）：《越南的儒學》（Nho Giáo Ở Việt Nam），河內：社會科學出版社，2006 年，頁 361～368 等文章。

〔註 12〕 參考阮春面（Nguyễn Xuân Diện）：〈漢喃研究院圖書館儒學資料評價〉（Tổng Quan Tài Liệu Nho Giáo Và Nho Học Ở Viện Nghiên Cứu Hán Nôm（Khảo Sát，

越南人的生活習慣，對越南人有極其深遠的影響。

可以說，透過如此完備的從中央到地方的文廟和學校系統和相關獎助、懲罰規定，儒教和科舉制度潛移默化地深刻地影響越南儒生和一般人民。儒教規定，成為越南上下一貫的準則。而科舉制度的極度化，更讓越南儒生數量激增，他們努力學習儒家經典，等到參加科舉考試，出來當官。儒教，因此奠定了其在越南教育、思想、文化名副其實的獨尊地位。

2. 故鄉學風和家世傳統

越南士人對中國的想像，除了透過儒學經典以及整個社會、學術環境所影響之外，故鄉的學風與環境和家世傳統也是非常重要的影響因素。

故鄉、學習環境對一個人的教育與影響是非常大，也很明顯的。儒家經典裡面所講的「孟母三遷」的故事更是家喻戶曉，再次肯定了環境對於一個人成長的重要性。在越南阮朝極度重視科舉制度、選舉人才出來當官的特殊背景之下，越南許多鄉社漸漸養成了「好學」、「崇儒」的傳統。他們積極在鄉約制定各種鼓勵儒生唸書、學習的規定。而這些規定，無論是物質上的資助（贊助考生參加考試的路費、給有成績的考生賞田地、免雜役等），還是精神上的鼓勵（考中生在鄉社組織的地位與等級、可以參與舉辦鄉社活動，如宗教、集會活動等；考試名次較高的儒生還可以將其名字與功績刻在鄉社文址題名碑，並參與相當隆重的春秋兩季祭祀活動等）。在此風氣的影響之下，越南甚至還形成了「科榜社」的現象，即「在國家科舉考試之中有多人得到名次（副榜以上）的社」〔註13〕。在這些特定社，社政府更加重視儒學教育，例如集資建立學校、準備公用書籍、制定相關補助規定等，無不面面俱到。毋庸置疑，鄉社這樣的鼓勵措施，加上如果考中出來當官，一可以「榮己身」，

Đánh Giá Về Trữ Lượng Và Giá Trị)），收入社會科學院（Nhà xuất bản Khoa học xã hội）：《越南的儒學》（Nho Giáo Ở Việt Nam），河內：社會科學出版社，2006 年，頁150～161。

〔註13〕參考裴春訂、阮日職（Bùi Xuân Đính，Nguyễn Viết Chức）：《河內昇龍城的科榜村》（Các Làng Khoa Bảng Thăng Long-Hà Nội），河內：國家政治出版社，2004 年和裴春訂（Bùi，Xuân Đính）：〈科榜村——越南文化和越南社村類型之一〉（Nghiên Cứu Về Làng Khoa Bảng-Một Loại Hình Làng Việt，Một Dáng Nét Văn Hóa Việt Nam），收錄在《第一屆越南學國際研討會》論文集（Kỷ yếu Hội thảo Quốc tế Việt Nam học lần thứ nhất），河內：世界出版社，2002 年。根據作者的統計，以有超過10 個（包括）以上考中科舉考試，且名次較高為標準，越南北、中部共有23 個「科榜社」。

二可以「光宗耀祖」，甚至成為故鄉的榮耀與榜樣的實際誘惑，對儒生的確有非常大的鼓勵作用，促使他們學而不倦、習而不厭，漸漸成為一鄉一社的學習風氣，吸引了越來越多的人參與其中。儒學因此更滲透人心，走進了每一鄉社，波及每一家庭。而在阮朝時期，這風氣愈演愈烈，甚至形成各鄉社之間的嫉妒與競爭〔註 14〕。中國以及中國文化的想像，透過儒家經典的學習，就這樣深深地刻在越南儒生的腦海裡。

如果說社會、學術環境以及故鄉學風只是較遠的外部因素，那麼家世傳統可以說是最近、最直接影響儒生追求儒學的外部因素與環境了。王三慶老師曾在其論文中，透過潘輝溫《科榜傳奇》所載科舉人物及其家世等出人頭地的分析，指出幼時家庭儒家教育之養成的重要性〔註 15〕。如果生長在書香世家，儒生有機會自小耳目熏染儒家經典與規則，維繫了百年的讀書種子而傳世，這也與儒家要求之修身、齊家、治國、平天下的理想完全吻合。而越南書籍有不少對這一類的記載。如阮攸（1766～1820），越南著名詩人生長在標準的書香之家，其父親阮儼考中永慶黎維祊（1709～1735）的黃甲（1731 年），後當上宰相，其哥阮提舉景興黎顯宗（1717～1786）舉人，同年阮攸也中秀才〔註 16〕。吳時任（1746～1803）也是如此，他生長在以文才出名的世家，其父吳時仕（1726～1780）是越南十八世紀著名的史學家、文人和詩人，曾中舉人。吳時任後來則中進士〔註 17〕。可以說類似的記載在越南歷史中屢見不鮮。

在此特別值得一提的是，一旦中了科舉之後，除了被任各種官職，少數人因為嫻熟中國禮節、文化與思維，又因能賦詩應對，而得以奉命北使，有機會耳聞目睹一直以來所嚮往的經典、聖賢發源地的中國。文本裡的中國、

〔註 14〕 參考裴春訂（Bùi Xuân Đính）：〈科榜村——越南文化和越南社村類型之一〉（Nghiên Cứu Về Làng Khoa Bảng-Một Loại Hình Làng Việt, Một Dáng Nét Văn Hóa Việt Nam），收錄在《第一屆越南學國際研討會》論文集（Kỷ yếu Hội thảo Quốc tế Việt Nam học lần thứ nhất），河內：世界出版社，2002 年。

〔註 15〕 參考王三慶：〈越南科舉與儒家典籍的傳承——以《科榜傳奇》人物及策問題目的檢討〉，收入世界出版社（Nhà xuất bản Thế giới）：《從跨領域視角研究越南儒學》（Nghiên Cứu Tư Tưởng Nho Gia Ở Việt Nam Từ Hướng Tiếp Cận Liên Ngành），河內：世界出版社，2009 年，頁 324～336。

〔註 16〕 參考阮石江、張正編輯和註釋（Nguyễn Thạch Giang, Trương Chính biên khảo và chú giải）：《阮攸年譜和作品》（Nguyễn Du Niên Phổ Và Tác Phẩm），河內：文化通訊出版社，2001 年。

〔註 17〕 參考吳時任著、高春輝介紹（Ngô Thì Nhậm, Cao Xuân Huy）：《吳時任詩文選集》（Tuyển Tập Thơ Văn Ngô Thì Nhậm），河內：社會科學出版社，1978 年。

期望中的中國與實際上的中國，第一時間有機會碰撞，並給每一位使者帶來了對現實中的中國形象不同的觀感。而生長在有出使經驗的家庭，儒生同時有機會接觸到兩個不同的文本中的中國，一個是一般儒家經典所反映的中國，另一個是他們祖先所留下的對現實中國的描述與記載。而這下一種文本中的中國，是他們從小就可以透過使程作品和故事而耳熟能詳。那些記載和觀感與一般的中國想像無論是吻合或有所差別，都給他們帶來更多的刺激與期待。

（二）現實中的中國：阮朝時期的越中兩國情勢

越南士人對中國的想像與期待，除了受到各種文本的規定，當時越南與中國的相對情勢也對他們的想像起著非常重要的影響。

到了阮朝時期，越中關係仍繼續透過朝貢—冊封的形式來進行。如果只從朝貢的次數來講，可以說這時期是越中兩國政府間交流最為頻繁的時期〔註18〕。但實際上這種關係已經演變到了另一種情況。

阮聖祖阮福映經過二十多年的刻苦鬥爭，最終於 1802 年打敗西山王朝，建立統一的越南。開國初期，國內外仍存在許多危機。為了消除來自北方大國的威脅，鞏固其合法的地位和國內人民的思想與信念，同時奠定與其他各國的合法關係，阮福映積極並主動向清朝求封。對於深信儒家思想的阮朝來說，向經典、聖人與文化發源地的中國請封是「合乎天命」、「合乎禮節」的「事大」行為。自此，越南阮朝與中國清朝正式建立以朝貢—冊封為形式的邦交關係，阮朝自願地加入當時中國式的「世界秩序」。

自從與清朝妥善解決邦交問題之後，阮朝各皇帝名正言順和努力地管理國家。嘉隆皇帝稱帝後，積極整頓國內政局，完善國家行政機構、重視儒學教育等。在他的統治之下，越南成為東南亞半島軍事實力強大的國家。明命皇帝繼承皇位之後，經過許多對內對外的改革政策，越南經濟、社會與文化

〔註18〕越南與中國建立朝貢—冊封制度之後規定，越南要兩年一貢，後四年兩貢。除了歲貢，還有祝壽、求封、謝恩、進香、告哀等。參考〔越〕張登桂等纂.《大南實錄》正編第一紀，卷 23，頁 3～4。東京：日本慶應義塾大學言語文化研究所，1961、1981。根據前人的統計，阮朝時期自 1802 年到 1883 年供派了 22 個使團前往中國。參考寶琴（Bửu Cầm）:〈阮朝嘉隆到嗣德遣使中國的使團〉（Các Sứ Bộ Do Triều Nguyễn Phái Sang Nhà Thanh（Từ Triều Gia Long Đến Đầu Triều Tự Đức）），《史地集刊》（Tập san sử địa），1966 年第 2 期，頁 46～51。黃芳梅（Hoàng Phương Mai）:〈越南阮朝遣使清朝的使團介紹〉（Về Những Phái Đoàn Sứ Bộ Triều Nguyễn Đi Sứ Triều Thanh（Trung Quốc）），《漢喃雜誌》（Tạp chí Hán Nôm），2012 年第 6 期，頁 51～68。

達到了封建時期的高峰〔註 19〕。紹治時期（1807～1847）沿用了明命的典章制度，沒有什麼改革，國內因此大抵上也沒有太大的變動。但是到了嗣德時期（1829～1883），越南經濟社會發生了很大的變化。國內農民起義四起，內部矛盾更加嚴厲，外部則面對西方勢力東漸的壓力，使得越南面臨前所未有的改革開放的壓力與危機。然而，因為嗣德皇帝施政不效，不合時宜，又猶豫不決，使得越南經濟社會更加衰落，國力下降，最後淪為法國殖民地〔註 20〕。

相對來講，十九世紀初的中國，正在從鼎盛走向衰落的過程。清朝到了乾隆皇帝，國內發展達到了頂峰。中國人口不斷增加，到了乾隆末年破了三億大關。國內經濟文化也得到了長足的發展。國庫庫存高過前朝幾倍以上，商業貿易活動非常發達，文化各方面也大發光彩〔註 21〕。但是，到了乾隆後期，因為寵信貪官，生活又過度侈靡浮華，使得政治敗壞，人民負擔過大，社會隱藏了許多危機。後來嘉慶、道光帝針對前朝過度的開銷，在朝廷提倡節儉，結果卻遇到強烈的反彈，最後不得不妥協。清朝這時已面臨嚴峻的內部和外部情勢。國內軍事腐敗，民亂連續爆發，如白蓮教之亂、天理教之亂，後來還有太平天國、捻亂等等。特別是，與越南一樣，中國同樣要面臨西方勢力的侵襲，致使發生了轟動歷史的鴉片戰爭，使得清朝情勢如風前燈火，搖搖欲墜〔註 22〕。

綜觀兩國的大致發展歷程，可以發現十九世紀初是越南走向強盛的過程，而中國那時卻已經開始衰落。這使得阮朝各皇帝一方面仍向清朝稱臣、進行定期朝貢，但一方面也實行獨立自主的政策。關於為什麼阮朝各皇帝努力保

〔註 19〕 參考黎阮（Lê Nguyễn）：《阮朝及其歷史問題》（Nhà Nguyễn Và Những Vấn Đề Lịch Sử），河內：人民公安出版社，2009 年。編輯部（Nhiều tác giả）：《阮朝歷史問題》（Những Vấn Đề Lịch Sử Triều Nguyễn），胡志明市：胡志明市文化出版社，2007 年。

〔註 20〕 參考 Chapuis，O. A History of Vietnam: From Hong Bang to Tu Duc. Greenwood Press，1995。張有炯、丁春林、李茂憾（Trương Hữu Quýnh, Đinh Xuân Lâm, Lê Mậu Hãn）：《越南歷史大綱》（Đại Cương Lịch Sử Việt Nam），河內：教育出版社，1999 年。廖宏斌：《嗣德時期越南政治權力的建構與社會整合》，鄭州大學碩士論文，2002。

〔註 21〕 參考姜公韜：《中國通史：明清史》，北京：九州出版社，2010。李雲漢：《中國近代史》，台北：三民書局，1985。

〔註 22〕 參考 Yi, D. A Concise History of the Qing Dynasty. Enrich Professional Publishing（S） Private,Limited, 2012. Rowe, William T. "China's Last Empire the Great Qing". Cambridge, Mass., Belknap Press of Harvard University Press, 2009.

持與清朝的朝貢制度，韓國學者在其論文以越南為中心，從政治、文化、經濟、軍事、階級、對內權威等利益出發，做了非常詳盡的解釋，在此不再多談〔註23〕。至於越南所實行的獨立自主政策，越南認同並推崇中華文化，但對阮朝皇帝而言，這時清朝不等同於中華，而是「夷族」，相反地，他們認為越南才是中華文化的繼承者。因此，越南在其史書一律不以「中華」稱清國，出使作品也改為「如清／如燕」，稱清朝人為「清人」，漢人為「唐人」等。另外，越南還積極在南方和臨近國家發揮自己的影響力，建立自己的「小中華秩序」，接受萬象、南掌、緬甸、富浪沙（即法國）、紅毛國（即英國）等國的朝貢，形成了與清國的強烈對抗。因此，可以發現越南與清朝關係並沒有我們想像中那麼親密，而那只是雙方互相利用，雙方都有利的外面表現，而越南完全是一個獨立自主的國家〔註24〕。

　　越南一方面認同中國文化，對清國實行朝貢，但卻不視清國為「中華」，還實施自己獨立自主的政策。阮朝與清朝這種相對的發展，和這樣錯綜複雜的邦交關係，必定影響越南使節認識、接受中國、中國文化的心態。這種心理上的結，會如何影響越南士人對中國的期待與想像，就是我們下面要討論的問題。

二、華夷思想：阮朝士人對中國想像的理論基礎

（一）華夷思想和不同立場的政治與文化歸屬

　　「華夷」思想是中國儒家非常普遍的學說，是中國各民族在長期歷史發展中對彼此文化水平所形成的認識〔註25〕。其對東亞儒學文化圈各國如日本、朝鮮、越南等都產生過非常深刻的影響。越南歷代慣以自我為中心，面對中

〔註23〕參考 Yu Insun（Yu Insun）：〈十九世紀越南與中國關係史：朝貢體制之實與虛〉（Lịch Sử Quan Hệ Việt Nam-Trung Quốc Thế Kỷ Xix Thể Chế Triều Cống，Thực Và Hư），收錄在《第三屆越南學國際研討會》論文集（Hội thảo quốc tế Việt Nam học lần thứ 3），河內：河內國家大學出版社，2010 年。

〔註24〕參考阮氏美幸（Nguyễn Thị Mỹ Hạnh）：〈阮朝與清朝邦交關係中的朝貢活動〉（Hoạt Động Triều Cống Trong Quan Hệ Bang Giao Giữa Triều Nguyễn（Việt Nam）Với Triều Thanh（Trung Quốc）），《中國研究》（Nghiên cứu Trung Quốc），2009 年第 7 期，頁 65～74。陳南進（Trần Nam Tiến）：〈越南與中國的關係：從中代冊封、朝貢關係說起〉（Văn Hoá Ứng Xử Của Việt Nam Trong Quan Hệ Với Trung Hoa Thời Kỳ Trung Đại Nhìn Từ Vấn Đề "Sách Phong, Triều Cống"）。

〔註25〕參考黃純艷：〈論華夷一統思想的形成〉，《思想戰線》，1995 年第 2 期。

國和臨近小國時都表示多多少少的排斥異己的心理〔註26〕。到了阮朝，這種思想與觀念更加強化，並被加以應用，以符合自己的立場和環境。

面對清國時，阮朝保有多重觀點。阮朝各皇帝和文士一方面認同文化燦爛的中國，一方面在他們看來，清朝政府和滿族不能代表中國，將他們視為「夷族」。另一方面，面對「清夷」，基於對自己「文獻之邦」、「禮儀之邦」的優越感，阮朝稱自己為「華」，非「夷」，並對清朝稱越南為「夷」直接表示不滿。越南名儒李文馥和阮思僩在出使中國過程，面對中國稱越南為「夷國」，都極力表示反對，兩人在不同時間都寫過著名的〈夷辯〉。他們的主要論點是越南與中國同樣受孔孟程朱之學，因此也是「華」，非「夷」〔註27〕。

而這種「華夷」觀念，也決定了越南阮朝如何看待並處理與臨近小國的關係。阮朝認為他們文化不發達，稱其為「夷」，並建立以越南為中心的宗藩關係〔註28〕，與清國的「中國的世界秩序」形成強烈的反差，肯定越南皇帝與士人獨立自主的意識。這種現象體現了越南政治與文化歸屬不同的立場。這種觀念一貫被越南士人所認同並秉持，深刻影響他們認識與了解中國和中國文化的形象與方式。

了解越南士人接觸中國的歷史、文化背景與期待，我們現在就進行探討越南儒士如何了解中國，並對中國有怎樣的期待與偏見。

第二節　出使前對中國的想像

在古代交通還沒有很發達的時候，同時又備受到各種經濟、社會的限制，各國間的往來和書籍交流沒有很頻繁。因此，阮朝士人對中國和中國文化的認識與想像，不外乎透過他們所讀的四書五經、文人筆記等儒家典籍而來。

〔註26〕 參考陳益源：〈周遊列國的越南名儒李文馥及其華夷之辯〉，《越南漢籍文獻述論》，北京：中華書局，2011，225～236。

〔註27〕 關於李文馥的〈夷辯〉全文及其分析，可參考陳益源：〈周遊列國的越南名儒李文馥及其華夷之辯〉，《越南漢籍文獻述論》，北京：中華書局，2011，頁225～236。阮思僩的〈夷辯〉可參考阮思僩：《燕軺詩文集》，《越南漢文燕行文獻集成（越南所藏編）》第20冊，復旦大學文史研究院、漢喃研究院，上海：復旦大學出版社，2010。

〔註28〕 參考孫建黨：〈「華夷」觀念在越南的影響與阮朝對周邊國家的亞宗藩關係〉，《許昌學院學報》，2011年第6期，和李焯然：〈越南史籍對「中國」及「華夷」觀念的詮釋〉，《復旦學報（社會科學版）》，2008年第2期，頁10～18。

為了參加科舉考試，越南儒生從小就要閱讀這些書籍。久而久之，中國的人、情、事、物等漸漸為他們所熟悉，從而形成對文化發源地的中國一種期待與憧憬。如上面所述，儘管阮朝在政治立場方面與清朝存在衝突，然而在深受儒家思想影響的阮朝越南士人看來，中國還是孔孟程朱、禮樂典章的故鄉，因此整體來講，他們對其仍抱有一種強烈的「烏托邦」的正面仰慕與期待。顯而易見，這種想像完全是憑空而來，更因為後來阮朝儒教走向極端，使得對中國的想像也更加觀念化與理想化。除了儒家經典的文本所使然，另一種重要的文本是越南前人出使中國之後所留下來的詩文作品和筆記（即越南的所謂「使程文學」，或燕行錄）。這些使節有機會赴使「天朝」，耳聞目睹中華文化，將長時間在中國停留狀況的所見所聞、所思所想一一記錄在他們的作品，給越南士人提供另外一種接觸中國與中國文化的媒介。然而，這些作品相對來講只在朝廷官員及作者朋友圈內流行，其他一般越南儒生仍只能透過傳統的文本去認識中國。由此看來，越南儒生對中國的認識可以分成兩類，其一是一般士人（包括使節）出使前對天朝的想像和出使後（包括有機會閱讀使程作品的士人）的現實中國。而這兩種剛好呈現越南士人認識中國和中國文化的過程與演變。

一、中國──儒家思想的榜樣

對於一般阮朝士人而言，那遙不可及的中國是儒家思想的理想模範與榜樣，這無疑就是阮朝「獨尊儒術」和科舉制度所造成的結果。

阮朝各位皇帝都極為重視儒教和儒學教育。他們一方面在越南各地興建孔廟祭祀孔子和其他儒家聖人，一方面建立學校，恢復科舉制度以求賢人充進國家各行政單位，導致這時期越南產生一大批的儒生，因欲登大雅而努力埋頭看書。為了參加科舉考試，越南儒生從小就要接觸儒家經典，所謂四書五經和儒家各種著作，都要熟讀和刻苦學習。因此，中國儒家思想和書中的人、事、物成為越南儒生的基本教養和常識。當時越南儒生和士人所寫的詩文作品，很多以儒家道德為基本內容〔註29〕，而以中國為背景或創作素材，

〔註29〕參考阮春面（Nguyễn Xuân Diện）：〈漢喃研究院圖書館儒學資料評價〉（Tổng Quan Tài Liệu Nho Giáo Và Nho Học Ở Viện Nghiên Cứu Hán Nôm（Khảo Sát, Đánh Giá Về Trữ Lượng Và Giá Trị）），收入社會科學院（Nhà xuất bản Khoa học xã hội）：《越南的儒學》（Nho Giáo Ở Việt Nam），河內：社會科學出版社，2006 年，頁 150～161。作者在其文章中對越南漢喃研究院圖書館所藏的儒教

更是極為普遍〔註 30〕。中國，是孔孟程朱等聖人的故鄉，是歷代明君賢臣和英雄活躍的舞台。這一切促使他們對中國有非常正面、理想化的仰慕與憧憬。作為儒教、聖人的發源地，中國必定是一個禮樂典章制度發達和高度文明的儒家思想的典範。茲用越南士人阮思僴的作品舉例說明如下。

中國，作為儒教的發源地，三綱五常、禮樂典章都極為嚴謹，是儒學中理想的大同國家。在那個國家裡，各種君臣、父子、夫妻等社會關係都被處理得非常好，各有所執，履行儒教的修身齊家治國平天下的觀念。在那個國家，明君先「清心寡欲，君德所先。甘歌恆舞，聖人所戒〔註 31〕」來修其身。而治理國家時，他虛心求才「人君勞於求賢，逸於用人〔註 32〕」。對待人臣時，充分信任他「君執信以御下〔註 33〕」，並真心聆聽下臣的意見以將國家治理得更好，「且舜大聖也，而一聞善言，沛然如決江河。湯齊聖也，而改過不吝〔註 34〕」。對待國人時則用仁愛之心感化之，「仁民而愛物，及其至也，則博施濟眾，而仁覆乎天下矣〔註 35〕」。而且，明君還有先見之明，為了照顧人民的生

資料進行統計分類，並指出現存的 2497 個館藏編號之中，有 1246 個編號是屬於儒教文學（以儒教觀點為基礎進行文學創作的作品），佔 49.89%，是儒教資料中最多的部分。

〔註 30〕例如越南文學名著《翹傳》是阮攸根據中國才子佳人小說改寫的作品，書中保留了所有中國地名、人名的部分。可參閱黃軼球譯：《金雲翹傳》，北京：人民文學出版社，1959。像此類的作品非常多，可參閱陳益源：〈中國明清小說在越南的流傳與影響〉，《上海師範大學學報（哲學社會科學版）》，2009 年第 38 卷第 1 期，頁 81。和陳益源：《中越漢文小說研究》，香港：東亞文化出版社，2007。

〔註 31〕參考阮族李朝後裔（Vân Lâm Nguyễn Tộc Lý Triều Hậu Duệ）：《黃甲阮思僴：生平與作品》（Hoàng Giáp Nguyễn Tư Giản: Cuộc Đời Và Thơ Văn），河內：東西文化語言出版社，2001 年，〈經筵諫疏（二）〉，頁 190。

〔註 32〕參考阮族李朝後裔（Vân Lâm Nguyễn Tộc Lý Triều Hậu Duệ）：《黃甲阮思僴：生平與作品》（Hoàng Giáp Nguyễn Tư Giản: Cuộc Đời Và Thơ Văn），河內：東西文化語言出版社，2001 年之〈有為無為論〉，頁 230。

〔註 33〕參考阮族李朝後裔（Vân Lâm Nguyễn Tộc Lý Triều Hậu Duệ）：《黃甲阮思僴：生平與作品》（Hoàng Giáp Nguyễn Tư Giản: Cuộc Đời Và Thơ Văn），河內：東西文化語言出版社，2001 年，〈經筵諫疏〉，頁 180。

〔註 34〕參考阮族李朝後裔（Vân Lâm Nguyễn Tộc Lý Triều Hậu Duệ）：《黃甲阮思僴：生平與作品》（Hoàng Giáp Nguyễn Tư Giản: Cuộc Đời Và Thơ Văn），河內：東西文化語言出版社，2001 年，〈經筵諫疏（二）〉，頁 192。

〔註 35〕參考阮族李朝後裔（Vân Lâm Nguyễn Tộc Lý Triều Hậu Duệ）：《黃甲阮思僴：生平與作品》（Hoàng Giáp Nguyễn Tư Giản: Cuộc Đời Và Thơ Văn），河內：東西文化語言出版社，2001 年，〈仁論〉，頁 195。

活而時時刻刻提醒自己並做好各種安民、恤民的準備，「皇上以皇天鑒臨為懼，以社稷大計為憂，以天下生民為重，存無逸之敬，以崇競業之寅，圖不見之怨，以弭禍患之前〔註36〕」。

面對如此明君，作為人臣也不忘己責，一心一意奉事明君，以當「忠臣」，「人臣執忠以事上〔註37〕」，「蓋忠臣之事君，其心惟知有君而已，他不顧和〔註38〕」。不僅如此，對明君不當之處，忠臣還要敢言不避，不許有一點阿諛奉承之意，「是故忠臣之策名委質，以時上也，必奉公而履正也，必直道而執法也，不為利田也，不為義疚也，昌言廟堂之上，即事在替否，折檻者且不避，批麟之誅，況所共北面事主者，肯屈己而阿附之乎？〔註39〕」。作為人臣，特別是文臣，因要充當國家各級行政機關的官職，與國人最為親近，要沒有私心，更不能貪污腐敗，貪婪無度，危害及人民和國家，「文臣不愛錢，則天卜太平〔註40〕」。

除了理想的明君忠臣關係，在那個國度裡，其父子之道也極為合乎道統。秉持儒家修身齊家的傳統觀念，「平日讀聖之書，聞聖賢之道，修於家，必詩書性命之篇，獻於庭者，必康濟經綸之學，其自命不淺矣〔註41〕」。對於教養孩子，父親要以身作則，不能偏心，要將禮儀之道教誨於他，讓孩子有機會全面成長「為人父者，必言有物行有常，以御其家，　舉一動，皆以身教。是

〔註36〕 參考阮族李朝後裔（Vân Lâm Nguyễn Tộc Lý Triều Hậu Duệ）：《黃甲阮思僩：生平與作品》（Hoàng Giáp Nguyễn Tư Giản: Cuộc Đời Và Thơ Văn），河內：東西文化語言出版社，2001 年〈經筵諫疏（二）〉，頁 191。

〔註37〕 參考阮族李朝後裔（Vân Lâm Nguyễn Tộc Lý Triều Hậu Duệ）：《黃甲阮思僩：生平與作品》（Hoàng Giáp Nguyễn Tư Giản: Cuộc Đời Và Thơ Văn），河內：東西文化語言出版社，2001 年，〈經筵諫疏〉，頁 180。

〔註38〕 參考阮族李朝後裔（Vân Lâm Nguyễn Tộc Lý Triều Hậu Duệ）：《黃甲阮思僩：生平與作品》（Hoàng Giáp Nguyễn Tư Giản: Cuộc Đời Và Thơ Văn），河內：東西文化語言出版社，2001 年，〈忠臣不私私臣不忠論〉，頁 226。

〔註39〕 參考阮族李朝後裔（Vân Lâm Nguyễn Tộc Lý Triều Hậu Duệ）：《黃甲阮思僩：生平與作品》（Hoàng Giáp Nguyễn Tư Giản: Cuộc Đời Và Thơ Văn），河內：東西文化語言出版社，2001 年，〈忠臣不私私臣不忠論〉，頁 226。

〔註40〕 參考阮族李朝後裔（Vân Lâm Nguyễn Tộc Lý Triều Hậu Duệ）：《黃甲阮思僩：生平與作品》（Hoàng Giáp Nguyễn Tư Giản: Cuộc Đời Và Thơ Văn），河內：東西文化語言出版社，2001 年，〈文臣不愛錢論〉，頁 238。

〔註41〕 參考阮族李朝後裔（Vân Lâm Nguyễn Tộc Lý Triều Hậu Duệ）：《黃甲阮思僩：生平與作品》（Hoàng Giáp Nguyễn Tư Giản: Cuộc Đời Và Thơ Văn），河內：東西文化語言出版社，2001 年，〈文臣不愛錢論〉，頁 238。

故為之子者，善言善行，日接於耳目之間，油油然日進於善〔註42〕」、「且愛子教之以義方，弗納于邪，古聖人所以父父子子，何不由斯道！〔註43〕」。如此完美的君臣、父子關係，加上國人的一心相擁，全國上下同心協力各秉己責，努力經營，以民為本，建立一個理想的大同世界，「昔者，中國有聖人，斯民相生相養殖道，或有缺焉，於是教之衣食以厚生也，較之醫藥以救患也，較之工作以利用也。又為之城郭屋盧，以濟櫓巢之苦也，為之甲兵弓矢，以防禍患肢侵也，為之舟車以遠至，為之曆象以授辰，為之市易以通百貨〔註44〕」。這個理想的國家，才能折射出文明的光環，影響其他國家「凡所為立政養民之具，東方開其源〔註45〕」。

顯而易見，阮朝儒生對中國如此美麗的想像，或可以說是狂熱的烏托邦，就是一種文本中的中國形象，而完全沒有現實的基礎。同時，這也反映他們對中國範式的期待，並折射出對自我的期望。在越南儒生和士人的深層心理，那更是對越南本身政治藍圖的迫切期望。如上所述，阮福映於 1802 年平定越南，阮朝從此開始努力經營越南這塊土地，並到明命皇帝時達到了頂峰。儘管如此，我們不能否認一個客觀存在的事實，那就是越南當時社會環境在處於相當混亂、人心不定的狀態。阮朝初建霸業之前，越南長期處在內戰階段，使得人心惶惶，生活不得安寧。西山王朝短暫的存在還來不及造成多大的改變。阮朝登上政治的舞台，面對的是仍然懷念舊朝（即黎朝）的士人和心存不定的國人。因此全國內亂蜂起，有一大堆社會、經濟問題出現，而當時還要面對不少外患之憂，如高蠻、暹羅之挑釁和西方宗教與勢力的彰顯，的確是一個危機四伏、情勢可畏的國度〔註46〕。在此情況之下，國人誰不期盼可

〔註42〕參考阮族李朝後裔（Vân Lâm Nguyễn Tộc Lý Triều Hậu Duệ）：《黃甲阮思僩：生平與作品》（Hoàng Giáp Nguyễn Tư Giản: Cuộc Đời Và Thơ Văn），河內：東西文化語言出版社，2001 年，〈御題父子之間不責善論〉，頁 218。

〔註43〕參考阮族李朝後裔（Vân Lâm Nguyễn Tộc Lý Triều Hậu Duệ）：《黃甲阮思僩：生平與作品》（Hoàng Giáp Nguyễn Tư Giản: Cuộc Đời Và Thơ Văn），河內：東西文化語言出版社，2001 年，〈御題父子之間不責善論〉，頁 219。

〔註44〕參考阮族李朝後裔（Vân Lâm Nguyễn Tộc Lý Triều Hậu Duệ）：《黃甲阮思僩：生平與作品》（Hoàng Giáp Nguyễn Tư Giản: Cuộc Đời Và Thơ Văn），河內：東西文化語言出版社，2001 年，〈擬原道〉，頁 200。

〔註45〕參考阮族李朝後裔（Vân Lâm Nguyễn Tộc Lý Triều Hậu Duệ）：《黃甲阮思僩：生平與作品》（Hoàng Giáp Nguyễn Tư Giản: Cuộc Đời Và Thơ Văn），河內：東西文化語言出版社，2001 年，之〈擬原道〉，頁 200。

〔註46〕參考陳重金、戴可來譯：《越南通史》，北京：商務印書館，1992，和明崢、

以早定民心，穩定國內情勢，過得安穩的生活？而拘於科舉之學的越南儒生和士人，他們唯一知道，且可以據以嚮往的模式就是那個儒家經典裡面所描繪的古人君君臣臣父父子子的美好大同世界。

二、山川秀麗、地靈人傑

對於越南士人、使節而言，有明君賢臣的中國，那必定是一個山川秀麗、人才薈萃的地方，因此他們對此抱有很多想像與期待。白小熟讀中國儒家典籍和著作，他們對中國的自然景觀都非常熟悉。在他們看來，「天朝上地之大〔註47〕」，「其間山川城郭之狀，人物風俗之美，已多得未曾有〔註48〕」，所以多次在其作品中流露出對前往中國瀏覽各地風光、親自踏上聖人成長與活動的地方的願望：

> 我國古南交也。凡聖賢之所興，衣冠禮樂之所製，典章文物之所著，經籍之所載，皆在荊楊之北，宋黃河南徙人才儘產於南，而大儒朱子出於建，我於是乎稱文獻之邦乎，昔讀書所得及今親見之，豈非人生第一樂事耶。榮於小辰聞先大夫言，遂有神遊八極想〔註49〕。

或：

> 年來眼孔猶嫌小，北走黃河看堯封〔註50〕。

中國，是朱子和許多名人的故鄉。越南士人一直在書籍中看到這樣的描述，美麗、人才輩出的中國印象就這樣深深烙在他們的腦海裡。如果有機會直接來到那塊土地，那是何等的幸福與快樂呢？

這種對中國山川的追慕，除了一般士人，連越南皇帝也極為愛慕，因此在使團出使之前都頒諭旨，吩咐使節將一路山川詳細記錄下來，如嗣德皇帝給阮文超的諭旨寫道，奏嗣德二年正月日，臣等階辭奉勅：「是行江山勝渠所

　　　范宏科譯：《越南史略》，上海：三聯書店，1958。

〔註47〕 參考阮思僩：《燕軺筆錄》，《越南漢文燕行文獻集成（越南所藏編）》第 19 冊，復旦大學文史研究院、漢喃研究院，上海：復旦大學出版社，2010，頁 36。

〔註48〕 參考裴禩：《萬里行吟》，《越南漢文燕行文獻集成（越南所藏編）》第 21 冊，復旦大學文史研究院、漢喃研究院，上海：復旦大學出版社，2010。

〔註49〕 轉引黎明開（Liam C, Kelley），"Whither the Bronze Pillars? Envoy Poetry and the Sino-Vietnamese Relationship in 16th to 19th Centuries（銅柱何在？越南使程詩和 16 至 19 世紀的越中關係）." University Of Hawaii，2001，頁 239。

〔註50〕 參考阮思僩：《燕軺詩文集》，《越南漢文燕行文獻集成（越南所藏編）》第 20 冊，復旦大學文史研究院、漢喃研究院，上海：復旦大學出版社，2010，〈藍江偶題〉，頁 20。

至詳記回期進覽，欽此。〔註 51〕」而其他士人對朋友有幸出使中國，也毫不隱瞞地表達出其仰慕、嚮往之心。像越南綏理郡王在裴文禩使程詩作品前題辭中寫道：「羨君使節照瀛寰。從遊上國無雙士，飽為平生未見山〔註 52〕」。由此可見越南士人對於「平日讀書而心往」的中國有多期盼與愛慕。身為儒士，自小接觸堯舜之國、孔孟之書，如一生有機會一覽其國其景，既可以擴大見聞，又可以實現儒家「讀萬卷書，行萬里路」的觀點。

值得肯定的是，越南士人對中國自然景觀的愛慕，不僅僅是對其大自然美而言，更是因為其擁有儒家文化的含義與象徵，而這種觀感的表現是多層面的。第一，對他們來講，「平日讀書而心往」的中國，是一個自然與人文，這裡的人文更確切地說是儒家思想連為一體、從不分開的土地，「四海之國莫可算數。南為文明萬物相見之方，故自堯舜三代及含唐宋明治先盡南海〔註 53〕」，漂亮的南方或中國，同時也是文化、文明的發源地，使它可永存下來。第二，正因為自然景觀擁有人文、儒家思想價值，才使得其擁有永恆的影響力和滲透性。例如，越南使節每經湖南就必遊浯溪。這自然是因為浯溪是湖南有名的景點，同時也是元結，一位唐朝良臣經常往來，留有很多詩歌碑文，後世也有許多著名文人到此繼續題辭的地方。因此，到此一遊，可以盡覽其美麗山川，更能沐浴在儒學與文化聖地，這樣士人的壯遊才顯得完整〔註 54〕。這也再次肯定中國文化和儒家思想對越南影響之深。

越南士人對中國自然景觀或現象及其所蘊含的文化意義喜愛和熟悉到其自然而然地走進他們的創作。許多越南詩文作品以中國風景名勝為背景，如《翹傳》、《昭君傳》等。或者越南詩文作品中，我們經常看到越南其實所沒有的自然景觀，如雪、梧桐、紅葉、楓葉等，而每一個形象，都充滿士人的感情與思想。例如：

「雪」的形象：

漠漠塵埃滿太空，閉門高枕臥其中。一天明月交情在，百里鴻山正氣同。眼底浮雲看世事，腰間長劍掛秋風。**無言獨對庭前竹，霜雪**

〔註 51〕參考阮文超《方亭文類》卷二。
〔註 52〕裴文禩：《萬里行吟》，《越南漢文燕行文獻集成（越南所藏編）》第 21 冊，復旦大學文史研究院、漢喃研究院，上海：復旦大學出版社，2010，「題辭」。
〔註 53〕阮文超《方亭文類》卷二〈四海之說〉。
〔註 54〕參考彭敏：〈元結紀詠詩文研究——以湖南浯溪碑林與越南燕行文獻為中心〉，《湖南科技學院學報》，2012 年第 1 期，頁 16～20。

消時合化龍（寄友）〔註 55〕。

或：

梅坡前度共歸鞭，今度梅坡獨駐駢。遙擁玉旌通夏道，試將勁節傲
冬天。袖懷錦繡隨余往，夢達關河遠子邊。**雪夜索吟詩思澀，梅窗
想是故人眠**（梅坡夜次寄老友黎愛山）〔註 56〕。

「紅葉」形象：

疏篁臨曲徑，紅葉遶幽居。斜日顏常駐，春風與未除。桂花香受茗，
蕉葉綠翻書。我欲攜摩詰，君看畫不如（題德溪子幽居次阮循甫進
士韻）〔註 57〕。

「梧桐」形象：

美人照金井，井底華顏冷。**空房夜不歸，月轉梧桐影**（金井怨）
〔註 58〕。

　　越南士人，套用了中國的自然景觀來表達自己對國家、對朋友、對時事等
的看法，句句充滿了儒家道德色彩。像這樣的例子越南詩文作品中屢見不鮮。

　　與此同時，自然與人文並行的中國，必然是一個地靈人傑之地。中國，
是儒家聖人和許多歷史英雄豪傑出生、成長、活躍的地方，所以一定是人才
輩出的文化大國。這樣的觀念我們已經透過上面越南文人將南方視為文化、
文明的發源地的觀點而知其一二。在他們看來，中國是堯舜、成湯、武帝、孔
子、朱熹、岳飛、關公等明君賢臣的故鄉，是儒家文化的源泉，且到那時還不
斷流傳。翻看任何越南士人的作品，無論是詩歌、散文、策文等，無不引用中
國歷史人物為鑒。阮朝皇帝也常命翰林院官員編撰以中國人物、中國歷史為
題材的詠史、詠人物的御製詩文集，如《紹治御製詩》〔註 59〕、嗣德時期的

〔註 55〕 此詩由阮攸所作，參考東川選譯（Nhiều tác giả, Đông Xuyên tuyển dịch）：《漢
越詩選集》（Tuyển Tập Thơ Hán Việt），出版地不詳：香稿，1975 年。

〔註 56〕 此詩為阮偍之作，參考編輯部（Nhiều người soạn）：《阮偍漢文詩選集》（Tuyển
Tập Thơ Chữ Hán Nguyễn Đề），河內：社會科學出版社，1995 年。

〔註 57〕 高伯適作品，參考編輯部（Nhiều tác giả）：《高伯適全集，第一集》（Cao Bá
Quát Toàn Tập, Tập 1），河內：國學研究中心、文學出版社，2004 年。

〔註 58〕 從善王綿審之作，參考吳文章（Ngô Văn Chương）：《從善王詩歌的社會、道
理感情傾向之分析》（Phân Tích Những Khuynh Hướng Tình Cảm Đạo Lí Xã Hội
Trong Thi Ca Tùng Thiện Vương），西貢：負責文化國務卿府，1973 年。

〔註 59〕 《紹治御製詩》收錄紹治及諸臣的三千零三十二首詩。今存印本三種，漢喃
研究院圖書館館藏編號 A.135／1～13。

《御製詩》〔註60〕等。這裡再舉一個例子證明越南士人對中國文人的觀感。
蔡廷蘭為澎湖第一位進士，於1835年坐船回家時遇到颱風，漂流到越南。漂
流團登越南廣義省後，越南當地官員以一般的慣例協助他們安頓生活並準備
返國。但是自從知道蔡廷蘭為「天朝進士」之後，所有官員和隨從對他的態
度完全不同。地方官員給他更多錢、米，同時對他非常客氣。蔡廷蘭甚至有
機會上書明命皇帝，並請求由陸路回國，而不像一般海難船要透過海路返鄉。
而他一路北上回國過程，到哪裡都有許多越南有名和無名的士人慕名而來請
詩題辭、求對聯、與之筆談等等〔註61〕。閱讀儒書，追求舉業的越南文人，
怎麼可能錯過與嚮往已久的天朝人物相見一面？因為好奇也好，因請詩題辭
也好，想考考他也好，都表現出越南士人對中國、中國文化和儒者的想像、
愛慕與敬重。顯而易見，他們對這些人物的肯定與愛戴，充分體現了他們對
中國及中國文化所抱有的嚮往和期待。

簡言之，越南士人對中國自然風光的想像也充滿儒學色彩，而在他們看
來，正因為大自然擁有人文價值而變得更深入人心、更歷久不衰。所以他們
對中國自然世界的看法，其實某一方面也是對儒學或廣義中國文化的看法，
這也與我們在前一節所討論的越南認同華夏文化完全吻合的。

三、大國鄰居，時常隱患

越南與中國在兩國長期的交涉過程，發生了無數次大小各異的交鋒，致
使在越南士人看來，中國隨時都是一種來自大國的隱藏式的威脅。綜觀越南

〔註60〕《御製詩》是嗣德及其文臣的唱和、應制之作，作於嗣德三十一年（1878）
至嗣德三十五年（1882），176頁，抄本，漢喃研究院圖書館館藏編號A.1101
和A.1513。首為嗣德與張登桂、阮伯儀、阮文超、張國用、蘇珍、阮文豐、
武惟清（一作武維清）、潘日省等人的唱和之作，其中多有詠中國人物詩；後
為五種同一主題的詩各八十首，即阮思僩的《神仙冊八十題》，詠中國的神仙，
其事多出《列仙傳》；綿審的《武略冊八十題》，詠中國武人，首篇為黃帝；
綿寊（原作寔）的《隱逸冊八十題》，詠中國的隱者；阮文交的《賞覽冊八十
題》，詠中國歷史上的遊賞之事，首篇為莊子濠上觀魚；范清《列女冊八十題》，
詠中國的女子；另一本附載嗣德和清乾隆的詩。

〔註61〕參考陳益源：《蔡廷蘭及其海南雜著》，臺北：里仁書局，2006。謝小蘭、滕
蘭花：〈從蔡廷蘭的《海南雜著》看中越文化交流〉，《廣西民族師范學院學報》，
2012年第4期，頁62～66。阮氏銀、陳益源：〈擦身而過──越南李文馥與
台灣蔡廷蘭的詩緣交錯〉，《臺灣古典文學研究集刊》，2009年第2期，頁77
～100。

歷史，幾乎每個時期和朝代都曾有過與中國交戰的經歷，如早期北屬時期二徵女王的抗爭、吳權打敗南漢、李朝退宋軍、陳朝打元軍、黎朝趕明軍、西山朝退清兵等。正如越南著名史學家阮憲黎所說，「越南鬥爭史是與中國的鬥爭史〔註62〕」。中國歷來藉由其強大的軍事大國和文化方面的優越感，將周邊國家視為夷狄蠻戎、未經教化之地，自以為有前來討伐，將華夏文明進行教化之「天朝」、大國的義務。而在越南和其他國家看來，那其實是侵略他國的不仁不義的戰爭。

　　對於阮朝各皇帝而言，他們比誰都更清楚這個道理。阮福映在統一全越南之前就派以鄭懷德為正使前往中國，期望提早與清朝建立朝貢關係。因為他很明確地認識到，越南各前朝都遭遇到來自北方大國的攻擊。而前不久清軍剛以幫助黎朝為由而乘機侵犯越南，後來被西山朝所趕走。因此，在情勢未成定局，加上阮朝當時的軍事力量也無法同時應付國內外兩邊交戰的時候，如果可以得到清朝的冊封，名義上與其建立外交關係，一方面暫時不用擔心它的威脅，另一方面可以合理化阮朝與其他周邊國家的合法地位，讓他專心整頓國內的情形。因此，不僅阮福映和其他阮朝皇帝看到這位強大鄰居的隱患，其他越南士人也清楚認識到這一威脅。因此在他們一般的創作或使程作品中，對越南主權或越中雙方的關係都強烈反應自主、獨立，不遜中國的觀點。李文馥在其〈辨夷論〉中道：「況自陳黎，安南以還土地日闢，至今而倍蓰焉。北接中州廣東、廣西、雲南三省；西控諸蠻，接於南掌、緬甸諸國；東臨大海，包諸島嶼；南亦抵于海，遠而西南隣丁暹羅。其餘屬國附蠻不一而足。真戞然為天地間一大國矣〔註63〕」。而越南阮朝史籍等更加強調要保護國家寸土、加深越南有史以來抗北的事蹟〔註64〕。

第三節　現實中的中國

　　以上我們已經對一般越南儒士對中國的想像進行考察，這部分將主要討

〔註62〕參考阮憲黎、阮光勝（Nguyễn Hiến Lê, Nguyễn Quang Thắng）:《史學》（Sử Học），河內：文學出版社，2006 年。

〔註63〕陳益源:〈周遊列國的越南名儒李文馥及其華夷之辨〉,《越南漢籍文獻述論》,北京：中華書局，2011，頁 225～236。

〔註64〕阮氏香博士在其專書中已經對此有相當詳細的分析，參考阮氏香（Nguyễn Thị Hường）:《漢文和喃文越南歷史教科書研究》（Nghiên Cứu Cách Dạy Lịch Sử Việt Nam Viết Bằng Chữ Hán Và Chữ Nôm），河內：世界出版社，2013 年。

論有機會走出國門，出使中國的越南使節對真實、生活中的中國的看法以及他們背後的內心演變。

一、山清水秀，美麗依舊

對美麗大自然和充滿歷史意義的名勝古蹟的愛，人皆有之，對中國本就充滿憧憬的越南使節更是如此。出使中國讓他們遊歷了中國眾多自然、人文景觀，其美麗可謂名副其實，甚至有所過之。因此光芒四射的中國自然、人文景觀在越南使節的腦海裡留下了非常深刻、美麗的印象，並在他們的作品之中，流露出無限的喜愛。

儘管出使時間相當有限和緊湊，但每經過一州、府，越南使節均盡量安排時間去拜訪當地著名的自然景觀和名勝古蹟，以免遺憾終生。如果沒有時間，他們也透過觀察、書籍和詢問來了解當地的自然與人文景觀。因此，從他們的行程和作品來看，每經廣西、湖北、湖南、北京等大地點，都留下了很多描述該地自然、人文景觀的作品。如阮文超經廣西的時候，在短時間內拜訪和觀察了不少地方並留下許多寫景寫事的詩歌，包括〈陽朔山〉、〈桂林石〉、〈登象鼻山樓〉、〈輿行過獨秀峰下〉等〔註65〕。同樣經過此地，范芝香也寫下了幾篇寫景的作品，如〈題湘山寺〉、〈題諸葛兵書岩〉等〔註66〕。而每一位使節，當時都沉迷在大自然懷抱之中，為之陶醉。阮文超〈桂林石〉畫龍點睛描寫了怪石連連、美不勝收的石盤景觀，雖然純屬自然但似乎又有人為的造作，讓人為之動容，流連忘返：「山勢自峰□，石節無磊落。疊疊方寸間，天然亦斧鑿〔註67〕。」

不僅盡量親自去瀏覽所有景點，越南使節對中國自然景觀的愛還充分體現在他們所有經過的景點和名勝古蹟的寫景詩作裡面。陶公正在其〈詠太平風景詩〉中轉達了其可以踏上天朝土地、遊覽天朝風光的美麗景象與愉悅的

〔註65〕 參考阮文超：《方亭萬里集》，《越南漢文燕行文獻集成（越南所藏編）》第 16 冊，中國復旦大學文史研究院、越南漢喃研究院合編，上海：復旦大學出版社，2010，頁 216～222。

〔註66〕 參考范芝香：《志庵東溪詩集》，《越南漢文燕行文獻集成（越南所藏編）》第 17 冊，復旦大學文史研究院、漢喃研究院，上海：復旦大學出版社，2010，頁 92～93。

〔註67〕 參考阮文超：《方亭萬里集》，《越南漢文燕行文獻集成（越南所藏編）》第 16 冊，中國復旦大學文史研究院、越南漢喃研究院合編，上海：復旦大學出版社，2010，頁 219。

心情，「天朝腳踏總春生，終到於今覩太平。上廓宇森鋪漢布，下源派引遶金城。政優旨美江排偹，治最今稱馬正名。些景待人同致好，往長迴玩快多情〔註68〕」。或者，我們且看阮文超在其書中描繪葆華山的美景，「橫州南有葆華山，秀出城南二十里。天清乃有葆氣，見雲間朝暮橫蒼翠」。他又在另一本描寫了東安零陵諸山的形勢，「永州之東安零陵諸山，石骨森立，峻□峭秀色深量痕節白紫相間，就中巔者為懸崖，□者為磯盤，落者為□石，懸崖覆流，或十丈，或十餘丈，磯盤坐人可百計，可數百計。□石如龍欲□」，如虎相□，中流□賽，三五成群。山間煙村綠樹，隱見如畫。〔註69〕」以上描述諸山的兩個小段，短小精悍，語言簡練，卻把各座山的主要特點描寫得淋漓盡致，栩栩如生，似乎在讀者面前畫出一幅逼真、生動的景象，可見作者對其的細密觀察與喜愛之情。

　　除了沈浸在美麗大自然的懷抱，越南使節自然不能忘記代表著中華文化的各地名勝古蹟，因此也透過其詩文作品表達了他們對名勝古蹟，對中國文化的仰慕之情。就拿岳陽樓這個著名的古蹟為例。根據陳益源教授的統計，自清康熙五十五年（1716）丁儒完撰〈過湘陰縣題青草湖〉起，至光緒七年（1881）阮述撰〈登岳陽樓〉、〈泛洞庭〉止，至少有超過三十位越南使節，寫下了近百篇與岳陽樓相關的詩文作品〔註70〕。陳益源教授指出，這些使節每經岳陽樓就臨時觸景生情，對岳陽樓及其與之密不可分的范仲淹《岳陽樓記》聯繫起來，心中產生了無限的感慨。

　　一帶湘陰波浩浩，洞庭九水連青草。岳州城傍岳陽樓，千古雄文推
　　范老。——裴槙《燕行總裁》

　　……忽憶少陵句，兼詠希文篇。乃知古人筆，佳妙非虛傳。……
　　——裴文禩〈月夜泛洞庭〉〔註71〕

〔註68〕參考陶公正：《北使詩集》，《越南漢文燕行文獻集成（越南所藏編）》第 1 冊，復旦大學文史研究院、漢喃研究院，上海：復旦大學出版社，2010，頁 220。

〔註69〕參考阮文超：《如燕驛程奏草》，《越南漢文燕行文獻集成（越南所藏編）》第 17 冊，復旦大學文史研究院、漢喃研究院，上海：復旦大學出版社，2010，頁 31。

〔註70〕參考陳師益源：〈范仲淹《岳陽樓記》對清代越南使節岳陽樓詩文的影響〉，《第三屆台灣南區大學中文系聯合學術會議論文集》：中山大學中文系，2014，頁 137～157。

〔註71〕此兩首均載自陳師益源：〈范仲淹《岳陽樓記》對清代越南使節岳陽樓詩文的影響〉，《第三屆台灣南區大學中文系聯合學術會議論文集》：中山大學中文

越南使節對岳陽樓、對范仲淹先憂後樂思想的迴響，體現了對岳陽樓、范仲淹思想的欣賞，更體現了他們對中華文化的嚮往與感情。這一點無論是出使前還是出使後，都是一致的。

除了范仲淹的思想感情和岳陽樓、洞庭湖，每次經過中國其他著名的名勝古蹟，越南使節都難免想起舊人舊事而感慨萬分，如經長沙、汨羅江想屈原、賈傅〔註72〕，子貢祠〔註73〕、岳武穆故里〔註74〕、呂仙亭〔註75〕、韓魏公廟〔註76〕、二程夫子讀書處〔註77〕、三烈祠〔註78〕、湘山寺〔註79〕、諸葛亮事蹟〔註80〕、毛遂故里〔註81〕、比干墓〔註82〕、黃鶴樓〔註83〕、子路事蹟〔註84〕、穎考叔祠〔註85〕等。這充分體現了他們對中國文化的了解與懷念，更是對儒家所提倡的忠孝節義等價值的由衷仰慕與共鳴。

系，2014，頁 137～157。

〔註72〕參考阮文超〈長沙有懷屈左徒賈太傅遺〉頁 242、范芝香〈留題賈傅祠〉頁 99、〈長沙端午次韻三首〉頁 162、潘輝泳〈長沙懷賈傅〉、〈泊羅懷屈大夫〉頁 284、阮思僩《燕軺詩文集》之〈泊舟長沙感懷寒賈太傅〉頁 150、范熙亮〈長沙懷屈賈祠廟〉頁 48、裴文禩〈長沙有懷屈左徒賈太傅〉頁 244 等。

〔註73〕參考阮文超〈先賢子貢祠〉頁 255。

〔註74〕參考阮文超〈岳武穆王故里貼謁靈祠感成〉頁 255、范芝香〈題岳武穆王廟二律〉頁 108、阮思僩〈謁淮陰岳武穆王祠敬題〉頁 106。

〔註75〕參考范芝香〈呂仙倚劍柄處〉頁 96、阮思僩《燕軺詩文集》之〈邯鄲懷古〉頁 108、裴文禩《稚舟酬唱集》之〈大風登呂仙亭放歌〉頁 209 和〈疊韻晴川閣禮呂仙畢題壁放歌〉頁 240 等。

〔註76〕參考阮文超〈彰德城東南貼謁韓魏公祠敬述〉頁 273、范芝香〈韓魏公廟〉頁 109。

〔註77〕參考阮文超〈磁州城中周覽二程夫子讀書處〉頁 276、范芝香〈題偃師二程夫子廟〉頁 106。

〔註78〕參考范芝香〈過三烈碑〉頁 85、裴文禩〈昭平訪三烈祠〉頁 211。

〔註79〕參考阮文超〈顯湘山寺志後並引〉頁 230、范芝香〈題湘山寺〉頁 92、潘輝泳〈望湘山寺〉頁 327、阮思僩〈遊湘山寺漫作〉頁 62、〈湘山寺〉頁 175、裴文禩〈全州遊湘山寺題壁〉頁 233 等。

〔註80〕參考范芝香〈題諸葛兵書岩〉頁 93、〈臥龍崗〉頁 176、〈石鼓山有懷諸葛故宅次韻〉頁 98、阮思僩〈石鼓山西諸葛武侯廟〉頁 74。

〔註81〕參考范芝香〈過毛遂故里〉頁 111。

〔註82〕參考范芝香〈過殷太師比干墓〉頁 123。

〔註83〕參考范芝香〈舟中望黃鶴樓不果〉頁 138、阮思僩等《如清日記》之〈黃鶴樓〉頁 145、《燕軺詩文集》之〈陪黃雲亭登黃鶴樓〉頁 146、范熙亮〈登黃鶴樓〉頁 56、裴文禩〈登黃鶴樓〉頁 261 等。

〔註84〕參考范芝香〈止子路宿處〉頁 170、范熙亮〈子路問津處〉頁 95。

〔註85〕參考范芝香〈題穎考叔祠次韻〉頁 171、潘輝泳〈穎考叔祠〉頁 295。

二、模範儒教形象的瓦解

　　出使中國給越南阮朝使節重新認識了最熟悉的陌生人──即天朝中國的機會。其中一個殘酷的現實是，原本高高在上、為儒家典範的中國卻在慢慢倒塌、露出原形。這個認識的過程對越南使節來說簡直是最為痛苦的掙扎。

　　現實中的儒教中國跟想像中的典範儒教中國幾乎是完全相反的。如上面所述，越南士大夫透過各種儒教典籍、家庭和社會教育中對中國這個天朝是抱有何等的期望與追慕。在那個理想的國度裡，舉國上下從高高在上的皇帝、各級官員到區區小卒的老百姓都明知自己的本分，要做一個愛國愛民的明君、忠心耿耿的好官和勤奮勞動的國民。這一切都符合儒教所謂的禮樂典章、大同世界。但事實卻不是那樣的美好。阮思僩出使期間，探問了中國政治的局勢並得知，「因問皇帝已未親政。伊言兩宮垂簾看之，樞庭則恭親王也。大皇帝未親政。以聖學尚須納誨故耳。〔註86〕」當今的中國不是由皇帝親自打理，他目前還未有當「明君」的機會。朝政現在落在恭親王手中，且兩宮太后仍要垂簾聽政。儘管中國官員透露，那是因為皇帝要繼續學習與磨練，但天朝的政局如此分裂，暫時的太平景象難免還會讓越南使節心中產生了一點疑慮，「珠聯璧合滿煇霄，大皇帝初登光之初，日月合璧，五星聯珠戡亂功成萬國朝。恭儉不忘成祖訓，天朝聖賢繼作，宣尊成皇帝臨御三十年，恭儉如一日，德澤在人，最為深厚。大皇帝衝年嗣位，兩宮垂簾看政，事事克遵祖訓，中外有太平之望焉最難謙讓女中堯諸省奏疏，間有用女中堯舜字，嚴諭申禁之。〔註87〕」

　　很快，越南使節就看到上樑不正，下樑歪的表現了。因為對天朝有太多美好的憧憬，對「君君臣臣父父子子」賦予過多的期望，因此當親眼看到百官、隨從人員迎接聖駕混亂、禮樂崩潰的場面時，他們首先甚是費解，沒想到在天朝最為重要的地方竟可能發生這樣的事情，到後來是慢慢清楚，最後則恍然大悟。結果就直接出言批評天朝這樣的現象：

　　　　（二十三日）寅初刻臣等具朝服隨四譯館大使陳燽、譯字生瞿作霖
　　　　等就午門前直房佇侯。**辰刻聞放炮聲，玖館使譯字生等引導午門前**

〔註86〕 參考阮思僩：《燕軺筆錄》，《越南漢文燕行文獻集成（越南所藏編）》第 19 冊，復旦大學文史研究院、漢喃研究院，上海〕：復旦大學出版社，2010，頁 193。

〔註87〕 參考阮思僩：《燕軺詩文集》，《越南漢文燕行文獻集成（越南所藏編）》第 20 冊，復旦大學文史研究院、漢喃研究院，上海：復旦大學出版社，2010，頁 121。

> 右邊排班諸王及二品以上官班乾清門外，三品以下則班在午門外辰午門正中門不開。門外亦無人贊唱。忽見前列人等匆匆歸叩。臣等據通事人等傳言亦隨人歸叩。方禮拜間見觀者亦有擁擠行間。文員亦有混列右班。朝會大禮如此不整，亦壹異也。禮畢復由協和門出入寧壽宮。右直房早飯罷，禮部右侍郎溫葆深江蘇上先縣人壬午進士引到太監直房佇侯。辰末大皇帝並兩宮皇太后駕過。鼓樂作，奉敕宣召，仍照次列坐，遙見正殿中間施榻臺上施青綢帳。兩宮立帳前看戲，御前諸大臣太監等趨侍如常。儀節極簡易。方兩宮駕過養性，辰乘步輦百官兵丁環立御道邊，亦不聞有呵止遮攔者〔註88〕。

　　迎接聖駕本來是最為重要、最基本的禮儀，表現對君主、對天子的忠誠與敬愛，因此應為鑼鼓喧天、氣勢磅礡、一片至誠。何況這是在朝廷、在京都、在萬國使臣面前，此舉更代表了天朝的威儀和顏面。儘管清朝在實行節儉政策，但理應不會影響到禮儀、氣氛的肅靜才是。但事實卻恰恰相反，聖駕經過時竟沒有人開路或開口指引，使得百官兵丁或「擁擠行間」，或「環立御道邊」，隊伍亂成一團。因沒有人讚唱，使得大家都匆匆忙忙，慌慌張張，毫無準備，只能看著別人而「匆匆歸叩」。整個過程極為倉促，毫無正心誠意、肅然起敬可言。目睹天朝天子眼下的光景，越南使節心裡難免萬般感慨，只得嘆息「朝會大禮如此不整，無人舉劾，亦一異也。」

　　在中央朝廷情況就已如此，地方官員「不守臣綱」更是過之。清代官員腐敗已經成為清朝的疾病。越南使節就中國地方官員為了避免三年一次的考核而做出各種弊端有過記載：

> 回到廣西省，見內地通事敘稱，兩廣總督鄧廷楨移文定於本年正月中旬抵該省轄，因問之。該稱，今年是大計之年，總督大員例得三年一巡，察核官吏，假如廣西省向例，知府一、州縣三、學政四，由該員自行考定勤惰，至如前途騶從船艘，供應頗屬太廣，每州縣尋常照應仿約三四千銀兩之外，方得充需，不然則摘出別事革削，以此，州縣望風惶懼，或以病告或以老告，撫院堂亦慮失察之咎，聽其告假各等語。嗣而，一路舟行，所過州縣，間有新任員粘有代

〔註88〕 參考黎竣、阮思僴、黃竝：《如清日記》，《越南漢文燕行文獻集成（越南所藏編）》第 18 冊，復旦大學文史研究院、漢喃研究院，上海：復旦大學出版社，2010，頁 200～201。

理員名帖，有無帖者，其事略與該名所言相符〔註89〕。

清代的地方官員政績考核，又名「大計」，是指對地方官員三年內政治績效方面進行評價，並根據其完成任務情況給予獎懲的考核制度〔註90〕。其目的不外乎黜惡陟善，整頓吏治、提高行政效率，督促官員盡職盡力和選賢任能。沒想到實行時，地方官員為了躲避這一劫，避免被革職、外遷，或排場盛大，耗費人民的無數銀兩，或事先告病、告老還鄉，以保己身。而負責考核的官員也為了保其利益而聽之任之，不去審查過問。原來好好的考核制度，最後被弄虛作假，巧偽粉飾，不了了之。吏治敗壞至此，正如越南使節潘仕俶所言「同治親政以來，政事則一遵成典，專用舊臣官吏。則自咸豐以來，仕途摻雜，貪冗多而民生日促，捐納為之弊也。〔註91〕」

不僅如此，在禮樂崩潰時期的中國官員亦不放過外國使團。出使過程，他們多次刁難越南使團，或不給足車輛、糧食、或要求多給錢才可以辦妥出行。

> （四月十二日）良鄉縣並無供應，支銀辦買使用。並去日長夫隨看箱臺給發前文。又護貢官原無領兵部，憑該縣只給夫馬，不片給車臺遞，要索銀兩方咨前路各縣備給車馬。護貢官委通事農富有李長發來以情告求助。銀三十兩送縣員。因委錄事吳文貴遞將銀三十兩助辦車馬以便來日進行。

〔註89〕 參考范世忠：《使清文錄》，《越南漢文燕行文獻集成（越南所藏編）》第 14 冊，復旦大學文史研究院、漢喃研究院，上海：復旦大學出版社，2010，頁 142。
〔註90〕 清代官員政績考核制度總結了明代後期考核制度鬆散，官吏貪墨成風的教訓，進一步發展了封建官吏的考核標準，共分為「考滿」和「考察」兩種，主要由吏部清吏司主持。考滿每年一次，稱為「一考」，三考為「滿」；官吏的彙考每三年一次。考察又分為對京官的考察即「京察」和對地方官的考察即「大計」兩種。並於順治四年（1647 年）頒布了「四格八法」制度。「四格」指的是守（分為廉、平、貪三類）；才（分為長、平、短三類）；政（分為勤、平、怠三類）；年（分為青、中、老三類）。「八法」即一貪與酷者，革職提問；二軟與不懂者，革職免官；三年老有病者，退休離職；四才力不及與治事浮躁者，酌情降調。同時，考核時除了督察院協同工作外，還指定六科給事中負責監督，凡發現徇私者均按保舉連坐法予以處分。參考李麗：《我國古代的政績考核制度》，北京，2010。北京法院網 http://bjgy.chinacourt.org/article/detail/2010/04/id/875118.shtml 或趙峰：《清代職官考績制度探析》，西南政法大學碩士論文，2003。
〔註91〕 參考張登桂等纂：《大南實錄》，東京：日本慶應義塾大學言語文化研究所，1961，1981 之第四紀，卷五二「翼宗嗣德二十七年（1874 年）十二月」條。

（四月十四日）涿州無供應，支出銀兩辦買食用……嗣該州給車夫錢未清。

（四月二十八日）永年縣缺供應，支錢辦買食用。

（六月十二日）該州給發水腳錢不清仍留泊。

（六月十四日）大風停泊，自十三日辦差缺無供應。

（十月二十三到二十五日）仍泊。經具帖詳護送員緊飭開船據覆稱，該州員給水腳錢只得十分之三四，該船戶不肯進行。再供應例亦廢給臣等商酌支錢增給諸船戶十二艘，每艘錢一千文並支錢給辦食物〔註92〕。

中國官員不按規定提供使團該有的食宿和車馬，還要賣賂的情況，至少發生了十次之多。而本來使團的船隻是不用繳釐金或被搜查的，但是這類的情況還是屢屢發生。供應方面，唯有太平府官員婉言求情，說因戰後殘破無法提供。面對此類情況，越南使節自然要「以國事為重」，為了順利回國不得不委屈求全。簡言之，越南使節對於中國吏治敗壞的現象，從中央到地方，從大官到小職員，總算已經有直接且非常深刻的體會。儒家大國形象，也因此慢慢走向了淡化和瓦解。

三、病怏怏的巨人

儘管對中國自然、人文風光和中華傳統文化仍抱有同樣的嚮往與肯定，但是中國目前所處的實際狀況，越南使節還是看在眼裡的。現實中的中國正要面臨來自四面八方的種種危機，使得這個天朝大國轉身變成了一個病怏怏的巨人。這裡，我們將從禮樂崩壞、人民生活困苦、外患危機等各個層面來對這位「病人」進行「把脈和診斷」。

中國禮崩樂壞的現實我們已經在前一節做了詳細的介紹，因此這裡只稍微重提，以供讀者掌握。中國無疑曾經是一個儒教大國，而儒學的基本精神即在禮樂教化，由此可見，禮樂教化對中國古代社會各方面的重要影響與地位。事實上自古以來，禮樂教化被歷代儒家奉為修身、齊家、治國、平天下的

〔註92〕參考黎竣、阮思僩、黃竝：《如清日記》，《越南漢文燕行文獻集成（越南所藏編）》第18冊，復旦大學文史研究院、漢喃研究院，上海：復旦大學出版社，2010，頁160、164、166、172、215、216、221、239、275。

必經之道，因此也是統治者的當務之急〔註 93〕。而在這一點上，在越南使節看來，中國應該是一直做得最好的，是儒教制度的榜樣，自然也是禮樂典章最好的示範者。但出使中國後，這個原本應為天經地義的事實大大打了折扣。那時中國傳統社會的禮樂制度正在走向解體。第一個表現是政治局勢混亂，皇帝未能親政，兩宮太后還要垂簾聽政，朝政落入了恭親王手裡。第二是相對於上面「君不君」的情況，下面的臣也「不臣」了起來。朝庭迎接皇帝大禮時倉促混亂、毫無大國威儀，更談不上身為人臣的一片至誠之意。再加上外面官員腐敗貪婪，不顧天朝顏面和自身的本分協助外國使節順利上路，反而多次刁難，將食宿供應不足，還要多給錢才肯放人上路回國。這一切壞風敗俗的現象，越南使節都看在眼裡，帶他們從「費解」到「恍然大悟」，心裡產生了無限的失望與憂傷。

　　話說禮樂崩壞，教化不興，則民亂國危，這一點總算在中國靈驗了。中國內爭連綿，1853～1869 年間兩國朝貢活動停了十六年就是擺在眼前的後果。隨著使程一路往北的腳步，越南使節看盡了長期戰爭、動亂給人民生活帶來的痛苦。從太平、南寧、信陽縣、漢口到邯鄲等，無處不受戰爭無情的踐踏，房屋倒塌、景象蕭條、人民流離失所，苦不堪言。這一點在阮思僩的作品多有記載：

> 兵火之後，處處殘破，官房民舍，以至諸塘汛，壞者未修，廢者未復，殊覺滿目荒涼。
>
> 城闉缺壞者未及修，民間房店，處處廢毀，月中所見，灌莽載道，蓋比舊十隻一二耳。
>
> （漢陽縣）府城年前為賊兵蹂躪已四次，至今城內外屋宇蕭疏，殘垣毀瓦塞滿街巷，鄂省城亦然，黃鶴樓兵亂頹毀，今現重修未完。
>
> （漢水）岸上列廛，商賈皆以萬億計。惟沿途家屋多有新造未完者，大抵兵火之際，玉帛子女所在，亦不知幾番蹂躪者也〔註 94〕。

〔註 93〕參考香港中文大學「儒家禮樂文化傳統與古代宗教儀式」，香港，2015。香港中文大學，http://www.fed.cuhk.edu.hk/youngwriter/chinesec/cca5-14.htm。

〔註 94〕參考阮思僩：《燕軺筆錄》，《越南漢文燕行文獻集成（越南所藏編）》第 19 冊，復旦大學文史研究院、漢喃研究院，上海：復旦大學出版社，2010，頁 26、74、137、141 等。亦可參考陳國寶：〈越南使臣對晚清社會的觀察與評論〉，《史學月刊》，2013 年第 10 期，頁 55～67，其中對阮思僩沿途地方社會的觀察與記錄介紹得相當詳細。

根據阮思僩的記載，兵火之後，許多地方老百姓的房屋、公事工程、城郭等都嚴重受到破壞，仍來不及修復，使得整個景象看起來甚是淒涼。儘管中國書籍對太平天國、捻匪等動亂對人民生活的影響已經有不少的記載，但越南使節從「他者」客觀的角度出發，所留下的文字真實、生動、毫無偏頗地將殘酷的細節都記錄下來，讓我們看到了戰爭的破壞以及晚清社會動盪不安、殘破難堪的現實。

除了地方起義與動亂，官員腐敗也大大增加人民的負擔，加劇了社會矛盾。越南使節所提到的釐金制度〔註95〕的弊端就是一例：

> 諸船戶納稅釐金局，半日不清，不得行……釐金局者，乃咸豐六年有旨，抽釐濟餉，太平府而上所過州縣，皆有釐局，似於巡司徵榷之外，別有抽釐之令。蓋增取於商民，以助軍餉也。舊例，貢使船過司，免檢。此行諸船戶間有附帶米粒、藥物，蘇撫巡院恐其多帶鹽貨走私漏徵，札飭長短送及沿途巡司釐局嚴行盤檢抽徵，故所至釐局，巡司人逐船踏勘，不勝其擾〔註96〕。

據記載，釐金局的設置是為了幫助軍餉之用而從商船收取了一部分金額。但官員為了私利而故意刁難不清、拖延時間，不僅給使團，而且還給地方商船與人民帶來許多困擾。

原來中國官員為了索取私利，連應該不被勘察的貢船也沒有放過。何止如此，根據羅玉東的介紹，地方官府為了私索商民而工作緩慢，所徵名目繁

〔註95〕釐金制度本是一個臨時的政策，用以應付因太平天國事件所給國家財經帶來的負擔，但到後來成為正式的政策，並出現了許多弊端。道光、咸豐之際的財政，京師及地方均窘絀萬分，清廷根據傳統慣例，首先想到的應急辦法，就是開捐納事例。咸豐初年，洪秀全等起義，建立太平天國，占地十省，為時數年，清廷命師討伐，但苦於軍費不足。咸豐三年（西元一八五三），當時在揚州執軍務之太常寺卿雷以諴，對於通過運河之船舶，要求軍餉，於仙女廟，邵伯、宣陵、張網溝等各鎮設局，限於通過此關之米，每十克錢五十文，稱為釐捐，由於實施順利，約莫半年光景，便籌得制錢二萬貫。於是進而擴及到日用百貨，勸捐區域推廣到各州、各縣。雷以諴把他這一新發現，立即奏報清廷。咸豐十年，中國本部十六省以及奉天、吉林，都已次第實施了釐金制度。這一個阻礙經濟發展的惡制，終於國民政府奠都南京後之民國二十年一月一日，實行裁撤釐金，以及類似釐金之一切稅捐的革命措施。參考周金聲：《釐金》，在線中國百科全書，http://ap6.pccu.edu.tw/Encyclopedia_media/main-soc.asp?id=5965。

〔註96〕參考阮思僩：《燕軺筆錄》，《越南漢文燕行文獻集成（越南所藏編）》第19冊，復旦大學文史研究院、漢喃研究院，上海：復旦大學出版社，2010，頁92。

多不一，給往來商船帶來了重重的負擔〔註97〕。越南使節對此也替中國商民抱怨道，「問之商者，無不怨嗟也。〔註98〕」而以上我們對地方官員為了逃避三年一次的政績考核而耗費錢財、弄虛作假，巧偽粉飾的現象的介紹，更刻畫了有清一代官員無能、吏治敗壞的情況。

　　被內亂踐踏得如此不堪的中國，同時還要面對強大的外患勢力，將中國晚清動亂社會、微弱國力和各種弊端徹徹底底地流露出來。西方勢力的東漸是十九世紀幾乎所有亞洲國家要共同面對的難題。不在例外的越南，也自從法國 1858 年第一次向峴港打下響砲之後，為自己國家的存亡與出路進行摸索。因此，出使中國的越南使節都特別關心並主動蒐集西方勢力在中國的行為，以及近在眼前的天朝對此有如何的反應，並期望回國後，可以以此借鑒學習，幫助越南。所以，他們的作品中對在中國的洋人、洋事的記載隨處可見：

> （嗣德二十四年八月）初四日，丹卜船，經漢口江次，望見夕陽汽機二艘、多索船二艘，泊在街下津次。通常數□處高廠，八面開門，居屋頗多。江岸多栽松柳，道上□砌，洞直潔白，約數里許。細看只見漢人往來，英、富諸夷人遙見於堂屋內而已。是日漢陽縣先拖以水潦未便起陸，其實為西事受屈，若陸行必由洋舖經過，恐外人窺其淺深也。抵館則坐轎使臣大轎，行人中轎，箱臺陸續亦到此，欲蓋彌彰，已可概見。洋舖下為江漢稅關。又城延互數十里，上自漢水左岸，下抵江北，一帶樓堞，旗砲相望，似為洋人設者〔註99〕。使館之東隔數店有洋人屋。屋上作十字架形，不知洋人駐此多少。〔註100〕

　　二十日，員央登舟閒話。因言今春有洋船到岳陽樓，將欲佔樓邊地，

〔註97〕參考羅玉東：《中國釐金史》，《中華現代學術名著叢書》，北京：商務印書館，2010。

〔註98〕參考范熙亮：《范魚堂北槎日記》，越南漢喃研究院圖書館，館藏編號 A.848。

〔註99〕參考范熙亮：《范魚堂北槎日記》，越南漢喃研究院圖書館，館藏編號 A.848，亦可參考陳正宏：〈法國所藏越南漢文燕行文獻述論〉，《燕行使進紫禁城——14 至 19 世紀的宮廷文化與東亞秩序學術研討會》，北京：故宮博物院、故宮學研究所，2014，69～74。此篇介紹了范芝香作品之中對在中國的洋人、洋事和中國的應對。另外還有對中國政治、社會的一些觀察。

〔註100〕阮思僩：《燕軺筆錄》，《越南漢文燕行文獻集成（越南所藏編）》第 19 冊，復旦大學文史研究院、漢喃研究院，上海：復旦大學出版社，2010，頁 184。

立道堂，為士民阿逐，隨揚帆去〔註101〕。

（原富陽縣直線蘇完成瑞之子文悌現官戶部九品筆帖式來見。）他言洋人近事，聞粵東有紀新錄一部者可改，但未即行耳。日下洋人居武宣門。原設天主教堂處由康熙年間用洋人南依仁、湯若望講星學，修曆法，故為建此堂設舖屋商，無他生事〔註102〕。

問洋事。伊言洋夷通商口岸非一，現當無事。然各省大吏，已刻刻有振作之意。閩中已設奇器局，江蘇亦有之，皆欲習其法以制之，大局則二三年後，今上親政，始能定也。大約內地無患，則外患又不作，頻年美政，史不勝書，以天意人事計之，似可有轉機……伊又言，洋夷自為計則亦左，年年口岸愈多，則生計薄，人多則兵力寡，一旦有事，則起而□之，獨不見齊人□于遂故事耶。昨丁卯之戰，夷大為朝鮮所懲？，夷攻之，該國祇以一弩十矢法破之，其國命軍士人各負囊沙戰壘如山，夷□亦無如之何，及力倦還師，則大弩起而乘其後。夷人死者數千人云〔註103〕。

根據越使的記載，當時中國的各大城市均已有洋人的出入。洋人已經在中國合法開通五個交易商口。而作為其中之一的漢口，洋人踪跡隨處可見，他們建立商店、道路，艘艘洋船也看似極為自由地行使河間。連在京都的北京，洋人居住也離紫禁城極為接近。

由此可見中國一大塊土地無處沒有洋人經過的痕跡。透過中國官員，得知天朝也為此做出反應，希望可以「習其法以制之」，如設關稅、奇器局，制定新對應政策等等措施。表面上似乎已經有找到對付洋人的辦法，但在越南使節看來，這些也無法掩蓋天朝「受屈」的現實。因此有時他們便充滿懷疑與諷刺地嘆道，「中國自與洋人約合以後，氣挫勢屈，雖京師根本重地，他亦雜處，不能禁。恐諸國窺其淺深，議其輕重，故與本國使與朝鮮使，雖不顯禁其往來，而每每拘閡，不得如從前之寬簡，觀於直隸督部官之戒飭，飭與朝

〔註101〕阮思僩：《燕軺筆錄》，《越南漢文燕行文獻集成（越南所藏編）》第19冊，復旦大學文史研究院、漢喃研究院，上海：復旦大學出版社，2010，頁269。

〔註102〕阮思僩：《燕軺筆錄》，《越南漢文燕行文獻集成（越南所藏編）》第19冊，復旦大學文史研究院、漢喃研究院，上海：復旦大學出版社，2010，頁178。

〔註103〕阮思僩：《燕軺筆錄》，《越南漢文燕行文獻集成（越南所藏編）》第19冊，復旦大學文史研究院、漢喃研究院，上海：復旦大學出版社，2010，頁194～195。

鮮使之不敢來會，蓋可見矣〔註104〕。」

　　使程慢慢，橫跨了大半的中國，每天對天朝的所見所聞，日積月累下來，已經讓越南使節心目中的天朝形象大大受損了。之前越南士大夫均以中國為世界觀。但現在這個天朝大國也同樣有不願告人的醜事，中國同樣受人欺辱，加上國內動亂連連，吏治敗壞，人民生活苦不堪言。這個遍身是傷的病夫，已經完全看不出以前國力強盛、主宰世界的巨人了。

第四節　小結

　　這部分試圖從越南的角度來討論越南阮朝士大夫（包括使節）對中國形象的理解與演變，介紹了越南士大夫對中國的想像與期待以及現實中的中國形象。

　　研究結果表明，阮朝士大夫對中國的理解是受到大量內、外部因素影響而成。越中兩國關係有著長久，且錯綜複雜的歷史。到了阮朝時期，兩國在經濟、文化、社會方面有了很大的改變。整體來講，進入十九世紀，越南阮朝一開始是走向鼎盛的過程，而清朝當時卻已經開始衰落。但因為各種經濟、文化、軍事的考量，越南阮朝各皇帝仍很積極、主動地向清朝求封，並建立以朝貢—冊封為載體的邦交關係。對雙方國內實力的不同看法，大大影響阮朝士人對中國的想像。加上阮朝「獨尊儒術」的學術、社會風氣，和各種根深蒂固的儒家思想，使得阮朝士人對中國的想像與期待充滿儒教的色彩。在他們看來，中國身為儒教大國，是聖人、明君賢臣和英雄成長與活躍的地方，它必定是儒家的典範。中國歷來也以地大物博、山秀水麗、人才薈萃的形象而流行於世，而正因為這些自然景觀帶有儒教、人文的色彩而變得更有活力與意義。但在由衷認同中國儒教、中國文化的同時，越南人也明確表示清朝政府和滿族不能代表中國，將他們視為「夷族」，而越南歷來均受孔孟程朱之學，因此也是「華」，非「夷」，還同時建立以越南為中心的與周邊國家的朝貢體系，以肯定和強調自己的自主與民族意識。

　　與此同時，在越南士人的心理，中國也是一種隨時存在的威脅。這種形

〔註104〕阮思僩：《燕軺筆錄》，《越南漢文燕行文獻集成（越南所藏編）》第 19 冊，
　　　　復旦大學文史研究院、漢喃研究院，上海：復旦大學出版社，2010，頁 184
　　　　～185。

象的存在與來源，是兩國錯綜複雜、多次交火的歷史淵源所致。因此他們經常在其作品中強調祖國的疆域和主權，以及對越南正統文化的認同與驕傲。越南這種在政治上反對中國的情緒，和儒家文化上的認同，形成了強烈的對比，但對於越南士人來講，這兩種情緒可以同時存在，沒有任何矛盾。

俗話說百聞不如一見，經過出使行程，此時的越南使節對中國的認識已經發生了極大的變化。現實中的中國並非那樣完美無瑕。自然風光依然壯觀美麗的中國已經被內亂外患踐踏得讓人認不出來。晚清時期中國境內發生了無數的動亂，加上禮崩樂壞，吏治敗壞，加劇了中國社會原有的矛盾。而西方勢力湧進已勢不可擋，使得曾經唯我獨尊的中國，轉身變成一個要面臨來自四面八方種種危機的病夫。

越南士大夫對中國的想像以及越中關係本來就應該是一個非常複雜的概念，其內涵因時間、地點的不同而有所變遷，又特別受政治思想、社會環境等深刻的影響。這裡筆者試圖打破傳統以中國為中心的文化交流研究，從近期相當熱門的「從周邊看中國」的角度，探討越南阮朝士大夫對中國形象及其演變。筆者期望透過對其形象的形成與演變的分析，揭示阮朝越南與中國關係的一面，讓我們有機會重新認識中國以及中國文化的傳播與影響，同時對目前越南與中國關係必定有理論與實踐兼顧的借鑒作用。

第四章　1849～1877 年間越南燕行錄對西方勢力的記載

　　十九世紀的亞洲各國，可以說是飽受西方列強的威脅。當時是資本主義國家進行工業革命，並陸續完成的時期。經濟迅速發展，使得這些國家需要更多的銷售市場、生產原料和勞動力。具有豐富物產、眾多人口、未發達的經濟與社會環境的亞洲各國，成為西方各國的目標。而越南，除了上述的因素，加上其優越的地理位置，可成為侵略中國和其他內陸國家的踏板，而被許多資本主義國家的青睞〔註1〕。其中以法國為最大的威脅。法國對佔領越南的陰謀其實早已存在。早在十七世紀，許多法國傳教士已經進入越南進行傳教，一些商人也陸續登陸越南，並蒐集這個國家的情報〔註2〕。到了十八世紀末，阮福映在攻打西山的時候已經接受法國的一些援助，導致越法簽訂了第一份不平等條約，即「凡爾賽條約」〔註3〕。到了十九世紀中葉，法國以越南嚴重傷害傳教士為由，多次攻打越南。嗣德雖然是一位勤政的皇帝，然而他過分保守和懦弱，導致他和廷臣都無法認清國內外局勢以及敵我的情況。在不知所措的情況下，陸續於 1862 年和 1867 年割讓了越南南部東三省和西三

<hr>

〔註1〕參考張有炯、丁春林、李茂憲（Trương Hữu Quýnh, Đinh Xuân Lâm, Lê Mậu Hãn）:《越南歷史大綱》（Đại Cương Lịch Sử Việt Nam），河內：教育出版社，1999 年，頁 484～486。

〔註2〕參考 Chapuis, Oscar. A History of Vietnam: From Hong Bang to Tu Duc Greenwood: Greenwood Publishing Group，1995，頁 172。

〔註3〕參考楊萬秀:〈關於《越法凡爾賽條約》的問題〉,《學術論壇》,1981 年第 3 期。

省予法國。這個時候嗣德已經知道自己犯錯，但由於對西方國家（法國）的缺乏了解，以及國內無論是經濟、社會還是整體國力等方面的衰落，導致嗣德政府似乎不知所措。到時，嗣德和阮朝官員又想起因故停貢多年的「天朝」。儘管阮朝皇帝對中國的態度已經大不如前〔註4〕，但到頭來，阮朝政府已經沒有其他選擇。除了天朝，他們沒有其他可以參考的榜樣，也沒有其他可以依靠或求助的對象了。當自己走投無路、不知所措的時候，天朝是他們唯一的希望。阮朝皇帝想透過天朝，了解宗主龍頭如何對付西方勢力，以為自己參考，並希望天朝履行大國義務，伸手保護越南。在這樣的背景之下，阮朝自1868 年與清朝恢復朝貢制度後，多次遣使赴華。雖說是例貢，然而這幾次出使還藏著阮朝許多其他政治的打算，其中蒐集西方各國在中國的行動、中國政府對其的反應，到最後是求援於中國是最重要的任務之一。因此，這部分我們將去了解越南使節在中國期間如何蒐集西方的相關資料以及他們蒐集了西方勢力的那些情況。

第一節　越南使節蒐集西方訊息的來源

　　關於宗主國與西方各國的交涉，以及西方各國的情報，越南各皇帝其實一直都很關心的。明命皇帝很積極派遣官員到各地效力或出差，並期望透過這樣的工作，可以掌握外面時局以及對國內的影響。例如在明命時代，越南李文馥、鄧文啟、何宗權、潘清簡等陸續被派往中國、新加波、馬六甲、孟加拉、加爾各答、雅加達、菲律賓等地〔註5〕。每次他們回國後，明命皇帝都特地招來以聽取他們對國內外情勢的報告〔註6〕。進入了西勢東漸頻繁的時期，

〔註 4〕參考 Yu Insun（Yu Insun）:〈十九世紀越南與中國關係史：朝貢體制之實與虛〉（Lịch Sử Quan Hệ Việt Nam-Trung Quốc Thế Kỷ Xix Thể Chế Triều Cống, Thực Và Hư），收錄在《第三屆越南學國際研討會》論文集（Hội thảo quốc tế Việt Nam học lần thứ 3），河內：河內國家大學出版社，2010 年，頁 1～23。

〔註 5〕參考陳益源：〈越南漢文學中的東南亞新世界——以 1830 年代初期為考察對象〉，《深圳大學學報：人文社會科學版》，2010 年第 1 期，頁 119～125。

〔註 6〕例如李文馥於 1833、1834 年護送中國難船回廣東。兩次公幹回來後，明命皇帝都叫他來報告中國、中國與西方之間的聯繫的情況。參考〔越〕張登桂等纂：《大南實錄》，東京：日本慶應義塾大學言語文化研究所，1961，1981，第二紀，卷 212，明命二十一年四月條和陳益源：〈周遊列國的越南名儒李文馥及其華夷之辯〉，《越南漢籍文獻述論》，北京：中華書局，2011，頁 225～236。

特別是越南要親自面對法國的來臨與威脅，嗣德皇帝更特別重視，並多次吩咐出使中國使團要蒐集天朝、周邊同文國和西方交涉的情況。那些越南使華使臣或官員在中國，除了靠自己的觀察、詢問或閱讀之外，是透過那些情報來源或管道獲取相關的資料呢？茲細述如下：

一、中國官員

越南使節出使中國過程，因工作的需要，有機會長時間跟中國各地官員接觸，而中國官員，作為清朝統治階級的一環，可以說是掌握西方勢力最快、最具體，也最正確的來源。因此透過他們來索取相關情報是理所當然，且最為重要的管道之一。《如清日記》〔註7〕明確記載了越南使團經過中國每一省分都與當地官員見面，並交換兩國的情況，其中不乏討論有關西方勢力的內容。例如：

> 楚城感懷：拱極高樓何處是，樓在城東門外，與黃鶴岳陽為楚三名樓川原兩過白雲孤。瀟湘風急沙無雁，岳麓霜寒樹有鳥。輿地圖開連楚粵。杞天憂遠到江湖，初六日謁見藩臺李榕〔註8〕，談次諄諄，以天主邪教為憂不知濯錦坊邊廟，更向西滇涕淚無。舊設賈傳廟在城西門街。
>
> 崔貞史舟中談話，問之言在城內濯錦坊，未暇到訪其處也。〔註9〕

那是該使團十一月初五、六日到湖南省城，會見撫台劉崑、布政李榕、按擦李廷樟、鹽法長寶道白恩佑、糧儲道彭慶鐘等人〔註10〕。那天阮思僩他們與潘臺李榕，雙方透過筆談，熱心交換了天主邪教的危害，並表示深切的關注。

又如四月十七日回國路上，越南使團見督部堂門處主事陳蘭彬、蕭世本、同知薛福成、吳汝綸等同來拜會。雙方交流對洋教、洋人的情況：

〔註7〕 參考黎竣、阮思僩、黃竝：《如清日記》，《越南漢文燕行文獻集成（越南所藏編）》第18冊，復旦大學文史研究院、漢喃研究院，上海：復旦大學出版社，2010。

〔註8〕 李榕，原名甲先，四川劍州（今廣元市劍閣縣）人。咸豐二年（一八五二）進士。官至湖南布政司、江寧鹽運使。書法蒼古，有十三峰全集。子穎，亦善書能文。著家常語十四篇。《益州書畫錄》、《增校清朝進士題名碑錄》。

〔註9〕 參考阮思僩：《燕軺詩文集》，《越南漢文燕行文獻集成（越南所藏編）》第20冊，復旦大學文史研究院、漢喃研究院，上海：復旦大學出版社，2010，頁79。

〔註10〕 參考黎竣、阮思僩、黃竝：《如清日記》，《越南漢文燕行文獻集成（越南所藏編）》第18冊，復旦大學文史研究院、漢喃研究院，上海：復旦大學出版社，2010，頁132。

> 因問他廣東西洋現情如何？他答言他現雖未往省城，亦安靜無事，日
> 下中國經改訂和約。他等已寄回呈諸西國王，尚未有來信也〔註11〕。

當時，中國官員先開口詢問洋人在越南的行為。越南使節便緊接著問西方在廣東的情況。中國官員回答現在情況稍呈穩定，中國方面打算與西方各國簽和約，但是目前還沒有收到西方人的回復。可見中越兩國官員都非常關心洋人的動態。由此看來，東亞各國要共同面臨西方勢力來襲的命運已經非常明顯了。

除了官方會面，越南使臣也很積極私底下主動去聯繫，或親自去拜訪中國官員，或請中國官員來館會晤，以獲得相關情報。在 1868 年使團停留北京期間，曾多次前往李文田、蘇完成瑞之子文悌寓所拜訪，並請教和交換洋人的各種資訊：

> 原富陽縣知縣蘇完成瑞之子文悌，現官戶部九品筆帖式來見。他言
> 洋人近事，聞粵東有紀新錄一部者可改，但未即行耳。日下洋人居
> 武宣門。原設天主教堂處由康熙年間用洋人南錫仁、湯若望講星學，
> 修曆法，故為建此堂設舖屋商，無他生事。〔註12〕

根據他們的聊天結果，得知廣東那邊已經有新的和約，但還沒有正式實施。在北京洋人則多集中在武宣門，該處是湯若望建天主教堂的地方，人數雖多，但也沒造成有什麼問題。

透過與中國官員的談話，可知中國當時也在煩惱，並忙著找出如何對付西方各國的勢力。因長期以自我為中心，視自己為強大無比的宗主國，中國擔心各國掌握其國內的情況，會影響他國對天朝的看法。因此面對外來使臣的詢問，似乎早有所料，除了私底下的交流，其餘大多採取不願透露，或籠統帶過的方式來回覆他們，這點我們留在以後的章節進行更深入的討論。

二、中國文人

與中國官員相比，一般文人所掌握的西方情報可能不是最及時、不能代

〔註11〕 參考阮思僴：《燕軺詩文集》，《越南漢文燕行文獻集成（越南所藏編）》第20
册，復旦大學文史研究院、漢喃研究院，上海：復旦大學出版社，2010，頁
238。

〔註12〕 參考阮思僴：《燕軺詩文集》，《越南漢文燕行文獻集成（越南所藏編）》第20
册，復旦大學文史研究院、漢喃研究院，上海：復旦大學出版社，2010，頁
178。

表官方立場，但是至少他們可以暢所欲言，不受各種政治厲害的約束，且從一般文人可以得到較為具體而生活化的情報。因此，越南使臣也利用一切機會從中國一般文人獲取西方勢力的訊息。

　　例如黎申產，字蓋庵，號嵩山，又號十萬山人，生於清道光四年（1824年），卒年據考在 1896 年後，是廣西寧明州科舉多不如意，卻飽含著一腔憂國憂民的熱血的壯族文人。他曾於 1852 年有機會與該年越南使臣，包括劉亮、武文俊、范芝香等人會面並有詩文唱和之交〔註13〕。直到 1868 年再有越南使團經過，黎申產便主動來訪，說明其緣由，雙方就有了親切的一場詩文唱和和討論。在雙方建立了較為融洽、信任的氛圍後，越南使臣就主動問他中國和洋人的事：

> 有屬州舉人黎申產來相訪舟中。自言本州盜起，避地欽州十餘年，去載始歸，家毀於盜，未有居所。在欽州日，曾浪游海寧，識范文壁東軒。梧州被圍之年，在圍城中，與我使部鄜川范公、阮唐川及劉武諸人周旋者久。……**問以廣東洋夷事，辭以遠不及知。但聞其相安無事也。**〔註14〕

越南使臣當時剛進入中國不久就這麼積極、主動地向中國文人問起洋人的事，可見蒐集西方情報是這次出使的重頭戲之一了。儘管這次交流毫無結果，但可以幫助他們覺察出中國文人對洋人的看法，以及是否願意透露這些訊息予外人的一二。

　　除了黎申產之外，出使過程無論是越使主動拜訪的士人，還是主動來訪的文人，越南使節都不曾忘記要與他們討論有關西方的相關情況。如湖南士人崔員央到船會面，雙方交換了對西洋教、洋船到岳陽樓等情況：

> 七月 18 日見崔員央〔註15〕登舟雅話。因知其京中所見《闢邪紀實〔註16〕》一書，乃員大所作而匿其名者，然彼終以此忌之，遂毀其

〔註13〕參考劉玉珺：〈晚清壯族詩人黎申產與中越文學交流〉，《民族文學研究》，2013年第 3 期，頁 29～38。

〔註14〕參考阮思僩：《燕軺詩文集》，《越南漢文燕行文獻集成（越南所藏編）》第 20冊，復旦大學文史研究院、漢喃研究院，上海：復旦大學出版社，2010，頁69。

〔註15〕崔暕，湖南人氏，士林名家。歷史上關於他的資料，少之又少，但從零星的記載上來看，崔暕是湘軍中人，又是文士，而曾國藩向來是以士林統兵，所以不排除他入過曾國藩幕府的可能。

〔註16〕1839 至 1842 年鴉片戰爭後，基督教獲得在通商口岸傳教的權利，在法國堅

本。他處有翻刻者，湖南則不存矣。

　　20 日，員央登舟閒話。因言今春有洋船到岳陽樓，將欲佔樓邊地，

立道堂為士民阿逐，隨揚帆去〔註17〕。

在這次聊天中，兩國文人對洋教、洋情各自交換了意見，了解相當流行的有
關洋教的書籍以及洋船到岳陽樓一事。可見洋人的踪影已經遍布中國許多地
方了，幾乎勢不可擋。而透過對地方文人的聊天，可以幫助越南使節掌握洋
人在不同地方的所作所為，對地方民眾和人民生活所造成的影響，以及當地
文人和民眾對西方人、洋教等真實的觀感與評價。

三、中國出版品

　　中國出版品也是越南使節獲取西方訊息的重要來源之一。越南使節在出
使過程主要透過兩個途徑接觸中國出版品，分別為中國官員、文人的贈送和
使節的購書活動。從阮思僩 1868 年歲貢的作品，我們可以看到沿途中國官員
贈送圖書的情況，例如四月二十八日，湖北布政使王文韶贈《小學》四部、
《協辰憲書》一襍，督糧道丁守存贈《蘭言集》三卷、《築寨圖說》四卷、《小
學》二部、《曠視山房制義》二襍等。像這樣的記載在阮思僩的《燕軺筆錄》
和《如清日記》屢屢皆是〔註18〕。

　　越南使團的購書活動更是他們前往中國出使最重要的活動之一。阮朝各
皇帝每次遣使來華或派官員到中國，每次都諭示使節注意購買中國書籍。例

持之下，終再准許國人信教。咸豐八年（1858 年）及十年（1860 年）分別簽
訂《天津條約》及《北京條約》，明訂給予基督教在中國境內傳教的權利，並
允許天主教能收回自禁教時期被政府沒收的教堂教產，而且可在任何地區買
地或租地建立教堂。傳教士有恃無恐，橫行霸道，本土原有宗教和文化被大
肆破壞。在上述的背景下，《辟邪紀實》一書便因而誕生。該書寫成於咸豐十
一年五月朔日（西曆 1861 年 6 月 8 日），為湖南省一位署名「天下第一傷心
人」所編著，內容分為上卷的天主邪教集說、天主邪教入中國考略、辟邪論，
中卷的雜引、批駁邪說、下卷的案證，附卷的辟邪歌、團防法、哥老會說，
其中〈團防法〉是最先提出一套完整防制入境傳教機制，希望利用防衛地方
的民團組織，以「團防」方式防止傳教者進入。除此之外，《辟邪紀實》對基
督教教義有廣泛而深入的討論，內容一針見血。

〔註17〕 參考阮思僩：《燕軺筆錄》，《越南漢文燕行文獻集成（越南所藏編）》第 19 冊，
　　　　復旦大學文史研究院、漢喃研究院，上海：復旦大學出版社，2010，頁 268～
　　　　269。
〔註18〕 參考陳益源：〈清代越南使節在中國的購書經驗〉，《越南漢籍文獻述論》，北
　　　　京：中國書局，2011，頁 1～48。

如明命皇帝於明命十一年（1830）諭示該年使團：

> 朕最好古詩、古畫及古代奇書，而未能多得。爾等宜加心購買以進。
>
> 且朕聞燕京仕宦之家，多撰私書實錄。但以事涉清朝，故猶私藏，
>
> 未敢付梓。爾等如見此等書籍，雖草本亦不吝厚價購之〔註19〕。

明命皇帝表示，他最愛各類書籍但現在所收集到還非常少。所以，命令出使
使節要注意購買書籍，特別是私藏的珍貴書籍，無論其價格如何昂貴。可見
越南皇帝對中國書籍的喜愛，為了購買中國典籍，都不在意其價錢的。

因此，越南使團在北京、廣州期間多次前往書店訪書、買書。例如據統
計，就1868年阮思僩使團至少有五次購書的經驗〔註20〕，如「十八日己刻，
同三陪臣往書肆看閱書籍〔註21〕」等紀錄。又看一個細節，阮思僩使團這次
在北京停留短短兩個月的時間就有7次要兌換銀兩備用。使團的支出自然有
很多名目，如用品、醫藥品等，但是購買書籍的費用，絕對不在少數。就如
《護送越南貢使日記》馬先登在其作品所記載，越使「買京書籍滿二十簏以
歸」〔註22〕。

至於阮思僩等使節買了多少書，什麼書，裡面是否有有關西方的書等，
我們現在已經無從稽考（黎貴惇使團除外），但是從他們所留下來的使程作品
來看，他們在訪書、購書的過程當中已經看到跟西方、洋教有關的書籍，這
倒是千真萬確的。就如阮思僩所寫，「七月28日見崔員央登舟雅話。因知其
京中所見《闢邪紀實》一書，乃員大所作而匿其名者，然彼終以此忌之，遂毀
其本。他處有翻刻者，湖南則不存矣〔註23〕」。除了《闢邪紀實》之外，他們
應該也看到其他有關西方的書籍，並買回來是完全有可能的。為什麼我們可
以這麼斷定呢？筆者是根據阮思僩與其他文人的密切交往情況進行推理的。

〔註19〕 參考〔越〕張登桂等纂：《大南實錄》第二紀，卷六十九，東京：日本慶應義
　　　　塾大學言語文化研究所，1973，頁2390。

〔註20〕 參考陳益源：〈清代越南使節在中國的購書經驗〉，《越南漢籍文獻述論》，北
　　　　京：中國書局，2011，頁8～9。

〔註21〕 參考阮思僩：《燕軺筆錄》，《越南漢文燕行文獻集成（越南所藏編）》第19冊，
　　　　復旦大學文史研究院、漢喃研究院，上海：復旦大學出版社，2010，頁198～
　　　　199。

〔註22〕 參考〔清〕馬先登：《護送越南貢使日記》，《歷代日記叢鈔》第79冊，北京：
　　　　學苑出版社，2006。

〔註23〕 參考阮思僩：《燕軺筆錄》，《越南漢文燕行文獻集成（越南所藏編）》第19冊，
　　　　復旦大學文史研究院、漢喃研究院，上海：復旦大學出版社，2010，頁269。

比如作為阮思僩好友的范富恕於 1863 年出使法國回來後，曾經將一些西方國家的科學書籍翻譯成漢文。可見，當時越南就有中譯本的西方科學圖書了。而以阮思僩與范富恕之間的關係，兩人都有維新、改革的思想。那麼范富恕拖他趁出使中國的機會，多買回有關西方科學的書，是完全合理的，且完全有可能的事。簡言之，使節歷來是越南書籍交流的重要媒介。正在急著認識西方、了解中國如何應對西方勢力的越南使團，在他們所購買的眾多書籍當中，也應當有與西方相關的書籍。

那麼越南使節文人是透過什麼樣的書來蒐集西方的訊息呢？閱讀越南使節詩文集我們可以見其一二。以阮文超為例。阮文超，生卒年分別為 1799 年和 1872 年〔註24〕，河內金縷人，越南非常著名的文人、詩人。他曾於 1849年出使中國，並有《方亭萬里集》、《如燕驛程奏草》等作品兩種，都已經收入《越南漢文燕行文獻集成》（越南所藏編）第 16、17 冊。阮文超另有《方亭隨筆錄》作品〔註25〕，其中卷四主要討論地理的問題。該書內容中，阮文超明確指出他參考哪些中國書籍，其中有陳倫炯《海國見聞錄》、《明史》、《大清一統志》、《經世文編》等。該書關於荷蘭、佛郎機（即法國）、英吉利（即英國）等都有介紹，如：

> 荷蘭國在佛郎機西北。疆域、人物、衣服具與西洋同原，奉天主教，後因寺僧滋事遂背之。然仍立廟宇。七日則禮拜。國王久沒無子，群臣奉王女為主世，以所生女繼，今又絕。國中不復立王。唯以四大臣理國事。有死者則除其次輪轉不世襲。各鎮雖在萬里之外悉遵號令，不敢違背。國中所用銀錢為人形騎馬舉劍，謂之劍錢，亦有用紙鈔。土產金銀、銅、錫、琉璃、「多」羅絨、羽紗、番齡、酒、

〔註24〕阮文超生年其實尚存疑問，有人說是 1795 年，有人說為 1799 年。這裡筆者比較支持陳黎創（Trần Lê Sáng）:〈新發現一份有關阮文超生平的碑文〉（Một Tấm Bia Vừa Phát Hiện Có Nhiều Mặt Liên Quan Đến Tiểu Sử Nguyễn Văn Siêu），《漢喃雜誌》（Tạp chí Hán Nôm），1996 年第 1 期的看法。根據作者在此篇論文的介紹，這份碑文是阮文超學生所為其恩師而作，上面刻著阮文超簡單生平及其事蹟。因作者為阮文超之門徒，因此比較有說服力。這也符合早期 Nguyễn Như Thiệp, Nguyễn Văn Đề 兩位前輩在其專書中的觀點。參考阮如涉、阮文促（Nguyễn Như Thiệp, Nguyễn Văn Đề）:《阮文超——詩文和生平（或神筆阮文超——詩文和生平）》（Nguyễn Văn Siêu-Thi Ca Và Tiểu Sử（Nét Bút Thần Nguyễn Văn Siêu-Thi Ca Và Tiểu Sử）），河內：新越，1944 年，頁 20。

〔註25〕參考阮文超:《方亭隨筆錄》,《東亞儒學資料叢書》,台北：台大出版中心，2013。

　　鐘表。其羽紗、琉璃甲於諸洋〔註26〕。

該文介紹了荷蘭的地理位置，人民體質、衣服、宗教、性格等。另也談及荷蘭的政治情況，以及錢幣、物產等訊息。

　　另外，阮文超也特別關心西方各國對東方各國的侵略與威脅。同樣在卷四，在介紹臺灣的時候，阮文超寫道：

　　台灣為西洋往來貿易之地。又連粵海之瑪糕〔註27〕為其巢穴，互相接

　　應，利之所趨，亂之自起。奸漢為之表裡其禍，蓋無所低止矣〔註28〕。

根據阮氏的說法，這些西洋商船，其目的不外乎利用臺灣和其他地方作為獲取利益之地，對當地毫無幫助，而只有「亂之自起」之大害。可知阮氏對西方勢力通商行為持有貶低之意，似乎不贊成與其產生關係〔註29〕。

　　從上面的例子可知，越南使節主要透過中國地理書來獲取西方的情報。這些中國地理書除了像《明史》、《大清一統志》等大型圖書之外，還有各地方的地方誌〔註30〕、作者別籍等。雖然，現在我們無法判定這些書籍越南使節都買回來了，但其可能性是非常高的。而且儘管沒有買回越南，但他們趁出使機會閱讀這些材料以獲取西方知識的事實，是可以完全肯定的。

　　除了一般書籍，中國報紙也是越南使節獲取西方訊息的重要媒介。清代中國報紙可以分為邸報（即官報）和民間報紙兩類。邸報是新聞傳播的主要渠道，是用於通報的一種公告性新聞報紙，專門用於朝廷傳知朝政的文書和政治情報的新聞文抄，主要內容有皇帝的詔旨、起居、官吏的任免、臣僚的奏章、戰爭情報、刑罰等。邸報編訂後，透過各驛遞傳到各地方。在清朝，除了北京之外，清代的各省省會和大一點的州府，也出現了專門的新聞傳播機關與活動，也就是說各省也會有自己的官方報紙。而民間報紙（又名京報）

〔註26〕 參考阮文超：《方亭隨筆錄》，《東亞儒學資料叢書》，台北：台大出版中心，2013，卷四第 29 頁。
〔註27〕 即今澳門。
〔註28〕 參考阮文超：《方亭隨筆錄》，《東亞儒學資料叢書》第，台北：台大出版中心，2013，卷四第 41 頁。
〔註29〕 參考阮黃燕：〈論越南十九世紀筆記中之台灣形象〉，《東亞漢文學與民俗文化論叢》，台北：樂學書局，2011，頁 219～244。
〔註30〕 阮黃燕在其論文中指出，阮文超在介紹臺灣時，參考了許多明清地方誌，包括《諸羅縣志》、《臺灣志略》和《重修福建臺灣府志》等。參考阮黃燕：〈論越南十九世紀筆記中之台灣形象〉，《東亞漢文學與民俗文化論叢》，台北：樂學書局，2011. 219～244。

到了清代有了明顯的發展。京報的內容與當時的邸報基本一致，包括宮門抄、上諭和章奏，但發行範圍不僅局限在官府的官員中，而是社會各界，甚至全國各地。地方新聞事業除了上面所說的傳遞邸報之外，還有翻印京報和轅門抄。轅門抄是清代總督或巡撫官署中發抄的分寄所屬各府、州、縣的文書和政治情報。它提供了地方相關訊息，結合京報所提供的中央訊息，成為地方官員、人士了解政情的重要來源〔註31〕。

正在急於蒐集西方和中方訊息的越南使節，必定知道報紙是信息來源的重要窗口。因此，越南使節參考中國報紙應當絕不在少數。如范熙亮 1870 年出使的記載：

> （嗣德二十四年九月）初三日，就甘舉人寓，且問邊事一款，廣西近有奏疏，可得知否？答謂留軍機內，所見只上諭耳。京報亦不能盡錄，第擇一二緊要件發出外刊耳。仍恃煩軍機處筆帖帳京人員，為之搜尋抄錄〔註32〕。

根據以上記錄，他在北京時透過他人打聽兩國邊境事務、中方訊息的情況，從而得知京報的存在與流行。

又如《大南實錄》中所見的一則關於潘仕俶使團取得京報的記載。他的報告明確說明其參考了中國各類報紙，具體如下：

> 清國之於洋人也，分地居之。漢陽鎮外洋人所居有立石碑刻大英廣龍地界。列鋪聚之所在各豎旗號為別。湖北總督李瀚章為通商大臣，通其往來。正定府城有道臺在城內，燕京亦然。士夫不聞有橫議識者或有謂。今同治春秋未盛，兼以數十年來兵疲財□，姑且曲為回護近已敕下軍機修輯剿平方略。江蘇又開巧局，諸省令習洋□，各刻刻自勵。至如處置該洋在軍機處，臣等不得而聞也。同治親政以來，政事則一遵成典，尊用舊臣。官吏則自咸豐以來仕途才雜貪□多，而民生日促捐納為之弊也。問之諸省總督則直隸之李鴻章、陝甘之左尊棠皆為儒將。湖廣之李瀚章則沈靜有機略。廣西巡撫劉長佑則嚴重而諳行陣。與兵部之單懋謙，禮部之萬青藜皆為名臣。又聞甘

〔註31〕參考方漢奇：《中國新聞事業通史》，北京：中國人民大學出版社，1992，頁119、205～240。

〔註32〕轉錄自陳正宏：〈法國所藏越南漢文燕行文獻述論〉，《燕行使進紫禁城——14至19世紀的宮廷文化與東亞秩序學術研討會》，北京：故宮博物院、故宮學研究所，2014，頁73。

> 肅匪害經十餘年專由左尊棠籌辦。去冬肅情現下四方無事。<u>且臣等
> 行程一路觀其大勢及在燕見諸日報大略國用稍細而兵力尚強。至如</u>
> 大事在軍機處，臣等不得而聞也〔註33〕。

潘仕俶於1872年出使中國，回程后跟嗣德皇帝報告清朝如何對付西方各國、清同治政治和官吏情況，並談及他們透過京報和各類報紙來收集以上資料的。

　　至於越南使節如何取得這些報紙，由上述參考文獻可知是透過與中國官員、文人之交往所得，或他們親自前往琉璃廠尋書、購書所得。越南使節出使中國時間之長，與中國各地官員與文人交往之廣泛與深入是公所皆知的。他們平常除了與中國官員與文人產生詩文唱和之外，經常與他們討論時事。往琉璃廠訪書、購書也是他們出使主要活動之一。而根據前人的研究，京報房住址又離琉璃廠不遠〔註34〕。所以，簡言之，越南使節是透過地方官員或文人得到地方報紙。進京後則可以透過館舍的序班、通事以及其他中國官員取得，或在琉璃廠訪書時看到民間翻印的京報，來獲取關於西方的相關訊息。

四、朝鮮、琉球使節和文人

　　越南與朝鮮兩國同為天朝的藩屬國，命運都與天朝的情況息息相關，且兩國都自認為同文之國〔註35〕，因此雖無正式外交關係，但兩國使節都透過前往北京的朝貢活動而進行各種交流，並進行蒐集各自的消息。當整個東亞國家都要面臨西方勢力的威脅，除了蒐集西方在天朝中國的情況，西方在同文各國的狀況也變成使團的新任務。從1868年往後的使團，均是如此。就拿1868年使團為例，根據筆者的初步統計，越南使節與韓國使團人員至少有7次交涉，有直接會面、有書信來往、或互送物品等情況。交談當中，他們主要詢問各自的歷史、文化、貢期等方面，另有一次越南使節直接透過密書詢問洋人在朝鮮的情況：

> 初七日密書問朝鮮使臣以洋船曾否來擾。該答言丙寅秋，洋船來侵，

〔註33〕參考〔越〕張登桂等纂：《大南實錄》，東京：日本慶應義塾大學言語文化研究所，1961～1981，第四紀，卷52，二十七年十二月使部潘仕俶等回程條。

〔註34〕參考方漢奇：《中國新聞事業通史》，北京：中國人民大學出版社，1992，頁203～206。

〔註35〕關於越南與朝鮮士人都認為兩國都為同文國家，可從他們的詩文唱和作品瞧見其看法，參考李春鐘（Lý Xuân Chung）：《越南與韓國使節詩文唱和之研究》（Nghiên Cứu, Đánh Giá Thơ Văn Xướng Họa Của Các Sứ Thần Hai Nước Việt Nam, Hàn Quốc），漢喃研究院博士論文，2009年。

隨機捍禦，渠不能肆毒。自此以後，渠反畏縮。因再問捍禦之道。該只答言制敵之道以其國之伎倆，臨辰處變。要在當場用幾何如耳云云。大抵洋人之於朝鮮是初來彼相幾，未可大得志，故暫退耳。我國未與洋約和之前，他亦屢來屢退，其情蓋一類此。所謂他反畏縮，不無張大其辭，狃小安而忽遠途。他日之患，正未可逆睹也〔註36〕。

越南使節寫信詢問洋人進朝鮮的狀況。朝鮮使節回覆說洋船丙寅年來侵，朝鮮努力相剋，不讓其販售毒品，後洋人看此情況就有所害怕而退出朝鮮。越南使節繼續問其對付洋人的方法，但朝鮮使臣回答得很籠統，用隨機應變等語帶過。越南使節觀其答复，推測洋人侵犯朝鮮的情況與我國同，但對朝鮮使節的回答並不十分信任，疑其所說的洋人害怕而退難免有擴大其詞，並預言朝鮮之後的情況仍不可知。可見朝鮮使臣對處理洋事的謹慎態度，不太願意透露本國的情況，因此雖然接到他國使節的來信不得不回答，但都是模糊不清的。

向朝鮮使團詢問西方對於其國的行為不僅發生在 1868 年的使團，隨後的 1870 年范熙亮也同樣關心這個問題。因此到了北京與朝鮮使團取得聯繫後，范熙亮向其談起了洋人、洋事在朝鮮的情況：

（嗣德二十四年十月）初六日，就永盛店局，與朝鮮差官李容肅會。云年例來領年憲書，八月起行，十月朔方到。問以洋事，答以今年夏口迷口利國船來求通商，相持數月，彼知無法，拂□去。問：口迷口利是否英吉利？曰：道光十年，稱英人者船來該國，經奏天朝，飭兩廣總督嚴斥，使英人無得再擾。夸四五年，或稱英，或稱法，迭來，留該國西海，泛稱通商。已屢與申說，亦漠不聞，可怪可恨。雖蒙天朝嚴禁，終難遏其狼毒。此實天之為之，亦待上蒼回心而已〔註37〕。

由此可知，洋人之於朝鮮已經屢次犯及領土，要求打開港口通商。而儘管作為天朝的中國已經出手幫其「嚴斥」洋人，但最後還是無法抵擋英、法等國

〔註36〕 參考阮思僩：《燕軺筆錄》，《越南漢文燕行文獻集成（越南所藏編）》第 19 冊，復旦大學文史研究院、漢喃研究院，上海：復旦大學出版社，2010，頁 188～189。

〔註37〕 轉錄自陳正宏：〈法國所藏越南漢文燕行文獻述論〉，《燕行使進紫禁城──14 至 19 世紀的宮廷文化與東亞秩序學術研討會》，北京：故宮博物院、故宮學研究所，2014，頁 74。

來擾，不得已讓其留在國內，與之通商。不知越南使節聽此一訊，對本國的命運、對天朝的期望等，會有如何的想法？

　　除了向朝鮮使節詢問洋人在該國的情況，及其因應之道，越南使節也非常積極跟琉球、日本等使節與文人接觸，其目的不外乎得到這方面的訊息。所以一落腳北京，他們就中國官員詢問朝鮮、琉球使團到京時間，並主動安排時間去拜訪，並詢問他們相關的情形〔註38〕。可見越南使節想了解西方勢力的迫切心態。

　　值得注意的是，上述所謂幾次兩國使團的交涉，直接見面的只有三次，之後都是透過密信或互贈物品，而兩次見面都不在各自的館舍而是在參店。越南與朝鮮使臣同一段時間在北京，兩國使團被安排住宿的館舍也只有幾步之遠，為何他們見面的次數如此之少？對此，越南使臣解釋道：

> 該使所駐會同四譯館，與本國使館相去只四五十步。初請來館拜會，
> 他辭以中國法嚴，不敢來，故於參店相會〔註39〕。

根據越南使節的觀察，導致他們兩國不能容易見面的原因是中國嚴格的禁令。《燕軺筆錄》很清楚地記載中國如何嚴格管制各使團的住所，對此總管內務府有明文的規定：

> 總管內務府為嚴行曉諭事，照得此次朝覲之越南國使臣等，業已到京，在四譯館居住。理宜嚴肅，誠恐附近軍民人等，在此喧嘩，？行出入，附派委護軍番役等，並咨行步軍統領衙門派扒棄兵，一體嚴行稽查外，為此示。仰附近居住軍民人等知悉，倘有前次不法事情，及？行出入者，立即鎖？懲辦，該？兵等，如有狗眾等情，定行一關行嚴懲辦，決不寬貸，稟之慎之，毋違特示。〔註40〕

　　可見，中國以保護各國使團為由，設置了保護使館的軍隊，同時對侵犯使館的罪都有清楚的懲罰規定。但那只是問題的一面，對於越南使節看來，

〔註38〕參考 Nguyen Hoang Yen. The Meetings between Vietnamese and Japanese Literati in China in the Second Half of the 19th Century（十九世紀後半葉越南與日本文人在中國的接觸）. *Vietnam Review of Northeast Asian Studies*. 1（3）2016, pp.58～67.

〔註39〕參考阮思僩：《燕軺筆錄》，《越南漢文燕行文獻集成（越南所藏編）》第 19 冊，復旦大學文史研究院、漢喃研究院，上海：復旦大學出版社，2010，頁 184。

〔註40〕參考阮思僩：《燕軺筆錄》，《越南漢文燕行文獻集成（越南所藏編）》第 19 冊，復旦大學文史研究院、漢喃研究院，上海：復旦大學出版社，2010，頁 179～180。

中國之所以將各使館管得如此之嚴，不許外人與各使館往來，甚至限制各國使節的來往，根據越南使節的推測，除了安全考慮之外，背後的緣由因為中國不願他國使節知道他們與西方人之間的情況，以及中國內部的情況。

> 中國自與洋約和以後，氣挫勢屈，雖京師根本重地，他亦雜處，不能禁。恐諸國窺其淺深，議其輕重，故於本國與朝鮮使團，雖不顯禁其往來，而每每拘閡，不得如從前之寬簡。觀於直隸督部官之戒飭，飭與朝鮮使之不敢來會，蓋可見矣〔註41〕。

此外，「人臣無外交」的禁令也是越南與朝鮮使節少有往來的原因之一。「人臣無外交」是指人臣不能私自往來，以表示其忠心之意。這一概念影響了中國周邊的國家，對此朝鮮方面都履行得相當嚴謹。例如朝鮮每次遣使往日本的時候，是在清朝知道的情況之下進行的〔註42〕。因此，在無清朝的同意之下，與越南使節的來往按理來說是不能私自進行的。導致在越南使臣第一次通書邀請朝鮮使臣來該館會面時，朝鮮使節就直接推辭，不敢前來赴約。

第二節　越南使節蒐集西方相關訊息的主要內容

越南使節利用各種管道獲取中國和同文各國與西方的消息，其目的不外乎想掌握中國內情、西方在中國和其他國家的行動及其因應之道，好讓回國後匯報給阮朝皇帝，以作為解決國內問題的重要參考。

一、西方各國在中國的作為

越南使節一路向北，可以說是橫跨了半個中國，每到一個地方，見到一位官員都積極打聽西方各國在中國的行動。難能可貴的是，因他們的路程經過中國許多省份，盡覽了西方勢力在中國各個地方的所作所為。

由於廣州是中國與西方各國交涉的重要場地，所以越南方面本來比較了解西方在這個城市的情況。在 1868 年兩國恢復正式朝貢之前，嗣德皇帝就曾派鄧輝熺（1825～1874）於 1865、1867 兩年前往廣東公幹。鄧氏兩次粵行，

〔註41〕　參考阮思僩：《燕軺筆錄》，《越南漢文燕行文獻集成（越南所藏編）》第 19 冊，復旦大學文史研究院、漢喃研究院，上海：復旦大學出版社，2010，頁 185。
〔註42〕　參考崇德二年（1637）清朝即曾對朝鮮表示允許朝鮮和日本間的往來關係，參考《清太宗文皇帝實錄》，北京：中華書局，1986，卷 33「崇德二年正月戊辰條」，頁 431。

雖以買賣物品為由，其真實目的之一就是搜查西方勢力在中國的動靜。但鄧氏所蒐集到的結果是永遠不夠的。這導致當初 1868 年使團剛進入中國不久，還不清楚中國境內的新狀況，又因各種政治上的顧慮，不方便馬上跟中國官員論及洋事。後來見到文人黎申產，與之談論較熟悉後，他們向黎申產詢問的第一件事就是跟廣東洋夷有關。阮思僴的目的不外乎想掌握西方在中國的最新情報，另外也可以從中試探中國官員、文人對此問題的看法與敏感度，以作下次詢問的參考。然而，黎申產卻「辭以遠不及知。但聞其相安無事也〔註43〕」，這次打聽因此幾乎一無所獲。

　　後來，越使從中國官員得知「洋夷通商口岸非一〔註44〕」。隨著使團進入內陸，除了廣東、上海的商口，更多他們之前不知道或只聽說過的通商口岸就擺在眼前。漢口，湖廣地區很大且重要的商業城市，是越南使臣每次出使都必須經過的城鎮。其繁華景象在越南使節有所記載：

　　　　南岸山陇喧貴旅，水程陸路合舟車〔註45〕。

　　因其為港口通商之重地，越南使節每次都利用停留漢口期間補充所需物品。到了 1868 年出使，進入漢口之前，越南使臣顯然做好了打算，對西方勢力在漢口的行動已經多多少少有所打聽和把握，因此希望可以一如既往住在漢口，以便觀察並蒐集到新的情報。然而，中方卻以戰爭後公館嚴重受損，不及修復為由，而安排他們另住它所。因漢口是使程所經過的最大的商業城市之一，也是中西交涉的重要場所，所以越南使節顯然不願意放棄這麼好的觀察機會，一再向清朝官員請求，或請陪送官替其求情。但中方態度強硬，「漢口現有西洋國人聚商，使部不便處此。省憲主意已定，不聽〔註46〕」，還吩咐「使部不可久留〔註47〕」。在此情況之下，該年使團只能通過觀察和打聽了解漢口的情況：

〔註43〕阮思僴：《燕軺筆錄》，《越南漢文燕行文獻集成（越南所藏編）》第 19 冊，復旦大學文史研究院、漢喃研究院，上海：復旦大學出版社，2010，頁 69。

〔註44〕阮思僴：《燕軺筆錄》，《越南漢文燕行文獻集成（越南所藏編）》第 19 冊，復旦大學文史研究院、漢喃研究院，上海：復旦大學出版社，2010，頁 194。

〔註45〕阮偍：《華程消遣集》，《越南漢文燕行文獻集成（越南所藏編）》第 8 冊之《漢口晚渡》，復旦大學文史研究院、漢喃研究院，上海：復旦大學出版社，2010，頁 132，或第九冊吳時位《枚驛諏餘》之《漢口紀勝》，頁 319。

〔註46〕阮思僴：《燕軺筆錄》，《越南漢文燕行文獻集成（越南所藏編）》第 19 冊，復旦大學文史研究院、漢喃研究院，上海：復旦大學出版社，2010，頁 145。

〔註47〕阮思僴：《燕軺筆錄》，《越南漢文燕行文獻集成（越南所藏編）》第 19 冊，復旦大學文史研究院、漢喃研究院，上海：復旦大學出版社，2010，頁 145。

年前貢使公館在漢口鎮。自經兵變，殘毀未復，加以夕陽俄羅斯、法蘭西、英吉利通商漢口，現駐漢口下街三百餘家。洋人居此約一千餘，火船自西南來者。在此常有六七艘。每國各設領事一，以中國廣東、上海人為通事，此各款係處漢陽縣？差吳增云然。伊又言西人商價公平，通商此地已九年，別無他弊〔註48〕。

岸上列舖商價皆以萬億計，惟沿途家屋，多有新造未完者，大抵兵火之際……洋舖在下街……11 日到下街西洋行。屋皆二三重，樓下通甕門下開玻璃窗，四面玲瓏如一。外周以繚牆。雖一初開行，而屋宇之高廣，街路之平直，無不井然。視漢民居止，其整潔殆過之……留空地尚多，皆已開渠築道，將來聚闠日廣，規模日大，不知此地又何如也？〔註49〕

根據越使的觀察與蒐集到的訊息，當時西洋人在漢口已經九年，有俄羅斯、法蘭西、英吉利等國，主要活動是做生意，大約有三百餘家，人口約一千多人。各國都在漢口設領事，洋船通常有六七艘。特別值得注意的是，這次他們還聽中國官員親口說，西洋人買賣公平，自從在漢口通商後都沒有發生任何問題。加上他們親眼觀察到，洋行建築高曠、整齊，對此他們也承認比中國住宅還整潔。

可見這次在漢口的所見所聞，對西方商業行為的評價與印象都是積極的。而當時的漢口已經是中國最大的貿易城市之一。因此，越南的使臣對漢口的繁華景象印象非常深刻。從北京回程再次經過漢口時，有機會再觀察漢口的商業買賣，那難得的景象，盡收眼底：

漢口百萬列肆，如在海島中，灘接渚，帆檣林立。辰見西洋火輪船出沒其際，西南諸山，獻奇列秀，無不拱繞樓前。城中億萬人家，如蜂房，如碁罫。江外□舟花舫，三三兩兩，宛然畢集。樓下盡觀遠察，目暢神怡，輶軒攬勝，真不可多得之遇。〔註50〕

〔註48〕阮思僩：《燕軺筆錄》，《越南漢文燕行文獻集成（越南所藏編）》第 19 冊，復旦大學文史研究院、漢喃研究院，上海：復旦大學出版社，2010，頁 135～136。

〔註49〕阮思僩：《燕軺筆錄》，《越南漢文燕行文獻集成（越南所藏編）》第 19 冊，復旦大學文史研究院、漢喃研究院，上海：復旦大學出版社，2010，頁 143。

〔註50〕阮思僩：《燕軺筆錄》，《越南漢文燕行文獻集成（越南所藏編）》第 19 冊，復旦大學文史研究院、漢喃研究院，上海：復旦大學出版社，2010，頁 264。

　　商店林立，街道擁擠，漢口商業的發達的水平讓越使嘆為觀止。其正如留住在漢口的一位傳教士所說「（漢口）是中國最大的商業中心，也是世界最大的商業中心之一」〔註51〕。而在那繁華的景象，隱約看到洋船的蹤影，似乎只為這個城市增添光彩與繁華。這一切的景象，一定會影響越南使節對西方勢力的觀感與評價。

　　除了做買賣，西方人在中國的另一個要求與主要活動是興建教堂，這是西方各國經過與中國簽約許多不平等條約所取得的權利。使程作品中，偶爾會看到使節對西洋人想在中國各地興建教堂的紀錄。其中，最讓越使感到費解的是西方各國甚至可以在中國的首都進駐並建立教堂，「使館之東隔數店有洋人屋。屋上作十字架形，不知洋人駐此多少。〔註52〕」而中國官員也坦然承認這件事：「日下洋人居武宣門。原設天主教堂處由康熙年問用洋人南懷仁、湯若望講星學，修曆法，故為建此堂。設舖屋商，無他生事。〔註53〕」

　　儘管中方說洋人在此設教堂、做買賣「無他生事」，但對越使看來，那是天朝氣樺勢屈的表現。首都是一個國家的頭腦，是政治、軍事重地，但西方國家不僅可以在這裡設領事、設教堂、做生意，且居住地點又在皇城不遠之處。越使對天朝此一行動大失所望，天朝的形象也因此大打折扣。

　　而跟著越使的足跡，又可以看到西方國家在其他地方想建教堂的消息：

　　　　20 日，員央登舟閒話。因言今春有洋船到岳陽樓，將欲佔樓邊地，

　　　　立道堂，為士民阿逐，隨揚帆去〔註54〕。

　　兩國士人所討論的洋人到岳陽想建教堂一事發生在 1868 年春天。據推論可能是倫敦傳教會傳教士楊格非一團。根據相關的記載，他們從 1868～1900 先後有 7 次進入湖南等地，希望可以在湖南諸多地方建立教堂，將基督新教傳給中國人，但大多都被居民驅趕〔註55〕。《燕輶筆錄》裡面所提到的岳陽樓

〔註51〕 羅維・W.T.（Rowe, W.T.）：《漢口：一個中國城市的衝突與社區（1796～1895）》，北京：中國人民大學出版社，2008，頁 28。

〔註52〕 阮思僴：《燕輶筆錄》，《越南漢文燕行文獻集成（越南所藏編）》第 19 冊，復旦大學文史研究院、漢喃研究院，上海：復旦大學出版社，2010，頁 184。

〔註53〕 阮思僴：《燕輶筆錄》，《越南漢文燕行文獻集成（越南所藏編）》第 19 冊，復旦大學文史研究院、漢喃研究院，上海：復旦大學出版社，2010，頁 178。

〔註54〕 阮思僴：《燕輶筆錄》，《越南漢文燕行文獻集成（越南所藏編）》第 19 冊，復旦大學文史研究院、漢喃研究院，上海：復旦大學出版社，2010，頁 269。

〔註55〕 參考田伏隆、中國人民政治協商會議、湖南省委員會、文史資料研究委員會：《湖南近 150 年史事日誌，1840～1990》，武漢：中國文史出版社，1993。王

事件發生的時間相同，因此很可能就是其中之一了。而西方各國自然不僅只要求在北京、湖南等地興建教堂。這些西方的行動，在越南使節看來，現在看似如中國官員所說「理當無事」的現象，背後卻隱藏著許多矛盾與危機，只要到了時機，就隨時可能爆發出來。

二、蒐集西方知識

越南自從與西方有交涉之後，大多對西方不懷好感，且充滿懷疑之心。這是因為西方人在越南的所作所為所致。西方人的到來，引進了西方宗教，並吸引了不少教眾。其教理提倡人人之間是平等的，而主才是最高、最有權力，可以拯救人類的聖人。這與封建統治階級的統治理念完全相反，大大威脅封建王朝的統治地位，因此越南各皇帝都將其視為邪教，大多皇帝都禁止傳教，並有鎮壓傳教士與教眾的行為〔註56〕。而西方每次前來，都要求開口岸通商業，而這些都是伴隨著炮聲而來的要求。簡而言之，西方種種行動對越南封建王朝的統治地位都造成嚴重的威脅，加上其強大的軍事力量，使得越南皇帝與官員絕大多數都對其保有敵對的看法。但是面對西方侵略威脅的強勢來臨，使得他們不得不重新認識這位不熟悉的敵人。

而當時的中國，不僅僅是越南的宗主國，同時也是東亞的政治舞台與知識的交流、傳播場地，讓越南以及他國的使臣可以籍著出使的行為，在中國（北京）見到他國的使臣，從而獲得各國的情況，並學習到、接觸到更多的新知識。因此，越南使節也趁著出使中國期間，透過各種途徑來獲取西方的知識，以對其有更多的了解。

出使中國的越南使臣，之前只能透過其他使臣的記載而對西方屋宇、樓房、街景有所認識，而這次出使中國，經過漢口，讓他們真正從書本走出來，看見了西方人的建築與規劃：

> 加以西洋俄羅斯、法蘭西、英吉利通商漢口現駐漢口下街三百餘家。
> 洋人居此約一千餘〔註57〕……岸上列舖商價皆以萬億計，惟沿途家

治心：《中國基督教史綱》，上海：上海古籍出版社，2007。黃曉平：《湖南近代教會建築研究》，湖南大學碩士論文，2012。

〔註56〕參考張有烱、丁春林、李茂憾（Trương Hữu Quýnh, Đinh Xuân Lâm, Lê Mậu Hãn）：《越南歷史大綱》（Đại Cương Lịch Sử Việt Nam），河內：教育出版社，1999 年。

〔註57〕阮思僩：《燕軺筆錄》，《越南漢文燕行文獻集成（越南所藏編）》第 19 冊，復

> 屋，多有新造未完者，大抵兵火之際……洋舖在下街……11 日到下
> 街西洋行。屋皆二三重，樓下通甕門下開玻璃窗，四面玲瓏如一。
> 外周以繚牆。雖一初開行，而屋宇之高廣，街路之平直，無不井然。
> 視漢民居止，其整潔殆過之……留空地尚多，皆已開渠築道，將來
> 聚闢日廣，規模日大，不知此地又何如也？〔註58〕

越南使節所看到的漢口，正是中西建築混合，形成非常明顯的對比。當時漢
口剛剛走出戰爭，中西商人都在重修或重蓋樓房。西方人在漢口設了不少商
店，每一棟都蓋二三樓，玻璃窗戶，四面玲瓏漂亮，所擺的商品也一目了然，
給人一種通暢、寬廣的感覺。西洋街整體則街路平直、井井有條。相對於隔
壁的中國商舖，越南使節不得不承認「其整潔殆過之」。

　　而西方人在此做生意的態度也是越南使節想要知道，並掌握的情報之一。
他們從中國官員得到這樣的訊息：

> （伊又言）西人商價公平，通商此地已九年，別無他弊〔註59〕。

止被西洋人租界的地方官員也承認西方人買賣公平，通商時間已有九年之久，
都沒有對地方治安與生活帶來什麼危害。儘管越南使節對此並沒有更多的記
載，也沒有說明他們當時有什麼感想，但是透過他們敘述的口吻，以及當時
漢口繁華似錦的景象與西方人在此的行為與貢獻，相信他們已經相當了解，
對西方人要求通商的態度，一定會產生潛移默化的改變。

　　除了留意西方的建築與買賣習慣，越南使臣也經常與中國友人討論，或
透過中國書籍來認識西方科技，如星學知識、造船法等等。使節阮文超的《方
亭隨筆錄》卷四就特別介紹了西方各國的銅幣製法、自來水系統等等。阮思
僩燕行錄則有這樣的記載，「書雲劇談洋事及星學，夜深屢欲去復止〔註60〕」。
雖然阮思僩沒有更多的記載，但從兩人筆談到天亮，不捨得離開，可知兩人
必對星學以及西方勢力交換了很多意見，讓越使不僅可以了解西方在中國以
及漢陽的行動，也對他們的星學以及西方人有更多的認識。

　　　旦大學文史研究院、漢喃研究院，上海：復旦大學出版社，2010，頁 138。
〔註58〕阮思僩：《燕軺筆錄》，《越南漢文燕行文獻集成（越南所藏編）》第 19 冊，復
　　　　旦大學文史研究院、漢喃研究院，上海：復旦大學出版社，2010，頁 143。
〔註59〕阮思僩：《燕軺筆錄》，《越南漢文燕行文獻集成（越南所藏編）》第 19 冊，復
　　　　旦大學文史研究院、漢喃研究院，上海：復旦大學出版社，2010，頁 135。
〔註60〕阮思僩：《燕軺詩文集》，《越南漢文燕行文獻集成（越南所藏編）》第 20 冊，
　　　　復旦大學文史研究院、漢喃研究院，上海：復旦大學出版社，2010，頁 95。

　　除此之外，越南使節也積極透過中國書籍來了解西方的相關訊息，如地理位置、物產、文化、習俗等。上面所提到的阮文超就是其中之一。他利用出使時間參考了許多中國地方志，從中獲得西方列強以及收到西方勢力威脅的一些國家與地區的訊息，回國後將此介紹給我人。其目的自然不外乎呼籲大家去主動認識眼前的敵人，從認識才可以找出制敵的對策。因此，從他的著作當中，我們可以找到他對法蘭西、荷蘭、英吉利等國的介紹，同時也介紹臺灣、港澳等其他與西洋交涉的地區，對越南很有參考的價值〔註61〕。

三、中國對西方各國的態度與措施

（一）官方的反應

　　越南對西方進入中國以及中國在廣州的反應其實早已知曉。然而，後來因為中國國內發生戰爭，貢路不順，朝貢間斷了十六年之久，導致越南對中國國內那段時間和近期的情況無法像以前那麼順利地取得。而十九世紀中葉的越南，特別是 1858 年法國正式攻打峴港之後，西方勢力的威脅已成現實。對西方處理國際問題的方式的不熟悉，以及對西方世界的不夠了解，導致越南也陸續與西方簽了許多不平等的條約，國家命運命在旦夕。當時，越南需要一個可以參考、可以學習的榜樣。因此停止了十六年之後的使團，其最重要的任務之一就是蒐集、調查隔壁的宗主國到底對西方有何態度和反應，及其對越南有哪些可取的地方？

　　越南來華使團因此積極打聽、蒐集中方官員對西方的態度與反應。綜觀該使團所留下來的作品，發現中方對西方勢力的反應可以分為官方和民間的反應等兩種。茲分別說明如下：

　　十九世紀之前，中國與西方各國沒有外交關係。中國自給自足的經濟根本沒有必要與西方人做買賣。西方人若想到中國，並與中國通商，就要接受中國視其為藩屬國和相關的規定。但到了十九世紀，情況就非常不同了。西方國家，特別是英國，再不能容忍中國嚴格的規定與限制，想在通商方面獲得更多的自主和自由權。他們開始將西方處理問題的和約、法律等方式主動要求中國。中國最終以落伍的軍事力量輸給英國，並不得不接受英國的不平等條約。跟著英國的腳步，西方其他國家也陸續前來要求與中國訂和約。而

〔註61〕參考阮文超：《方亭隨筆錄》，《東亞儒學資料叢書》，台北：台大出版中心，2013。

中國，在無知與法制未達到近代文明水準的情況之下，與西方各國，如美國、法國等，也簽訂了不平等的條約〔註 62〕。

此時，越南使節對中國政府對西方勢力的回應已經略有所知，就是與其簽訂和約，而其內容不外乎允許西方各國在中國各港口通商、各國傳教士得以在中國傳教、提供戰爭賠款和割讓中國一部分土地。這幾點越使一路向北時，一方面打聽相關情報，一方面繼續仔細觀察。他們透過各種管道得知中國讓西方各國在北京、兩湖等地都興建教堂進行傳教，並引起當地官員和人民的擔心與關注。通商方面，之前只透過廣州單口貿易的情況已經不復存在，目前通商口岸眾多〔註 63〕。其中，越使所經過的漢口就是其中之一。

簽訂和約之後，中方對於西方列強所做的行為也做出了反應。走過鴉片戰爭和簽訂和約後，中國一些重要官員對英國以及西方各國的看法已經大大不同，並認為中國如果要維持過去的輝煌，唯一的辦法是要學會與西方共處。在恭親王及其他先進派大臣的倡導之下，清朝實行了一系列改善的措施，如實行現代化外交，設立了總理衙門專門管理洋務、設立管理與洋人通商的通商大臣、提倡學習外國語言、軍事現代化等。中國的這些措施，在越南使臣的作品都有所反應。例如他們經過漢口時，對漢口江漢關有這樣一段記載：

> 歷盡洋行，是過江漢稅關。關城延□十里，形如偃月。上自漢水左岸起，下抵江北一帶，樓築旗砲相望。關稅漢黃德員道監督之，又兼通商事宜。意為洋人設也〔註 64〕。

這裡越使所說的江漢關應該是英租界的「大關」。之前總理衙門規定所有來自長江流域的外貿稅都在上海徵收。後來為了避免本地商人得以逃避「子口稅」而在漢口設立江漢關〔註 65〕。儘管當初其設立目的不是象越使所說的「意為洋人設也」，但在英租界的江漢關的確是針對該地區洋人貿易而設立。而從其裝備「官兵盡用鳥槍」，可知清政府對洋人的防範也是非常留意的。

〔註 62〕蔣廷黻：《中國近代史》，《蓬萊閣叢書》，上海：上海古籍出版社，1999，頁 52～56。徐中約：《中國近代史：中國的奮鬥》，香港：香港中文大學出版社，2000，頁 107～112。

〔註 63〕參考阮思僩：《燕軺筆錄》，《越南漢文燕行文獻集成（越南所藏編）》第 19 冊，復旦大學文史研究院、漢喃研究院，上海：復旦大學出版社，2010，頁 194。

〔註 64〕阮思僩：《燕軺筆錄》，《越南漢文燕行文獻集成（越南所藏編）》第 19 冊，復旦大學文史研究院、漢喃研究院，上海：復旦大學出版社，2010，頁 144。

〔註 65〕參考羅維·W.T.（Rowe, W.T.）：《漢口：一個中國城市的衝突與社區（1796～1895）》，北京：中國人民大學出版社，2008，頁 225～226。

除了對洋人通商的留意與防範，中方也做出很多推動軍事現代化的努力，如使用洋船、洋砲、開辦學堂學習西方科技知識等〔註66〕，「閩中已設奇器局，江蘇亦有之」，其目的不外乎「皆欲習其法以制之〔註67〕」。除了以上措施，中方對推動學習西方科技還有其他方法，如設立同文館、外語學校於北京和上海，挑選學生赴美、英、法、德等國留學，設輪船招商局等。這些措施無疑對暫時穩定中國境內的情勢產生了積極的作用，也給不少中國官員吃下了定心丸，「大約內地無患，則外患又不作。頻年美政，史不勝書，以天意人士計之，似可有轉機〔註68〕」。

儘管在「同治中興」期間，中西矛盾一度得到緩解，但中方在此尖銳的時刻，對於外國使節的到來還是有各種嚴格的規定與防備的。一些研究已經指出，因中國內部因素以及西方勢力的侵入，中方嚴格管理外國使臣的出入，限制其與其他外國使臣及外人的往來〔註69〕。而中方對限制外國使臣與他國同僚和西方勢力接觸的措施是一貫的，從中央到地方官員都時時注意並提醒外國使臣。越使曾不能在漢口停住，因為當地官員不願使部下榻場所與洋人太接近。中方官員甚至再三提醒使部進入京城後要多加留意，不要亂走，「又囑臣等以入京日宜戒飭行隨，勿令在外浪走」。由此可見，越使對於這方面的記載可補充中方於該時期的真實態度與反應。

（二）民間的反應

官方對西方各國的反應固然具有重要的參考價值，而中國民眾對西方的態度也有助於越使掌握民意，以及對中國內部社會、軍事、國力等的評價，因此也是越使所關心的焦點之一。因此，出使過程，越南使節多加留意一路民情，也不錯過與中國官員、文人討論時勢，以獲得更多這方面的訊息。

根據越使所得到的資訊，這時期相較於政府對西方各國有比較緩和的措施，中國民間對西方勢力則有明顯的對立態度。越使在其作品中記錄了與中

〔註66〕 徐中約：《中國近代史：中國的奮鬥》，香港：香港中文大學出版社，2000，頁 274～276。

〔註67〕 阮思僴：《燕軺筆錄》，《越南漢文燕行文獻集成（越南所藏編）》第 19 冊，復旦大學文史研究院、漢喃研究院，上海：復旦大學出版社，2010，頁 194。

〔註68〕 阮思僴：《燕軺筆錄》，《越南漢文燕行文獻集成（越南所藏編）》第 19 冊，復旦大學文史研究院、漢喃研究院，上海：復旦大學出版社，2010，頁 194。

〔註69〕 參考沈玉慧：〈清代朝鮮使節在北京的琉球情報蒐集〉，《漢學研究》，2011 年第 29 期，頁 155～90。

國文人聊天，提到岳陽樓一帶民眾驅逐洋船、不許其建教堂一事。史書也明載湖南人民於1868～1900年間曾7次驅趕洋人想在此立教堂〔註70〕。對於西方宗教，鴉片戰爭過後，值著《中英條約》上有「耶穌天主教原系為善之道，自後有傳教者來至中國，一體保護」的話，為傳教士來華傳教提供了方便〔註71〕。在二十多年的時間，傳教士已經遍布中國各地進行傳教、建立教堂，並吸引了不少教徒。儘管如此，仇教、反教之事仍不斷發生。有心人士散佈謠言、誣衊教規與教書，導致一系列反教事件發生，如在四川、江蘇、安徽、湖北、湖南、天津等地發生的教案，經歷慘重〔註72〕。可知天主教、基督教在中國的傳播與發展，儘管在清廷打開門戶的情況之下，還是遇到許多挫折的。

　　而清代民眾敵對洋教的表現還可以從清代文人的談話中得知。崔員央、書云等文人在與越使談論時，明確表態他們對洋教的敵對態度，以及對洋教在中國流傳所感到的痛心與無奈。崔氏甚至還撰《闢邪紀實》一書以表明其立場。該書系統地批判洋教教條，其流傳極為廣泛。越使曾在北京琉璃廠看書、買書時看到此書。這本書對民眾產生了非常深刻的影響。許多人因為相信其所寫的內容，儘管尤為荒誕絕倫，但還是引起了不少教案發生〔註73〕。

　　簡而言之，越使對洋教本來就不懷好感，這次出使中國，所遇到的中國官員與文人又大多對洋教充滿敵意，再加上他們使程中所蒐集到的關於反教活動的相關消息，這一切更不能打破他們存之已久的壞印象。儘管談論當中有提到洋人傳教士所帶來的新鮮科技如曆法、星學、大砲等，但這些許優點，無法動搖他們的觀念。使得越使和他的中國友人們都表示痛恨洋教，並對洋教在兩國的傳播與影響深表痛心與關切。

　　相對於洋教來講，中國民眾與官員對洋人商業活動的看法似乎積極很多。與越使通話時，儘管承認洋人「氣習與同文國不同」，但因為洋人買賣公平，雖然已經在漢口通商了九年，但都別無他事。而與洋人通商後，漢口

〔註70〕參考田伏隆、中國人民政治協商會議、湖南省委員會、文史資料研究委員會：《湖南近150年史事日誌，1840～1990》，武漢：中國文史出版社，1993。王治心：《中國基督教史綱》，上海：上海古籍出版社，2007。黃曉平：《湖南近代教會建築研究》，湖南大學碩士論文，2012。
〔註71〕參考王治心：《中國基督教史綱》，上海：上海古籍出版社，2007，頁157。
〔註72〕參考王治心：《中國基督教史綱》，上海：上海古籍出版社，2007，頁160～165。
〔註73〕參考王治心：《中國基督教史綱》，上海：上海古籍出版社，2007，頁165。

的市貌大有改善，變得更加繁華似錦，所給地方和中央政府帶來的稅款也越來越多〔註74〕。越使經過漢口，也為其繁華景象嘆為觀止。從他們親眼目睹的漢口，以及中國官員的評價，相信他們對洋人通商一事的看法會產生一定的影響。

〔註74〕 參考羅維‧W.T.（Rowe, W.T.）：《漢口：一個中國城市的衝突與社區（1796～1895）》，北京：中國人民大學出版社，2008。

第五章　越南使節 1849～1877 年間
出使回國後變法圖強之初想
以及越南淪陷後的抉擇

　　這一章我們將主要討論越南使節出使中國期間或回國後，他們對越南文化、文學或政治社會所做的，而富有影響的行動。出使中國的機會，有助於打開使節對外面世界的視野與認識，從而反過來對國家、對時事、對自己進行審視。越南各位使節，作為典型的傳統儒士，一生想為國為民做出貢獻，因此有些使節會將他們從外面所看到、所學到的新東西帶回越南。當然每個人的做法與影響各有不同，這裡我們將從著述、科技交流、治理水災、對外政策等方面探討越南使節對越南各方面的所作所為和貢獻。

第一節　著述

　　越南使節出使中國，他們沿途所著的詩文集、唱和作品，以及他們回國後所寫的相關著作，有助於越南文學的發展、中越文化交流，具有非常重要的文化、歷史和時代意義。

　　越南使節的著作，從時間來分可分為出使期間和回國後所創作的作品〔註1〕。出使過程創作的作品就是我們習以為常的燕行錄，或按越南學界的叫法

〔註 1〕越南使節回國後所創作的作品必定很多。此論文所指的作品有兩種特點，第一是從時間來看是他們出使回國後所著，第二是其內容要與使程、出使相關的作品。

就是使程文學／使程詩文／使程詩等。這部分作品，從語言來看，分別用漢文和喃文書寫；從形式來講有種類繁多的詩體、文體和圖版等〔註2〕；內容方面則包括出使過程的沿途見聞和作者內心的感觸、與使程任務相關的各種記載、與國內外文人的詩文唱和、又有地理、農業、天文、數學等科技方面的作品，可謂豐富多彩，無所不有。從以上形式和內容來看，不難看出越使的作品，必定會對越南文化、科技的流傳與發展起著非常重要的作用。茲從作品內容進行分類並將其在越南文壇、歷史與社會的地位與貢獻介紹如下：

一、越使詩文及與國內外文人進行詩文唱和的作品

越南使節詩文和他們與國內外文人進行詩文唱和的作品是目前漢學界對越使認識的主要載體，其中包括收錄在《越南漢文燕行文獻集成（越南所藏編）》的燕行作品，無論是從形式還是內容方面來看，都極為豐富多樣，大大促進越南文學的發展和越外文學之交流。越南使節大部分是越南文壇、政治界赫赫有名的人物，如阮忠彥、黎貴惇、鄭懷德、潘清簡、李文馥、阮文超等。這些作品亦是現存越南漢文燕行文獻裡面數量最多的部分，其內容的共同點是描述使節的沿途見聞和感情，但每個作品亦呈現出不同的特點，是越南文學非常有特色、且不可缺少的部分。這些作品的主要思想和所呈現的藝術、表現手法等，無不呈現越南中代文學的主要特點。而這部分詩文體裁眾多，由於在本書第一章，筆者對此已經有過詳細的介紹，所以在此不在重複追敘。

另外，這部分燕行作品，無論是用漢字還是喃字書寫，都促進了越南中代文學的發展。漢文作品方面，我們先從作者陣容來說。能勝任使節一職的越南官員，既要精通四書五經等中國古典典籍，又要能言善道、善於應對的。因此，他們之中很多在越南文壇都有一席之地，甚至是文壇鼎鼎有名、舉足輕重的文人，如馮克寬、黎貴惇、李文馥、阮文超等人。劉玉珺教授對越南使節——作家進行初步的統計，認為「從作者的數量而言，他們在越南文學史上所占的比重超過了七分之一。〔註3〕」由此可見使節他們在越南文壇的重要地位。其次，從作品的數量來看，又借劉玉珺教授的話，「若從集部相關類別

〔註 2〕可參考本論文第二章介紹越南燕行錄各種文體的部分，其包括詩體和文體兩大類，裡面還包含很多分類，可謂種類繁多。

〔註 3〕參考劉玉珺：〈越南使臣與中越文學交流〉，《學術交流》2007 年第一期，頁141～146。

的漢文作品而言，則佔有五分之一的比重〔註4〕」。再加上越南使節與中國、韓國、琉球使節進行詩文唱和，不僅能提升他們的應對能力，還能加強他們的文學、漢文化造詣。這必定對他們的創作產生了積極的影響。可以肯定，越南漢文燕行文獻無論在作者、數量、創作語言等方面都說明其是越南古典文學發展的一種強大助力〔註5〕。

　　喃字的使程作品同樣從作品內容、體裁方面來看，都有一定的價值。現存喃字使程作品，內容亦不外乎描寫從越南到燕京的出使行程，每經沿途名勝古蹟、古人古事都有感而發，其語言淳樸，工於抒情、寫景，都是可讀之作。其中阮宗窐的《使程新傳》是現存最早的喃文使程作品，因此被譽為揭開了越南喃文使程詩的先河，其意義極為重大。之後就陸陸出現了以出使為題材的詩傳，如武棩《黎朝武蓮溪公北使自述記》、李文馥《使程便覽曲》和阮登選《燕臺嬰話》等。這些記錄使程的喃文詩傳，可以補充那些用漢文創作的使程詩文，又豐富了越南喃字文學的內容，和越南文學的內涵。

　　值得一提的是，在很長一段時間裡，用喃字創作一般被越南文人視為「不登大雅」的文學部分。因此，喃字詩傳主要以比較通俗的故事為藍本，如故事類有《斷腸新聲》、《二度梅》；歷史演歌有《天南語錄》、《傳雙星》或《喚省州民詞》等。而出使中國這件事，則通常被認為是何等重要的任務，廣大越南文人都以此為榮，並有了不少出使、接使的佳話出現。因此，用「不登大雅」的喃字來創作「皇華行程」本來就是一種很有趣、很特殊的現象。這為喃字文學部分增加了一些難能可貴的作品，不僅體現了燕行作者對本國語言的感情以及民族精神的提升，同時也證明喃字越來越被廣大文人所接受，逐漸脫離了「不登大雅」的舊觀念，成為文人主動、有意識的創作。這當然會有助於喃字在越南文學地位的提升。

　　文學體裁方面，喃字使程作品大部分為六八體（有間雜七字詩句）長篇詩傳（5 作品）、唐律詩（阮宗窐、鄭懷德作品）。相傳還有杜觀的《金陵記》，以記錄體寫成，可惜今已失傳，無從可考。其中以李文馥《使程便覽曲》流傳最廣，現存版本也最多。這些作品對喃字的完善、發展與流傳都起著推動的作用。

〔註4〕參考劉玉珺：〈越南使臣與中越文學交流〉，《學術交流》2007 年第一期，頁141～146。
〔註5〕參考劉玉珺：〈越南使臣與中越文學交流〉，《學術交流》2007 年第一期，頁141～146。

不僅如此，這些作品亦豐富且促進了越外文學和文化交流的內涵。越使與國內外文人、官員進行詩文唱和，其形式和目的都非常多樣。他們進行了各種文體的詩文唱和、互贈對聯、書籍、請求序跋、題字、書信等各形式，可謂應有盡有。而作品的內容和目的，或體現出他們之間誠摯的感情，或為了捍衛國體、顯示才華，或是爭強鬥勝。在此過程中，各國的文化都流露得淋漓盡致，也讓他們有機會切磋各種文體、各種題材、各種想法，並在其過程中逐漸成長。這不僅繼承了「詩文外交」的傳統，也豐富了越外文學交流的形式和內涵，其意義不可否認。

在眾多燕行錄作品裡面，越南使節地理方面的著作在越南燕行文獻中數量不算多，但意義卻非常重大。這裡我們先談這些作品的數量、題材和主要內容，之後再討論其具體的貢獻。這類作品可分出使前後所著，包括阮輝𤐓《北輿輯覽》、潘輝注《輶軒叢筆》、李文馥《使程括要編》、阮文超《如燕驛程奏草》及其回國後所著的《方亭隨筆錄》卷四〔註6〕。這些作品都是記錄性文字，主要內容為介紹使程沿途驛站、路程、名勝古蹟、地方沿革、歷史、各西方國家簡介、西方宗教等。其中《北輿輯覽》、《輶軒抄本》、《使程括要編》、《如燕驛程奏草》同樣介紹了沿途所經地方情況，僅《方亭隨筆錄》卷四在內容方面有所差別，有對西方各國文化、地理、宗教、科技方面的介紹。下面特別對這部分作品的內容及其意義介紹如下：

二、燕行錄中的地理類書籍：出國前必讀的「出使指南」

這類作品也是越南燕行錄一種，特指內容多為介紹越使沿途所經各地的歷史沿革、名勝古蹟、路程、物產等，對後一部使團或後人想了解使程、中國歷史與地理，提供了極為方便、真實的材料。此部分作品可以比喻為我們現代的旅遊指南一類的書，其內容也可以說是中國某個地方的簡單版地方誌，其中包括阮輝𤐓《北輿輯覽》、潘輝注《輶軒叢筆》、李文馥《使程括要編》和阮文超《如燕驛程奏草》。各部書所強調的重點因作者喜好不同而內容方面也有所調整。茲將其內容以及價值介紹如下：

（一）阮輝𤐓《北輿輯覽》

《北輿輯覽》為阮輝𤐓1749 年出使中國時所作的作品。關於這本書的創

〔註6〕其中除了阮文超《方亭隨筆錄》卷四之外，其餘作品都已經收錄在《越南漢文燕行文獻集成》（越南所藏編）。

作背景，阮輝儝在其序中說明，他在四譯館時，偶然看到一本介紹中國地理的書籍，因此利用空閒時間將其抄錄下來。所以可以說，《北輿輯覽》是中國一本地理書的節抄本，其抄錄目的，如阮輝儝所述，「歸而贈同僚，使知天朝土地之廣，名勝之多〔註7〕」。該書內容為介紹中國十五省、所轄府及直隸州名目，和各地方的山川、城池等名稱，一些有小注。這本是這類作品當中，介紹中國地方數量最多的資料。

阮輝儝在抄寫《北輿輯覽》時，內容的取捨也有所講究。例如，離越南鄰近的省份，如廣西、廣東等比其他地方有更多的小注。同時他對百粵、西南夷也更為注意。筆者認為，他之所以這麼做，是因為越中在邊境方面經常發生衝突，因此他才特別加上許多內容，以利同僚參考。

（二）潘輝注《輶軒叢筆》

《輶軒叢筆》是潘輝注於 1825～1826 年間出使中國後所追記的作品。其內容為詳細介紹沿途所經各地方的歷史、山川、城市、景物、里程、名勝古蹟、風土人情、當地見聞等，其中對景物的記錄最為詳細〔註8〕。而作者對北京城的亭台樓閣、各種外交活動、衣冠服飾、當地生活、中國皇帝等相關記載尤為珍貴，具有很高的參考價值。

（三）李文馥《使程括要編》

《使程括要編》是李文馥 1841 年出使中國時所著的作品。該書本為一名通事的記錄，李文馥在原書的基礎上，「參之以從前之記錄，質之以是行之見聞，因而刪繁步漏，括成壹篇〔註9〕」。書內容包括使程所經的地方的地理情況，如歷史沿革、塘汛堡店名稱、各地路程、地域、分野、附近名勝古蹟等。少處也有對社會實態的描寫。相較於《輶軒叢筆》，這本書內容較為簡要。

（四）阮文超《如燕驛程奏草》

《如燕驛程奏草》是阮文超於 1849 年出使所撰。全書本為向越南皇帝

〔註7〕參考阮輝儝：《北輿輯覽》，《越南漢文燕行文獻集成（越南所藏編）》第 5 冊，復旦大學文史研究院、漢喃研究院，上海：復旦大學出版社，2010，頁 167。

〔註8〕參考潘輝注：《輶軒叢筆》，《越南漢文燕行文獻集成（越南所藏編）》第 11 冊，復旦大學文史研究院、漢喃研究院，上海：復旦大學出版社，2010，頁 1。

〔註9〕參考李文馥：《使程括要編》，《越南漢文燕行文獻集成（越南所藏編）》第 15 冊，復旦大學文史研究院、漢喃研究院，上海：復旦大學出版社，2010，頁 79～80。

阮翼宗進呈的奏章，包括筆記 27 篇，記錄了沿途所經山川險勝之地，詳細介紹其地理位置、周邊形勢、人文物產、歷史沿革等具體情況。其中，介紹廣西的部分最為詳細，也對中國水系、治理水災等方面表現特別的關心與留意。

（五）對此類作品價值的一些看法

越南使節這些相當於地理書、地方誌的作品，對之後使團以及其他文人想了解出使行程、中國地理和歷史，提供了最為方便、有用的參考材料。每使團在出使之前，想必要對出使行程、所經地方歷史、名勝古蹟、驛站、路程等作基本的準備。這不僅為了方便行走，擴大見聞，還為了沿途與中國友人的詩文唱和、平日談話所作的功課。因此前任使團所留下來的地理、里程等相關作品，無疑是最直接、最正確、最有參考價值的材料。而且，這些書不僅僅給使節提供出使前的準備，在出使過程當中也有人隨時攜帶此類書籍以供比對。如李文馥在《使程括要編》之序中也明言，「使程□路記者甚多……或詳或略，互有異同」。而該使團回程到了全州，得老通事有關這方面的書。據說「（這通事）世為通事，此本為其家所珍藏」，李文馥在其基礎上，「刪繁補漏」，才編成此書。從而可見，使節作品多為各期使節間所流傳、互相參考。

除了對使節圈產生影響，這類作品對於一般文人和讀者想了解中國歷史、地理等知識，也提供了很好的參考資料。這些作品內容相當真實而具體。這不僅是因為，書上參考了許多中國書籍的內容，而且也是越南使節針對自己沿途耳聞目睹的人、事、物的真實觀察和記錄。再加上，使節在出使過程中，有機會接觸到更多當地的資料，這有助於提高訊息的真實性與即時性。因此，這類作品不僅為文人想掌握中國地理、使程情況有所幫助，還對研究當時中國地方史、風俗習慣等，有非常重要的歷史、文獻價值。

三、第一部介紹西方各國情況的書籍

這部分特別介紹使節阮文超所著的《方亭隨筆錄》卷四。到目前為止，這可以說是越南十九世紀中第一部有專屬內容介紹西方各國歷史沿革、地理、風俗習慣、土特產以及洋教情況的越南漢文書。在越南正要面臨西方勢力的強烈威脅之下，越南文人也正處於中西兩難之間，這部書的出現及其意義可想而知。茲將其主要內容、創作背景以及意義分述如下。

（一）《方亭隨筆錄》卷四的主要內容

《方亭隨筆錄》卷四是阮文超《方亭隨筆錄》六卷〔註 10〕之中的作品。
卷四專門討論地理各方面，第一頁有刻「壽昌方亭居士手編」，說明其為阮文
超親人所寫。目前卷四除了附刻在《方亭隨筆錄》全六卷之外，越南漢喃研
究院圖書館還存一種抄本，館藏編號為 A.2240〔註 11〕。《方亭隨筆錄》卷四主
要分為十二個部分，分別為：

〈四海考說〉〔註 12〕，討論「四海」的概念及其邊際、地理位置等。

〈天下東南沿海形式備錄〉，考察從中國燕京往下東南沿海各省、國的形勢。

〈香澳形勢〉，討論香港和澳門地理、情勢等情況。

〈南及西海諸國形勢大略〉，討論南西海各國的情況，先列出各國名稱，
後介紹其地理位置、風俗習慣、物產、手工藝等情況，包括魯萬山、暹羅、邦
頂、小呂宋、大小西洋、大呂宋、英吉利、荷蘭、法蘭西等國。

〈諸家原天主教備考〉，討論天主教及傳入中國的歷史和演變。

〈台灣節考〉，介紹台灣地理、歷史、風俗、情勢等各方面。

〈緬甸節考〉，論述緬甸地理位置、風俗習慣、物產、通商等各方面。

〈星土說〉，介紹中國曆法和稍微跟西方曆法做比較。

〈河源江源考〉，考察黃河、長江之源流。

〈歷代治黃河本末〉，詳細論述歷代治理黃河水災之情況與經驗。

〈浙江太湖〉，論浙江太湖之歷代名稱、橫跨省份、郡縣等情況。

〈述榕村中江、北江說〉，轉介李榕村關於中江、北江的文章。

綜觀上述的介紹，可知《方亭隨筆錄》卷四內容主要分為三大塊：1. 各
國、各地區的地理、風俗習慣、情勢、宗教等狀況；2. 東西曆法；3. 水利、
治水問題。

〔註 10〕《方亭隨筆錄》，今存印本九種，抄本一種，六卷。篇幅多為 800 頁，高約 27
公分，寬約 16 公分。阮文超學術作品集，其弟子武泇檢校訂於嗣德三十五年
（1882）。本書收錄考論性作品約三百篇，其主要考察內容可分為三大種，第
一種是儒家經典及其典章，第二種是地理，第三種是歷史（包括各部史書、
事件及歷史人物的討論）。原目編號為 2760。參考越南漢喃研究院圖書館館
藏資料 http://www.hannom.org.vn/trichyeu.asp?param=6310&Catid=248。

〔註 11〕A.2240 抄本內容除了包括像刻板相同的〈四海考說〉之外還附有碑記、碑銘、
制文、序文、詔文、敕文、表文等，共二十篇。

〔註 12〕因〈四海考說〉為《方亭隨筆錄》卷四第一部分，所以一直以來被誤以為卷
名，其實這只是書中一部分的內容。

接下來我們會主要討論《方亭隨筆錄》卷四的創作時間、背景及其對越南價值。

（二）《方亭隨筆錄》卷四的創作時間

關於《方亭隨筆錄》卷四的創作時間，歷來沒有學者進行過考察。大家只知道這部書是由阮文超學生在他去世後於 1882 年集資付梓。經過考察，筆者認為這部書（和另一部越南大型地理書《大越地輿全編》）是阮文超 1838 年中榜眼入京任職後所寫，甚至有些部分是阮文超 1849 年出使回國後和 1854 年辭官回鄉教書後所完成的作品。其原因如下：

從阮文超在撰寫這部書時所參考的書目和阮文超生平與活動而知。阮文超編《方亭隨筆錄》卷四時，從其內容可知他廣引中國書籍，如〈四海考說〉部分參考了謝清高的《海錄》、〈歷代治黃河本末〉部分參考了《皇朝經世文編》、〈天下東南沿海形式備錄〉參考陳倫炯《沿海勢原錄》等，還有大量中國歷史、地誌書等〔註13〕。其中《海錄》於 1820 年印行，《皇朝經世文編》則由魏源和賀長齡於 1825～1826 年所編。所以，阮文超要接觸到這些書，一定要在 1820 年之後，甚至可以往後推，是阮文超 1838 年中副榜之後的事。

又根據阮文超所編的《金纜阮氏正譜》和《方亭致道先生神道碑》的內容，1820～1838 年間，阮文超正忙於學習和「在家侍養撫教諸弟」。因此儘管越南皇帝多次下表求賢，他仍「數辭不赴選」，直到 1838 年才參加會試和中榜眼，並進京任翰林院檢討一職。在這段時間，阮文超接觸到《海錄》、《皇朝經世文編》之類的書籍機率幾乎很小。原因是這些書籍在中國剛出版不久，可能還沒有那麼快就傳入越南。儘管已經傳入了，但早期他還在家唸書以備參加科舉考試，每天要看的是四書五經而不是《海錄》一類的書。阮文超後來回到河內就忙於各種謀生以照顧老母和弟弟，接觸到此類內容比較新穎的書籍的機率亦是很小。直到 1838 年進京，在翰林院任職之後，阮文超就有機會接觸到更多各種各樣的書籍，甚至各種新進的書籍。因為在京城，他可以自由進出、參閱皇家各類圖書館，亦可以在最短時間內接觸到出使中國或其他國家使節帶回的書籍，又有機會看到清商船帶回來的最新中國書籍或報紙。因此，他在 1838 年後接觸到《海錄》、《皇朝經世文編》等書，是極有可能的〔註14〕。

〔註13〕 參考阮文超《方亭隨筆錄》卷四，越南國家圖書館，館藏編號 R.1215。
〔註14〕 關於《海錄》和《皇朝經世文編》在越南的流傳，查越南各圖書館都沒有《海錄》一書。《皇朝經世文編》則越南國家圖書館有《皇朝經世文編》印本六種，

　　另外，從該作品的題材也可以推論其創作時間應為 1849 年前後。《方亭隨筆錄》卷四裡面最主要的內容之一是涉及水利、治水方面的文章，即分別為〈河源江源考〉、〈歷代治黃河本末〉和〈浙江太湖〉三篇。這三篇探討了中國河流源流、中國歷代治理黃河的經驗和太湖水勢，表明了作者對各水系、治理水災等問題的特別關注。早期，阮文超出使中國期間也寫了《江漢要會》、《黃河津要》等類似文章，早早表示對這方面的留意與興趣。考阮文超在 1852 年出使中國回國不久便寫了《籌擬河防事宜疏》一篇，其中涉及了中越邊境各河流情況，並討論中國治理黃河河流的經驗。阮文超《地誌類》也有三篇探討越南珥河、三德、高平、太原、諒山諸省河流河源考。若放在此脈絡進行推論，〈河源江源考〉、〈歷代治黃河本末〉和〈浙江太湖〉三篇，很可能是阮文超利用出使中國期間，或出使回國後不久，閱讀各種中外相關書籍編寫而成。它們與《如燕驛程奏草》裡面所收與水利、治水有關的文章一樣，是為後來《籌擬河防事宜疏》和其他後期所完成的《地理類》、《大越地輿全編》等大型歷史地理書所作的準備與累積。

　　另一個理由可以說明《方亭隨筆錄》卷四的創作時間應為出使中國回國後所作，是因為該書本身的類型及其相對應的寫作要求。《方亭隨筆錄》卷四和《大越地輿全編》均為地理、歷史類書籍。編制這類書籍，需要作者長期的閱讀積累和時間。就如金江仲合先生〔註 15〕在為《大越地輿全編》之序中對編寫地理書一類要面臨的困難和要求所說一樣，「地誌之作尚夫古今之因革，疆域之分合，是乎。在我越南立國自有記載，以豐殘多闕略，其分見於書傳，又散，而□紀考古者難焉……方亭先生好古博洽，乃□□宋晉隋唐諸志，以致近代顧林亭〔註 16〕之書及讀史方輿紀要……地誌屬史家，非有高才通識者不能為。〔註 17〕」由此可見，想完成這類書籍，不僅需要作者學識淵博，還要有足夠的參考資料和充裕的時間。而如上述我們對阮文超生平的活動所述，

　　　　館藏編號 R.3592、R.3610、R.3600、R.3599、R.3608、R.3598，內容從卷 41 到卷 98。另越南社會通訊科學院圖書館館藏《皇朝經世文編》印本一種，館藏編號 ISSI HN00000733，內文為《皇朝經世文編》卷 48。
〔註 15〕金江仲合先生，即阮仲合（1834～1902），本名阮瑄，越南嗣德到成泰時期官員，河內金繾人，1858 年中舉人，1865 年進士，曾任春長知府、承天府尹、輔政大臣、太子太保、文明殿大學士等職，後為與法國議和的越南主要代表。
〔註 16〕應為顧亭林，即顧炎武，指阮文超參考了顧炎武所撰的《天下郡國利病書》。
〔註 17〕參考阮文超：《大越地輿全編》卷一之序，頁 1～2，河內國家圖書館，館藏編號 R.259。

他在 1838 年前無論是從時間還是參考資料取得來講，都恐怕無法完成這些工程。這有助於我們以上的推論，就是阮文超應該是在出使期間或後不久，利用出使中國的機會，閱讀了大量中外相關書籍，編寫了《如燕驛程奏草》和〈河源江源考〉、〈歷代治黃河本末〉、〈浙江太湖〉等篇。

當然，阮文超不是只有在出使期間或前後大量閱讀中國歷史、地理書，可以肯定的是，他很早就喜歡翻閱歷代書籍，並開始關心這類文章，從而將不少知識累積了下來。根據《金縷阮氏正譜》的記載，阮文超中舉人後就燒掉很多他覺得不必多看的書籍，只看《內經》以養身、治病和看地理書籍，以掌握各地山川形勢，以免寫文章時會犯下錯誤〔註18〕。此後，他出來當官，想必在京期間，阮文超也充分利用各機會與時間，來閱讀更多歷史、地理著作。這期間，最重要的是阮文超 1849 年出使中國的事件。儘管阮文超在其出使相關作品中，沒有直接提到他在中國期間訪書、購書、與中國友人進行書籍交流等活動，但透過他的使程作品，如《如燕驛程奏草》一書，可以明顯知道他盡量參考了在越南少有機會接觸到的中國歷史、地方志等書籍。在加上，阮文超在中國期間，正是鴉片戰爭過後，中國在要面臨強大西方勢力威脅之際，他就在那時看到《海錄》、《海國見聞錄》、《皇朝經世文編》等比較新潮、比較有影響的書籍，並開始注意到西方勢力對中國、對越南的威脅，是有極大的可能的。

另外，從各作品的創作體例也可以看出其承襲與淵源，從而對各部書的創作時間有所推論。完成於 1849 年期間的《如燕驛程奏草》在創作體例上的特點是，每篇開頭幾乎詳記參考書籍，如「謹按《芸臺類語》」、「謹按《通志》」、「謹按《一統志》」、「謹按《桂林志》」、「謹按《康熙河源御製》」等語〔註19〕。之後在將地方、山川、名勝古蹟等地理、歷史、形勢方面進行介紹。可謂體例嚴謹，具有很強的說服力和正確性。不難看出，《方亭隨筆錄》卷四的體例也是如此，先列出參考書籍，後呈現出其內容，如「按陳倫炯《沿海勢原錄》」、「楊炳《南海語錄》」、「按《分野圖》」、「又榕村記」、「《東華錄》」、「《書經》記」等

〔註18〕參考陳黎創挑選和介紹（Trần Lê Sáng（Chủ trì tuyển chọn giới thiệu））:《方亭阮文超詩文選集》（Tuyển Tập Văn Thơ Phương Đình Nguyễn Văn Siêu），河內：河內出版社，2010 年，頁 4～6。

〔註19〕據筆者的初步統計，《如燕驛程奏草》參考了各種一統志、通志、廣輿志諸書，如《芸臺類語》、《通志》、《一統志》、《桂林志》、《尚書》、《康熙河源御製》、《齊志》、《新鄭志》、《山海經》、《燕京圖誌》、《史記》、《漢書》等。

語。《大越地輿全編》在編撰體例上，有時也明言所參考的中國地理、歷史書籍。由此可見，《方亭隨筆錄》卷四和《大越地輿全編》在體例上都承襲了《如燕驛程奏草》的方式。這更加肯定了阮文超在出使期間盡量閱讀中國典籍，以累積足夠的知識來完成《方亭隨筆錄》卷四和《大越地輿全書》等書。

（三）《方亭隨筆錄》卷四對越南的價值

《方亭隨筆錄》卷四所收錄的對西方國家的情況、洋教以及水利方面的內容都對越南各方面產生了重要的影響。

直至目前為止，《方亭隨筆錄》卷四是越南第一部較有系統、較全面的介紹當時對亞洲造成威脅的西方國家，以及已受西方勢力侵擾的國家和地區的情況，這不僅彌補了越南當時對西方國家了解、對西方勢力在亞洲的勢力範圍的空白，也敲起了越南面對西方勢力的警鐘。

我們不妨先回想一下 1858 年法國搶占越南之前，越南對西方各國的認識。1858 年之前，越南士大夫（以及大部分越南人）對西方的認識可謂非常模糊，儘管可以說越南與西方的接觸開始得相當早。根據研究，公元後不久就有西方人來到越南，但直到十六、十七世紀西方人在越南的活動才比較活躍起來，並先以傳教，後加上買賣為主要活動〔註 20〕。據統計，當時來到越南傳教或通商的有葡萄牙、西班牙、荷蘭、法國、英國，甚至美國的傳教士和商人。當初他們只以傳教或通商為目的，後來因為資本主義的擴張，對市場的需求日益擴大，各國開始發生了爭奪通商權的衝突，並想侵略、統治亞洲各國，以獨裁通商權利〔註 21〕。越南也逃不過正在波及全亞洲的西方危機。自從十八世紀末阮福映接受法國的援助以打敗西山之後，阮福映就意識到法國和西方國家的野心。到了明命皇帝，他吸取了先帝的囑咐與經驗，積極想辦法了解國內外情勢。因此，明命期間曾派遣了許多使部前往中國、呂宋、加爾各答、巴達維亞、新加坡、馬六甲等地，以蒐集西方勢力的情報和當地對其的反應〔註 22〕。參與這些行程的人員，都將他們在那些地方對西方各國

〔註 20〕 參考編輯部（Nhiều tác giả）：《阮朝歷史問題》（Những Vấn Đề Lịch Sử Triều Nguyễn），胡志明市：胡志明市文化出版社，2007 年。

〔註 21〕 參考張有炯、丁春林、李茂憾（Trương Hữu Quýnh, Đinh Xuân Lâm, Lê Mậu Hãn）：《越南歷史大綱》（Đại Cương Lịch Sử Việt Nam），河內：教育出版社，1999 年。

〔註 22〕 根據陳荊和的研究，這段時期阮朝皇帝至少派了十次以上以效力贖罪為名的使部前往「下州」，其任務之一是蒐集西方勢力在當地的活動以及當地對其的

的觀察以及地方政府、人民對西方勢力的反應與看法記錄下來，其中包括潘
輝注、高伯適、李文馥、鄧文啟、潘清簡等人的作品。這可以說是第一批由越
南人所寫的，裡面有提到西方人、西方文明、西方勢力的材料，讓越南封建
士大夫正視葡萄牙、西班牙、荷蘭、英國等西方各國的存在，以及他們在其
他國家的勢力和威脅。但是，縱觀其內容，可見這些傳統越南士大夫對西方
人、風俗習慣、科技等只做過比較簡短、零散，似乎即見即記，沒有系統的記
載或介紹〔註23〕。這表明他們對西方人、西方文明都沒有比較全面、正確的
了解。所以儘管有些人已經隱隱約約感受到西方勢力的強悍與威脅，但都沒
有真正想去坦然面對和了解西方的真實底細和面目。

阮文超經過中國鴉片戰爭事件和閱讀越南同僚以上作品，似乎也感受到
來自西方各國的威脅與壓力，因此回國後才執筆編寫了《方亭隨筆錄》卷四
一書。這部書有關西方各國方面的介紹，無論是從形式還是內容上看，都比
前面那些記載來得嚴謹、豐富和較有脈絡。首先是《方亭隨筆錄》卷四的形
式與以上各書不同。高伯適、李文馥、潘清簡等人的記載多以隨著行程中所
觀察到的見聞為主，文體方面則多用詩歌加小注說明，僅李氏有筆記見聞一
本。因此，這些作品相對來講，內容比較零散和隨興，偏重作者的主觀感情
和想法。而《方亭隨筆錄》卷四全書以記錄性文字來記載、介紹西方各國的
情況，包括其地理、歷史、物產、宗教、文化、科技等方面的資訊，因此其

反應。所謂「下州」是指巴達維亞、新加坡、馬六甲等地，參考陳荊和：〈阮
朝初期の「下洲公務」に就いて〉，《創価大学アジア研究所》，1990 年第 11
期，頁 75～76。陳師益源亦在其研究中對 1830 年代越南遣團前往東南亞各
國的次數進行統計，並指出當時就有 11 多次到過新加坡、馬六甲、呂宋等
地。參與該行程的人都寫下了很多描述西方各國的見聞及其在當地的行為，
參考陳益源：〈越南漢文學中的東南亞新世界──以 1830 年代初期為考察對
象〉，《深圳大學學報：人文社會科學版》，2010 年第 1 期，頁 119～25。

〔註23〕 參考這些使節的作品，包括潘輝注著、潘輝黎、Claudine Salmon、謝仲俠翻
譯與介紹（Phan Huy Chú, Phan Huy Lê, Claudine Salmon và Tạ Trọng Hiệp dịch
và giới thiệu）：《潘輝注及其《海程志略》》（Phan Huy Chú Và Hải Trình Chí
Lược），巴黎：群島協會，1994 年。編輯部（Nhiều tác giả）：《高伯適全集，
第一集》（Cao Bá Quát Toàn Tập, Tập 1），河內：國學研究中心、文學出版社，
2004 年。李文馥：《西行詩紀》，附載在《使程志略草》，越南漢喃研究院圖書
館各，館藏編號 A.2150，VHc.1345。潘清簡：《梁溪詩草》，館藏編號 A.2125。
阮氏銀（Nguyễn Thị Ngân）：《李文馥及其《西行見聞紀略》研究》（Nghiên
Cứu Về Lý Văn Phức Và Tác Phẩm Tây Hành Kiến Văn Kỷ Lược），漢喃研究院
博士論文，2009 年等作品。

內容雖然簡短，但包含充分的訊息，讓讀者可以比較全面、客觀的認識某個
國家和地區。另外，阮文超在編寫上也很注意訊息的來源，因此每一篇開頭
都清楚說明他參考了什麼書，引用了什麼材料等等。這加強了該書的嚴謹性
和正確性，具有很高的參考價值。可參考以下對英吉利國（即英國）的介紹：

> （據楊炯《南海語錄》……）英吉利國。英吉利國即紅毛番，在佛
> 郎機西南對海，由散爹哩向北少西行經西洋、呂宋、佛郎機各境約
> 二月方到。海中獨峙周圍數千里。人民稀少而多豪富房屋皆重樓疊
> 閣。急功尚利以海舶商賈為生涯。海中有利之區咸欲爭之。貿易者
> 遍海內以明呀喇、曼噠喇薩、孟買為外府。民十五以上則供役於王，
> 六十以上始止。又養外國人以為卒伍，故國雖小而強兵十餘萬，海
> 外諸國多懼之。海口埔頭名懶倫由口人舟行百餘里地名論倫國中一
> 大市鎮也。樓閣連綿，林木蔥鬱，居人富庶，匹於國都有大吏鎮之。
> 水極清甘，河有二橋，謂之三花橋。橋各為法輪激水上行以大錫管
> 接注道流藏於衛巷道路之旁。人家用水俱無煩挑運各以小銅管接於
> 道旁錫管藏於牆間。別用小法輪激之使注於器。王則計戶口而收其
> 水稅。三橋分主三方每日轉運一方令人遍巡其方居民命各取水。人
> 家則各轉其銅管小法輪水至自註於器足三日用則塞其管。一方遍則
> 止其輪水立涸。次日別轉一方三日而遍周而復始。其禁令甚嚴無敢
> 盜取者，亦海外奇觀也。國多娼妓雖姦生子必長言之無敢殘害。男
> 女俱穿白衣，凶服則用黑。武官俱穿紅。女人所穿衣其長曳地上窄
> 下寬腰間以帶緊束之欲其纖也。帶頭以金為扣名博咕魯士。兩肩以
> 絲帶絡成花樣縫於衣上。有吉慶延客飲燕則令女人年輕而美麗者盛
> 服跳舞歌樂以和之宛轉輕捷謂之跳戲。富貴家女人無不幼而習之以
> 俗之所喜也。軍法亦以五人為伍伍各有長。二十人則為一隊號令嚴
> 肅無敢退縮。然唯以連環槍為主無他技能也。其海艘出海貿易遇覆
> 舟必放三板拯救。得人則供其飲食資以盤費俾得各返其國。否則有
> 罰此其善政也。其餘風俗大略與西洋同。土產金、銀、銅、錫、鉛、
> 鐵、白鐵、藤、哆□絨、嗶嘰、羽紗、鐘錶、玻璃、呀蘭米酒而無
> 虎豹麋鹿〔註24〕。

〔註24〕參考阮文超：《方亭隨筆錄》卷四，頁 30～32，河內國家圖書館，館藏編號
　　　　R.1215。

透過阮文超的記載，讀者可以知道英國的地理位置、到達各國的距離、其海外藩屬、國內人民生活、房屋建築、軍事組織、服飾、物產、國人性格、在國外的通商情況、以及對漂流難民的處置等諸多方面，可謂言簡而意全，很具參考價值。

阮文超在《方亭隨筆錄》卷四內容方面也甚有選擇與規劃，體現了作者的創作意識和動機。反觀現存的高伯適、李文馥、潘輝注、鄧文啟等人的作品來看，儘管他們有「偵查洋人、洋事」任務在身，但他們對洋人、洋教、西方風俗習慣等的觀察與記載，都比較零散和隨興。所以作品幾乎都以詩歌兼小注存世，主觀性強，內容則缺乏系統性、全面性。而阮文超《方亭隨筆錄》卷四對西方相關記載則恰恰相反。第一，其內容相當全面、統一、有脈絡可循。如以上對英國的記載，作者先以其服裝、火船等新鮮事物入手，之後則比較概括地介紹其整體情況，可謂既簡要，又全面，且也提及了英國的亞洲藩屬和勢力範圍，讓讀者對其有比較概括、整體的認識。第二，阮文超所介紹的國家或地區，都是經過選擇、有明確的動機的。其選擇標準是那些或已經侵擾越南周邊各國的西方國家（如荷蘭、佛郎機、英吉利等國），或離越南較近的，已被西方侵略的國家和地區（如大小呂宋、小西洋、柔佛、噶喇叭、爪哇、香港、澳門等），或其他少受注意的國家或地區（如送卡國、太呢國、咭蘭丹國等）。值得注意的是，阮文超特別介紹殖民國的特點，並不怕繁瑣地紀錄了某一國被哪一國管轄等情況。與此同時，阮文超亦選擇摘錄了被視為邪教的天主教傳入中國的考察。可見，阮文超在節錄該書時，是完全主動，有明顯的規劃和創作意識的。因此，該書整體來講脈絡精細，內容簡要而全面，對當時對西方各國認識還比較零散、模糊的越南士大夫而言，無疑是一份非常珍貴、難能可貴的參考資料。

值得肯定的是，在介紹西方各國之餘，阮文超也紀錄了不少已經淪為殖民地，或即將被西方勢力所波及的國家和地區，包括港澳、台灣等地，這對當時的越南來說，具有很高的借鑑價值的。就拿介紹臺灣部分為例，阮文超在介紹其地理位置、歷史沿革、物產、風俗之後，簡述了西方勢力進入後，其內部有何變化，從而對西方國家、西方勢力和威脅給予評論。以下是他對洋人進入臺灣通商的看法：

> 台灣為西洋往來貿易之地。又連粵海之瑪糕〔註25〕為其巢穴，互相接

〔註25〕即今澳門。

應，利之所趨，亂之自起。奸漠為之表裡其禍，蓋無所低止矣〔註26〕。

不難看出，阮文超認為洋人「夷性陰狡外強」，其與臺灣等亞洲各國通商的目的不外乎獲取我們的利益，對當地毫無助益，更只是「亂之自起」。阮文超對西方國家和通商的觀感，現在看來是過於保守與充滿偏見的，但放在當時的社會背景，卻代表了當時大部分越南儒士的看法的。

總之，《方亭隨筆錄》卷四無論是形式還是內容來講，都是當時想了解西方勢力及其影響範圍的最充分、最有系統的材料，具有非常高的參考和史料價值。透過這部作品，我們也認識到，儘管已經看出西方各國的威脅，並主動去了解西方及周邊國家的情況，但阮文超與其他大部分越南士大夫一樣，仍深受傳統儒教和時代的束縛，讓他無法真心直視和接受西方科技、文明的進步，也無法覺察保守儒教思維的過時與缺點。因此，他當然也沒有意識到，若想擺脫淪為西方國家藩屬的命運，打開國門，迎接新思想和進行改革，自主自強才是護國強民的最好選擇。

《方亭隨筆錄》卷四另外一個內容是關於水利、治水方面的文章，對阮文超親身經歷的工作以及越南治理水災方面都起著積極的作用。根據以上對《方亭隨筆錄》卷四創作時間的探討，可以確定該書所收三篇對於水利的文章是阮文超出使期間或後不久所創作，其目的是為治理紅河水災做參考。因為這問題涉及到越南河防政策和實施，因此我們會在單獨的部分進行討論。

第二節　對治理水災的措施

出使中國給了阮文超蒐集並掌握中國各水系以及治理水災經驗的機會，讓他回國後不久，完成了《籌擬河防事宜疏》，以表明自己對當時北圻去留堤的觀點，是一篇非常有參考價值的文章。這一部分我們將介紹越南當時政界對河防、河堤的不同立場、阮文超《籌擬河防事宜疏》的內容及其上書後結果，最後對該作品及其影響給出一些初步的評論。

河防、河堤對於以農業為本的越南來說，是一個事關重大的問題，因此阮朝對此也一直加以重視。儘管阮朝也做出了不少努力，但實際上越南北圻仍多次發生水災，嚴重影響地方人民的生產和生活〔註27〕。因此，每年水災

〔註26〕阮文超：《方亭隨筆錄》卷四，頁 41。
〔註27〕根據統計，自 1802～1858 年，全國發生了 38 次嚴重水災，並於 1803、1804、

過後，受水災影響嚴重的地方人民和官員都提出廢堤、去堤的建議，分別在 1804、1825、1835、1847、1872、1879 等年〔註28〕。

　　這一切的問題，阮文超一直留意在心。長期在北圻生活的阮文超，對決堤給人民帶來的痛苦體驗極深。後來他進京當官，又可以耳聞目睹，並且參與各級官員對去堤、留堤的爭論，讓他更加了解這個問題的重要性。阮文超一心掛念國民，這促使他要對河防、去留堤問題作出考察和了解。因此，出使中國是他實現這個想法的最好機會。在阮文超使程作品中，我們就看到了他對中國各水系和黃河治理水災經驗的特別關注。這段時間，他同時也編輯了《河源江源考》、《浙江太湖》，特別是《歷代治黃河本末》等篇。這都是阮文超積累中國治理水災方面的經驗，一切是為了將來可以治理紅河水災所作的準備。因此，1852 年，當留堤、去堤爭論又爆發之時，阮文超就上呈了《籌擬河防事宜疏》一文，引起了一時的轟動。

　　《籌擬河防事宜疏》是阮文超於 1852 年去留堤爭論之際所完成的文章，全文四千四百多字，有條有理地講述他對留堤、去堤的現狀和看法以及對他所管轄的興安省水利的改善方法。該文先摘錄嗣德皇帝下令官員上呈留堤、去堤的看法和治理水災策略的諭旨。接下來阮文超頭頭是道地闡述了他認為一定要留堤的原因。阮文超認為：

　　第一，首先這是他所管轄的興安省人民的共同願望，是農民多年積累下來的經驗。儘管深受洪水的危害，但他和當地人民都堅持要留堤，因為，「休堤則大河水一齊漫過，其苦又為何如，必不免流離失所，此之故也。〔註29〕」

　　第二，經過考察河內一帶的水利情況，阮文超發現無堤和隨之而來的水災所給人民生活帶來的巨大影響。籍著各地關於水勢、水災的實際情況，結

1806、1819、1828、1833、1840、1842、1847、1856、1857 等年發生了決堤，導致幾乎整個北圻浸在水里，嚴重影響人民的日常生產和生活。參考杜德雄、史學院（Đỗ Đ.H.、Viện sử học）：《阮朝十九世紀北部平原治水問題研究》（Vấn Đề Trị Thủy Ở Đồng Bằng Bắc Bộ Dưới Thời Nguyễn Thế Kỷ Xix），河內：社會科學出版社，1997 年。

〔註28〕參考奧利維爾‧泰西（Olivier Tessier）：〈紅河平原水利規劃：封建國家和殖民國家的歷史地位（從十二世紀到二十世紀前半葉）〉（Quy Hoạch Thủy Lợi Vùng Đồng Bằng Sông Hồng: Nhìn Nhận Lịch Sử Về Vai Trò Của Nhà Nước Phong Kiến Và Nhà Nước Thuộc Địa（Thế Kỷ Xii Đến Nửa Đầu Thế Kỷ Xx）），收錄在《2012 年三島課程》論文集（Khóa học Tam Đảo 2012），河內：社會科學學院，2013 年。

〔註29〕阮文超：《方亭文類》卷二，頁 13。

合人民的意見，他肯定留堤是為了顧及全局而為的，「留堤而利而諸省俱利，廢堤而害則諸省俱害，豈特臣一轄也哉」，並客觀地分析留堤的優缺點。留堤則要年年勞費以進行保固，但世上所有事情、工程都需要修復、整理的，這是理所當然的道理。再加上，留堤可以讓四五省共同受惠；這樣雖然有金錢、財力上的壓力，但人民生產和生活可以得到保障。另一方面，留堤之害就是萬一發生決堤，則人民田園、畜產會深受影響。儘管如此也只有一地方受損，其他地方卻可以照常生活。簡而言之，留堤對於北圻來說，可謂利多而弊少。

為了加強其要留堤的說服力，阮文超提出了第三個理由，就是北方中國治理水災的重要經驗之一就是築堤、留堤。阮文超指出，中國各朝代不斷加築不同堤類以加強其防護、互相補助的功能，並列出中國各代築堤的利害之處，和無堤的嚴重性。

第四，在條理清晰地分析北圻一帶各河流的源頭、水勢等特點的基礎上，阮文超肯定，如果無堤，宣興、山西、河內、北寧諸省人民生活將嚴重受到洪水的危害。加上歷史也證明，早在屬漢的時候，越南就有堤的存在了。

總之，在阮文超看來，北圻一帶是一定要留堤的，並要加以保護，以提升其防護能力。

接下來，阮文超主要對那些主張廢堤的觀點進行攻擊與批判。阮文超認為，目前對廢堤的觀點多為無稽之談。原因是大多沒有考慮到當地水勢和地形的實況。他本身經過對珥河源流和水勢做過一番研究，且掌握北圻各水系的水勢和各省的地形後，才下結論，如是無堤，洪水一來將造成不堪設想的後果。另一方面，去堤不可能只考慮一省的情況，而要掌握整體水系、水流、地形等諸多情況，以規劃出整體的築堤、護堤計劃。還有，去堤、留堤也要考慮到北圻人民耕作習慣而作調整，而不能紙上談兵。阮文超還指出一個致命問題，負責河防的地方官員目前做得不夠好。近來休堤的看法多出於民，而官府則多不懂實情，樂其無事，或敷衍完成。因此決堤、水災的發生，阮文超認為，「不敢以為水質罪也，總人謀之未盡也」，更具體是因為「工不堅，料不實」。更糟糕的是，當要報告給皇帝時，負責官員沒有把實情交代清楚，誤導了皇帝和廷臣對於去留堤和河防的判斷。

該文章最後的內容是阮文超針對他所管轄的興安省的水利進行考察，並請求皇帝同意讓他帶人民進行開刮、疏水，以降低洪水對當地人民的生活和農作物的危害。

　　阮文超的奏章一出來，就轟動了整個朝廷，並激起了不少爭論。這我們完全可以理解的，因為他在文中，相當直接地批評了廢堤一方的觀點，且每一論點都有條有理，具有很強的說服力。這難免會激起對方的不滿。他的文章的確得罪了人，結果讓他於 1854 年被降了三級〔註30〕。阮文超籍此機會，以年老力衰為由，請求辭官回鄉，並得以批准。儘管當時他的意見沒有得到認可，但阮文超從了解各水系源流、水勢、地方地形出發，結合當地人民耕作習慣等相當全面、科學的治河的方法，直接影響了後來阮思僩等人的治河觀點。阮思僩在阮文超文章的基礎上，進行更為全面的考察並提出了治河之道。這時，阮思僩的報告得到嗣德皇帝的認可，後來他也成為負責北圻治水的負責官員〔註31〕。

　　阮文超《籌擬河防事宜疏》與其出使中國行程是有極深刻的淵源的。我們可以從其創作時間和內容方面而掌握其一二。

　　就時間順序來講，《籌擬河防事宜疏》的創作時間是在阮文超 1849 年出使回國後所作。如以上的分析我們可以肯定，阮文超在出使過程非常注意收集並了解中國關於治理水災方面的各種書籍。對此，他也曾指出，「臣常窮究北朝治河諸書〔註32〕」。所以，出使期間和回來後不久，他創作了許多考察中國各水系以及黃河治理水災方面的文章，如《如燕驛程奏草》的《洞庭水勢》、《黃河津要》，還有《河源江源考》、《浙江太湖》，特別是《歷代治黃河本末》等文。這些文章都成為之後阮文超撰寫《籌擬河防事宜疏》重要的參考文獻。

　　內容方面，阮文超的文章多處引用中國治理水利方面的經驗作為他論點的補充和證據。例如，在強調北圻一定要留堤時，阮文超引用了中國各朝代都留堤、護堤的經驗，以增加這論點的說服力：

> 北朝之黃河歷秦、漢、元、明以來，何愚而獨株守此堤也，其為堤
> 也，不一其勢。去河遠以備大漲者曰遙堤，逼河之游以束河流者，
> 曰縷堤。有失而復作一堤於內以防未然，曰夾堤。夾堤有不能牢而
> 附於縷堤之內、形若月之半者曰月堤。若夾堤與縷堤相比，而長恐

〔註30〕 參考陳黎創（Trần Lê Sáng）：〈新發現一份有關阮文超生平的碑文〉（Một Tấm Bia Vừa Phát Hiện Có Nhiều Mặt Liên Quan Đến Tiểu Sử Nguyễn Văn Siêu），《漢喃雜誌》（Tạp chí Hán Nôm），1996 年第 1 期。

〔註31〕 參考編輯部（Nhiều Tác Giả）：《越南革新派一些人物》（Một Số Gương Mặt Canh Tân Việt Nam），河內：人民軍隊出版社，2014 年，頁 102～111。

〔註32〕 阮文超：《方亭文類》卷二，頁 19。

縷堤被衝則流或長軀於兩堤之間，而不可遏，又築一小堤橫阻於中
曰隔堤，是又何愚之多為此勞費者乎。昔宋太祖過激目前之弊，嘗
有云夏禹治水但云導河至海隨山□川，未聞力制湍流廣營高□。自
戰國專利□塞，故道以小防大，以私害公，則然耳。宋祖孟指高岸
為堤防也。駁之者曰禹順水之性者，非縱水之性也。束水使順其性，
就下無如堤防。禹因□之功勞而□之，蓋當日□築堤以障帝都其功，
未成，故禹因修之。其後功成又紀之，曰九澤，既陂蔡民註曰，陂
乃陂障，亦堤也。今河北□縣尚存□堤，是則堤防之作實始於唐虞。
若以為出於近世戰國，而斥為下策不亦誕，即以臣改之。黃河經今
北朝之陝西、河南、江南三大省。自河南至江南五六千里，地皆是
平原曠野，使無堤以限之，則此二省億萬生靈歲歲其魚矣〔註33〕。

據其說法，中國黃河與越南北圻珥河平原有相似的地形和水勢。而中國
歷來都有築堤、留堤以保民生，甚至還興建了許多不同的堤，以達到互相補
充、加強防護的效果。儘管中國對治水方式也存在許多種說法，但留堤一直
是不變的。這雖然耗費了不少財力，但對於該作的事，這些耗費也是值得的。
再看越南的情況，其珥河流域和水勢與中國略同，留堤因此也是天經地義的。
財力、人力方面的耗費也是當然，因天底下任何事情、工程都是需要保護的，
不僅堤防一事如此。

而關於治河方面，阮文超指出中國的方法不外乎築堤和疏水兩法。而中
國是如何實施這兩個方法的呢？

臣常窮究北朝治河諸書疏其要不出堤防、疏濬二者而已。堤防則已
然。至若疏濬則下流為良策，上流次之。何則上多分，則河流不專
往迅駛，泥沙且因而壅淤。泥沙既壅，大河猶可順往，小河淺狹，
則隨開隨塞。自神禹九河既導以分黃河之勢，至戰而□塞。漢初累
為開刮，然既失其故道，績用弗成，故黃河足一道獨往。唐宋以後，
不敢別有所開，蓋有定見也。惟黃河出海之口沙泥入海支條，縷結
東向迂長，洋程順風須一日夜方達，名曰五條沙。至於清康熙、乾
隆年間，河決尤甚，以其所出之路為沙所壅，水去遲也。於是治河
之臣請行排刮之法。其法具裁鑄大鐵軸一具，約長六尺，上鑄鐵鑿
長三寸，而銳其角。一周凡三鑿，其列五周兩端，貫以鐵鎖務使，

直沉其底，用船一隻夫四名首橫木樑將鐵鎖分繫木樑之上，用夫牽挽而行，沿路滾淺□每十船為一排，每十里置船一排，沿途備細測量，兩□釘立木樁，書明河底高低尺寸。按月□其浚深，若千尺以為賞罰。疏濬之力尚有不及，則又於海口增築兩堤以約水，使之迅往。今黃河出口之內百餘里，一道獨深，謂之沙行，以堤成也。是以堤束水，以水衝沙，蓋水約則流猛，流則沙去。二者並行，果有成效〔註34〕。

阮文超以此兩法回看珥河，考察珥河的源流、水流等諸多情況，最後得出建議，「茲若可殺河患，擬應於河下流施工。請傚排刮及增築沿海口堤，二策行之次焉，必不得已而分上流以殺其來勢，則凡諸小江如銳江、含龍、義柱，其源非出於珥河，不可斷開前日久安河之無成，可謂永鑒也。〔註35〕」

又如在討論越南屢次決堤的原因時，阮文超認為很多是因官員的不盡責任所致，使得其工程「工不堅，料不實」，而中國方面對此則另有方法：

考之北朝堤防設實必須設以石閘加用為之，外則加築月堤以禦之，方期保固〔註36〕。

觀其內容，可以明顯看出此篇參考了《皇朝經世文編》的《歷代治黃河本末》和《黃河津要》等文。另外，該篇對於珥河源流，和其它篇對於三德江、高平、太原、諒山省各江的源流的考察也承襲了《河源江源考》的方法和方式。

由此可以再次肯定，阮文超利用了出使中國的機會，蒐集並參考了眾多中國關於水利方面的書，其目的不外乎想借鑒中國治河的經驗來運用於越南治理水災方面，其用心良苦、為國為民可想而知。

第三節　使華使節的革新想法與出使中國的關係

這部分我們將討論 1868 年使節阮思僩的革新想法及其與出使中國事件的前因後果關係。

如前所述，阮思僩 1868 年出使中國前後的越南，正在面臨來自四面八方

〔註34〕參考阮文超：《方亭文類》卷二，頁 19～20。
〔註35〕參考阮文超：《方亭文類》卷二，頁 20。
〔註36〕參考阮文超：《方亭文類》卷二，頁 22。

的危機，這為阮朝政權提出一個致命的考驗。**政治方面**，嗣德時期行政單位
龐大但工作效率極差，再加上官員貪污、腐敗現象猖獗，給人民帶來了重大
的壓力並造成了民眾普遍的不滿。對此阮思僩曾陳情道，當朝從中央到各級
地方官員數量成千上萬，但薪資卻非常少。在這樣的情況之下，要求官員要
清廉是萬般之難的。也因此貪污普遍存在，而壓力就落在普通老百姓的身上，
使得他們的生活極為困苦。他又指出，官員數量過多的另一個後果是工作分
類有過於繁瑣，但實質工作卻沒有幾個，而工作繁瑣自然會給人們帶來各方
面的困擾〔註37〕。**經濟方面**，越南當時無疑是體力極為虛弱的病夫。越南經
濟一直以來以農業為主，而那時越南農業仍相當落後，且水災、飢荒等自然、
人為災難頻繁發生，使得普遍人民的生活苦不堪言。與此同時，對內、對外
商業活動規模相當小，影響力不夠。資本經濟的萌芽沒有得到應有的發展環
境和政策。簡而言之，越南當時經濟停滯不前，社會方面則存在許多矛盾，
農民起義頻頻發生。而法國當時已經強勢攻進越南並取得了東三省，正迫不
及待地繼續吞併西三省〔註38〕。面對如此嚴峻的經濟、社會矛盾，有些越南
傳統儒士已經斗膽提出一些改革的想法。阮思僩也是其中一個。

一、阮思僩革新思想的形成背景

　　阮思僩革新的想法是如何形成的？筆者認為是基於其對越南國內外情況
的了解和看法所致的。

　　歷任各種中央到地方官員的阮思僩，對越南國內從上到下的情況其實是
瞭如指掌的。從國家最高領導者來講，皇帝的皇宮生活可能過得太舒服了，
而有時疏忽了作為天子修身、克己的責任。例如講經是當時越南皇帝的例行
活動，目的是經過定期的學習與修養，讓皇帝明白先賢治國之道，最後將此
服務於吾國與吾民。然而，儘管當時內外情勢嚴峻，但是皇帝時不時有事不

〔註37〕參考陳義（Trần Nghĩa）：〈阮思僩——我國 19 世紀大名人〉（Nguyễn Tư Giản,
　　　　Một Tri Thức Lớn Của Nước Ta Thế Kỷ Xix），收入東西文化語言中心（Trung
　　　　Tâm Ngôn Ngữ Văn hóa Đông Tây）：《阮思僩：生平與作品》（Nguyễn Tư Giản:
　　　　Cuộc Đời Và Thơ Văn），河內：東西文化語言中心，2001 年，頁 13～21。
〔註38〕參考張有炯、丁春林、李茂憾（Trương Hữu Quýnh, Đinh Xuân Lâm, Lê Mậu
　　　　Hãn）：《越南歷史大綱》（Đại Cương Lịch Sử Việt Nam），河內：教育出版社，
　　　　1999 年。據統計，從嘉隆到嗣德期間，越南境內發生了 466 次農民起義。這
　　　　個數字甚至還沒有包括中越邊境的土匪事件。可見當時越南人民的生活是何
　　　　等困苦、不得安寧的。

能參與講經活動，或「四月以來，多因事停講……乃適避暑之樂，而忘講學之益，輕視習之狎〔註39〕」，或「邇來奉於公眾，數演戲劇，本月某日，恭遇萬壽大慶節，又將於閱是堂、敷文樓，各演戲一次〔註40〕」。皇帝這一表現，讓阮思僩感到極為痛心和內疚。而皇帝如果一直這樣沉迷下去該如何是好？因此他就「冒昧俱奏」了幾篇勸導皇帝的諫言。

皇帝是如此，官場的風氣和情況更讓他看之不慣，甚為痛心。阮思僩認為，當時越南的官員是數量眾多，但很多不務正業，造成事務繁瑣，加上官員的腐敗現象猖獗，引起了人民普遍的不滿。皇帝與官員情況是如此，人民的生活更因自然、人為災難而苦不堪言。如阮思僩在其回摺中描寫了北圻人民決堤後的慘狀，「民間水漲又及屋簷者，有及半壁者，田野深至二三尺以上……大小民船沈破幾四百艘，人多溺死。官船亦為風飄失。家屋推倒，幾以萬計。北岸船艘廬舍，些小損失不比十分之一。於南定、興安、寧平諸省，是日風災雖不至如河內之甚，亦有損害〔註41〕。」人民生活因自然災害已如此不堪，加上飢荒、頻繁發生的農民起義、各種勞役和官員腐敗所帶來的各種枷鎖，必定會讓人民喘不過氣來。就在此時，法國和其他西方勢力等不邀之客已經闖入越南的大門。他們毫無忌憚地攻擊了峴港，後來佔領了越南東三省，並迫不及待地繼續吞滅西三省。對阮思僩和越南當時傳統儒士來說，法國這一舉動無疑是一個驚天動地的打擊。簡言之，當時越南舉國上下的情況可以用一句來形容，就是國家淪陷、人心惶惶、不知所措。

阮思僩對國內情況瞭若指掌，在出使中國之前，觀察法國在越南的行為，結合同僚的作品，他必定對國外情勢以及西方勢力有一定的認知和把握。那時，在阮思僩看來，西方各國是奸詐狡猾、貪婪無比、野心炯炯的代名詞。他們對越南和其他國家的要求不外乎傳教和通商，其最終目的是佔領整個越南。

〔註39〕 參考阮族李朝後裔（Vân Lâm Nguyễn Tộc Lý Triều Hậu Duệ）：《黃甲阮思僩：生平與作品》（Hoàng Giáp Nguyễn Tư Giản: Cuộc Đời Và Thơ Văn），河內：東西文化語言出版社，2001 年，頁 180，載於《經筵諫疏》，是阮思僩寫給嗣德皇帝，提醒他不要忘記參與講經活動，以不斷完善自己，服務於國家與人民的文章。

〔註40〕 參考阮族李朝後裔（Vân Lâm Nguyễn Tộc Lý Triều Hậu Duệ）：《黃甲阮思僩：生平與作品》（Hoàng Giáp Nguyễn Tư Giản: Cuộc Đời Và Thơ Văn），河內：東西文化語言出版社，2001 年，頁 190，此篇載於《經筵諫疏》之二，亦是阮思僩奏章，勸嗣德皇帝不要沉迷於外事，不務皇帝該有之學業和修養。

〔註41〕 參考阮思僩：《石農文集》卷二之〈途間情形片奏〉，漢喃研究院圖書館館藏編號 VHv.1389／2，頁 221～222。

阮思僴指出，如果朝廷同意，西方將藉由通商之名來探視我國情況。通商，口頭上說會給我國和人民帶來許多利益，但實際上那都是欺騙之辭，只為了他們的個人利益和自己的野心而已。而隨通商之名而來，是西方人會在我國許多地方駐紮下來，這樣他們必定會建立教堂進行傳教。這一系列的惡性循環，會讓我國的人民慢慢被誤導。西方賊的貪婪和野心也不會停止，反而會越加得寸進尺，提出更多無理的要求。而我們一旦請虎進門，就如騎虎難下一樣，不得不一再而再地妥協，最終的後果是不堪設想的。阮思僴以法國歷來在越南霸道的行為和西方各國在中國糟蹋人民的事實為證據，振振有詞地表達了自己對西方、對通商和傳教的看法。

但另一方面，阮思僴也承認，目前西方各國無論是經濟、軍事、國力等方面都已超過東方的水準。特別是西方的大船、大砲是他們的優勢，我們不能與此相比〔註42〕，「今彼砲器之利，名於天下……他如服食藥石，宮室舟車，兵甲曆算工商，莫不皆然〔註43〕」。因此，他們的國力、人民也日夜強盛，「故其民習見其國富強之業，口安其國之政教，其志一，其俗同，其教則君民相與世守之，不見異物而遷焉，如是蓋千百年矣。〔註44〕」而值得一提的是，此時的阮思僴仍堅守傳統儒家以自我文明為中心，強調西方各國之所以取得

〔註42〕參考阮德雄（Nguyễn Đức Hùng）：〈阮思僴及其 1859 年的密奏〉（Nguyễn Tư Giản Và Bản Mật Sớ Năm 1859），《軍事歷史雜誌》（Tạp chí lịch sử quân sự），1993 年第 3 期，頁 44～48。這篇是阮思僴給嗣德皇帝的密奏，闡明他對 1858 年法國攻打越南時的意見是「主戰」，即不與法妥協，不讓他們在越南通商、傳教，並將以武力趕走法國。至於阮思僴如何得到有關西方各國的看法，筆者認為有以下幾個管道。第一是越南當時對西方各國的記載。這類作品包括阮文超《方亭隨筆錄》卷四和出使下州、小西洋、中國，甚至法國、西班牙各國的越南使節的作品，如李文馥、潘清簡、高伯適、潘輝注、何宗權、范富庶等人的作品。這些作品介紹了西方各國的地理位置、文化、物產、科技、藩屬國及其對下州諸國的管轄情況和當地的反應。第二是清朝商船來到越南所提供的關於西方各國在中國的情況。這是越南皇帝和官員蒐集中國情況的重要來源之一。第三是越南官員內部的訊息流通系統，讓從中央到地方官員都可以盡快掌握各種政治情況和國家政策。因阮思僴長期在翰林院工作且擔任各種職務，所以這些資料對他來說是舉手可得的。

〔註43〕參考阮族李朝後裔（Vân Lâm Nguyễn Tộc Lý Triều Hậu Duệ）：《黃甲阮思僴：生平與作品》（Hoàng Giáp Nguyễn Tư Giản: Cuộc Đời Và Thơ Văn）之〈擬原道〉，河內：東西文化語言出版社，2001 年，頁 199～208。

〔註44〕參考阮族李朝後裔（Vân Lâm Nguyễn Tộc Lý Triều Hậu Duệ）：《黃甲阮思僴：生平與作品》（Hoàng Giáp Nguyễn Tư Giản: Cuộc Đời Và Thơ Văn）之〈擬原道〉，河內：東西文化語言出版社，2001 年，頁 199～208。

這樣的成果，如以上火砲、民生諸多方面的發明等等，都是由東方而起，而「（西方諸國）人多智慧，強志耐久」，知道如何發展、完善東方的的智慧，最後超越了東方，「其後製作流傳，漸入西土……凡所謂立政養民之具，東方開其源，西方益濬其流，東方創厥始，西方益修厥終。今彼砲器之利，名於天下，其始聞亦自元伐西域辰傳其法，彼人因成法，乃能代出精巧機智，日精其能，而吾東方弗能也〔註45〕。」

　　而當時的國際情況已經進入了一個非常動盪、不斷變化的時期。資本主義在歐洲國家的迅速發展，促使他們要向東方前進以尋找新的市場和原料。因此整個東亞、東南亞地區幾乎無處沒有西方勢力的腳印。如被越南、朝鮮、琉球一直以為「天朝」的中國，早在 1840 年就與歐洲列強發生爭執並簽下了不平等條約〔註46〕。同文之國的朝鮮也屢次收到西方各國的侵擾〔註47〕。越南周邊國家如呂宋、新加坡、馬六甲、江流波等國，則都已經為不同西方國家所管轄〔註48〕。而越南，正處於可能會淪為法國殖民地的危機。可以說，西方勢力已經成為整個亞洲國家要共同面對的敵人。

　　由此可見，阮思僩當時對西方國家的看法是充滿偏見的，且深受時代、傳統華夷思想和自我為中心的觀念所限制，但他至少還坦然承認了西方各國在經濟、國力、軍事方面的優越性，以及國內奄奄一息的慘狀。作為先天下之憂而憂的傳統儒家士大夫的阮思僩，當時就已經意識到要進行一場改革，以強國利民，來改變這一塌糊塗的現實。但問題是要如何進行、該從何做起呢？這要等到阮思僩有機會出使中國，在天朝親眼耳聞目睹西方的活動、東

〔註45〕 參考阮族李朝後裔（Vân Lâm Nguyễn Tộc Lý Triều Hậu Duệ）：《黃甲阮思僩：生平與作品》（Hoàng Giáp Nguyễn Tư Giản: Cuộc Đời Và Thơ Văn）之〈擬原道〉，河內：東西文化語言出版社，2001 年，頁 199～208。

〔註46〕 參考姜公韜：《中國通史：明清史》，北京：九州出版社，2010。

〔註47〕 根據阮思僩出使中國的相關記載，他們多次與朝鮮使節進行接觸並詢問洋人的情況，從而得知「該答言丙寅秋，洋船來侵，隨機捍禦，渠不能肆毒。自此以後，渠反畏縮。因再問捍禦之道。該只答言制敵之道以其國之伎倆，臨辰處變。要在當場用幾何如耳云云。大抵洋人之於朝鮮是初來彼相幾，未可大得志，故暫退耳。」參考阮思僩：《燕軺筆錄》，《越南漢文燕行文獻集成（越南所藏編）》第 19 冊，復旦大學文史研究院、漢喃研究院，上海：復旦大學出版社，2010，頁 188～189。

〔註48〕 阮思僩和其他越南士大夫可以透過李文馥、何宗權、潘清簡、范富庶等出使過新加坡、馬六甲、江流波、呂宋、法國、西班牙等所留下來的相關記載而對西方國家、文化、科技有初步的認識，並掌握西方各國在那些國家的情況。

西之碰撞，以及國內外的情勢後，漸漸改變了他原有的許多想法，改革的思路和模樣才慢慢地顯示出來。

二、出使回國後的革新計劃及其影響

俗話說得好，百聞果然不如一見，儘管阮思僩早早就從其他越南文人的作品中認識了西方的新世界，但直到他有機會踏出國門出使中國，並親眼看到現實中的西方、天朝中國和國外情勢之後，他才恍然大悟。透過以上對阮思僩使程作品的分析，可見他漸漸改變了對洋人的看法，也改變了他對開港通商、強國、護國的想法。因此出使回國後，他和阮長祚（1828～1871）、裴援（1839～1878）等人，成立了一個名為「新黨」的組織，並一起上呈了革新自強的奏摺，其主要內容如下：

第一，打開國門，與所有歐洲各個進行通商、買賣貨物。儘管一開始更多利益可能還是屬於西方人，但我們可以利用他們的技巧來改善內外商業活動，從而慢慢提升我們的實力。而且更重要的是，因為允許很多國家進來通商，我們可以利用他們之間的爭執，讓我們有足夠時間進行多方面的準備〔註49〕。

第二，每年甄選學生到歐美各國留學，學習新科技、新技術，以協助越南逐漸趕上歐美各國的水準。阮思僩認為，每年要遣大約五百名學生出國留學，學習各種新技藝。這樣十年後我們就有第一批海歸回國，他們將在國外所學到的新東西運用於越南，從而慢慢改變我國的實力。他指出，之所以每年要選五百名學生之多，是因為還要考慮到那些學習成績不佳的人選，這樣每一批至少還有一百名可用之才。這樣二十年後，我們就大概有了足夠的人才來擔起重任。而在等待他們學成歸國過程中，我們可以僱傭歐美人士來為我們工作，之後再慢慢用我們所培養的人頂上〔註50〕。阮思僩還推薦了他覺得非常適合擔任這些艱鉅工作的人選，那就是一位北圻人，名叫陳陸〔註51〕。

〔註49〕參考阮肇律（Nguyễn Triệu Luật）：《考場之路》（Ngược Đường Trường Thi），西貢：四方出版社，1957 年，頁 131。阮肇律是阮思僩的孫子，《試場之路》是其於二十世紀初所創作的歷史小說。雖然是小說，但其內容提供了很多有關阮思僩生平的資料與活動，是非常有參考價值的資料。

〔註50〕參考阮肇律（Nguyễn Triệu Luật）：《考場之路》（Ngược Đường Trường Thi），西貢：四方出版社，1957 年，頁 131。

〔註51〕陳陸，越南名為 Trần Lục，其生平不詳，只知道其為北圻人，耶穌教徒。參考阮肇律（Nguyễn Triệu Luật）：《考場之路》（Ngược Đường Trường Thi），西貢：四方出版社，1957 年，頁 131～132。

後來，阮思僩看到國內情勢已不可收拾，還堅持上奏摺請向德國求援〔註52〕。但是，所有以上的變法和求援計劃都被嗣德皇帝和廷臣通通駁回。其反對原因還是與反對其他革新調陳一樣，認為那些建議是不務時機和實際狀況的。而且他還推薦一位耶穌教徒為參與人，簡直是一個「怪人的想法〔註53〕。」儘管如此，阮思僩仍不放棄稀少的希望，所以他在人生的最後幾年還帶著最小的兒子到海防，想找機會讓他去香港學藝〔註54〕。但終究還是無法實現，阮思僩的革新之夢就這樣告一段落。

阮思僩以上的各種變法，與他在中國出使過程的經歷是息息相關的。關於與外國人通商的構思，筆者認為他的希望是可以在越南形成更多的「中國漢口」的模式，即建立一個個商業活動繁華的小都市，在那裡西方各國與國人進行買賣，提升當地和周圍人民的生活。阮思僩原本認為西方人是奸詐狡猾，唯利是圖，為國人毫無益處的。但出使經驗表明，「西人商價公平，通商此地已九年，別無他弊〔註55〕。」而這句話卻是由「被迫與西方各國通商的中國」官員親口所言，想必不是虛實。被害人卻說陷害人的好，這已經是阮思僩第一次震撼。直到他親眼看到戰後漢口的景象，特別是擺在眼前漢民的房屋和西人的房屋形成明顯的對比和落差時，心理又是一番掙扎，更讓他懷疑自己一直以來的想法。「岸上列鋪商價皆以萬億計，惟沿途家屋，多有新造未完者，大抵兵火之際……洋鋪在下街……十一日日到下街西洋行。屋皆二三重，樓下通甕門下開玻璃窗，四面玲瓏如一。外周以繚牆。雖一初開行，而屋宇之高廣，街路之平直，無不井然。視漢民居止，其整潔殆過之。道邊現豎石□為界□刻云大英廣龍地界、大英廣福地界，餘俄、法二國地界，未見的處。」他自己也在反問：「留空地尚多，皆已開渠築道，將來聚闤日廣，規模日大，不知此地又何如也？」〔註56〕

〔註52〕 參考黎文超（Lê Văn Siêu）：《越南文學史》（Văn Học Sử Việt Nam），胡志明市：文學出版社，2006 年，頁 271。黎文超在其作品也只有提到這一點，也沒有列出參考文獻，所以我們目前無法稽考。

〔註53〕 參考阮肇律（Nguyễn Triệu Luật）：《考場之路》（Ngược Đường Trường Thi），西貢：四方出版社，1957 年，頁 132。

〔註54〕 參考阮肇律（Nguyễn Triệu Luật）：《考場之路》（Ngược Đường Trường Thi），西貢：四方出版社，1957 年，頁 133。

〔註55〕 參考阮思僩：《燕軺筆錄》，《越南漢文燕行文獻集成（越南所藏編）》第 19 冊，復旦大學文史研究院、漢喃研究院，上海：復旦大學出版社，2010，頁 135，這一段記錄了阮思僩使團經過漢口的過程。

〔註56〕 參考阮思僩：《燕軺筆錄》，《越南漢文燕行文獻集成（越南所藏編）》第 19 冊，復旦大學文史研究院、漢喃研究院，上海：復旦大學出版社，2010，頁 143。

儘管經過戰爭的破壞，但漢口仍顯得氣派、整潔，昔日的繁華景象是可想而知
的。等到第二年回程使路又經過漢口。過了一年，那時的漢口更顯得光芒四射，
「漢口百萬列肆，如在海島中，灘接渚，帆檣林立。辰見西洋火輪船出沒其際，
西南諸山，獻奇列秀，無不拱繞樓前。城中億萬人家，如蜂房，如碁罫。江外？
舟花舫，三三兩兩，宛然畢集。樓下盡觀遠察，目暢神怡，輶軒攬勝，真不可
多得之遇〔註57〕。」實際情況恰恰與他之前的想像相反。與西方通商，卻可以
給中國帶來這麼繁華的商口，當地人民的生活也得到明顯地改善。那與西方通
商既可以緩和情勢，又可以為國民謀利，何嘗不是一件好事呢？

　　派學生出國留學，學習新技藝是當時暹羅、日本、中國等國都在實行的
措施。阮思僩在華期間，利用了中國官員、文人、報紙、外國使節等各種管道
來蒐集西方勢力相關的消息。因此，他從中國官員得知派人出國留學、學夷
人之法以治夷等方法，是千真萬確的。其中，在北京期間他與李文田的交流
很值得注意。雙方的談話中具體談及了中國各省設奇器局，學習洋法以治洋
人的措施。另外還提到中國當今政治情況、恭親王的執政，兩宮太后垂簾聽
政、皇帝親政等等問題。儘管阮思僩沒有記錄下來他們所討論的其他內容，
但從阮思僩使團拜訪李文田的次數來看，他們所討論的制夷問題必定廣度和
深度兼備的。甚至還有資料指出，出使中國期間，阮思僩已經見到王韜，並
與其討論西洋人以及護國強國的辦法〔註58〕。派學生出國留學的訊息，阮思
僩在出使中國之前可能已經從他的朋友們打聽到這樣的情況了〔註59〕，但到
了中國以後，目睹中國面對洋人的情況，又經過與中國官員討論洋人、洋事
及其應對措施之後，對於正在摸索救國之路的阮思僩來講，無疑起著至關重
要的啟發作用，讓他對改革的想法更加確定和堅信。

〔註57〕參考阮思僩：《燕軺筆錄》，《越南漢文燕行文獻集成（越南所藏編）》第 19 冊，
　　　　復旦大學文史研究院、漢喃研究院，上海：復旦大學出版社，2010，頁 264。
〔註58〕參考潘魁（Phan Khôi）：〈透過《法越交兵記》看一位日本史學家眼裡的越南
　　　　民族〉（Dân Tộc Việt Nam Dưới Mắt Một Sử Gia Nhật Bản（Lấy Trong Sách
　　　　"Pháp-Việt Giao Binh Ký"））,《香江》（Sông Hương），1937 年第 31 期，頁 1～
　　　　8。作者指出，王韜經常與越南幾位官員進行書信聯絡，包括范富庶、阮思僩
　　　　等。因此當阮述出使中國，經過香港時就有機會見到王韜，並由他引見日本
　　　　曾根俊虎先生及其《法越交兵記》的作品。
〔註59〕當時與新黨一邦人物接觸比較近的還有從歐洲留學回來的阮田、從暹羅出使
　　　　回國的丁文田、阮俠、從香港回來的黎廷等人。他們在討論過程當中，提到
　　　　各國如何強國的辦法是理所當然的。參考黎文超（Lê Văn Siêu）：《越南文學
　　　　史》（Văn Học Sử Việt Nam），胡志明市：文學出版社，2006 年，頁 261。

綜觀阮思僩出使中國前後對西方、改革的看法，我們可以總結出以下幾個特點：

對於西方宗教來講，阮思僩對看法幾乎是不變的，認為那是「邪教」，旁門左道，有害民風。出使前他多次在他作品中表示，其教不正，越南國民一旦加入，將慢慢成為叛徒，天下之亂會由此而生〔註60〕。出使之間，他亦多次與中國官員、文人討論洋教蔓延的危害，甚至輾轉難眠，痛不欲生〔註61〕。

阮思僩對西方各國的科技、軍事、國力等方面的肯定也是不變的。阮思僩坦白承認西方各國在科技（如造船、大砲等）、商業方面的優勢，亞洲各國在這方面是遠遠不及的。但在西方為什麼可以達到這樣的水平的一點上，阮思僩卻站在自我／東方文明為中心的立場上，指出東西文化的根本差別。他認為那是因為西方人聰明，善於改善東方的發明。這明明體現了他仍無法走出傳統儒教世界觀的光環來接受外面的百變世界。

儘管對西方國家、宗教的看法沒有太大的變化，但阮思僩對保國強民的看法，無論在形式還是本質上，都發生了徹底的變化。以前，在法國於1858年攻擊越南時，阮思僩毫不猶豫地表示「主戰」和「三不政策」，即為不與其通商、不讓其建立港口、不讓其傳教。在阮思僩看來，與敵人和好是引虎歸林，他們是絕對不肯罷休、停止其無理的要求的。所以他認為要用武力來捍衛越南，趕走法國，而其方法是要用我們擅長的打仗方式來對付敵人的不擅長。這一切的觀點，本質上是建立在堅信不移的國家自信、以自我為中心的傳統儒家觀點上的。然而，出使中國回來後，閱歷了這麼多的洋事洋情與中國、同文國的對策，阮思僩的思想產生了很大的改變。他仍堅信西方勢力是越南重大的威脅，但在面對西方的姿態和方法上，從過去的盲目硬闖，轉變成了主動式的知己知彼，從長計議的策略。這時，他不僅願意暫時「主和」以緩解情勢，還要採取主動的辦法來迎接敵人，就是去學習敵人的技藝來對付他，即「以洋技制之」之法。他也同意與西方國家通商做買賣並在多處開港。

〔註60〕 參考阮德雄（Nguyễn Đức Hùng）：〈阮思僩及其1859年的密奏〉（Nguyễn Tư Giản Và Bản Mật Sớ Năm 1859），《軍事歷史雜誌》（Tạp chí lịch sử quân sự），1993年第3期，頁44～48。

〔註61〕 如阮思僩與中國友人書云筆談及洋人、洋事時，兩人均對此表示非常擔憂，「書雲劇談洋事及星學。夜深屢欲去復止」。參考阮思僩：《燕軺詩文集》，《越南漢文燕行文獻集成（越南所藏編）》第20冊，復旦大學文史研究院、漢喃研究院，上海：復旦大學出版社，2010，頁95。

他認為，這樣一方面可以利用西方人的商業技巧來幫我們獲得利益，儘管只是那麼的一點點。另一方面，這剛好又可以給我們足夠的時間來作各方面的迎敵準備。同時，他也建議派學生去國外留學學習新科技。在等待學生學成歸國之期，他強調要僱傭西方人為我們工作，這更是對付西方絕對主動的辦法。可見，阮思僩從「不願講和，向前決戰」到「初步緩和，主動面對」有了本質上的不同。這轉化背後的原由，是他真正意識到了我國當前在經濟、軍事、實力等各方面的不足，以及敵我情況的落差，所以如果要護國保民，則要先從改變自己的心態與思考方式入手。

　　阮思僩從思想到政策方面的改變，可以說是一個充滿掙扎與矛盾的自我調整過程。儘管他思想方面仍深受儒家傳統觀念的影響，但他與友人所推動的「革新自強」活動對越南之後的革新運動也產生了一定的影響，並有力推動了越南近代史的發展。

第四節　越南淪為法國殖民地後越南使節的心理演變

　　經過長期的鬥爭與反抗，也經過許多革新救國還是守舊保國的爭論，越南在甲戌和約後還是逃不過淪為法國殖民地的命運，終結了與中國長期的朝貢關係，並開始了越南完全不同的歷史新篇章。越南使節和士大夫面對越南這麼大的改變，不知會有如何的感想和反應？這就是本節主要探討的課題。

一、1877年後的越南

　　1877年前後的越南，可以用八個字來形容，即內憂外患，存亡絕續。

　　國內方面連續發生了許多兵亂之事，較有代表性的有越中邊界一帶的劉永福、黃崇英、吳亞終等太平天國餘黨之亂、義靜一帶的文紳運動和以扶黎抗阮為由的運動。其中太平天國餘黨一直在中越邊境和北部各省騷亂，特別是以劉永福為首領的黑旗軍，整整在越南北部騷動了十幾年（1873～1885）〔註62〕。法國入侵越南時，越南朝廷曾一度與劉永福攜手抗法，但他與其他太平天國餘黨長期在越南境內搶劫、作亂，嚴重危害一般人民的生活。越南曾派黃繼炎（1820～1909）北行撫平但沒有效果。之後還遣使赴華向中方求

〔註62〕參考阮文梅（Nguyễn Văn Mai）：《南越略史》（Nam Việt Lược Sử），西貢：西貢出版社，1919年，頁84～85。

助，但其仍在北部一直活動到 1885 年。文紳運動發生在越南義靜一帶，是當地士大夫要反抗朝廷與法國妥協，並要求將境內所有隨洋教的教眾殺掉，再趕走洋人，以保護我國千年以來的文化〔註63〕。於此同時，北部各地也時時出現以扶黎為由的運動，讓阮朝要手忙腳亂地解決國內連連不斷的反抗運動。

而當時來自法國的威脅與野心已經非常明顯。1873 年法軍進攻北圻，激起了「北圻變故」。法國後來雖然將所佔城廓交還越南，但要越南簽下了甲戌不平等和約，其中包括法國承認越南的獨立主權，不必向任何國家臣服、越南割讓南圻六省給法國、同意讓外國傳教士自由傳教，准許越南人自由信教、開放施耐港（即今歸仁）、寧海港（即今海防）、河內及紅河流域為通商口岸等條約〔註64〕。

但法國仍不滿足，為了擴大貿易網絡和在越南及該地區的權力，法國再次於 1881 年出兵北圻，並很快打下了河內城。正在此時，嗣德皇帝去世，整個朝廷和越南陷入了混亂之中，權力落到了阮文祥和尊室說（1839～1913）手中。在他們的安排之下，不是嗣德皇帝屬意讓位的人成為越南新的皇帝（即協和皇帝，1847～1883）。後來阮文祥和尊室說為了保護自己的權利，還設法殺死協和帝，力挺僅十五歲的建福（1869～1884）於 1883 年繼任。建福皇帝不久後病逝，阮、尊兩人又頂年僅十二歲的咸宜（1872～1943）於 1884 年登基。而法國此時更馬不停蹄地進攻越南。新的政府對此束手無策，不知所措。面對法國強大的力量，雖然越南軍民極力對抗，但一切都不能阻止法國這次的決心。最後，越南於 1883 年與法國簽下了癸未投降和約，和 1885 年的甲戌和約，正式確立法國在全越南的保護權。越南歷史開始了屬法的時期。

二、越南淪陷與士大夫的抉擇

越南淪陷前後期，越南處在極為混亂的情況，逼得越南士大夫要面臨鼎革特殊時期的致命的抉擇。

甲戌和約及其承認越南成為法國的保護國、越南不再是天朝底下的朝貢國的內容，以及嗣德皇帝去世、三年就四次換君等一系列的重大事件，在短短的時間內上演，讓越南士大夫要面臨天翻地覆的改變，心理有「天下亡」、

〔註63〕 參考阮文梅（Nguyễn Văn Mai）：《南越略史》（Nam Việt Lược Sử），西貢：西貢出版社，1919 年，頁 289～290。

〔註64〕 參考陳仲金（Trần Trọng Kim）：《越南史略》（Việt Nam Sử Lược），河內：教育部學料中心出版，頁 286～287。

無所適從的感覺。一直以「文獻之邦」、歷史文化悠久為傲的越南，現在境成
為曾被他們視為「野蠻、夷族」的洋夷法國的屬地，並受分割之苦。法屬初期
越南被分為北、中、南三圻，各圻有自己的政策和法律規定，甚至各圻居民
若想到其他圻區去還要申請通行證〔註 65〕。曾是大一統的越南，至今卻被蠻
族弄得如此四分五裂，這給越南士大夫帶來極為可怕的打擊。再加上，嗣德
皇帝的去世也給他們強大的震撼。嗣德雖然比較軟弱，也因此而越南在前一
段時間多次被法國佔了便宜，但至少當時他是支持抗法、打法的。下一位皇
帝不是嗣德所指定的人，後來更是都由兩位權臣所左右。這混亂的朝廷爭鬥
與現實，可以說是越南士大夫精神支柱的倒塌。國已亡，君也沒，一直以「忠、
孝、節、義」為道德標準的越南儒家士大夫，面對了殉國、起義、歸隱或續仕
（指為由法國支撐的越南政權當官）的致命抉擇。

　　根據考察，殉國者包括曾出使中國的林宏（Lâm Hoành， ？～1883）、陳
叔韌（Trần Thúc Nhẫn， ？～1883）〔註 66〕等人。兩人在鎮守順安不果時，不
願為法國俘虜而投江自盡。

　　起義者在法國殖民後也時常出現。如根據陳仲金的記載，1883 年後，朝
廷在法國施壓之下，下令鎮守地方的官員回京。除了奉命回京或辭官（如按
擦史范務敏、建昌知府黃文櫰等）以外，有人招募人民抗法（如山西軍務官
阮善述（1844～1926）和潘廷逢（1847～1895））、又有人跟著中國軍隊以抗法
（如南定提督謝現（1841～1887／1893））〔註 67〕。後來支持尊室說的「勤王
運動」，更多地方的官員和人民也激起了地方的抗法運動，一度讓法國措手不
及〔註 68〕。這些起義最後都被法軍打敗，但充分體現了越南人民愛國的精神，
以及預告了抗法鬥爭一定不會停息的。

　　辭官歸隱也是當時不少越南士大夫的選擇，包括以上所提及的范務敏、
黃文櫰、阮勸等人，其中有曾出使中國的使節阮思僩。而也有許多官員選擇
繼續當官，為新的皇帝和新的木偶政權工作。其中包括曾任使節的裴文禩。

〔註 65〕參考陳仲金（Trần Trọng Kim）：《越南史略》（Việt Nam Sử Lược），河內：教
　　　　育部學料中心出版，頁 312。
〔註 66〕參考陳仲金（Trần Trọng Kim）：《越南史略》（Việt Nam Sử Lược），河內：教
　　　　育部學料中心出版，頁 305。
〔註 67〕參考陳仲金（Trần Trọng Kim）：《越南史略》（Việt Nam Sử Lược），河內：教
　　　　育部學料中心出版，頁 307。
〔註 68〕參考陳仲金（Trần Trọng Kim）：《越南史略》（Việt Nam Sử Lược），河內：教
　　　　育部學料中心出版，頁 326～327、333。

這裡基於論文所鎖定的範圍，本人將主要探討阮思僩和裴文禩的處境和抉擇，以為讀者提供越南淪陷後，越南士大夫面對新時代、新任務的情感路程與內心抉擇。

（一）充滿無奈地辭官歸隱

阮思僩從中國出使回國後，他的宦路如同越南命運一樣，連續發生了眾多改變，使得阮思僩從失望、無奈，到最後選擇放棄一切、辭官歸隱。

出使回國後，阮思僩在三年之內經歷了坎坷的宦路。一開始因為完成出使任務，他升任光祿寺卿和吏部左侍郎，兼管國子監。翌年升吏部尚書，衝機密院大臣，之後還兼管禮部。嗣德在一八七四年派他在商舶衙任職，阮思僩上書婉拒，但嗣德不允。一八七五年衝廷試讀卷官。那年，阮思僩學生作弊被發現，而阮思僩供詞又與他人不符，所以他不僅被嚴打，而且還被貶職，派往彰德開墾。曾任機密院大臣和尚書的阮思僩，轉眼之間含冤地被貶職，受人輕視，阮思僩內心的憤怒與痛苦可想而知。相傳他曾寫了一副對聯以表達當時不滿的情懷，「眾方有為何必登高丘望遠海，賢如無忌猶且飲醇酒近婦人。〔註69〕」

經過認真效力了三年，嗣德同意讓他回京，並恢復他翰林院侍講學士和其他職務，如鴻臚寺卿戶部辦理、戶部權左侍郎、實收戶部左侍郎等職。一八八一年，阮思僩重病不減而請假回鄉休養一年，翌年請求辭官，嗣德這時批「何可強，無肆言，欽此。〔註70〕」同慶皇帝登基後，請他出來當寧太總督。阮思僩因無法推脫而出來當官，也曾被世人所非議。任職期間，他盡力完成了他該做的工作和任務，但那時情況已與之前完全不同。當時越南已經淪為法國殖民地，所以他不僅要事君，處理事情時還要透過法國掌管的北圻經略處。換句話說就是要通過兩層領導的意思，而其中之一還是正在蹂躪他祖國的敵人，這讓他極為不滿，越來越覺得厭惡、無法適應這個官場。因此任職期間，他多次申請退休，而均沒有得到批准。後來因為他不願意出錢捐贈鑄法國全權銅像而被譴責。他慷慨答復，這不是皇帝的命令，所以不知真

〔註69〕 參考阮族李朝後裔（Vân Lâm Nguyễn Tộc Lý Triều Hậu Duệ）：《黃甲阮思僩：生平與作品》（Hoàng Giáp Nguyễn Tư Giản: Cuộc Đời Và Thơ Văn），河內：東西文化語言出版社，2001 年，頁 565。

〔註70〕 參考阮思僩：《石農全集》，載於阮族李朝後裔（Vân Lâm Nguyễn Tộc Lý Triều Hậu Duệ）：《黃甲阮思僩：生平與作品》（Hoàng Giáp Nguyễn Tư Giản: Cuộc Đời Và Thơ Văn），河內：東西文化語言出版社，2001 年，頁 2205～2333。

假，不敢自作主張。再者，若以捐贈的名義，原則上就是自願，而寧太官員上下都沒錢，哪來進行捐贈？北圻經略處拿他沒辦法，最後批准讓他辭掉總督一職。阮思僩從此歸隱回鄉〔註71〕。

　　阮思僩一生想為國為民效勞是眾所皆知的，也無庸置疑的，我們也可以透過他對河堤、革新等主張而略知一二。至於他當時為什麼還聽同慶皇帝的號召而再出來當官，筆者認為是因為他當時還抱有一絲可以盡忠報國的希望的。舊皇已故，新皇登基，國內外情況已完全不同，新登基的同慶帝一定要面臨很多的困難和挑戰。作為傳統儒士的阮思僩，如何能袖手旁觀，坐而不管？他當時也想，「四海今如此，一病將妥歸。豈不戀君軒，老驥心力遂〔註72〕」。如今情況已是如此，他大可以繼續歸隱，各自安好。但充滿責任感、報國感的阮思僩又「豈不戀君軒」，始終放不下君王和國家。所以最後他決定儘管自己老了，也要站出來盡一份匹夫之責。

　　然而後來，阮思僩發現一己之力是無法改變現實的。越南政治、社會的混亂讓他厭惡，也失望到了極點，更讓他感到極為無奈與痛苦。他在給一位辭官回鄉的朋友寫詩時，充分表現了他對現實的苦悶：

> 城東春煙坊，同樂束南偏。
>
> 世亂無寧宁，三歲再四遷。
>
> 出門無故物，彼此何擇焉。
>
> 既無丹陽橘，又無米家船。
>
> 即事苟已安，室美何必然〔註73〕？

　　我們國家已經落得如此地步，曾自傲為文獻之邦、華夏文化之真傳的越南，三年內卻更替了四位皇帝。世事多變，人心惶惶，我們儘管一心想付出，

〔註71〕參考陳伯志（Trần Bá Chí）：〈阮思僩的本領〉（Bản Lĩnh Nguyễn Tư Giản Qua Biến Động Của Cuộc Đời），《漢喃雜誌》（Tạp chí Hán Nôm），2000 年第 3 期和阮族李朝後裔（Vân Lâm Nguyễn Tộc Lý Triều Hậu Duệ）：《黃甲阮思僩：生平與作品》（Hoàng Giáp Nguyễn Tư Giản：Cuộc Đời Và Thơ Văn），河內：東西文化語言出版社，2001 年，頁 593～595。

〔註72〕參考阮思僩：〈寄送菩庵劉軍以病得請還清化〉和〈其二〉，收入《石農全集》卷 10，載入《黃甲阮思僩：生平與作品》（Hoàng Giáp Nguyễn Tư Giản：Cuộc Đời Và Thơ Văn），河內：東西文化語言出版社，2001 年，頁 1143。

〔註73〕參考阮思僩：〈寄送菩庵劉軍以病得請還清化〉和〈其二〉，收入《石農全集》卷 10，載入《黃甲阮思僩：生平與作品》（Hoàng Giáp Nguyễn Tư Giản：Cuộc Đời Và Thơ Văn），河內：東西文化語言出版社，2001 年，頁 1143。

但「四海今如此」，讓我們也力不從心，只好以病告官，遠離這是非不分、隨時要戒備的官場。因此，他最後也跟著那位朋友的腳步，「不才辭官好，始謀歸故盧〔註74〕。」

（二）希望不滅的續仕

越南落入法國手裡之後，除了部分官員選擇辭官歸隱，也有不少士大夫繼續留下來為新皇帝、新政權當官，曾經出使中國的裴文禔是其中的一個例子。

法國完全佔領越南之前，朝廷與法國在 1883 年八月二十五日簽下了投降條約，讓裴文禔深感絕望。在這之前，裴文禔為主戰代表，並親自任欽差北圻經略副使、北寧參軍等職。他還直接領導軍民阻止法國擴大其在河內郊區的範圍。對於法國，他毫無隱瞞地表達對這群惡賊的憤恨之情：

〈野風〉

南來刁退火雲驕，

捲入村溪度晚橋，

解慍不關絃一曲，

怪予熱血未曾澆。〔註75〕

曾長期與軍民並肩戰場，對抗法軍的裴文禔，無法接受朝廷的投降和約。再加上，當時越南政權三年四次調換皇帝之亂，讓他感到極為迷茫與無奈。外國敵人如此強悍，國家的命運卻如此渺茫，作為所有封建士大夫精神支柱的皇帝與政府又如此混亂，讓他一下子掉入了不知所措、不知「誰為天子，誰為臣？」〔註76〕的精神狀態。因此他一度決定辭官到清化歸隱。

然而，到了 1884 年，他被召回宮，以負責為建福、咸宜等新皇講書、教課。1887 年在回清化養病後又被召回任輔政大臣、禮部尚書、國史館副總裁

〔註74〕參考阮思僩：〈其三〉，收入《石農全集》卷 10，載入《黃甲阮思僩：生平與作品》（Hoàng Giáp Nguyễn Tư Giản：Cuộc Đời Và Thơ Văn），河內：東西文化語言出版社，2001 年，頁 1145。

〔註75〕轉引自范氏女（Phạm Thị Gái）：《裴文禔《輶軒詩草》版本考》（Khảo Cứu Văn Bản Du Hiên Thi Thảo Của Bùi Văn Dị），河內人文社會科學大學碩士論文，2011 年，頁 59。

〔註76〕轉引阮廷炤之詩，參考范氏女（Phạm Thị Gái）：《裴文禔《輶軒詩草》版本考》（Khảo Cứu Văn Bản Du Hiên Thi Thảo Của Bùi Văn Dị），河內人文社會科學大學碩士論文，2011 年，頁 77。

等職，一直到 1895 年去世。

　　為什麼裴文禩當時又願意出來當官呢？筆者認為其原因與以上阮思僩的
情況相同，也就是傳統儒家思想下自我價值觀所形塑的結果。作為封建社會
的儒士裴文禩，其「修身齊家治國平天下」的理想不外乎要當官、輔佐君王
和為國為民。裴文禩儘管已經落入失望的谷底，但在儒教「忠君、愛國」思想
的呼籲之下，再加上當時新君還小，閱歷不足，非常需要他的教導、扶持與
擔待。所以他一邊受儒家價值觀的促使，一邊又是他自己內心的一份期待，
希望透過自己的微博之力，或許還能改變一些情況。因此，面對國家、君主
的責任，他再次燃起希望，以及為國為民的勇氣與抱負，不顧世人非議而出
來當官。而事實也證明，出來之後，他努力完成教導新皇和其他份內的工作，
直至永遠離開了這個世界為止。

第六章　結　論

　　本文以 1849～1877 年越南燕行錄及其相關作品為主要探討資料，從文學、文化學等多元視角探討該時期越南使節十人夫對中國、對西方勢力和對出使回國後使節思想及變法圖強想法的調整與改變，從而肯定使程文學在越南文學史的地位，並揭開越南歷史、越中關係眾多面向中的一面。

　　在東西交流史上，十九世紀可以說是東西文化、政治、軍事等各方面衝撞最為激烈的時期。作為東西交流一環的越、中、法關係的演變，亦可以說是東方中國世界觀與西方的殖民帝國主義國際法觀衝突的產物〔註 1〕。阮福映建立越南之後與中國的關係，儘管會根據兩國在不同時期的國內外情況、國力、經濟、社會等環境的制約而有所變化，但基本上仍是以中國為中心，越南為藩屬國的朝貢——冊封形式。阮朝建國之後，基於穩定國內外情勢與輿論，立馬開始向清朝進貢、求封。越中雙方這樣比較密切、平穩的關係一直延續到明命末年。1840 年一場中英戰爭爆發，作為宗主國龍頭的中國，屢次受屈於西方列強，震驚了所有亞洲國家。而越南當時卻正處於強盛的時期。這不僅體現在其領土方面的不斷擴大與完整，而且還體現在其與周圍各國如南掌、暹羅、老撾、緬甸等國所建立的「小中華秩序」的關係。所以越南當時雖然仍保持定期向中國進行朝貢，但對中國戰後的積弱已經有所了解，甚至施以鄙視。因此，這段時間越南在與中國的關係上，表現出其較強的平等意識和心態。而中國隨後所發生的太平天國事件，中斷了越南使節來華的貢路，

〔註 1〕參考許文堂：〈十九世紀清越外交關係之演變〉，《中央研究所近代史研究所期刊》，2000 年第 34 期，頁 269。

兩國的朝貢外交關係因此停止了足足十六年之久（自 1853 年至 1868 年）。在此期間，越南於 1858 年被法國進攻，1862 年割讓南部東三省予法國，1867年南部西三省又被法國所吞併。但基於兩國貢路不順及對中國那時力量的遲疑，越南始終都沒有向中國報告此情況。

1867 年太平天國爆發告一段落，越中兩國朝貢關係恢復正常。那時越中兩國已經飽受西方各國以及各種內亂的踐踏。對於越南來說，它希望兩國關係可如往常一樣恢復正軌，如此一來，出國使團一方面對西方勢力在中國和中國的反應有所掌握，並以此為國內借鑒學習，以找出對付西方勢力的方法，一方面可以向中國求援。之後，儘管越南於 1874 年與法國簽訂了《第二次西貢條約》，其中一項內容是越南為獨立自主之國而非他國的藩屬，但越南仍於1877 年和 1881 年兩度遣使來華，希望清朝可以協助剿平北圻匪亂以及進一步地對付法國。後來，因法國侵略的危機已經迫在眉睫，越南方面無法抵擋，所以就決定於 1883 年派使團出使中國，向中國求援。但那時的中國，經過兩次鴉片戰爭和太平天國、捻軍等多場內亂後，國力如被掏空一般，哪還能顧及越南的命運？二中法戰爭隨後爆發，導致到了 1885 年中法簽訂了《天津中法新約》，完全切斷了中越之間傳統的朝貢外交關係，越南全國正式成為法國的殖民地。

歷來國內外學界對十九世紀越中關係以及越南燕行錄的研究呈現著極不均衡的現象。十九世紀中越關係方面，許多研究都集中在阮述、范慎遹於 1883～1885 年的出使行程及其對越南、中國、法國關係的影響為主。上海復旦大學和越南漢喃研究院共同合作出版的《越南漢文燕行文獻集成（越南所藏編）》問世後，為研究中越關係提供了實際操作這種關係的使節們的不可多得的第一手材料，從而大大推動了十九世紀中越外交關係和燕行錄的研究。但對於1849～1877 年間，越南正式有意向中國求援之前，這段時期的燕行活動和作品的研究卻仍是一片少有開墾的荒地。這期間兩國同樣要面臨的危機是西方勢力的強力入侵以及國內情況的嚴重淪陷，使得該階段的燕行作品除了與以往燕行作品的基本內容，同時還增加了不少新時代、新情勢的記載，如西方列強在中國及同文國的行動、東亞各國文人士大夫對此的反應等。而許多使節回國後，利用在中國的所見所聞和經驗，做出了許多為國為民的行動，如寫作、提出治理國內情況的新想法、對西方的政策、提出革新計劃等，並對

越南產生了一定的影響。因此，研究越南使節回國後思想上的改變和對外對
內情勢的政策調整，強化了我們對越南燕行行程的認識，也豐富了中越文化
交流的內涵。再者，這段特殊時間是連接越中關係相當穩定和越中朝貢——
冊封關係告一段落的階段。因此，這時期燕行錄的研究自具有其重要的價值。
它讓我們可以更加了解越南方面在與中國終止傳統外交關係之前以及對西方
勢力入侵的真實行動和心態，有助於我們完整地掌握越、中、法三國的關係
和演變，值得我們去深入探討和研究。

　　有基於此，本論文在深入討論1849～1877年間越南燕行錄作品的越西關
係之前，先對越南燕行錄的基本問題加以處理，包括國內外對其的研究現況、
越南燕行錄在國內外的出版情況、其豐富多樣的文體和所呈現的主要內容。
綜觀越南燕行錄作品，發現其數量多，所涵蓋的時間也長，作者大部分又是
越南文壇鼎鼎有名的作家，因此歷來被公認是越南文學非常寶貴和有代表性
的部分。燕行文獻文體繁多，可分為詩、文類兩大類。詩體又有律詩、古體
詩、越南獨創六八體詩歌等。其中以律詩數量最多，而六八體燕行詩傳更突
出了這一類文學的民族特性。文類則更為豐富多樣，有應用文類（用於各種
外交場合的各類公文等）、雜記、祭文、論說、日記等，可謂應有盡有。燕行
錄內容也豐富多彩，包括沿途紀行、使程艱辛、思念家國、完成使命和與國
內外友人進行詩文唱和等等。簡而言之，越南燕行文獻就是越南中代文學的
作品選集，其文體、內容、思想、風格等都能體現出這段時期越南文學的面
貌，是了解越南古代文學最佳的參考資料。

　　越南燕行錄的相關作品一直散落在越南各大學術機構、個人收藏或一些
外國圖書館，其中以漢喃研究院圖書館為主要藏書機構。因此，中國復旦大
學和越南漢喃研究院合作出版《越南漢文燕行文獻集成（越南所藏編）》，可
謂意義重大，讓更多國內外學者有機會接觸到這部分珍貴的資料。然而，儘
管文本已經問世，但是相對來講，越南燕行錄的國內外研究成果仍然處在發
展中的階段，將來期待更多介紹、研究燕行錄本身的文學特點與價值，以及
從更多視角來挖掘越南燕行錄對於越中、越外文化交流與衝撞，和中國地方
歷史、文化、社會的研究。

　　就1849～1877年間越南燕行錄來講，其包括了六次越南出使中國的共十
一部作品，有使節個人詩集、與中外文人的詩文唱和作品、雜記、日記等文
體，其內容頁豐富多樣。越南使節對天朝中國的認識及其心理上的改變是這

時期燕行作品多有反映的內容。越南使節，以及大部分越南士大夫在出使中國，與真實中的中國接觸之前，他們所知道的中國只是透過儒家典籍以及深為越南濃厚的「獨尊儒術」家庭、社會氛圍所形塑。在這種以儒教為中心的背景之下，越南士大夫就慢慢形成了一個較為死板、理想、烏托邦的中國形象。遙遠的中國是一個好山好水、人才薈萃的地方。重要的是，中國是孔子和其他先賢的故鄉，所以他必定是儒家價值體系中的典範，是一個和諧、美好的社會和國家。但實際上，這段時期的中國似乎恰恰與之相反。美麗依舊的自然風光不能掩蓋現實的黑暗。中國自十八世紀末就開始衰弱，加上 1840 受辱於英國之後，國內面臨許多危機。當時清朝官員腐敗現象極為普遍、國內又長期發生各種戰亂，人民的生活可謂苦不堪言。在這個國力下降，禮壞樂崩的時期，整個中國就像一個病快快的巨人。昔日的過度期待與追慕，面對這殘酷的現實，讓越南使節從首先的難以置信，後來慢慢了解中國的情勢，並試圖解釋其現狀的緣由，到最後他們坦然承認其現實，並在多處直接披露和批評這一情況。越南使節這一心理認識過程，強化了他們對中國的認識，也體現了越南士大夫對中國、中國文化的認同和變遷。

這段時期的越南與中國，同樣面臨西方入侵的威脅。中國於 1840 年鴉片戰爭過後，被迫與西方列強簽下了許多不平等的條約，為西方各國大大打開了進入中國的國門。越南那時也缺乏對西方勢力的認識，導致其於 1858 年被法西聯軍攻擊之後，於 1862、1867 年陸續被迫割地予法國，也簽下了不平等條約。當兩國朝貢恢復正常之後，嗣德皇帝想透過出使中國的使團掌握西方各國的行動以及中國的反應，並以此為根據為越南找出一個對付法國的好辦法。因此，這時期的越南使節作品多了這份從未有過的內容。這不僅有助於我們了解當時越中外交關係在新時代的改變，而且也是我們研究中國當時情況和考察西方勢力東漸東亞各國提供了不可或缺的資料。

與此同時，本文也探討這時期越南使節回國後，根據他們在中國所積累的經驗，對國內的具體情況提出「對症下藥」的新想法或政策，以及越南淪為法國殖民地後使節士大夫的抉擇。研究成果表示，其包括著述、治理紅河水災以及對付西方政策等方面。越南使節除了創作燕行詩文作品，豐富了越南中代文學，回國後還撰寫了介紹中國歷史、地理、使程經驗等相關書籍，成為下一部使團重要的行前參考材料。更值得注意的是，其中還包括一本專門介紹西方各國及其亞洲殖民地地理、文化、風俗習慣的書，是越南第一部

討論西方國家的書籍。儘管在編輯過程中，使節阮文超仍深受時代、歷史的限制，但在越南當時大多數人仍不了解西方國家，也沒有相關書籍的情況之下，這一本可以彌補越南士大夫這方面的知識，其意義可想而知。

另外，越南國內當時最致命的問題之一莫過於決堤和水災所給人民帶來的重大損失和痛苦。因此越南使節利用出使期間，大量閱讀中國關於水利、治理水災方面的書籍，回國後根據越南紅河的具體水勢情況，完成了治理紅河水災、築堤、留堤的建議。再者，對越南當時極為緊迫的西方入侵問題，越南使節也據其出使經驗提出了脫離困境的方法。他們認為要讓越南不落入西方人手中，以我們目前的力量和情況，唯一的辦法是先進行革新，使越南在最快的時間內學到新科技、新知識。只有改變自己，讓自己強大起來，我們才可以擺脫外人的威脅與掌控。儘管這些對內、對外建議最後沒有全部被嗣德皇帝接納和實行，但越南使節的言行與論述已經產生了一定的影響，推動了越南走向革新、改變的道路。

總而言之，越南與中國，自古以來交流極為頻繁。而越南使節出使中國所留下來的燕行文獻，就是此頻繁交往最具體的結果與見證。1849~1877年間越南燕行錄的研究，揭開了越南與中國終止傳統外交關係前夕的一些文化、歷史現實，加強了我們對越中兩國此一時期關係的認識。與此同時，本論文仍有不少可以補充、待以加強的地方，可成為未來拓展研究的方向，茲簡述於下方：

除了反映中國形象的改變、西方勢力的蔓延和回國後的變法圖強之外，這時期的燕行作品無論在內容還是藝術方面，都是越中地方史、邊境、歷史、文化交流重要的一手材料，可基於此展開對中國地方歷史、地方文人、越中邊境交涉、越南使節的中國觀等相關探討。

另外，本論文目前主要利用越南出使中國北京的使團及其作品進行研究。將來在繼續蒐集散落在其他地方圖書館出使北京的燕行作品的同時，將努力對此時期出使中國其他地方使團進行全部考察，並找出其相關作品，以進行更多方面的研究。如此一來，相信可以更為真實、更為完整地還原這段時間越南與中國之間複雜、多元的外交關係。

參考文獻

一、原典、史料（依作者姓名筆劃排列）

（一）中文

1. 《清人宗文皇帝實錄》，北京：中華書局，1986。

2. 《清實錄康熙朝實錄》電子版 http://ctext.org/wiki.pl?if=gb&res=852061。

3. 中央研究院近代史研究所編：《中法越南交涉檔（三冊）》，台北：中央研究院近代史研究所，1983。

4. 中國第一歷史檔案館，遼寧省檔案館，北京大學圖書館：《清實錄（全60冊）》，北京：中華書局，2008。

5. 王文韶著，袁英光、胡逢祥整理：《王文韶日記》，《中國近代人物日記叢書》，北京：中華書局，1989。

6. 王治心：《中國基督教史綱》，上海：上海古籍出版社，2007。

7. 王錫祺輯：《小方壺齋輿地叢鈔》第13冊，台北：廣文書局，1962。

8. 田伏隆、中國人民政治協商會議、湖南省委員會、文史資料研究委員會：《湖南近150年史事日誌，1840～1990》，武漢：中國文史出版社，1993。

9. 吳晗：《朝鮮李朝實錄中的中國史料》，第11冊，北京：中華書局，1980。

10. 姜公韜：《中國通史：明清史》，北京：九州出版社，2010。

11. 翁同龢著、陳義傑整理：《翁同龢日記（全六冊）》，《中國近代任務日記叢書》，北京：中華書局，2006。

12. 馬先登：《再送越南貢使日記》，《歷代日記叢鈔》第87冊，北京：學苑出版社，2006。

13. 馬先登：《護送越南貢使日記》，《歷代日記叢鈔》第 79 冊，北京：學苑出版社，2006。

14. 清代詩文集彙編編纂委員會：《清代詩文集彙編》，上海：上海古籍出版社，2010。

15. 許文堂、謝奇懿編：《大南實錄清越關係史料彙編》，臺北：中央研究院東南亞區域研究計畫，2000。

16. 許文堂主編：《越南、中國與臺灣關係之轉變》，臺北：中央研究院東南亞區域研究計劃出版，2001。

17. 陳倫炯：《海國聞見錄》，《台灣歷史文獻叢刊》，台北：臺灣省文獻委員會，1996。

18. 陳慶浩、王三慶、陳義主編：《雨中隨筆》，《越南漢文小說叢刊第二輯》，台北：法國遠東學院出版、台灣學生書局印行，1991。

19. 喻大華：《道光皇帝》，武漢：長江文藝出版社，2009。

20. 復旦大學文史研究院、漢喃研究院：《越南漢文燕行文獻集成（越南所藏編）》，上海：復旦大學出版社，2010。

21. 曾國藩著，李彥青，范國華，李津生主編：《曾國藩日記》，天津：天津人民出版社，1995。

22. 賀長齡：《皇朝經世文編》，台北：文海出版社，1972。

23. 雲南省歷史研究所：《《清實錄》越南、緬甸、泰國、老撾史料摘抄》，昆明：雲南人民出版社，1986。

24. 黃軼球譯：《金雲翹傳》，北京：人民文學出版社，1959。

25. 賈臻：《接護越南貢使日記》，《歷代日記叢鈔》第 49 冊，北京：學苑出版社，2006。

26. 趙爾巽：《清史稿》，台北：新文豐出版公司，1981。

27. 趙翼撰，李解民點校：《簷曝雜記》，北京：中華書局，1982。

28. 羅玉東：《中國釐金史》，《中華現代學術名著叢書》，北京：商務印書館，2010。

29. 蔣廷黼：《中國近代史》，《蓬萊閣叢書》，上海：上海古籍出版社，1999。

30. 〔越〕《列仙傳》之《諸工藝祖師傳》，館藏編號 VNv.284。

31. 〔越〕《梁大王》，館藏編號 VHv.1845。

32. 〔越〕《摘艷詩集》，館藏編號 VHv.2573。

33. 〔越〕《禪苑傳燈錄》，館藏編號 VHv.9。

34. 〔越〕丁儒完：《默翁使集》，《越南漢文燕行文獻集成（越南所藏編）》第 1 冊，復旦大學文史研究院、漢喃研究院，上海：復旦大學出版社，2010。

35. 〔越〕吳士連等編，〔日〕引田利章校訂：《大越史記全書》，東京：填上堂出版，1884。

36. 〔越〕李文馥：《西行詩紀》，附載在《使程志略草》，越南漢喃研究院圖書館各，館藏編號 A.2150，VHc.1345。

37. 〔越〕李文馥：《使程志略艸》，《越南漢文燕行文獻集成（越南所藏編）》第 15 冊，復旦大學文史研究院、漢喃研究院，上海：復旦大學出版社，2010。

38. 〔越〕李文馥：《使程括要編》，《越南漢文燕行文獻集成（越南所藏編）》第 15 冊，復旦大學文史研究院、漢喃研究院，上海：復旦大學出版社，2010。

39. 〔越〕李文馥：《使程括要編》，《越南漢文燕行文獻集成（越南所藏編）》第 15 冊，復旦大學文史研究院、漢喃研究院，上海：復旦大學出版社，2010。

40. 〔越〕阮文超：《方亭文類》，河內國家圖書館，館藏編號 R。1218。

41. 〔越〕阮文超：《方亭隨筆錄》，《東亞儒學資料叢書》，台北：台大出版中心，2013。

42. 〔越〕阮文超：《方亭隨筆錄》卷四，河內國家圖書館，館藏編號 R.1215。

43. 〔越〕阮文超：《如燕驛程奏草》，《越南漢文燕行文獻集成（越南所藏編）》第 17 冊，復旦大學文史研究院、漢喃研究院，上海：復旦大學出版社，2010。

44. 〔越〕阮宗窐：《使華叢詠集》，《越南漢文燕行文獻集成（越南所藏編）》第 2 冊，復旦大學文史研究院、漢喃研究院，上海：復旦大學出版社，2010。

45. 〔越〕阮思僩：〈石農詩集〉，《南風雜誌中文版》，1917 年第 1 期，頁 34～35。

46. 〔越〕阮思僴：《石農文集》卷二之〈途間情形片奏〉，漢喃研究院圖書
    館館藏編號 VHv.1389／2。

47. 〔越〕阮思僴：《燕軺筆錄》，《越南漢文燕行文獻集成（越南所藏編）》
    第 19 冊，復旦大學文史研究院、漢喃研究院，上海：復旦大學出版社，
    2010。

48. 〔越〕阮思僴：《燕軺詩文集》，《越南漢文燕行文獻集成（越南所藏編）》
    第 20 冊，復旦大學文史研究院、漢喃研究院，上海：復旦大學出版社，
    2010。

49. 〔越〕阮述：《每懷吟草》，《越南漢文燕行文獻集成（越南所藏編）》第
    23 冊，復旦大學文史研究院、漢喃研究院，上海：復旦大學出版社，2010。

50. 〔越〕阮述撰、陳荊和註：《往津日記》，香港：香港中文大學新亞研究
    所東南亞研究室，1980。

51. 〔越〕明崢、范宏科譯：《越南史略》，上海：三聯書店，1958。

52. 〔越〕武輝瑨：《華原隨步集》，《越南漢文燕行文獻集成（越南所藏編）》
    第 6 冊，復旦大學文史研究院、漢喃研究院，上海：復旦大學出版社，
    2010。

53. 〔越〕武輝瑨：《華程後集》，《越南漢文燕行文獻集成（越南所藏編）》第
    6 冊，復旦大學文史研究院、漢喃研究院，上海：復旦大學出版社，2010。

54. 〔越〕段浚：《海煙詩集》，《越南漢文燕行文獻集成（越南所藏編）》第
    7 冊，復旦大學文史研究院、漢喃研究院，上海：復旦大學出版社，2010。

55. 〔越〕范世忠：《使清文錄》，《越南漢文燕行文獻集成（越南所藏編）》第
    14 冊，復旦大學文史研究院、漢喃研究院，上海：復旦大學出版社，2010。

56. 〔越〕范熙亮：《范魚堂北槎日記》，越南漢喃研究院圖書館，館藏編號
    A.848。

57. 〔越〕張登桂等纂：《大南實錄》，東京：日本慶應義塾大學言語文化研
    究所，1961，1981。

58. 〔越〕陳重金、戴可來譯：《越南通史》，北京：商務印書館，1992。

59. 〔越〕陶公正：《北使詩集》，《越南漢文燕行文獻集成（越南所藏編）》
    第 1 冊，復旦大學文史研究院、漢喃研究院，上海：復旦大學出版社，
    2010。

60. 〔越〕裴樻:《燕行總載》,《越南漢文燕行文獻集成（越南所藏編）》第15冊,復旦大學文史研究院、漢喃研究院,上海:復旦大學出版社,2010。

61. 〔越〕潘叔直編:《國史遺編》,《東南亞史料專刊之一》,香港:香港中文大學新亞研究所東南亞研究室排印本,1965。

62. 〔越〕潘清簡:《梁溪詩草》,館藏編號 A.2125。

63. 〔越〕潘輝注:《輶軒叢筆》,《越南漢文燕行文獻集成（越南所藏編）》第11冊,復旦大學文史研究院、漢喃研究院,上海:復旦大學出版社,2010。

64. 〔越〕黎竣、阮思僴、黃竝:《如清日記》,《越南漢文燕行文獻集成（越南所藏編）》第18冊,復旦大學文史研究院、漢喃研究院,上海:復旦大學出版社,2010。

65. 〔越〕黎貴惇:《北使通錄四卷（存二卷）》,《越南漢文燕行文獻集成（越南所藏編）》,復旦大學文史研究院、漢喃研究院,上海:復旦大學出版社,2010。

66. 〔越〕黎貴惇:《桂堂詩彙考》,《越南漢文燕行文獻集成（越南所藏編）》第3冊,復旦大學文史研究院、漢喃研究院,上海:復旦大學出版社,2010。

（二）越南文

1. 丁嘉慶、越南文學總集編寫委員會（Đinh Gia Khánh, Hội đồng biên tập tổng tập văn học Việt Nam）:《越南文學總集》（Tổng Tập Văn Học Việt Nam）,河內:社會科學出版社,2000 年。

2. 吳士連著、越南社會科學院翻譯（Ngô, S.L., Viện khoa học xã hội Việt Nam）:《大越史記全書》（Đại Việt Sử Ký Toàn Thu）,河內:社會科學院,1993 年。

3. 吳時任著、杜氏好、梅國聯、國學研究中心介紹（Ngô Thì Nhậm, et al.）:《吳時任作品》（Ngô Thì Nhậm: Tác Phẩm）,順化:國學研究中心,2001 年。

4. 吳時任著、林江、漢喃研究院介紹（Ngô Thì Nhậm，Lâm Giang, Viện nghiên cứu Hán Nôm）:《吳時任全集》（Ngô Thì Nhậm Toàn Tập）,河內:社會科學出版社,2004 年。

5. 吳時任著、武蘧介紹（Ngô Thì Nhậm, Vũ Khiêu）:《吳時任詩歌選譯》
（Thơ Ngô Thì Nhậm: Tuyển Dịch），河內：文學出版社，1986 年。

6. 阮文超著、陳黎創介紹（Nguyễn Văn Siêu, Trần Lê Sáng）:《方亭阮文超
詩文選集》（Tuyển Tập Văn-Thơ Phương Đình Nguyễn Văn Siêu），河內：
河內出版社，2010 年。

7. 阮石江、張正編輯和註釋（Nguyễn Thạch Giang, Trương Chính biên khảo
và chú giải）:《阮攸年譜和作品》（Nguyễn Du Niên Phổ Và Tác Phẩm），
河內：文化通訊出版社，2001 年。

8. 阮光勝介紹與翻譯（Nguyễn Quang Thắng giới thiệu, biên dịch）:《荷亭阮
述作品》（Hà Đình Nguyễn Thuật Tác Phẩm），胡志明市：胡志明市綜合
出版社，2005 年。

9. 阮如涉、阮文偍（Nguyễn Như Thiệp, Nguyễn Văn Đề）:《阮文超──詩
文和生平（或神筆阮文超──詩文和生平）》（Nguyễn Văn Siêu-Thi Ca Và
Tiểu Sử（Nét Bút Thần Nguyễn Văn Siêu-Thi Ca Và Tiểu Sử）），河內：新
越，1944 年。

10. 阮攸著、丕維介紹（Nguyễn Du, Phi Duy）:《阮攸 249 首漢詩》（249 Bài
Thơ Chữ Hán Nguyễn Du），河內：民族文化出版社，2003 年。

11. 阮攸著、陳文耳、丁寧介紹（Nguyễn Du, Trần Văn Nhĩ, Đinh Ninh）:《阮
攸漢詩:〈青軒詩集〉、〈南中雜吟〉、〈北行雜錄〉》（Thơ Chữ Hán Nguyễn
Du: Thanh Hiên Thi Tập, Nam Trung Tạp Ngâm, Bắc Hành Tạp Lục），河
內：文藝出版社，2007 年。

12. 阮攸著、黃維慈介紹（Nguyễn Du, Hoàng Duy Từ）:《北行雜錄》（Bắc Hành
Tạp Lục），河內：黃俊祿，1986 年。

13. 阮攸著、裴幸謹介紹（Nguyễn Du, Bùi Hạnh Cẩn）:《阮攸 192 首漢詩》
（192 Bài Thơ Chữ Hán Của Nguyễn Du），河內：文化通信出版社，1996
年。

14. 阮宗窐撰，梅紅介紹（Nguyễn Tông Quai, Mai Hồng giới thiệu）:《使程新
傳》（Sứ Trình Tân Truyện），太平：太平文化通訊與體操處，1993 年。

15. 阮皇親（Nguyễn Hoàng Thân）:《范富恕詩文》（Thơ Văn Phạm Phú Thứ），
峴港：峴港出版社，2011 年。

16. 阮皇親（Nguyễn Hoàng Thân）:《范富恕與《蔗園全集》》（Phạm Phú Thứ Với Giá Viên Toàn Tập），峴港：文學出版社，2011 年。

17. 阮族李朝後裔（Vân Lâm Nguyễn Tộc Lý Triều Hậu Duệ）:《黃甲阮思僩：生平與作品》（Hoàng Giáp Nguyễn Tư Giản: Cuộc Đời Và Thơ Văn），河內：東西文化語言出版社，2001 年。

18. 阮憲黎、阮光勝（Nguyễn Hiến Lê, Nguyễn Quang Thắng）:《史學》（Sử Học），河內：文學出版社，2006 年。

19. 東川選譯（Nhiều tác giả, Đông Xuyên tuyển dịch）:《漢越詩選集》（Tuyển Tập Thơ Hán Việt），出版地不詳：香稿，1975 年。

20. 枚國聯（Mai Quốc Liên）:《阮攸全集》（Nguyễn Du Toàn Tập），河內：文學出版社，1996 年。

21. 范邵、陶芳平（Phạm Thiều, Đào Phương Bình）:《使程詩》（Thơ Đi Sứ），河內：社會科學出版社，1993 年。

22. 范富恕（Phạm Phu Thừ）:《范富恕全集》（Phạm Phú Thứ Toàn Tập），峴港：峴港出版社，2014 年。

23. 范德成勇、順化古都遺跡保存中心（Phạm Đức Thành Dũng, Trung tâm bảo tồn di tích cố đô Huế）:《科舉和阮朝中試者》（Khoa Cử Và Các Nhà Khoa Bảng Triều Nguyễn），順化：順化古都遺跡保存中心，2000 年。

24. 茶嶺組（Nhóm Trà Lĩnh）:《鄧輝煊：生平與作品》（Đặng Huy Trứ - Con Người Và Tác Phẩm），胡志明市：胡志明市出版社，1990 年。

25. 張有炯、丁春林、李茂憾（Trương Hữu Quýnh, Đinh Xuân Lâm, Lê Mậu Hãn）:《越南歷史大綱》（Đại Cương Lịch Sử Việt Nam），河內：教育出版社，1999 年。

26. 陳氏冰清（Trần, Thị Băng Thanh）:《吳時仕》（Ngô Thì Sĩ），河內：河內出版社，1987 年。

27. 陳氏冰清主編（Trần Thị Băng Thanh（chủ biên））:《越南十五至十七世紀文學》（Văn Học Thế Kỷ Xv～Xvii），河內：社會科學出版社，2004 年。

28. 陳仲金（Trần Trọng Kim）:《越南史略》（Việt Nam Sử Lược），河內：文化通訊出版社，1999 年。

29. 陳仲金（Trần Trọng Kim）:《儒家》（Nho Giáo），河內：新越，2003 年。

30. 陳黎創挑選和介紹（Trần, Lê Sáng（Chủ trì tuyển chọn, giới thiệu））：《方亭阮文超詩文選集》（Tuyển Tập Văn Thơ Phương Đình Nguyễn Văn Siêu），河內：河內出版社，2010 年。

31. 楊經國（Dương Kinh Quốc）：《越南歷史年表：1858～1919》（Việt Nam Những Sự Kiện Lịch Sử（1858～1919）），河內：教育出版社，2006 年。史學院（Viện Sử học）：《越南歷史》（Lịch Sử Việt Nam），河內：社會科學出版社，2007 年。

32. 楊廣含（Dương Quảng Hàm）：《越南文學史要》（Việt Nam Văn Học Sử Yếu），胡志明市：青年出版社，2005 年。

33. 裴維新（Bùi Duy Tân）：《馮克寬：作家和作品》（Trạng Bùng Phùng Khắc Khoan: Tác Gia, Tác Phẩm），河西：河西文化通訊處，2000 年。

34. 潘輝注、潘輝黎、Claudine Salmon、謝仲俠翻譯與介紹（Phan Huy Chú, Phan Huy Lê, Claudine Salmon và Tạ Trọng Hiệp dịch và giới thiệu）：《潘輝注及其《海程志略》》（Phan Huy Chú Và Hải Trình Chí Lược），巴黎：群島協會，1994 年。

35. 編輯部（Nhiều người soạn）：《阮偍漢文詩選集》（Tuyển Tập Thơ Chữ Hán Nguyễn Đề），河內：社會科學出版社，1995 年。

36. 編輯部（Nhiều người soạn）：《段阮俊詩文〈海翁詩集〉》（Thơ Văn Đoàn Nguyễn Tuấn（Tức Hải Ông Thi Tập）），河內：社會科學出版社，1982 年。

37. 編輯部（Nhiều tác giả）：《高伯適全集，第一集》（Cao Bá Quát Toàn Tập, Tập 1），河內：國學研究中心、文學出版社，2004 年。

38. 黎文超（Lê Văn Siêu）：《越南文學史》（Văn Học Sử Việt Nam），胡志明市：文學出版社，2006 年。

39. 黎阮（Lê Nguyễn）：《阮朝及其歷史問題》（Nhà Nguyễn Và Những Vấn Đề Lịch Sử），河內：人民公安出版社，2009 年。

40. 黎雀介紹、阮攸著（Nguyễn Du, Lê Thước）：《阮攸漢詩選》（Thơ Chữ Hán Nguyễn Du），河內：文學出版社，1978 年。

41. 〔英〕威廉姆斯・丹皮爾（Williams, Dampier）：《1688 年到越南塘外的旅行》（Một Chuyến Du Hành Đến Đàng Ngoài Năm 1688），河內：世界出版社，2007 年。

（三）西文

1. Clark, Hugh R: Community, Trade, and Networks. Cambridge University Press, 2002.

2. Ebrey, Patricia Buckley: The Cambridge Illustrated History of China. Cambridge Univ Press, 1996.

3. Chapuis, O. A History of Vietnam: From Hong Bang to Tu Duc. Greenwood Press, 1995.

4. Yi, D. A Concise History of the Qing Dynasty. Enrich Professional Publishing （S）Private, Limited, 2012.

5. Rowe, William T. China's Last Empire the Great Qing.Cambridge, Mass., Belknap Press of Harvard University Press, 2009.

二、工具書

（一）中文

1. 劉春銀、王小盾、陳義主編：《越南漢喃文獻書目提要》,《台北：中央研究院中國文哲研究所,2002。

2. 鄭天挺：《中國歷史大辭典》,上海：上海辭書出版社,2000。

（二）越南文

1. 阮光勝、阮伯世（Nguyễn Quang Thắng, Nguyễn Bá Thế）：《越南歷史人物詞典》（Từ Điển Nhân Vật Lich Sử Việt Nam）,河內：社會科學出版社,1992 年。

2. 賴原恩（Lại Nguyên Ân chủ biên）：《越南文學詞典》（Từ Điển Văn Học Việt Nam）,河內：教育出版社,1999 年。

3. 〔美〕越學院（Viện Việt Học）：《南風雜誌資料庫》（Nam Phong Tạp Chí 1917～1934: Archive Collection）,Westminster：越學院,2009 年。

三、專書

（一）中文

1. 丁汝芹：《清代內廷演劇史話》,北京：紫禁城出版社,1999。

2. 丁汝芹：《清宮戲事：宮廷演劇二百年》,北京：中國國際廣播出版社,

2013。

3. 方漢奇：《中國新聞事業通史》，北京：中國人民大學出版社，1992。

4. 朱雲影：《中國文化對日韓越的影響》，南寧：廣西師範大學出版社，2007。

5. 何乃英主編：《東方文學概論》，北京：中國人民大學出版社，1999。

6. 李雲漢：《中國近代史》，台北：三民書局，1985。

7. 李澤厚：《美的歷程》，《美學三書》，合肥：安徽文藝出版社，1999。

8. 杜慧月：《明代文臣出使朝鮮與皇華集》，北京：人民出版社，2010。

9. 季羨林、劉安武：《東方文學辭典》，吉林：吉林教育出版社，1992。

10. 胡應麟：《詩藪》，上海：上海古籍出版社，2002。

11. 孫宏年：《清代中越宗藩關係研究》，哈爾濱：黑龍江教育出版社，2006。

12. 徐中約：《中國近代史：中國的奮鬥》，香港：香港中文大學出版社，2000。

13. 梁潮、麥永雄、盧鐵澎：《新東方文學史》，南寧：廣西師範大學出版社，1990。

14. 陳益源：《中越漢文小說研究》，香港：東亞文化出版社，2007。

15. 陳益源：《越南漢籍文獻述論》，北京：中華書局，2011。

16. 陳益源：《蔡廷蘭及其海南雜著》，臺北：里仁書局，2006。

17. 陶鎔、陳以令：《中越文化論集》，台北：國防研究院，中華大典編印會合作，1968。

18. 廖奔、劉彥君著：《中國戲曲發展史》，北京：中國戲曲出版社，2013。

19. 熊月之：《西學東漸與晚清社會》，上海：上海人民出版社，1994。

20. 褚斌杰：《中國古代文體概論》，北京：北京大學出版社，1990。

21. 趙文林、謝淑君：《中國人口史》，北京：人民出版社，1988。

22. 劉玉珺：《越南漢喃古籍的文獻學研究》，北京：中華書局，2007。

23. 薛鳳昌：《文體論》，台北：臺灣商務印書館，1998。

24. 嚴艷：《越南如清使漢文文學研究》（上下兩部），台北：花木蘭文化事業公司，2019 年。

25. 〔英〕尼古拉斯·塔林（Tarling，N.）：《劍橋東南亞史》，第 1 冊，昆明：雲南人民出版社，2003。

26. 〔越、韓〕鄭克孟、仁荷大學：《越南與韓國使節在中國的詩文唱和》，首爾：仁荷大學出版社，2014。

27. 〔美〕羅維・W. T.（Rowe, W. T.）:《漢口:一個中國城市的衝突與社區（1796～1895）》,北京:中國人民大學出版社,2008。

(二)越南文

1. 編輯部（Nhiều tác giả）:《阮朝歷史問題》（Những Vấn Đề Lịch Sử Triều Nguyễn）,胡志明市:胡志明市文化出版社,2007 年。

2. 編輯部（Nhiều Tác Giả）:《越南革新派一些人物》（Một Số Gương Mặt Canh Tân Việt Nam）,河內:人民軍隊出版社,2014 年。

3. 陳益源（Trần Ích Nguyên）:《越南阮朝所藏中國漢籍與使華詩文》（Thư tịch Trung Quốc và thơ văn đi sứ Trung Quốc của Việt Nam nhà Nguyễn）,河內:師範大學出版社,2018 年。

4. 鄧越水（Đặng Việt Thủy）:《117 位越南使節》（117 Vị Sứ Thần Việt Nam）,河內:人民軍隊出版社,2009 年。

5. 杜德雄、史學院（Đô, Đ.H., Viện sử học）:《阮朝十九世紀北部平原治水問題研究》（Vấn Đề Trị Thủy Ở Đồng Bằng Bắc Bộ Dưới Thời Nguyễn Thế Kỷ Xix）,河內:社會科學出版社,1997 年。

6. 范長康（Phạm Trường Khang）:《越南使臣》（Các Sứ Thần Việt Nam）,河內:文化通訊出版社,2010 年。

7. 國際關係學院（Học viện Quan hệ Quốc tế）:《出使與接待使節故事》（Những Mẩu Chuyện Đi Sứ Và Tiếp Sứ）,河內:國際關係學院,2001 年。

8. 黎貴惇著,阮氏雪翻譯,阮氏冰清校訂（Lê Quý Đôn sáng tác, Nguyễn Thị Tuyêts dịch）:《北使通錄》,河內:師範大學出版社,2018 年。

9. 潘氏秋賢（Phan Thị Thu Hiền）:《李文馥的《閩行詩話》——史料、文學、文化和外交價值》（Mân hành thi thoại tập của Lý Văn Phức: Những giá trị sử liệu, văn chương, văn hoá và ngoại giao）,河內:河內國家大學出版社,2020 年。

10. 裴春訂、阮日職（Bùi Xuân Đính, Nguyễn Viết Chức）:《河內昇龍城的科榜村》（Các Làng Khoa Bảng Thăng Long-Hà Nội）,河內:國家政治出版社,2004 年。

11. 阮登挪（Nguyễn Đăng Na）:《越南中代文學解碼》（Con Đường Giải Mã Văn Học Trung Đại Việt Nam）,河內:教育出版社,2007 年。

12. 阮輝瑩（Nguyễn Huy Oánh）:《皇華使程圖》（Hoàng Hoa sứ trình đồ），榮市：榮市大學出版社，2018 年和 2021 年版；阮輝瑩:《皇華使程圖》，榮市：榮市大學出版社，2018 年和 2021 年版。

13. 阮輝瑩（Nguyễn Huy Oánh）:《燕軺日程》（Yên thiều nhật trình），榮市：榮市大學出版社，2021 年。

14. 阮青松（Nguyễn Thanh Tùng）:《范師孟——生平與作品》（Phạm Sư Mạnh-Cuộc đời và thơ văn），河內：師範大學出版社，2018 年。

15. 阮氏香(Nguyễn Thị Hường):《漢文和喃文越南歷史教科書研究》(Nghiên Cứu Cách Dạy Lịch Sử Việt Nam Viết Bằng Chữ Hán Và Chữ Nôm)，河內：世界出版社，2013 年。

16. 阮玉瓊（Nguyễn Ngọc Quỳnh）:《阮朝教育系統和科舉制度》（Hệ Thống Giáo Dục Và Khoa Cử Nho Giáo Triều Nguyễn），河內：國家政治出版社，2011 年。

17. 阮肇律（Nguyễn Triệu Luật）:《考場之路》（Ngược Đường Trường Thi），西貢：四方出版社，1957 年。

18. 吳世龍(Nguyễn Thế Long):《古代出使與接待使節故事》(Chuyện Đi Sứ，Tiếp Sứ Thời Xưa)，河內：文化通訊出版社，2001 年。

19. 吳文章（Ngô Văn Chương）:《從善王詩歌的社會、道理感情傾向之分析》（Phân Tích Những Khuynh Hướng Tình Cảm Đạo Lí Xã Hội Trong Thi Ca Tùng Thiện Vương），西貢：負責文化國務卿府，1973 年。

20. 〔日〕坪井善明（Yoshiharu，Tsuboi）:《面對法國與中國的大南（1847～85）》（Nước Đại Nam Đối Diện Với Pháp Và Trung Hoa （1847～1885）），胡志明市：青年出版社，2011 年。

21. 〔美〕越流（Dòng Việt）:《越流第二期——越南語言與文學選集（第 1 集）》（Dòng Việt Số 2 - Tuyển Tập Ngôn Ngữ Và Văn Học Việt Nam Số 2 Tập 1），坎貝爾：越流，1994 年。

22. 〔美〕越流（Dòng Việt）:《越流第二期——越南語言與文學選集（第 2 集）》（Dòng Việt Số 2 - Tuyển Tập Ngôn Ngữ Và Văn Học Việt Nam Số 2 Tập 2），坎貝爾：越流，1994 年。

四、期刊與專書論文（依作者姓名筆劃排列）

（一）中文

1. 于向東：〈西方入侵前夕越南阮朝的外洋公務〉，《歷史研究》，2012 年第 1 期，頁 124～142。

2. 小峰和明、冉毅：〈瀟湘八景在東亞的展開〉，《湖南科技學院學報》2017 年 05 期。

3. 王志強、權赫秀：〈從 1883 年越南遣使來華看中越宗藩關系的終結〉，《史林》，2011 年第 2 期，頁 85～91+189。

4. 王志強：〈越南漢籍《阮述〈往津日記〉》與《建福元年如清日程》的比較〉，《東南亞縱橫》，2012 年第 12 期，頁 56～59。

5. 王志強：〈越南漢籍《往津日記》及其史料價值評介〉，《東南亞縱橫》，2010 年第 12 期，頁 71～74。

6. 王志強：〈從越南漢籍《往津日記》看晚清中越文化交流〉，《蘭台世界》，2013 年第一月期，頁 31～32。

7. 王勇：〈燕行使筆談文獻概述——東亞筆談文獻研究之一〉，《外文研究》，2013 年第 1 期，頁 37～42。

8. 王禹浪、程功、劉加明：〈近二十年中國《燕行錄》研究綜述〉，《哈爾濱學院學報》，2012 年第 11 期，頁 1～12。

9. 王偉勇：〈中越文人〔意外〕交流之成果——《中外群英會錄》述評〉，《成大中文學報》，2007 年第 17 期，頁 117～152。

10. 王晨光：〈明清越南使節燕行檔案中的中國風貌〉，《浙江檔案》，2014 年第 7 期，頁 51～53。

11. 朱春潔：〈晚清壯族詩人黎申產與越南使臣的詩文交往〉，《河池學院學報》2018 年第 03 期。

12. 何千年：〈越中典籍中的兩國詩人交往〉，《揚州大學學報：人文社會科學版》，2006 年第 10 期，頁 49～53。

13. 何永艷：〈越南花山岩畫文獻研究〉，《民族藝術研究》，2017 年第 6 期，頁 114～121。

14. 何芳川：〈古代來華使節考論〉，《北京大學學報（哲學社會科學版）》，2005 年第 03 期，頁 64～75。

15. 呂小蓬：〈文學地理學視域下的華北一景——越南如清使臣紀行詩中的雄安書寫研究〉，《河南大學學報》（社會科學版）2020 年第 06 期。

16. 呂小蓬：〈馮克寬獻萬曆帝祝蝦詩的外交文化解讀〉，《北京社會科學》2017 年第 10 期，頁 74～81。

17. 李未醉：〈略論近代中越科學技術交流（1640～1918)〉，《上饒師范學院學報》，2007 年第 4 期，頁 52～55。

18. 李帥、楊寧寧：〈清代越南使臣詠豫讓詩注評〉，《邢台學院學報》2020 年第 2 期，頁 35～40 頁。

19. 李帥：〈明清越南使臣眼中的橫縣——以《越南漢文燕行文獻集成》為中心〉，《老區建設》2020 年 04 期。

20. 李帥：〈清代越南使臣詠董仲舒詩五首〉，《德州學院學報》2020 年第 36 卷第 5 期，頁 73～75。

21. 李帥：〈越南使臣燕行心態——以南寧詩為例〉，《名作欣賞》2020 年 21 期。

22. 李修章：〈讀越南詩人阮攸《北行雜錄》有感〉，《東南亞研究》，1991 年第 1 期，頁 97～99+106。

23. 李娜：〈1849 年越南如清使臣與清朝伴送官唱和詩芻議〉，〈南寧師範大學學報〉（哲學社會科學版），2014 年第 06 期。

24. 李惠玲、陳奕奕：〈相逢筆墨便相親——越南使臣李文馥在閩地的交遊與唱和〉，《百色學院學報》2017 年第 2 期，頁 122～27。

25. 李惠玲：〈「他者」之眼：中越使臣詩中的廣西形象〉，《江西社會科學》2020 年 06 期。

26. 李焯然：〈越南史籍對「中國」及「華夷」觀念的詮釋〉，《復旦學報（社會科學版）》，2008 年第 2 期，頁 10～18。

27. 李睟光：〈芝峰集——朝鮮李睟光著〉，《南風雜誌中文版》，第 152 期。

28. 李慶新：〈清代廣東與越南的書籍交流〉，《學術研究》2015 年第 12 期，頁 93～103。

29. 李標福：〈寓粵越南使臣鄧輝㷻與清人之交誼及其他〉，《五邑大學學報》（社會科學版），2015 年第 17 卷第 2 期，頁 28～33。

30. 李曉媛：〈古代越南使臣筆下的廣西扶綏——以《越南漢文燕行文獻集成》為視角〉，《廣西教育學院學報》2020 年第 6 期。

31. 李謨潤：〈《拒斥與認同：安南阮攸《北行雜錄》文獻價值審視》，《廣西民族學院學報（哲學社會科學版）》，2005 年第 6 期，頁 157～161。

32. 沈玉慧：〈清代朝鮮使節在北京的琉球情報蒐集〉，《漢學研究》，2011 年第 29 期，頁 155～190。

33. 阮氏銀、陳益源：〈擦身而過──越南李文馥與台灣蔡廷蘭的詩緣交錯〉，《臺灣古典文學研究集刊》，2009 年第 2 期，頁 77～100。

34. 阮玉郡、胡玉明：〈阮述與當時中國官員、知識分子之文化交流〉，《國文天地》2020 年第 424 期，頁 39～44。

35. 阮黃燕：〈「遠海驚看牛馬及」──越南使節眼中的西方見聞〉，《國文天地》2020 年第 424 期，頁 45～50。

36. 阮黃燕：〈論越南十九世紀筆記中之台灣形象〉，《東亞漢文學與民俗文化論叢》，台北：樂學書局，2011，頁 219～244。

37. 阮蘇蘭：〈越南封建時代國立圖書館略考〉，《東亞漢文學與民俗文化論叢（二）》，台北：樂學書局，2011，頁 245～264。

38. 武氏清簪：〈吳時位未及獻上的祝壽詞〉，《國文天地》2020 年第 424 期，頁 21～27。

39. 姚瑤、何氏錦燕：〈1840～1885 年越南使臣入清日記研究〉，《紅河學院學報》2021 年第一期，頁 16～20。

40. 胡夢飛：〈《奉使燕京總歌並日記》所見江蘇運河風物考述〉，《江蘇地方志》2017 年 02 期，頁 33～37。

41. 姬芳序：〈越南後黎朝使者筆下的山東形象探析〉，《山東農業大學學報（社會科學版）》2020 年 03 期。

42. 孫宏年：〈從傳統到「趨新」：使者的活動與清代中越科技文化交流芻議〉，《文山學院學報》，2010 年第 1 期，頁 39～44。

43. 孫宏年：〈清代中國與鄰國「疆界觀」的碰撞、交融芻議──以中國、越南、朝鮮等國的「疆界觀」及影響為中心〉，《中國邊疆史地研究》，2011 年第 4 期，頁 12～22。

44. 孫建黨：〈「華夷」觀念在越南的影響與阮朝對周邊國家的亞宗藩關係〉，《許昌學院學報》，2011 年第 6 期。

45. 馬達：〈論中國古代農業文化在越南的傳播和影響〉，《華北水利水電學院

學報（社科版）》，2009 年第 1 期，頁 79～82。

46. 張宇：〈越南貢使與中國伴送官的文學交流——以裴文禩與楊恩壽交遊為中心〉，《學術探索》，2010 年第 4 期，頁 140～144。

47. 張京華：〈「北南還是一家親」——湖南永州浯溪所見越南朝貢使節詩刻述考〉，《中南大學學報（社會科學版）》，2011 年第 5 期，頁 160～163。

48. 張京華：〈三「夷」相會——以越南漢文燕行文獻集成為中心〉，《外國文學評論》，2012 年第 1 期，頁 5～44。

49. 張京華：〈從越南看湖南——《越南漢文燕行文獻集成》湖南詩提要〉，《湖南科技學院學報》，2011 年第 3 期，頁 54～62。

50. 張京華：〈黎貴惇《瀟湘百詠》校讀〉，《湖南科技學院學報》，2011 年第 10 期，頁 41～48。

51. 張崑將（Trương Côn Tương），（2015），越南〔史臣〕與〔使臣〕對〔中國〕意識的分歧比較，臺灣東亞文明研究學刊，12（1），167～191。

52. 張惠鮮、王曉軍、張冬梅：〈淺論越南使臣與花山岩畫〉，《廣西民族研究》2016 年第 4 期。

53. 張惠鮮：〈左江流域視野下安南貢使與中越文化交流〉，《廣西社會科學》2018 年 12 期。

54. 張惠鮮：〈淺析越南阮攸的左江流域印象〉，《東南亞縱橫》2015 年第 5 期，頁 57～61。

55. 張澤槐：〈談談湘桂走廊的越南使者詩文〉，《廣西教育學院學報》2016 年第四期，頁 17～27。

56. 莊秋君：〈十九世紀越南華裔使節對中國的書寫——以越南燕行錄為主要考察對象〉，《漢學研究集刊》2015 年第 20 期，頁 113～135。

57. 莊秋君：〈丈夫之志——兩次廣東使程對越南使節鄧輝𤏸的影響探析〉，《雲漢學刊》2016 年第 33 期，頁 116～134。

58. 許文堂：〈十九世紀清越外交關係之演變〉，《中央研究所近代史研究所期刊》，2000 年第 34 期，頁 269～316。

59. 許文堂：〈范慎遹《如清日程》題解〉，《亞太研究通訊》，2002 年第 18 期，頁 24～27。

60. 許玉亭：〈晚清宮廷演戲點滴〉，《紫禁城》，1986 年第 3 期，頁 38～39。

61. 陳三井：〈中法戰爭前夕越南使節研究——以阮氏為例之探討〉，收入中法戰爭前夕越南使節研究——以阮氏為例之探討（中央研究院東南亞區域研究計畫）：《越南・中國與臺灣關係的轉變》，2000 年，頁 63～76。

62. 陳三井：〈阮述《往津日記》在近代史研究上的價值〉，《台灣師大歷史學報》，1990 年，第 231～244。

63. 陳文：〈安南後黎朝北使使臣的人員構成與社會地位〉，《中國邊疆史地研究》，2012 年第 2 期，頁 114～126。

64. 陳正宏：〈越南燕行使者的清宮游歷與戲曲觀賞〉，《故宮博物院院刊》，2012 年第 5 期，頁 31～40。

65. 陳益源、凌欣欣：〈中國古籍在越南的傳播與接受——據北書南印板以考〉，《國際中國學研究》2009 年第十二輯。

66. 陳益源：〈中國明清小說在越南的流傳與影響〉，《上海師範大學學報（哲學社會科學版）》2009 年第 38 卷第 1 期。

67. 陳益源：〈在閩南與越南之間——以越南使節李文馥家族為例〉，《應華學報》2016 年第 17 期，頁 1～16。

68. 陳益源：〈周遊列國的越南名儒李文馥及其華夷之辯〉，《越南漢籍文獻述論》，北京：中華書局，2011，頁 225～236。

69. 陳益源：〈范仲淹〈岳陽樓記〉對清代越南使節岳陽樓詩文的影響〉，《2014 第三屆台灣南區大學中文系聯合學術會議論文集》：中山大學中文系，2014，137～157。

70. 陳益源：〈范仲淹《岳陽樓記》對清代越南使節岳陽樓詩文的影響〉，《長江學術》2015 年第 01 期，頁 19～29。

71. 陳益源：〈清代越南使節在中國的購書經驗〉，《越南漢籍文獻述論》，北京：中國書局，2011 年，頁 1～48。

72. 陳益源：〈清代越南使節與孝感〉，《成大中文學報》2015 年第 50 期，頁 85～107。

73. 陳益源：〈寓粵文人繆艮與越南使節的因緣際會——從筆記小說《塗說》談起〉，《明清小說研究》，2011 年第 2 期，頁 212～226。

74. 陳益源：〈越南李文馥筆下十九世紀初的亞洲飲食文化〉，《越南漢籍文獻述論》，北京：中華書局，2011 年，頁 263～282。

75. 陳益源：〈越南使節鄧輝㷸與越中書籍的交流〉，《國文天地》2020 年第 424 期，頁 28～39。

76. 陳益源：〈越南漢文學中的東南亞新世界──以 1830 年代初期為考察對象〉，《深圳大學學報：人文社會科學版》，2010 年第 1 期，頁 119～125。

77. 陳國寶：〈越南使臣對晚清社會的觀察與評論〉，《史學月刊》，2013 年第 10 期，頁 55～67。

78. 陳國寶：〈越南使臣與清代中越宗藩秩序〉，《清史研究》，2012 年第 2 期，頁 63～75。

79. 陳學霖：〈「華人夷官」：明代外蕃華籍貢使考述〉，《中國文化研究所學報》，2012 年第 54 期，頁 29～68。

80. 陳學霖：〈明代安南籍宦官史事考述：金英、興安〉，《中國文化研究所學報》1998 年第 7 期，頁 45～86。

81. 陳學霖：〈記明代外番入貢中國之華籍使事〉，《大陸雜誌》1962 年第 24 卷第 4 期，頁 16～21。

82. 陳雙燕：〈試論歷史上中越宗藩關係的文化心理基礎〉，《歷史教學問題》，1994 年第 2 期。

83. 彭丹華：〈東越觀風記〉，《湖南科技學院學報》，2012 年第 9 期，頁 205～208。

84. 彭丹華：〈越南使者詠永州（二）〉，《湖南科技學院學報》，2013 年第 9 期，頁 15～20。

85. 彭丹華：〈越南使者詠屈原詩三十首校讀〉，《湖南科技學院學報》，2011 年第 10 期，頁 35～40。

86. 彭丹華：〈越南使者詠柳宗元〉，《湖南科技學院學報》，2011 年第 3 期，頁 27～29。

87. 彭茜：〈試論國內學界對越南來華使節及其漢詩的研究〉，《東南亞縱橫》，2013 年第 8 期，頁 52～55。

88. 彭敏：〈元結紀詠詩文研究──以湖南浯溪碑林與越南燕行文獻為中心〉，《湖南科技學院學報》，2012 年第 1 期，頁 16～20。

89. 馮小祿、張歡：〈越南馮克寬《使華詩集》三考〉，〈文獻〉，2018 年第六期。

90. 馮立軍：〈古代華僑華人與中醫藥在東南亞的傳播〉,《華僑華人歷史研究》,2003 年第 1 期,頁 54～55。

91. 黃俊傑、阮金山：〈越南儒學資料簡介〉,《台灣東亞文明研究學刊》,2013 年。

92. 黃純艷：〈論華夷一統思想的形成〉,《思想戰線》,1995 年第 2 期。

93. 黃騰：〈清代越南使臣桂林詩的生態美學意蘊──以《越南漢文燕行文獻集成》為視角〉,《桂林師範高等專科學校學報》2020 年 01 期。

94. 黃騰：〈清代越南使臣與安靈渠詩文研究──以《越南漢文燕行文獻集成》為視角〉,《桂林師範高等專科學校學報》2019 年 06 期。

95. 黃權才：〈明清兩朝來華使節的花山詩篇〉,《廣西師範學院學報》(哲學社會科學版),2013 年第 34 卷第 2 期,頁 48～52。

96. 黃權才：〈古代越南來華使節的南寧詩篇〉,《廣西文史》2014 年第 1 期,頁 70～76。

97. 楊萬秀：〈關於《越法几爾賽條約》的問題〉,《學術論壇》,1981 年第 3 期。

98. 葛兆光：〈朝貢、禮儀與衣冠──從乾隆五十五年安南國王熱河祝壽及請改易服色說起〉,《復旦學報(社會科學版)》,2012 年第 2 期,頁 1～11。

99. 詹志和：〈越南北使漢詩與中國湖湘文化〉,《中南林業科技大學學報(社會科學版)》,2011 年第 6 期,頁 147～150。

100. 雷慧萃：〈淺析越南獨特的詩歌體裁──六八體和雙七六八體〉,《東南亞縱橫》,2004 年第 8 期。

101. 廖寅：〈宋代安南使節廣西段所經路線考〉,《中國歷史地理論叢》,2012 年第 2 期,頁 95～104。

102. 廖肇亨：〈使於四方,不辱君命：淺談明清東亞使節文化書寫〉,《中央研究院週報》,2013 年 1330 期,頁 6～7。

103. 劉玉珺：〈中國使節文集考述──越南篇〉,《首都師範大學學報：社會科學版》,2007 年第 3 期,頁 29～35。

104. 劉玉珺：〈從清代粵越地方文獻看中越書籍交流〉,《中國文化研究》2017 年春之卷,頁 169～180。

105. 劉玉珺：〈晚清壯族詩人黎申產與中越文學交流〉,《民族文學研究》,2013

年第 3 期，頁 29～38。

106. 劉玉珺：〈晚清壯族詩人黎申產與中越文學交流〉，《民族文學研究》，2013年第 3 期，頁 29～38。

107. 劉玉珺：〈越南使臣與中越文學交流〉，《學術交流》，2007 年第 1 期，頁 141～146。

108. 劉晶：〈明代玉河館門禁及相關問題考述〉，《安徽史學》，2012 年第 5 期，頁 21～28。

109. 劉源：〈原型批評視閾下古代越南使節旅桂詩的意象研究〉，《欽州學院學報》2018 年第 33 卷第 9 期，頁 38～42。

110. 劉源：〈清朝越南使節旅桂詩中的靈渠文化〉，《廣西民族師範學院學報》2019 年 04 期。

111. 劉源：〈論古代越南使節旅桂詩的廣西文化景觀〉，《名作欣賞》2018 年第 17 期，頁 98～99。

112. 劉曉敏、滕蘭花：〈清代越南使臣與廣西士人交遊探析〉，《玉溪師範學院學報》2017 年第 33 卷第 1 期，頁 8～13。

113. 潘怡君：〈清代越南使臣眼中的廣西少數民族形象及成因——以吳時任的《皇華圖譜》為中心〉，《科教導刊》2017 年第 08 期。

114. 鄭幸：〈《默翁使集》中所見越南使臣丁儒完與清代文人之交往〉，《文獻》，2013 年第 2 期，頁 174～180。

115. 鄭瑞明：〈越南華僑潘清簡之研究（1796～1867）〉，《臺灣師大歷史學報》，1984 年第 12 期，頁 115～140。

116. 鄭維寬、林炫臻：〈從禮儀之爭看歷史上中越宗藩關係的複雜性〉，《文山學院學報》2018 年第 31 卷第 1 期，頁 17～23。

117. 黎光長：〈「萬里關河夢未圓」——論潘清簡使節詩〉，《國文天地》，2020年第 424 期，頁 21～28。

118. 謝小蘭、滕蘭花：〈從蔡廷蘭的《海南雜著》看中越文化交流〉，《廣西民族師範學院學報》，2012 年第 4 期，頁 62～66。

119. 韓琦：〈中越歷史上天文學與數學的交流〉，《中國科技史料》，1991 年第 12 期，頁 3～8。陳文：〈安南黎朝使臣在中國的活動與管待——兼論明清朝貢制度給官名帶來的負擔〉，《東南亞縱橫》，2011 年第 5 期，頁 78

～84。

120. 羅長山:〈越南陳朝使臣中國使程詩文選輯〉,《廣西教育學院學報》,1998
年第 1 期,頁 205～211。

121. 嚴艷:〈18～19 世紀越南華裔如清使及其家族漢文學創作述論〉,《暨南
學報(哲學社會科學版)》2017 年 06 期。

122. 嚴艷:〈越南如清使燕行詩中的洞庭文化探析〉,《廣西民族大學學報(哲
學社會科學版)》2017 年 02 期。

123. 嚴艷:〈論越南使臣阮攸對杜甫的接受與承繼〉,《中國文化研究》,2019
年第四期。

124. 〔越〕〈北使佳話〉,《南風雜誌》漢文版,第 139～143 期。

125. 〔越〕〈越華逸話:越南、中國使臣出使故事〉,《南風雜誌》漢文版,第
135 期。

126. 〔越〕〈擬錢某官奉往北使〉,《南風雜誌》漢文版,第 185 期。

127. 〔越〕黎:〈北行略記〉,《南風雜誌》漢文版,第 125 期。

128. 〔美〕羅賓·維瑟(Robin,Visser)、樂鋼主編:〈朝貢與創作——越南
使節燕行詩文研究意涵探析〉,《東亞人文》,2014 年卷,頁 255～271。

(二)越南文

1. 〔日〕Shimizu Taro、梁氏秋譯、阮氏鶯校訂(Shimizu,Taro,Lương Thị
Thu dịch,Nguyễn Thị Oanh hiệu đính):〈十八世紀越南與朝鮮使節在中
國的相遇〉(Cuộc Gặp Gỡ Của Sứ Thần Việt Nam Và Triều Tiên Ở Trung
Quốc Trọng Tâm Là Chuyện Xảy Ra Trong Thế Kỷ Xviii),《漢喃研究院》
(Tạp chí Hán Nôm),2001 年第 3 期,頁 88～99。

2. 《中北新聞》(Trung Bắc Tân Văn),1944 年 3 月第 195～198 期。

3. Philippe 張(Philippe Truong):〈鄧輝燡在廣東定做的祭祀陶瓷初探〉
(Đồ Sứ Tế Tự Do Đặng Huy Trứ Đặt Làm Tại Trung Quốc),《順化:古與
今》(Huế xưa và nay),2006 年第 78 期,頁 11。

4. 安山司(An Sơn Tư):〈阮嘉吉的出使行程〉(Nguyễn Gia Cát - Đem Chuông
Đi Đấm Xứ Người),《知新》(Tri Tân),1941 年第 18 期,頁 20。

5. 寶琴(Bửu Cầm):〈阮朝嘉隆到嗣德遣使中國的使團〉(Các Sứ Bộ Do
Triều Nguyễn Phái Sang Nhà Thanh(Từ Triều Gia Long Đến Đầu Triều Tự

Đức)),《史地集刊》(Tập san sử địa),1966 年第 2 期,頁 46～51。

6. 朝元（Triều Nguyên）:〈古詩名稱裡面歌、吟、行、詞、曲的意義〉(Nghĩa Của Ca,Ngâm,Hành,Từ,Khúc Trong Nhan Đề Thơ Cổ),《香江雜誌》(Tạp chí Sông Hương),2002 年第 2 期。

7. 陳伯志（Trần Bá Chí）:〈阮思僩的本領〉(Bản Lĩnh Nguyễn Tư Giản Qua Biến Động Của Cuộc Đời),《漢喃雜誌》(Tạp chí Hán Nôm),2000 年第 3 期。

8. 陳德英山（Trần Đức Anh Sơn）:〈清代越南使團的貿易活動初探〉(Hoạt Động Thương Mại Kiêm Nhiệm Của Các Sứ Bộ Việt Nam Ở Trung Hoa Thời Nhà Thanh),收入世界出版社（Nhà xuất bản Thế giới）:《歷史遺產和新的切入點》(Di Sản Lịch Sử Và Những Hướng Tiếp Cận Mới),河內:世界出版社,2011 年。

9. 陳金英（Trần Kim Anh）:〈「奉往北使左記」碑文再探〉(Nói Lại Tấm Bia "Phụng Vãng Bắc Sứ Tả Ký"),收入漢喃研究院（Viện nghiên cứu Hán Nôm）:《漢喃學通報》(Thông Báo Hán Nôm Học),河內:漢喃研究院,1998 年,頁 13～18。

10. 陳黎創（Trần Lê Sáng）:〈新發現一份有關阮文超生平的碑文〉(Một Tấm Bia Vừa Phát Hiện Có Nhiều Mặt Liên Quan Đến Tiểu Sử Nguyễn Văn Siêu),《漢喃雜誌》(Tạp chí Hán Nôm),1996 年第 1 期。

11. 陳南進（Trần Nam Tiến）:〈越南與中國的關係：從中代冊封、朝貢關係說起〉(Văn Hoá Ứng Xử Của Việt Nam Trong Quan Hệ Với Trung Hoa Thời Kỳ Trung Đại Nhìn Từ Vấn Đề "Sách Phong,Triều Cống)。

12. 陳氏冰清、范秀珠（Trần Thị Băng Thanh,Phạm Tú Châu）:〈陳朝與元朝的使程詩初探〉(Vài Nét Về Văn Thơ Bang Giao,Đi Sứ Đời Trần Trong Giai Đoạn Giao Thiệp Với Nhà Nguyên),《文學雜誌》(Tạp chí văn học),1974 年第 6 期。

13. 陳氏詩（Trần Thị The）:〈使程詩文的形成、發展與特徵〉(Vài Nét Về Sự Hình Thành,Phát Triển Và Đặc Điểm Của Thơ Đi Sứ),《河內師範大學科學學報》(Tạp chí khoa học,đại học sư phạm Hà Nội),2012 年第 57 期,頁 52～57。

14. 陳義（Trần Nghĩa）:〈各時期越南儒教的分類〉(Thử Phân Loại Nho Giáo

Việt Nam Qua Các Thời Kỳ），收入世界出版社（Nhà xuất bản Thế giới）：
《從跨領域視角研究越南儒學》（Nghiên Cứu Tư Tưởng Nho Gia Ở Việt
Nam Từ Hướng Tiếp Cận Liên Ngành），河內：世界出版社，2009 年，頁
150～179。

15. 陳義（Trần Nghĩa）：〈阮思僴——我國 19 世紀大名人〉（Nguyễn Tư Giản，
Một Tri Thức Lớn Của Nước Ta Thế Kỷ Xix），收入東西文化語言中心
（Trung Tâm Ngôn Ngữ Văn hóa Đông Tây）：《阮思僴：生平與作品》
（Nguyễn Tư Giản：Cuộc Đời Và Thơ Văn），河內：東西文化語言中心，
2001 年，頁 13～21。

16. 陳玉映（Trần Ngọc Ánh）：〈西山朝外交初探：重要思想與歷史教訓〉
（Ngoại Giao Tây Sơn-Những Tư Tưởng Đặc Sắc Và Bài Học Lịch Sử），
《峴港大學科學與工藝雜誌》（Tạp chí khoa học và công nghệ, Đại học Đà
Nẵng），2009 年第 1 期。

17. 丁克順（Đinh Khắc Thuân）：〈透過鄉約資料考察儒教對越南社村的影響〉
（Sự Xâm Nhập Của Nho Giáo Với Làng Xã Qua Tư Liệu Hương Ước），收
入社會科學院（Nhà xuất bản Khoa học xã hội）：《越南的儒學》（Nho Giáo
Ở Việt Nam），河內：社會科學出版社，2006 年，頁 361～368。

18. 丁克順（Đinh Khắc Thuân）：〈越南社村的好學與科舉傳統〉（Truyền Thống
Hiếu Học Và Khoa Bảng Nho Học Ở Làng Xã Người Việt），收入世界出版
社（Nhà xuất bản Thế giới）：《從跨領域視角研究越南儒學》（Nghiên Cứu
Tư Tưởng Nho Gia Ở Việt Nam Từ Hướng Tiếp Cận Liên Ngành），河內：
世界出版社，2009 年，頁 816～832。

19. 丁益全（Đinh Ích Toàn）：〈諒山名勝與南北交流〉（Danh Tích Xứ Lạng
Điểm Hội Tụ Sự Giao Lưu Nam Bắc），《漢喃雜誌》（Tạp chí Hán Nôm），
1990 年第 2 期，頁 80～83。

20. 杜氏好（Đỗ Thị Hảo）：〈阮思僴《神仙冊》詩歌唱和初探〉（Đôi Điều Về
Lối Họa Thơ Trong Thần Tiên Sách Của Nguyễn Tư Giản），收入《漢喃學
通報》（Thông Báo Hán Nôm Học），河內：漢喃研究院，2008 年。

21. 范黃江（Phạm Hoàng Giang）：〈阮公基與 1715 年的使程〉（Nguyễn Công
Cơ Và Chuyến Đi Sứ Nhà Thanh Năm 1715），收入漢喃研究院（Viện nghiên
cứu Hán Nôm）：《漢喃學通報》（Thông Báo Hán Nôm Học），河內：漢喃

研究院，2005 年，頁 233～239。

22. 范黃軍（Phạm Hoàng Quân）：〈《往使天津日記》和《往津日記》略考〉
（Lược Tả Về Sách "Vãng Sứ Thiên Tân Nhật Ký" Của Phạm Thận Duật Và
"Vãng Tân Nhật Ký" Của Nguyễn Thuật），《研究與發展雜誌》（Tạp chí
Nghiên cứu và Phát triển），2008 年第 6 期，頁 110～117。

23. 范俊慶（Phạm Tuấn Khánh）：〈鄧輝𤏸使程和一份尚未公佈的資料〉
（Chuyến Đi Sứ Của Đặng Huy Trứ Và Một Tư Liệu Chưa Được Công Bố），
《科學與工藝通訊》（Thông tin Khoa học và Công nghệ），1995 年第 3 期。

24. 范文映（Phạm Văn Ánh）：〈陳朝外交文件：內容與藝術〉（Văn Thư Ngoại
Giao Đời Trần：Nội Dung Và Nghệ Thuật），《研究與發展雜誌》（Tạp chí
Nghiên cứu và phát triển），2012 年第 5 期，頁 3～20。

25. 范文映（Phạm Văn Ánh）：〈陳朝外交文件：資料、數量、作者與體裁〉
（Văn Thư Ngoại Giao Thời Trần （Các Nguồn Tư Liệu，Số Lượng，Tác
Giả Và Thể Loại）），《漢喃雜誌》（Tạp chí Hán Nôm），2008 年第 1 期，
頁 19～28。

26. 范文映（Phạm Văn Ánh）：〈越南詞簡介〉（Vài Nét Phác Về Thể Loại Từ
Tại Việt Nam Ta），《漢喃雜誌》（Tạp chí Hán Nôm），2009 年第 4 期，頁
22。

27. 高自清（Cao Tự Thanh）：〈鄭懷德的二十首喃文使程詩〉（Hai Mươi Bài
Thơ Nôm Lúc Đi Sứ Của Trịnh Hoài Đức），《漢喃雜誌》（Tạp chí Hán Nôm），
1987 年第 1 期，頁 86～93。

28. 華鵬（Hoa Bằng）：〈關於武輝瑨〉（Ông Võ Huy Tấn），《知新》（Tri Tân），
1942 年第 40 期，頁 17～18。

29. 華鵬（Hoa Bằng）：〈武輝瑨及其《華程隨筆》〉（Võ Huy Tấn Và Tập Hoa
Trình Tùy Bút），《知新》（Tri Tân），1942 年第 37 期。

30. 華鵬（Hoa Bằng）：〈武輝瑨及其《華程隨步集》〉（Ông Võ Huy Tấn Và Tập
Hoa Trình Tùy Bộ），《知新》（Tri Tân），1942 年第 35 期，頁 6～7。

31. 華鵬（Hoa Bằng）：〈武輝瑨及其《華程隨步集》〉（Ông Võ Huy Tấn Và Tập
Hoa Trình Tùy Bộ），《知新》（Tri Tân），1942 年第 36 期，頁 8～9。

32. 黃春憾（Hoàng Xuân Hãn）：〈北行叢記〉（Bắc Hành Tùng Ký），《史地集

刊》（Tập san sử địa），1969 年第 13 期，頁 3～32，181～183。

33. 黃春憾（Hoàng Xuân Hãn）:〈黎貴惇出使清朝〉（Lê Quí Đôn Đi Sứ Nước Thanh），《團結春節專刊》（Đoàn Kết số Giai Phẩm Xuân 80），1980 年第 1 期。

34. 黃春憾（Hoàng Xuân Hãn）:〈黎貴惇景興庚辰年北使及其喃文奏摺（第二期）〉（Vụ Bắc Sứ Năm Canh Thìn Đời Cảnh Hưng Với Lê Quý Đôn Và Bài Trình Bằng Văn Nôm - Kỳ 2），《史地集刊》（Tập san sử địa），1968 年第 11 期，頁 193～215。

35. 黃春憾（Hoàng Xuân Hãn）:〈黎貴惇景興庚辰年北使及其喃文奏摺〉（Vụ Bắc Sứ Năm Canh Thìn Đời Cảnh Hưng Với Lê Quý Đôn Và Bài Trình Bằng Văn Nôm），《史地集刊》（Tập san sử địa），1967 年第 6 期，頁 3～5，142～162。

36. 黃芳梅（Hoàng Phương Mai）:〈越南阮朝遣使清朝的使團介紹〉（Về Những Phái Đoàn Sứ Bộ Triều Nguyễn Đi Sứ Triều Thanh （Trung Quốc）），《漢喃雜誌》（Tạp chí Hán Nôm），2012 年第 6 期，頁 51～68。

37. 黃文樓（Hoàng Văn Lâu）:〈《梅驛諏餘》作者與創作時間考〉（Về Tác Giả Và Niên Đại Của Tập Thơ Đi Sứ "Mai Dịch Tâu Dư"），《漢喃雜誌》（Tạp chí Hán Nôm），1999 年第 2 期，頁 55～57。

38. 黃文樓（Hoàng Văn Lâu）:〈阮思僩《燕軺詩文集》之研究〉（Về Tác Phẩm Yên Thiều Thi Văn Tập Của Nguyễn Tư Giản），《漢喃雜誌》（Tạp chí Hán Nôm），2000 年第 3 期，頁 38～40。

39. 黃文樓（Hoàng Văn Lâu）:〈陶公正及其《北使詩集》〉（Đào Công Chính Với Bắc Sứ Thi Tập），收入漢喃研究院（Viện nghiên cứu Hán Nôm）:《漢喃學通報》（Thông Báo Hán Nôm Học），河內：漢喃研究院，2004 年，頁 314～318。

40. 金英（Kim Anh）:〈潘輝注的一篇賦之研究〉（Bài Phú "Buông Thuyền Trên Hồ" Của Phan Huy Chú），《漢喃雜誌》（Tạp chí Hán Nôm），1992 年第 1 期，頁 84～86。

41. 黎光長（Lê Quang Trường）:〈鄭懷德使程詩初探〉（Bước Đầu Tìm Hiểu Thơ Đi Sứ Của Trịnh Hoài Đức），收入漢喃研究院（Viện nghiên cứu Hán Nôm）:《漢喃學通報》（Thông Báo Hán Nôm Học），河內：漢喃研究院，

2007 年。

42. 黎光長（Lê Quang Trường）：〈鄭懷德使程詩初探〉（Bước Đầu Tìm Hiểu Thơ Đi Sứ Của Trịnh Hoài Đức），收入漢喃研究院（Viện nghiên cứu Hán Nôm）：《漢喃學通報》（Thông Báo Hán Nôm Học），河內：漢喃研究院，2007 年。

43. 黎光長：〈王有光及其使華詩文〉，《科學與工藝發展雜誌》（社會科學版），第四期，2020 年，頁 789～801。

44. 李春鐘（Lý Xuân Chung）：〈阮公沆與朝鮮使節詩文唱和作品〉（Về Văn Bản Thơ Xướng Họa Giữa Nguyễn Công Hãng （Việt Nam） Với Du Tập Nhất，Lý Thế Cấn （Hàn Quốc） Trong Chuyến Đi Sứ Trung Quốc Năm 1718），收入漢喃研究院（Viện nghiên cứu Hán Nôm）：《漢喃學通報》（Thông Báo Hán Nôm Học），河內：漢喃研究院，2007 年。

45. 李春鐘（Lý Xuân Chung）：〈武輝瑨與朝鮮使臣新發現的兩首唱和詩〉（Hai Bài Thơ Xướng Họa Giữa Vũ Huy Tấn Với Sứ Thần Triều Tiên Mới Được Phát Hiện），收入漢喃研究院（Viện nghiên cứu Hán Nôm）：《漢喃學通報》（Thông Báo Hán Nôm Học），河內：漢喃研究院，2005 年，頁 110～117。

46. 李春鐘（Lý Xuân Chung）：〈越韓歷史關係初考——以漢喃資料為中心〉（Bước Đầu Tìm Hiểu Quan Hệ Bang Giao Việt Hàn Qua Tư Liệu Hán Nôm），收入漢喃研究院（Viện nghiên cứu Hán Nôm）：《漢喃學通報》（Thông Báo Hán Nôm Học），河內：漢喃研究院，1996 年，頁 57～69。

47. 李春鐘（Lý Xuân Chung）：〈越南與韓國使者的詩文唱和：文本學的研究成果〉（Thơ Văn Xướng Họa Của Các Tác Gia - Sứ Giả Việt Nam Hàn Quốc：Những Thành Tựu Nghiên Cứu Về Văn Bản Học），收入漢喃研究院（Viện nghiên cứu Hán Nôm）：《漢喃學通報》（Thông Báo Hán Nôm Học），河內：漢喃研究院，2009 年。

48. 李文馥（Lý Văn Phức）：〈李文馥使程之歌：《使程便覽曲》〉（Bài Ca Đi Sứ Của Cụ Lý Văn Phức：Sứ Trình Tiện Lãm Khúc），《南風雜誌》（Nam phong tạp chí），1925 年第 99 期，頁 253～261。

49. 李文雄（Lý Văn Hùng）：〈光中與乾隆的交涉——以 16 州與岑宜棟廟為中心〉（Cuộc Giao Thiệp Giữa Quang Trung Với Càn Long. Vụ 16 Châu Và

Xây Đền Sầm Nghi Đống），《史地集刊》（Tập san sử địa），1969 年第 13 期，頁 135～142。

50. 劉德意（Lưu Đức Ý）：范師孟——詩人、外交家、軍事家（Phạm Sư Mạnh: nhà thơ, nhà ngoại giao, nhà quân sự），《古與今》第 273 期，線上版網址 https://xuanay.vn/pham-su-manh-nha-tho-nha-ngoai-giao-nha-quan-su/。

51. 梅國聯（Mai Quốc Liên）：〈使程詩——愛國與戰鬥之聲〉（Thơ Đi Sứ, Khúc Ca Của Lòng Yêu Nước Và Chí Chiến Đấu），《文學雜誌》（Tạp chí văn học），1979 年第 3 期。

52. 潘魁（Phan Khôi）：〈透過《法越交兵記》看一位日本史學家眼裡的越南民族〉（Dân Tộc Việt Nam Dưới Mắt Một Sử Gia Nhật Bản（Lấy Trong Sách "Pháp-Việt Giao Binh Ký"）），《香江》（Sông Hương），1937 年第 31 期，頁 1～8。

53. 潘士嫡（Phan Sĩ Điệt）：〈潘仕熟及其 1872 年的使程〉（Phan Sĩ Thục （1822～1891）Và Chuyến Đi Sứ Sang Trung Quốc Năm 1872），《古與今》（Xưa và nay），2005 年第 243 期，頁 19～21。

54. 潘文閣（Phan Văn Các）：〈阮思僩出使事件初探〉（Chuyến Đi Sứ Của Nguyễn Tư Giản），《漢喃雜誌》（Tạp chí Hán Nôm），2000 年第 3 期，頁 33～37。

55. 潘英（Phan Anh）：〈華越邦交〉（Bang Giao Hoa - Việt），《清議》（Thanh Nghị），95 期，頁 3。

56. 裴維新（Bùi Duy Tân）：〈馮克寬——全君命、壯國威的使者〉（Phùng Khắc Khoan - Sứ Giả "Toàn Quân Mệnh - Tráng Quốc Uy"），收入河內國家大學（Nhà xuất bản Đại học quốc gia Hà Nội）：《文學研究與傳授新發現》（Những Vấn Đề Mới Trong Nghiên Cứu Và Giảng Dạy Văn Học），河內：河內國家大學出版社，2006 年，頁 241～252。

57. 裴維新（Bùi Duy Tân）：〈阮宗主的使程與使詩：喃文使程詩的開創人〉（Nguyễn Tông Quai （1693～1767）Đường Đi Sứ - Đường Thơ （Người Khai Sáng Dòng Ca Nôm Sứ Trình）），《漢喃雜誌》（Tạp chí Hán Nôm），2007 年第 2 期，頁 3～10。

58. 裴維新（Bùi Duy Tân）：〈阮宗窒的使程與使詩：喃文使程詩的開創人〉（Nguyễn Tông Quai （1693～1767）Đường Đi Sứ - Đường Thơ （Người

Khai Sáng Dòng Ca Nôm Sứ Trình)),《漢喃雜誌》(Tạp chí Hán Nôm),
2007 年第 2 期,頁 3～10。

59. 裴維新(Bùi Duy Tân):〈詠史詩、使程詩與愛國精神〉(Thơ Vịnh Sử,Thơ
Đi Sứ Và Cảm Hứng Yêu Nước Thương Nòi),收入河內國家大學(Nhà xuất
bản Đại học Quốc Gia Hà Nội):《越南中代文學考》(Theo Dòng Khảo Luận
Văn Học Trung Đại Việt Nam),河內:河內國家大學出版社,2005 年。

60. 青蓮(Thanh Liên):〈《華程便覽曲》——李文馥從順化到北京的使程日
記〉(Hoa Trình Tiện Lãm Khúc - Nhật Ký Trên Đường Từ Huế Đi Bắc Kinh
Của Lý Văn Phức),《文化月刊》(Văn hoá nguyệt san),1960 年第 57 期,
頁 1623～1627。

61. 日岩(Nhật Nham):〈阮忠彥〉(Nguyễn Trung Ngạn),《知新雜誌》(Tri
Tân),165 期。

62. 阮春面(Nguyễn Xuân Diện):〈漢喃研究院圖書館儒學資料評價〉(Tổng
Quan Tài Liệu Nho Giáo Và Nho Học Ở Viện Nghiên Cứu Hán Nôm (Khảo
Sát,Đánh Giá Về Trữ Lượng Và Giá Trị)),收入社會科學院(Nhà xuất
bản Khoa học xã hội):《越南的儒學》(Nho Giáo Ở Việt Nam),河內:社
會科學出版社,2006 年,頁 150～161。

63. 阮春面(Nguyễn Xuân Diện):〈越南十八世紀初詩人、尚書李英俊小傳〉
(Về Tiểu Sử Của Lê Anh Tuấn Thượng Thư Nhà Thơ Đầu Thế Kỷ Xviii),
《漢喃雜誌》(Tạp chí Hán Nôm),1991 年第 2 期,頁 77～79。

64. 阮翠娥(Nguyễn Thúy Nga):〈阮貴德詩文:文本與作品〉(Thơ Văn Của
Nguyễn Qúy Đức:Văn Bản Và Tác Phẩm),《漢喃雜誌》(Tạp chí Hán
Nôm),1991 年第 2 期,頁 43～46。

65. 阮德春(Nguyễn Đắc Xuân):〈黃甲阮思僩與阮朝各皇帝的優待〉(Hoàng
Giáp Nguyễn Tư Giản Trước Những Ưu i Của Các Vua Nguyễn),《漢喃雜
誌》(Tạp chí Hán Nôm),2000 年第 3 期。

66. 阮德銳(Nguyễn Đức Nhuệ):〈越南使節劉庭質與朝鮮使節於十七世紀的
會面〉(Cuộc Tiếp Xúc Giữa Sứ Thần Việt Nam Lưu Đình Chất Và Sứ Thần
Triều Tiên Lý Đẩu Phong Đầu Thế Kỷ Xvii),《漢喃雜誌》(Tạp chí Hán
Nôm),2009 年第 5 期,頁 20～23。

67. 阮德雄(Nguyễn Đức Hùng):〈阮思僩及其 1859 年的密奏〉(Nguyễn Tư

Giản Và Bản Mật Sớ Năm 1859），《軍事歷史雜誌》（Tạp chí lịch sử quân sự），1993 年第 3 期，頁 44～48。

68. 阮董芝（Nguyễn Đổng Chi）:〈李文馥──阮朝出色的外交鬥爭筆斗〉（Lý Văn Phức Ngòi Bút Đấu Tranh Ngoại Giao Xuất Sắc Thời Nguyễn），《文學》（Văn học），1980 年第 2 期，頁 52～58。

69. 阮董芝（Nguyễn Đổng Chi）:〈阮輝亮及其《頌西湖賦》〉（Giới Thiệu Nguyễn Huy Lượng Với Bài Phú Tụng Tây Hồ），《文史地研究集刊》（Tập san nghiên cứu Văn Sử Địa），1956 年第 14 期，頁 60～68。

70. 阮公理（Nguyễn Công Lý）:〈越南中代使程詩概論及阮忠彥使程詩〉（Diện Mạo Thơ Sứ Trình Trung Đại Việt Nam Và Thơ Đi Sứ Của Nguyễn Trung Ngạn），《胡志明市師範大學科學報》（Tạp chí khoa học，đại học sư phạm thành phố Hồ Chí Minh），2013 年第 49 期，頁 95～109。

71. 阮黄貴（Nguyễn Hoàng Qúy）:〈潘輝族與使程詩〉（Dòng Họ Phan Huy Sài Sơn Và Những Tập Thơ Di Sứ），收入漢喃研究院（Viện nghiên cứu Hán Nôm）:《漢喃學通報》（Thông Báo Hán Nôm Học），河內：漢喃研究院，2003 年，頁 457～463。

72. 阮黄燕:〈出使中國的越南使節蒐集西方訊息之管道〉,〈漢喃雜誌〉第二期，2015 年，頁 24～35。

73. 阮黄燕:〈十九世紀後半葉越南與日本文人在中國的接觸〉,〈東北亞研究雜誌〉第四期，2016 年，頁 60～69。

74. 阮明祥（Nguyễn Minh Tường）:〈黎貴惇與朝鮮使節於 1760 年在中國的相遇〉（Cuộc Tiếp Xúc Giữa Sứ Thần Đại Việt Lê Quý Đôn Và Sứ Thần Hàn Quốc Hồng Khải Hy，Triệu Vinh Tiến，Lý Huy Trung Tại Bắc Kinh Năm 1760），《漢喃雜誌》（Tạp chí Hán Nôm），2009 年第 1 期，頁 3～17。

75. 阮明祥（Nguyễn Minh Tường）:〈中代越南使臣與韓國使程的一次接觸〉（Một Số Cuộc Tiếp Xúc Giữa Sứ Thần Việt Nam Và Sứ Thần Hàn Quốc Thời Trung Đại），《漢喃雜誌》（Tạp chí Hán Nôm），2007 年第 6 期，頁 3～12。

76. 阮明遵（Nguyễn Minh Tuân）:〈再發現四首黎貴惇與朝鮮使臣的唱和作品〉（Thêm 4 Bài Thơ Xướng Họa Giữa Lê Quý Đôn Với Sứ Thần Triều Tiên Đăng Trên Tạp Chí Hán Nôm Phát Hành Ở Việt Nam），《漢喃研究》（Tạp

chí Hán Nôm），1999 年第 4 期，頁 79～84。

77. 阮氏鳳（Nguyễn Thị Phượng）：〈阮偍詩研究〉（Về Văn Bản Thơ Nguyễn
Đề），《漢喃雜誌》（Tạp chí Hán Nôm），2001 年第 88 期，頁 63～65。

78. 阮氏黃貴（Nguyễn Thị Hoàng Qúy）：〈《華程雜詠》作品作者簡介〉（Giới
Thiệu Tác Giả Tác Phẩm Hoa Trình Tạp Vịnh），《漢喃雜誌》（Tạp chí Hán
Nôm），2005 年第 6 期，頁 37～46。

79. 阮氏美幸（Nguyễn Thị Mỹ Hạnh）：〈阮朝與清朝邦交關係中的朝貢活動〉
（Hoạt Động Triều Cống Trong Quan Hệ Bang Giao Giữa Triều Nguyễn
（Việt Nam）　Với Triều Thanh（Trung Quốc）），《中國研究》（Nghiên cứu
Trung Quốc），2009 年第 7 期，頁 65～74。

80. 阮氏青鐘（Nguyễn Thị Thanh Chung）：〈《方亭萬里集》的萬里思初探〉
（Tứ Thơ Vạn Lí Trong Phương Đình Vạn Lí Tập），《河內師範大學科學學
報》（Tạp chí Khoa học trường Đại học sư phạm Hà Nội），2008 年第 6 期。

81. 阮氏銀（Nguyễn Thị Ngân）：〈鄧廷相：使者與詩人〉（Đặng Đình Tướng-
Sứ Thần, Nhà Thơ），收入──（Nhà xuất bản Khoa học xã hội）：《越南喃
文文學總集》（Tổng Tập Văn Học Nôm Việt Nam Tập 2），河內：社會科
學出版社，2008 年，頁 556。

82. 阮氏營（Nguyễn Thị Oanh）：〈嘉隆時期越南儒學〉（Tìm Hiểu Về Nho Giáo
Việt Nam Dưới Thời Vua Gia Long），收入世界出版社（Nhà xuất bản Thế
giới）：《從跨領域視角研究越南儒學》（Nghiên Cứu Tư Tưởng Nho Gia Ở
Việt Nam Từ Hướng Tiếp Cận Liên Ngành），河內：世界出版社，2009 年，
頁 189～218。

83. 阮廷馥（Nguyễn Đình Phức）：〈對阮登挪博士〈阮攸在《華原詩草》的評
語〉的一些看法〉（Về Bài Viết "Lời Bình Của Thi Hào Nguyễn Du Trong
Hoa Nguyên Thi Thảo" Của Phó Giáo Sư Tiến Sỹ Nguyễn Đăng Na），《漢喃
雜誌》（Tạp chí Hán Nôm），2008 年第 1 期，頁 63～76。

84. 阮維正（Nguyễn Duy Chính）：〈1790 年越南與朝鮮使團在清朝的會面〉
（Cuộc Gặp Gỡ Giữa Phái Đoàn Triều Tiên Và Đại Việt Ở Triều Đình Nhà
Thanh Năm Canh Tuất（1790）），《研究與發展雜誌》（Tạp chí Nghiên cứu
và Phát triển），2010 年第 6 期，頁 3～22。

85. 阮文成（Nguyễn Văn Thành）：〈阮思僩故鄉初探：地理、文化方面〉（Quê

Hương Nguyễn Tư Giản, Vấn Đề Địa Lý-Văn Hóa),《漢喃雜誌》(Tạp chí Hán Nôm),2000 年第 3 期。

86. 阮有進(Nguyễn Hữu Tiến):〈我國前輩接待北國使節的故事〉(Nói Về Chuyện Các Cụ Nước Ta Đi Sứ Nước Tàu),《南風雜誌》(Nam Phong tạp chí),1924 年第 91 期,頁 113～122。

87. 阮有未(Nguyễn Hữu Mùi):〈透過碑文資料考察社、村單位的儒學教育〉(Vài Nét Về Tình Hình Giáo Dục Nho Học Ở Cấp Làng Xã Qua Tư Liệu Văn Bia),收入社會科學院(Nhà xuất bản Khoa học xã hội):《越南的儒學》(Nho Giáo Ở Việt Nam),河內:社會科學出版社,2006 年,頁 345～360。

88. 阮有未(Nguyễn Hữu Mùi):〈透過文廟、文祠、文址考察儒教對越南的影響〉(Ảnh Hưởng Của Nho Giáo Ở Việt Nam Qua Hệ Thống Văn Miếu, Văn Từ Và Văn Chỉ),收入世界出版社(Nhà xuất bản Thế giới):《從跨領域的視角研究越南儒學》(Nghiên Cứu Tư Tưởng Nho Gia Ở Việt Nam Từ Hướng Tiếp Cận Liên Ngành),河內:世界出版社,2009 年。

89. 阮有心(Nguyễn Hữu Tâm):〈莫挺之兩次出使元朝初探〉(Mạc Đĩnh Chi Với Hai Lần Đi Sứ Nguyên),《古與今》(Xưa và nay),2004 年第 219 期,頁 23～24。

90. 阮肇(Nguyễn Triệu):〈吳仁靜〉(Ngô Nhân Tĩnh),《知新》(Tri Tân),1941 年第 6 期,頁 15～16。

91. 阮仲粉(Nguyễn Trọng Phấn dịch):〈越南十七世紀社會:接待北國使節的儀式〉(Xã Hội Việt Nam Từ Thế Kỷ Thứ Xvii, Cách Tiếp Rước Sứ Tàu:),《清議》(Thanh Nghị),27 期,頁 9～10。

92. 阮重格(Nguyễn Trọng Cách):〈河北省新發現的關於越南使臣碑文〉(Một Tấm Bia Quí Nêu Việc Một Sứ Thần Việt Nam Đi Sứ Trung Quốc Không May Qua Đời, Mới Phát Hiện Ở Xã Phúc Tăng, Huyện Việt Yên, Hà Bắc),收入漢喃研究院(Viện nghiên cứu Hán Nôm):《漢喃學通報》(Thông Báo Hán Nôm Học),河內:漢喃研究院,1997 年,頁 40～45。

93. 吳德壽(Ngô Đức Thọ):〈丁儒完及其《默翁使集》〉(Hoàng Giáp Đinh Nho Hoàn Với Mặc Ông Sứ Tập),《義安文化》(Văn hóa Nghệ An),2008 年。

94. 武宏維(Võ Hồng Huy):〈阮偍的《華程消遣後集》〉(Quế Hiên Nguyễn

Nễ Với Hoa Trình Tiêu Khiển Hậu Tập），《文學藝術》（Văn học nghệ thuật），2010 年第 316 期。

95. 武世魁（Vũ Thế Khôi）:〈湖亭掌門阮思僩與縷庵先生〉（Nguyễn Tư Giản-Trưởng Môn Hồ Đình Với Lỗ Am Tiên Sinh），《漢喃雜誌》（Tạp chí Hán Nôm），2000 年第 3 期。

96. 謝玉璉 （Tạ Ngọc Liễn）:〈從十五世紀到十六世紀初的越南儒學〉（Nho Giáo Ở Việt Nam Từ Thế Kỷ Xv-Đầu Thế Kỷ Xvi），收入世界出版社（Nhà xuất bản Thế giới）:《從跨學科視角研究越南儒學》（Nghiên Cứu Tư Tưởng Nho Gia Ở Việt Nam Từ Hướng Tiếp Cận Liên Ngành），河內：世界出版社，2009 年，頁 130～149。

97. 楊氏詩（Dương Thị The）:〈《使程便覽曲》——李文馥的一部喃文作品〉（Sứ Trình Tiện Lãm Khúc-Tác Phẩm Thơ Chữ Nôm Của Lý Văn Phức），《漢喃雜誌》（Tạp chí Hán Nôm），1992 年第 1 期，頁 87～90。

98. 佚名:〈黎光定〉（Lê Quang Định），《知新》（Tri Tân），1941 年第 8 期，頁 10。

99. 佚名:〈使華閒詠〉（Sứ Hoa Nhàn Vịnh），《南風雜誌》（Nam Phong tạp chí），1921 年第 48 期，頁 482～485。

100. 佚名:〈四海皆兄弟：越南使臣與韓國使臣在中國的交流〉（Tứ Hải Giai Huynh Đệ: Những Cuộc Tao Ngộ Sứ Giả Nhà Thơ Việt-Triều Trên Đất Nước Trung Hoa Thời Trung Đại），《文學雜誌》（Tạp chí văn học），1995 年第 10 期。

101. 佚名:〈鄭懷德〉（Trịnh Hoài Đức），《知新》（Tri Tân），1941 年第 7 期，頁 12～13。

102. 鄭克孟（Trịnh Khắc Mạnh）:〈阮思僩生平與作品〉（Nguyễn Tư Giản Cuộc Đời Và Tác Phẩm），《漢喃雜誌》（Tạp chí Hán Nôm），2000 年第 3 期。

103. 鄭克孟、阮德全（Trịnh Khắc Mạnh，Nguyễn Đức Toàn）:〈越南使臣阮登與朝鮮使節的唱和作品〉（Thơ Xướng Họa Của Sứ Thần Đại Việt-Hoàng Giáp Nguyễn Đăng Với Sứ Thần Joseon-Lý Đẩu Phong），《漢喃雜誌》（Tạp chí Hán Nôm），2012 年第 3 期，頁 3～10。

104. 鄭克孟、阮德全（Trịnh Khắc Mạnh, Nguyễn Đức Toàn）:〈再發現兩位越南使節與韓國李氏使節有唱和作品〉（Thêm Hai Sứ Thần Đại Việt Có Thơ

Xướng Họa Với Sứ Thần Joseon），《漢喃雜誌》（Tạp chí Hán Nôm），2012 年第 5 期，頁 32～37。

105. 周春交（Chu Xuân Giao）:〈《使華叢詠》作者名稱的再確定〉（Trở Lại Để Tiếp Tục Khẳng Định Cách Đọc Nguyễn Tông Quai Cho Danh Xưng Tác Giả Sứ Hoa Tùng Vịnh），《漢喃雜誌》（Tạp chí Hán Nôm），2012 年第 1 期，頁 54～78。

106. 周春交（Chu，Xuân Giao）:〈《使華叢詠》作者名稱考〉（Đi Tìm Căn Cứ Gốc Cho Danh Xưng Của Tác Giả "Sứ Hoa Tùng Vịnh" Khuê Hay Quai?），《漢喃雜誌》（Tạp chí Hán Nôm），1994 年第 1 期，頁 39～42。

（三）西文

1. 〔越〕GFY. Tsang, HY Nguyen. The Vietnamese Confucian Diplomatic Tradition and the Last Nguyễn Precolonial Envoys' Textual Communication with Li Hongzhang. Asian Studies 8（2），213～232.

2. 〔越〕Nguyễn Mạnh, Toan. Seminar: etnamese Confucianism and East Asian Culture. Social Sciences Information Review, 2010, 3.3: 26～29.

3. 〔美〕Whitmore, John K. Social Organization and Confucian Thought in Vietnam. Journal of Southeast Asian Studies, 1984, 15.2: 296～306.

4. 〔日〕陳荊和:〈阮朝初期の「下洲公務」に就いて〉，《創価大學アジア研究所》，1990 年第 11 期，頁 75～76。

五、學位論文（依作者姓名筆劃排列）

（一）中文

1. 于燕:《清代中越使節研究》，山東大學碩士論文，2007 年。

2. 王丹:《清代來華越南使臣筆下的廣西詩研究》，廣西民族大學碩士論文，2019 年。

3. 王雨:《清代以來龍州地區馬援崇拜研究》，廣西民族大學碩士論文，2012 年。

4. 王雙葉:《19 世紀越南使臣在華交遊研究》，西南交通大學碩士論文，2018 年。

5. 史蓬勃:《清代越南使臣在華交遊述論——以《越南漢文燕行文獻集成》

為中心》，山東師範大學碩士論文，2014 年。

6. 白鷺：《越南燕行使臣的中國勝景詩文研究》，西南交通大學碩士論文，2018 年。

7. 劉曉敏：《清代越南使臣筆下的左江地區社會風貌研究》，廣西民族大學碩士論文，2017 年。

8. 朱春潔：《晚清詩人黎申產研究》，南京師範大學碩士論文，2017 年。

9. 何哲：《越南使臣眼中的清代湖南社會風貌》，廣西民族大學碩士論文，2016 年。

10. 吳清香：《越南中國觀的發展演變研究》，雲南大學博士論文，2016 年。

11. 李小亭：《后黎朝時期安南使臣眼中的中國──以《越南漢文燕行文獻集成》為中心》，暨南大學碩士論文，2015 年。

12. 李志亮：《近代中越宗藩關系蠡測》，廣西師范大學碩士論文，2008 年。

13. 李宜樺：《清代越南燕行使節的北京書寫研究》，國立成功大學博士論文，2017 年。

14. 李炎：《越南後黎朝詩人丁儒完北使詩研究》，天津外國語大學碩士論文，2019 年。

15. 李貴彬：《清代乾隆時期人口問題及政府對策研究》，哈爾濱師范大學碩士論文，2009 年。

16. 汪泉：《清朝與越南使節往來研究》，暨南大學碩士論文，2008 年。

17. 阮氏成李：〈《越南漢文燕行文獻集成》中的湘桂走廊歷史旅游資源研究〉，廣西大學碩士論文，2017 年。

18. 周大程：《1868 年越南阮朝黎峻如清使團研究》，雲南大學碩士論文，2017 年。

19. 周亮：《清代越南燕行文獻研究》，暨南大學碩士論文，2012 年。

20. 邱文彬：《項羽形象的塑造與轉變》，國立成功大學碩士論文，2017 年。

21. 後玉潔：《越南光中三年使團燕行文獻的研究與整理》，西南交通大學碩士論文，2016 年。

22. 胡鑫蓉：《越南使者武輝瑨北使漢詩研究》，山西師範大學碩士論文，2019 年。

23. 范嶸嶸：《越南使者阮宗奎及其《使華叢詠》集研究》，山西師範大學碩

士論文，2018 年。

24. 張玉梅：《論越南六八體、雙七六八體詩與漢詩的關係》，華中師範大學碩士論文，2008 年。

25. 張恩練：《越南仕宦馮克寬及其《梅嶺使華詩集》研究》，暨南大學碩士論文，2011 年。

26. 張茜：《清代越南燕行使者眼中的中國地理景觀》，復旦大學碩士論文，2012 年。

27. 張晶晶：《潘輝注《華軺吟錄》《華程續吟》考論》，北京外國語大學碩士論文，2019 年。

28. 曹雙：《越南使臣所見乾隆時期的清代社會》，鄭州大學碩士論文，2015 年。

29. 曹良辰：《越南北使詩略論──以出使明清為中心》，上海師範大學碩士論文，2017 年。

30. 莊秋君：《清代越南使臣在廣東的文學活動研究》，國立成功大學博士論文，2017 年。

31. 陳柏橋：《14～19 世紀中越使臣詩歌中的瀟湘印象》，廣西民族大學碩士論文，2017 年。

32. 陳雅婷：《吳時任《皇華圖譜》的用典研究》，北京外國語大學碩士論文，2019 年。

33. 景秀穩：《阮攸詩集《北行雜錄》中的中國形象研究》，廣東外語外貿大學碩士論文，2019 年。

34. 賀春曉：《越南後黎朝使臣在華交遊考》，西南交通大學碩士論文，2018 年。

35. 黃曉平：《湖南近代教會建築研究》，湖南大學碩士論文，2012 年。

36. 楊大衛：《越南使臣李文馥與 19 世紀初清越關係研究》，暨南大學碩士論文，2014 年。

37. 楊煜涵：《越南西山朝使清詩歌研究》，雲南師範大學碩士論文，2019 年。

38. 葉楊曦：《近代域外人中國行紀里的晚清鏡像》，南京大學碩士論文，2012 年。

39. 詹成燕：《宋代中越文化交流研究》，西南交通大學碩士論文，2012 年。

40. 廖宏斌：《嗣德時期越南政治權力的建構與社會整合》，鄭州大學碩士論文，2002 年。

41. 趙峰：《清代職官考績制度探析》，西南政法大學碩士論文，2003 年。

42. 劉曉聰：《清代越南使臣之燕行及其詩文外交研究——以《越南漢文言性文獻集成》為中心》，廣西民族大學碩士論文，2013 年。

（二）越南文

1. 李春鐘（Lý Xuân Chung）：《越南與韓國使節詩文唱和之研究》（Nghiên Cứu，Đánh Giá Thơ Văn Xướng Họa Của Các Sứ Thần Hai Nước Việt Nam，Hàn Quốc），漢喃研究院博士論文，2009 年。

2. 阮氏玉英（Nguyễn Thị Ngọc Anh）：《越南中代詩人使程詩研究》（Tìm Hiểu Về Thơ Đi Sứ Của Các Nhà Thơ Trung Đại Việt Nam），榮市大學語文學系碩士論文，2009 年。

3. 阮氏銀（Nguyễn Thị Ngân）：《李文馥及其《西行見聞紀略》研究》（Nghiên Cứu Về Lý Văn Phức Và Tác Phẩm Tây Hành Kiến Văn Kỷ Lược），漢喃研究院博士論文，2009 年。

4. 阮氏錦戎（Nguyễn Thị Cẩm Nhung）：《潘清簡使程詩》（Thơ Đi Sứ Của Phan Thanh Giản），胡志明市人文社會科學大學碩士論文，2014 年。

5. 范氏女（Phạm Thị Gái）：《裴文禩《輶軒詩草》版本考》（Khảo Cứu Văn Bản Du Hiên Thi Thảo Của Bùi Văn Dị），河內人文社會科學大學碩士論文，2011 年。

6. 潘氏秋賢（Phan Thị Thu Hiền）：《李文馥及其閩行著作之研究》（Nghiên cứu nhóm văn bản Mân hành của Lý Văn Phức（1785～1849）），河內人文社會科學大學博士論文，2018 年。

7. 潘氏豔（Phan Thị Diễm）：《裴櫃《燕臺嬰話曲》的介紹與翻譯》（Phiên Dịch, Giới Thiệu "Yên Đài Anh Thoại Khúc" Của Bùi Quỹ），胡志明市人文社會科學大學學士論文，2013 年。

8. 謝文林（Tạ Văn Lâm）：《阮朝獨尊儒術現象：原因及其當時的影響》（Sự Độc Tôn Nho Giáo Dưới Triều Nguyễn: Nguyên Nhân Và Ảnh Hưởng Đương Thời Của Nó），河內人文社會科學大學碩士論文，2009 年。

（三）西文

1. 〔美〕Liam C, Kelley（黎明開），"Whither the Bronze Pillars? Envoy Poetry and the Sino-Vietnamese Relationship in 16th to 19th Centuries（銅柱何在？越南使程詩和 16 至 19 世紀的越中關係）." University Of Hawaii，2001.

六、研討會論文

（一）中文

1. 王三慶：〈越南科舉與儒家典籍的傳承——以《科榜傳奇》人物及策問題目的檢討〉，收入世界出版社（Nhà xuất bản Thế giới）：《從跨領域視角研究越南儒學》（Nghiên Cứu Tư Tưởng Nho Gia Ở Việt Nam Từ Hướng Tiếp Cận Liên Ngành），河內：世界出版社，2009 年，頁 324～336。

2. 李慶新：〈貿易、移殖與文化交流：15～17 世紀廣東人與越南〉，《第二屆海外華人研究與文獻收藏機構國際會議》，香港：香港中文大學，2003。

3. 陳正宏：〈法國所藏越南漢文燕行文獻述論〉，《燕行使進紫禁城——14 至 19 世紀的宮廷文化與東亞秩序學術研討會》，北京：故宮博物院、故宮學研究所，2014，69～74。

4. 湯熙勇〈人道、外交與貿易之間——以朝鮮、琉球及越南救助清代中國海難船為中心〉，臺北「第九屆中國海洋發展史學術研討會」論文，中央研究院中山人文社會科學研究所，2003 年 3 月 12～14 日。

（二）越南文

1. 〔法〕奧利維爾·泰西（Olivier，Tessier）：〈紅河平原水利規劃：封建國家和殖民國家的歷史地位（從十二世紀到二十世紀前半葉）〉（Quy Hoạch Thủy Lợi Vùng Đồng Bằng Sông Hồng: Nhìn Nhận Lịch Sử Về Vai Trò Của Nhà Nước Phong Kiến Và Nhà Nước Thuộc Địa（Thế Kỷ Xii Đến Nửa Đầu Thế Kỷ Xx）），收錄在《2012 年三島課程》論文集（Khóa học Tam Đảo 2012），河內：社會科學學院，2013 年。

2. 〔韓〕Yu Insun（Yu Insun）：〈十九世紀越南與中國關係史：朝貢體制之實與虛〉（Lịch Sử Quan Hệ Việt Nam-Trung Quốc Thế Kỷ Xix Thể Chế Triều Cống, Thực Và Hư），收錄在《第三屆越南學國際研討會》論文集（Hội thảo quốc tế Việt Nam học lần thứ 3），河內：河內國家大學出版社，2010 年。

3. 于在照（Vu Tại Chiếu）:〈越南燕行漢詩與中代中越文化交流〉（Thơ Bang Giao Chữ Hán Việt Nam Trong Sự Giao Lưu Văn Hóa Việt Nam Và Trung Quốc Trên Lịch Sử Trung Đại），收錄在《地區和國際視野下的越南文學研討會》論文集（Hội thảo quốc tế Văn học Việt Nam trong bối cảnh giao lưu văn hóa khu vực và quốc tế），河內：文學院，2006 年。

4. 杜氏美芳（Đỗ Thị Mỹ Phương）:〈黎光定《華原詩草》初探〉（Hoa Nguyên Thi Thảo Của Lê Quang Định-Những Vần Thơ Đi Sứ Tươi Tắn, Hào Mại），《第一屆語文系青年學術研討會》（Hội thảo Khoa học trẻ I, khoa Ngữ Văn），河內：河內師範大學，2013 年。

5. 杜秋水（Đỗ Thu Thủy）:〈越南中代外交的三大基本特徵〉（Ba Đặc Trưng Cơ Bản Trong Hoạt Động Ngoại Giao Văn Hóa Việt Nam Thời Trung Đại），收錄在《融入國際時期的對外文化研討會》論文集（Văn hóa đối ngoại thời kỳ hội nhập），2011 年。

6. 阮公理（Nguyễn Công Lý）:〈越南中代使程詩與湖南文化——以阮忠彥詩為例〉（Thơ Đi Sứ Trung Đại Việt Nam Viết Về Danh Thắng Ở Hồ Nam-Trung Hoa Và Trường Hợp Nguyễn Trung Ngạn），收錄在《越南—中國關係：文化與文學研討會》論文集（Hội thảo Việt Nam-Trung Quốc: quan hệ văn hoá, văn học），胡志明市：胡志明市人文社會科學大學，2011 年。

7. 阮青松（Nguyễn Thanh Tùng）:〈友好與競爭：大越與朝鮮使節 1766～1767 年在中國的會面〉（Giao Hảo Và Cạnh Tranh: Về Cuộc Hội Ngộ Giữa Sứ Thần Đại Việt Và Sứ Thần Joseon Trên Đất Trung Hoa Năm 1766～1767），收錄在《越南—韓國關係：過去、現在與未來國際學術研討會》論文集（Hội thảo khoa học quốc tế "Quan hệ Việt Nam-Hàn Quốc: Quá khứ, Hiện tại và Tương lai" (International Conference on Vietnam-Korea Relationship in the past, the present and the future)），胡志明市：胡志明市人文社會科學大學、韓國中央文化研究院，2012 年。

8. 阮青松（Nguyễn Thanh Tùng）:〈阮輝瑩的外交事業〉（Sự Nghiệp Ngoại Giao Nguyễn Huy Oánh），收錄在《紀念阮輝瑩研討會》論文集（Hội thảo danh nhân văn hóa Nguyễn Huy Oánh），河靜：文學院，2007 年。

9. 阮黃燕:〈陌生的熟人：論越南知識分子對中國的期待與想像〉,《越南與

東方文化、思想的交流國際學術研討會論文集》，胡志明市：胡志明市國家大學出版社，頁 940～955。

10. 阮德昇（Nguyễn Đức Thăng）：〈西山朝越南與中國的使程詩初探〉（Thơ Văn Bang Giao Việt Nam Và Trung Quốc Dưới Triều Tây Sơn），收錄在《越南與中國的文化、文學關係國際學術研討會》論文集（Hội thảo quốc tế "Việt Nam-Trung Quốc: Những quan hệ văn hóa,văn học trong lịch sử"），胡志明市：胡志明市人文社會科學大學、湖南師範大學，2011 年。

11. 詹志和、阮廷馥譯（Zhan Zhihe, Nguyễn Đình Phức dịch）：〈越南北使漢詩與湖南地理文化〉（Thơ Đi Sứ Chữ Hán Của Việt Nam Trong Mối Quan Hệ Với Văn Hóa Hồ Nam），收錄在《越南—中國關係：文化與文學研討會》論文集（Hội thảo Việt Nam-Trung Quốc: quan hệ văn hoá, văn học），胡志明市：胡志明市人文社會科學大學，2011 年。

12. 裴春訂（Bùi Xuân Đính）：〈科榜村——越南文化和越南社村類型之一〉（Nghiên Cứu Về Làng Khoa Bảng-Một Loại Hình Lùng Việt, Một Dáng Nét Văn Hóa Việt Nam），收錄在《第一屆越南學國際研討會》論文集（Kỷ yếu Hội thảo Quốc tế Việt Nam học lần thứ nhất），河內：世界出版社，2002 年。

13. 裴維新（Bùi Duy Tân）：〈使者與詩人——論李睟光與馮克寬的關係以及韓越關係的開端〉（Lý Toái Quang-Phùng Khắc Khoan: Quan Hệ Sứ Giả-Nhà Thơ-Mở Đầu Tình Hữu Nghị Hàn Việt），收錄在《漢越文化交流研討會》論文集（Hội thảo giao lưu văn hoá Hàn-Việt），河內，1996 年。

14. 潘氏秋賢（Phan Thị Thu Hiền）：〈《李文馥《閩行》作品中的民族自尊感探析〉，《文學、藝術和漢喃研究改革：三十年的回顧　學術研討會論文集》，河內：河內國家大學出版社，2016 年，頁 206～2017。

15. 黎光長（Lê Quang Trường）：〈阮朝儒士鄭懷德出使中國的心理演變〉（Trịnh Hoài Đức Và Tâm Sự Nho Thần Triều Nguyễn Trên Đường Đi Sứ Trung Quốc），收錄在《越南與中國的文化、文學關係國際學術研討會》論文集（Kỉ yếu Hội thảo khoa học quốc tế Việt Nam và Trung Quốc: những quan hệ văn hóa, văn học trong lịch sử, tháng 9-2011），胡志明市：胡志明市人文社會科學大學、湖南師範大學，2011 年。

七、網絡資料

1. 中央研究院暨國立故宮博物院：明清與民國檔案跨資料庫檢索平台：
   http://archive.ihp.sinica.edu.tw/mctkm2c/archive/archivekm。

2. 東亞文化意象之形塑（二）之「圖象資料庫」、「書目資料庫」、「論文選
   粹」：http://eastasia.litphil.sinica.edu.tw/。

3. 美國坦普爾大學越南哲學、文化、社會中心：http://www.cla.temple.edu/
   vietnamese_center/welcome.html。

4. 美國耶魯大學線上資料庫：http://findit.library.yale.edu/。

5. 越南國家圖書館：http://nlv.gov.vn/。

6. 越南漢喃文獻目錄資料庫系統：http://www.litphil.sinica.edu.tw/hannan/。

7. 韓國古籍中和資料庫：http://db.itkc.or.kr/itkcdb/mainIndexIframe.jsp。

8. "Yên Sứ Trình Đồ Tập" Tập Ký Họa Về Một Chuyến Đi Sứ." Công An nhân
   dân （2005）. http://vnca.cand.com.vn/vivn/tho/2009/8/50120.cand.

9. "Kim an Quốc Có Gặp Sứ Giả Việt Nam Tại Trung Quốc?" Đông A.

10. Lê Hùng Phong. "Người Việt Đầu Tiên Đề Thơ Ở Lầu Hoàng Hạc."
    phuctriethoc. Ed. Lê, Hùng Phong2012. 和 "Ngô Thì Vị Đề Thơ Lầu Hoàng
    Hạc."

11. Phạm Trọng Chánh. "Nguyễn Du Gặp Đoàn Nguyễn Tuấn, Sứ Đoàn Tây Sơn
    Tại Hoàng Châu 1790." nhathonguyentrongtao. Nguyễn, Trọng Tạo 2013.

附錄一：越南出使中國的使節及其作品統計表（《集成》收入作品）

冊數	作者	使團人員	出使時間	作品	出使目的	作品體裁、內容概述
第一冊	阮忠彥 1289～1370		陳朝 1314 出使元朝	《介軒詩集》	太慶元年（1314）陳明宗即位，奉使元朝報聘。	1. 序：潘輝注＋黃平政；2. 詩 81 首；3. 阮忠彥年譜《介軒跡歷記》；4. 目錄，詩體五、七言古律絕。
	馮克寬 1528～1613		後黎朝 1597 出使明朝（萬曆）	《使臣手澤詩集》	請封	1. 序：兵部尚書汪鈍夫《梅嶺使華詩集序》；2. 詩體作品。
	馮克寬		後黎朝 1597 出使明朝（萬曆）	《梅嶺使華手澤詩集》		內容與前書大个重複；1. 序 2 篇兵部尚書汪鈍夫《梅嶺使華詩集序》、《萬曆龍集丁酉下□朝鮮副使刑曹參判李□光芝峰道人序》；此序專為馮克寬所獻三十餘首拜壽詩而作；2. 詩作。
	馮克寬和其他使節		後黎朝 1597	《旅行吟集》		漢文及喃文作品。詩作 30 餘首。對沿途所經地方地理位置、地形地貌等多有介紹。與中國友人的詩文唱和。

	陶公正等 1639～？	正使阮茂才、胡士揚,副使陶公正和武公道、武維諧	後黎朝(康熙12年)1673	《北使詩集》	1673 年出使,為二部同進,目的是例行歲貢和附告哀事。	1.詩體,七言、五言為主,60 餘首;2. 啟上書給黎熙宗,歸國後將詩集上呈御覽。內容:1. 詠唱沿途風景;2. 與同僚唱和:越南使節一大娛樂消遣活動;3. 與清朝官員、士人贈答,是比例最大的部分。
	阮公基 1686～1733	阮公基為正使	後黎朝 1715 年 康熙 54 年	《使程日錄》		雜錄,以阮公基口吻,描繪了一段使程奇遇,兩廣總督、浙江巡撫馮氏兄弟為阮門生;2 個文本,是誇飾、疑偽一類的典型。
	丁儒完 1671～1716	副使,鄭延相為正使	後黎朝 1715 康熙 54 年	《默翁使集》		1. 引:阮仲常《默翁使集引》;2. 詩作。
第二冊	阮公沆 1679～1732		後黎朝 1718～1719 出使清朝(康熙57 年～58 年)	《往北使詩》		詩集
	阮翹 1694～1771 阮宗窐 1693～1767	阮翹正使	後黎朝 1742 出使(乾隆7年)	《乾隆甲子使華叢詠》		詩集
	阮宗窐		後黎朝 1742 出使(乾隆7年)	《使華叢詠集》		詩集 1745 第一次使華的作品。前集 1744 寫,後集是 1778 年寫。
	阮宗窐		後黎朝 1745 出使(乾隆10 年)	《使華詩集》		詩集
第三冊	黎貴惇 1726～1734		後黎朝 1760 年出使,乾隆 25 年	《桂堂詩彙選》		詩集

第四冊	黎貴惇		後黎朝1760年出使，乾隆25年	《北使通錄》		日記體
第五冊	阮輝僅 1713～1789		後黎朝 1758，乾隆 23 年	《奉使燕京總歌並日記》		日記提綱，總歌六八體長詩，其餘為七律。沿途風光、接待規格、公務等，名勝古蹟、風土人情記敘最詳。
	阮輝僅		後黎朝 1749 乾隆 14 年	《北輿輯覽》		雜記 內容為漢地十五省並所轄府及直隸州名目，和各地方的山川、城池等名稱，一些有小注。
	武輝珽 1730～1789		後黎朝 1772 乾隆 37 年	《華程詩》上下兩集		詩集 1. 描述沿途經過各地的自然、人文景觀。 2. 使臣途中中國朝野生活實態，如人民生活、各種人所用的交通運輸工具、北京生活等。
第六冊	胡士棟 1739～1785		後黎朝 1778 年出使，乾隆 43 年	《花程遺興》		詩集
	黎侗 1750～1805	與黎侗、陳名案出使中國。		《北行叢記》		
	黎惟亶 生卒年不詳	與黎侗、陳名案出使中國。	後黎朝 1788 年，乾隆 53 年	《使□行狀》	乞兵於中國	收詩三十首，七律。
	潘輝益 1751～1822		後黎朝 1790 年出使，乾隆 55 年	《星軺紀行》		詩集，加詳細的註釋。
	武輝瑨 1749～1800		後黎朝 1789 年	《華原隨步集》		詩集
	武輝瑨		後黎朝 1790 年乾隆 55 年	《花程後集》	陪新奉的安南國王阮光平來華見乾隆皇帝。	詩集

第七冊	段浚 生卒年不詳	潘輝益、武輝瑨等	西山朝 1790，乾隆五十五年	《海煙詩集》		主要七言、五言，部分有雜記。 內容：1. 記載沿途經歷；2. 詠唱風景名勝；3. 與友人唱和作品。
	段浚 生卒年不詳		西山朝 1790，乾隆五十五年	《海翁詩集》		
	吳時任 1746～1803		西山朝 1793	《黃華圖譜》	出使為新皇帝阮光纘求封。	詩歌為主，兼文辭。 記載使程途中實地所見的文獻資料，清代文獻為多。
	武輝瑨、吳時任、潘輝益	武輝瑨、吳時任、潘輝益	西山朝 1793	《燕臺秋詠》		詩歌 1. 詠物為題的組詩，七絕；武輝瑨之作；2. 吳時任之作；3. 潘輝益之作。
第八冊	佚名撰		應在1791～1794年之間	《使程詩集》		詩集
	阮偍 1761～1805		1795年出使	《華程消遣集》		詩集 描寫沿途景觀、及其人文典故、歷史傳說。出使理由：第一次感謝乾隆冊封阮文惠一事，第二是恭賀乾隆禪位，嘉隆登基。
	阮偍			《華程消遣集》之《已什二》		詩集
				《華程消遣後集》		詩集
	鄭懷德 1765～1825	正使鄭懷德、乙副使黃玉蘊	1802～1803年	《艮齋觀光集》	是阮朝首次向中國派出使團，求封。	詩歌
第九冊	吳仁靜 1763～1813	正使鄭懷德、乙副使黃玉蘊	嘉隆元年1802	《拾英堂詩集》		詩集

	黎光定 1759～1813	正使。副使黎正路、阮嘉吉	嘉隆元年 1802	《華原詩草》	求改國名為南越。	詩集
	阮嘉吉 1762～?		嘉隆元年 1802	《華程詩集》		詩集
	武希蘇 生卒年不詳		1804	《華程學步集》	遣使赴清朝致謝。	詩集
	吳時位 1774～1821			《枚驛諏餘》		詩集
第十冊	阮攸 1765～1820	正使	阮朝 1813	《北行襍詠》		詩集
	阮攸 1765～1820			《使程諸作》		詩集
	潘輝混 1778～1844	乙副使	阮朝 1817	《使程雜詠》		詩集
	丁翔甫 生卒年不詳		阮朝 1819	《北行偶筆》	賀壽使	詩集
	潘輝注 1782～1840		阮朝 1825	《華軺吟錄》		詩集，有詩、賦、詞等。
第十一冊	潘輝注		阮朝 1825	《軺軒叢筆》		雜記
	黃碧山 生卒年不詳		明命六年 1825	《北遊集》		詩集
第十二冊	鄧文啟 1784～?		1829	《華程略記》		詩集
	潘輝注 1782～1840		1831	《華程續吟》		詩集

	張好合生卒年不詳		1831	《夢梅婷詩草》		詩集
	李文馥 1785～1849		1833	《閩行褳詠》		詩集
	黎光院生卒年不詳		1833	《華程偶筆錄》		詩集
	潘清簡 1796～1867		1834			詩集
第十三冊	李文馥			《粵行吟草》		詩集
	李文馥			《粵行雜草編輯》		
	李文馥			《三之粵集屮》		
	李文馥			《仙城侶話》		
第十四冊	李文馥	黎瑤甫、胡養軒	1836	《鏡海續吟草》	與黎瑤甫、胡養軒等奉命駕平洋號船赴中國廣東,查訪遭風失踪的越南船隻。	1. 跋工部尚書黎文德跋;2. 詩作。
	范世忠 1761～1845		1838	《使清文錄》		1. 各類公文:進貢一事而往來的各種公文(入關、上諭、表文、奏章等)(貢品種類、數量、中國回贈越南的禮物清單,回贈物品質量的記載;中方接待越南使節的情況);2. 餞行贈詩;3. 記錄:各種外交手續、外交程式等、南返後向越南國王匯報沿途見聞的登記資料。

	李文馥		1841	《周原襍詠草》		1. 黎文德 1842 年序；+李文馥自序；2. 詩作。
	李文馥		1841	《使程遺錄》	例貢	詩作，加註釋文。
第十五冊	李文馥	甲副使阮德活、乙副使裴輔豐等十七人同行。	1841 年紹治元年（清道光 21 年）	《使程誌略艸》	告哀（明命皇帝去世）。	日記體+所經地方風貌的介紹、使程各類活動（如與中國官員交流、沿途祭祀等。
	李文馥		1841 年紹治元年（清道光 21 年）	《使程括要編》	告哀（明命皇帝去世）和求封。	雜記，記載使程所經的地方地理情況：歷史沿革、塘汛堡店名稱、各地路程、地域、分野、附近名勝古蹟等。也有對社會實態的描寫。
	范芝香?~1871	范芝香擔任第一副使，正使為張好合，第二副使王濟齊	1845 年（第二次出使 1852）	《郿川使程詩集》	例行的賀節使行.	詩體，范芝香作品為多，也有與正副使、中國官員唱和之作。詩體：五言、七言，少數四言，有題註。
	裴樻1796~？	正使，甲副使王有光、乙副使阮？	1847 出使	《燕行總載》	告哀上諭	1. 奏：請準改回本名奏本；2. 上諭：嗣德邀請清使來越冊封上諭；3. 友人給裴樻的餞別詩 34 首 213~307；4. 裴樻《燕行曲》長詩。
第十六冊	裴樻	正使	阮朝 1848 出使	《燕行曲》	告哀請命	長詩
	阮倣生卒年不詳	副使，正使裴樻、甲副使王有光	1848	《星軺隨筆》		詩集
	阮文超1799~1867／1872	副使，正使潘靖、甲副使鴻臚寺卿枚德常	1849 年出使	《方亭萬里集》	歲貢	詩集

第十七冊	阮文超	副使，正使潘靖、甲副使鴻臚寺卿枚德常	1849	《如燕驛程奏草》	歲貢	雜記
	范芝香		1852年出使	《志庵東溪詩集》		詩集
	潘輝泳 1801～1871	范芝香	1853～1855	《駬程隨筆》		詩集
第十八冊	鄧輝㷰 1825～1894		1865 年、1867年兩次出使中國廣東省	東南盡美錄		詩集
	黎峻 1819～？ 阮思僩 1823～1890 黃竝 1822～？	黎峻正使。阮思僩甲副使，黃竝乙副使。	1868	《如清日記》	四貢並進	日記
第十九冊	阮思僩		1868	《燕軺筆錄》	四貢並進	雜記、公文
第二十冊	阮思僩		1868	《燕軺詩文集》		詩歌、雜記
第二十一冊	范熙亮 1834～1886	甲副使	1870	《北溟雛羽偶錄》	例貢	詩歌
	裴文禩 1832～？	正使	1876	《萬里行吟》	貢部	詩集
第二十二冊	裴文禩	正使	1876	《中州酬應集》		詩集

	〔中〕清朝楊恩壽、〔越〕朝裴文禩			《稚舟酬唱集》		詩集
第二十三冊	阮述 1842～？	歲貢正使	1880	《每懷吟草》	1883 再充副使	
	范慎遹 1825～1885 阮述		1884	《建福元年如清日程》		日記
第二十四冊	阮輝𠳬		後黎朝	《燕軺日程》		使程圖
	裴檜 范乂貯 生卒年不詳			《如清圖》		使程圖
第二十五冊	裴櫃		1848	燕臺嬰語		長詩和使程圖兩部分。
	裴文禩	正使		《燕軺萬里集》		使程圖
	佚名撰			《北使佳話》		雜記

附錄二：未出版的越南燕行文獻

　　這部分將介紹越南和國外各圖書館、研究單位所館藏的越南燕行文獻資料，為以上已公佈、出版的燕行文獻作補充，並將更完整的越南燕行文獻介紹給讀者。經過考察，結果發現目前越南漢喃研究院圖書館、越南國家圖書館、美國一些大學圖書館和法國圖書館都藏有燕行錄有關的資料，具體情形如下：

一、越南漢喃研究院圖書館

　　經查越南漢喃研究圖書館的館藏，發現除了以上已經公佈、出版的越南燕行文獻，還有以下幾種燕行資料。這些資料的文字有漢文，也有喃文，或漢喃文間雜（這裡沒有標示者則為漢文）。茲根據漢喃研究院圖書館和台灣中央研究院越南漢喃文獻目錄資料庫的資料將以上書籍簡述如下：

（一）書籍

1. 鄧輝𤏸《鄧黃中詩抄》

　　本書有收錄作者出使時所作的詩篇，另外還有作者在教書、登第、當官時所作的作品，共一千二百五十二首詩，有註釋。今存嗣德戊辰年（1868）印本二種，十二卷，共 1098 頁。館藏編號 VHv.833／1～6（1098 頁）、VHv.249／1～2～4～5～6（824 頁，殘本）。

2. 鄧輝𤏸《柏悅集》

　　本書 37 頁，包括賀詩二十八首，內容為鄧輝𤏸出使中國廣東時，賀其弟登第的詩，其中一首由鄧輝𤏸自作，此外皆由中國人作。今存承天省鄧季族祠堂嗣德二十一年（1868）印本二種，館藏編號 A.2459 和 VHv.2395。

3. 汝伯仕《粵行雜草》

汝伯仕《粵行雜草》，又名《元立粵行雜草詩》，或《汝元立粵行雜草》。本書由其子汝以姰編輯，收錄明命癸巳年（1823）汝伯仕出使中國廣東時所作的詩文，包括題詠風景、即事、感懷、贈和詩八十首，以及中國友人贈答作者的詩篇。今存抄本四種，有撰於嗣德丁巳年（1857）的作者自引，以及中國繆艮、陳家璨、馮堯卿的三篇序文，並含例言、目錄各一篇。內容另附有祭海神文、中國人所撰《清溪吟草》序文、關於越中詩會事蹟的記文。編號 VHv.1797／1～2 卷下附有作者在廣東所購書的書目，是研究中越書籍交流、中國書籍、出版史重要、稀有的資料〔註1〕。館藏編號 VHv.100（題《元立粵行雜草詩》，120 頁），A.1285（題《元立粵行雜草詩》，56 頁），VHv.1797／1～2（題《粵行雜草》，248 頁），A.2793（題《粵行雜草》，158 頁）。

4.《中外群英會錄》

本書又名《群英會詩》、《中外英會錄集》，由中國文人繆艮（號蓮仙氏）編輯並印於道光三年（1833），內容包括中國人與越南使節的酬應詩文集，和李文馥、汝伯仕、阮文章、黃炯等越南使節的唱和詩及來往書信；附有道光皇帝致越南政府就拯救中國遭難漁船一事的謝函。今存 1882 年抄本二種，據初印本重抄。館藏編號 A.3039（204 頁）和 A.138（116 頁）。

5. 裴文禩《萬里行吟》

本書為裴文禩嗣德丙子年（1876）的北使詩文集，書中收錄約一百七十首詩。葦野、雲麓評論，綏理郡王題辭，嗣德賜詩，阮思僩跋，並有中國人所撰序文五篇。今存印本四種，館藏編號 VHv.867、A.2840、VHv.867、VHv.251（其他編號也有收錄該作品，包括 VHv.869／1～2、A.305、A.2363），可補充《越南漢文燕行文獻集成》所收錄的版本。

6. 武茂甫《北使江隱夫茂甫武原稿》

本書為武茂甫（號江隱夫）的北使詩集。正文收錄作者出使中國時所作的八十七首餞送、感懷、詠景詩，含序文一篇；附有作者詠靖王鄭森、宣妃鄧氏惠、碩郡公等人的詩篇及與吳時仕唱和的詩篇等。今存抄本一種，142 頁，館藏編號 A.2454。本書與另兩種書合訂，其一為《越史詩集》，目錄言有七十八

〔註 1〕參考陳益源：〈清代越南使節在中國的購書經驗〉，收入陳益源：《越南漢籍文
獻述論》，北京：中華書局，2011 年，頁 1～48。

首，實有三十二首；其二為鄧廷謙《天南詠史集》，嗣德十三年（1860）抄本。

7. 武樃《黎朝武蓮溪公北使自述記》

《黎朝武蓮溪公北使自述記》是記錄武樃北使過程的長詩，館藏編號 AB.632，今存抄本一種，40頁，用喃文書寫。

8. 佚名《旅行吟集》

《旅行吟集》，今存抄本一種，56頁，館藏編號 AB.447，喃文書寫，錄詩八十首，內容為出使中國途中的名勝，所詠有瀟湘、洞庭湖、黃鶴樓、望夫石、彭祖廟等，作者不詳。

9. 黎光賁《思鄉韻錄》

本書為黎光賁（字純夫，號晦齋）嘉靖三十三年（1554）起出使中國的十九年間致家人的六十六首詩，含序、引各一篇，輯自其同鄉的詩集、神跡、神譜等書，附載壽嶺伯武公道（號時叟）的二百七十六首詩。今存抄本一種，156頁。館藏編號 A.699。

10. 《星槎書事》

本書共一百五十八篇酬應詩和題詠詩，撰人不詳；書中所錄包括〈鄭州途中〉、〈登黃鶴樓〉、〈遊興隆寺〉、〈廣平途中〉等篇。今存抄本一種，90頁，館藏編號 A.1815。

11. 《畫漆先師錄》

本書主要內容為漆畫先師陳曰驢〔註2〕的小傳、小傳後附錄陳曰驢所作的北使詩文，包括「賓筵辭別」、「驛中聞家書賀生男」、「學成畫藝謝詩」、「南旋聞詠」等。今存抄本一種，阮奮齋重抄於紹治六年（1846），50頁。書中註國之氏撰於永壽三年（1663），有景興二十四年（1763）序文。附載陳公祠廟的祭文與對聯。館藏編號 A.987。

12. 陳名案《逸夫詩集》

本書殘闕，不題撰人，但從內容可以斷定為陳名案所撰。主要內容為陳名案出使中國期間所作的詩文集，收錄詩、賦、表、序、聯等文體，內容有〈西山行引〉、〈和裴翰溪〉、〈僑居述懷〉、〈聞北使來封有感〉、〈詠霸王別姬〉、

〔註2〕根據該書小傳，陳曰驢係河西常信府上福縣平望村人，生於1470年，官至京北巔察使，洪德乙卯年（1495）出使中國，學會漆畫，回國傳播於地方人民，因稱「畫漆先師」。

〈題永賴寺〉、〈可禮山賦〉、〈戒色賦〉、〈致清帝謝恩表〉、〈吳族祠堂序〉等。今存抄本一種，160 頁，館藏編號 A.1644。

13. 阮登選《燕臺嬰語》

本書為阮登選仙峰夢蓮亭的北使詩集，收錄途中感懷的歌行等詩篇，若干篇有演成喃字。書中附有自越南至燕京路程圖版，繪有自南關至燕京途中的山川、名勝、古跡等。今存抄本一種，134 頁，館藏編號 VHv.1733；AB.285。其中 AB.285 版與《繹邏羅國書語》合訂為一冊，12 頁，是阮登選北使途中所見山川城郭的一首長詩，上欄為演音，下欄為漢文，題杜俊大、范芝香評。

14. 《賞心雅集》

本書為越南人出使中國時所作的詩文聯集；書中包括莫挺之題扇詩、黎貴惇與中國文士和朝鮮使者的唱和詩等。今存抄本一種，110 頁，館藏編號 A.521。

（二）圖本

除了以上文本之外，漢喃研究院還館藏燕行使程圖，有助於我們對越中使程路線、各朝代使程路線演變等有更深一層的了解。

1. 《使程圖》

內容為自昭德台至河間府的彩色使程圖，記有山川、古跡、名勝及其歷史。今存抄本一種，96 頁，館藏編號 VHv.1378。

2. 《使程圖版》

內容為自河內至燕京的使程地圖，計 160 幅，標明路線、山川、府縣、祠廟。附有北京和中國國子監的歷史介紹。今存抄本一種，170 頁，館藏編號 A.1399。

3. 《北行圖版》

本書為自京都昇龍（河內）至燕京（北京）路程的一百八十六幅彩色地圖；圖中記有地名、府縣、名勝古蹟、路段的長度、中國江河的淵源等。今存抄本一種，有殘闕，186 頁，館藏編號 A.821。

4. 《北使程圖》

自越南至中國京城的使程地圖集，本書收 188 幅朱墨兩色彩圖，有昭德台、幕府營、燕京等地，每幅皆註有地名、歷史遺跡。存抄本一種，376 頁，館藏編號 A.3035。

5. 《安南形勝圖》

又名《安南形勝圖‧附南北使圖》，為黎代地圖集，編者不詳。本書收有越南全國地圖、中都（昇龍，今河內）地圖、十三承宣（包括五十三府、一百八十一縣、四十九州）地圖、自京都昇龍至占城的水陸路線圖、自昇龍至燕京的使華路程圖；附有詠景詩和喃文地名。今存抄本一種，有闕殘，280 頁，館藏編號 A.3034。

二、越南國家圖書館

越南國家圖書館也收藏了一些越南燕行文獻，可惜到目前為止還沒有將這部分好好整理出來。該圖書館所館藏的資料，就數量來講只亞於漢喃研究院圖書館的館藏，因此可以大大補充漢喃研究院圖書館的資料，其意義可想而知。茲將該圖書館所館藏的燕行文獻整理如下：

1. 裴文禩《萬里行吟》

根據該館的介紹，本書為裴文禩 1817 年出使時創作的作品〔註3〕，約 150 首詩，內容包括詠沿途風景名勝、完成使命、與中國文人唱和等。另有嗣德御製詩，綏理王題辭，阮思僩跋和作者自序。今存刻本一種，102 頁，館藏編號 R.606。

根據筆者初步的比較，此本與漢喃研究院圖書館所藏的同名作品為同一刻本。因此出使時間應為 1877 年而不是 1817 年。

2. 何宗權《新訂海珠墨妙》

本書實包括三部分，分別是何宗權的《新訂海珠墨妙》，吳智知《沂詠詩集》和吳時仕的《鸚言詩集》。其中何宗權部分收錄了何宗權若干北使詩歌，如〈贈繆蓮仙〉、〈附繆蓮仙和〉等。今村抄本一種，104 頁，館藏編號 R.181。

3. 李文馥《掇拾雜記》

本書包括李文馥 7 部漢喃作品，包括《掇拾雜記》、《二氏偶談賦》、《西海行舟記》、《不風流傳》、《使程便覽曲》和《南關至燕京總歌》。其中《使程便覽曲》（自頁 30 至頁 51）和《南關至燕京總歌》（自頁 52 至頁 52，殘缺）為燕行文獻。今存抄本一種，53 頁，題「嗣德三年歲次辛亥孟秋月望」，館藏編號 R.92。

〔註 3〕應為 1877 年。

4. 《謝林侍郎為舉啟》

本書主要內容包括啟、賀表、謝表、答覆等。其中與燕行文獻相關的內容包括從頁 61 至頁 76 有送別使節詩（送潘清簡、乙副使阮文超等）。頁 77 至 84 有勞崇光〈南越風雅統編序〉及其作品，和勞崇光與越南魏克循、潘松等護送官的唱和作品。今抄本一種，97 頁，館藏編號 R.1687。

5. 阮輝𤎟《奉使燕臺總歌》

本書為作者 1765 年出使回國後所作的長詩，內容包括從出發到沿途風光、使程主要事件、外交儀式等。全文為六八體漢詩。今存刻本 2 種，50 頁，館藏編號 R.1375，R.2211。這部為刻本，可以補充《越南漢文燕行文獻集成》所收錄的版本。

6. 黎文德《雜抄》

本書收錄了黎文德 1842 年出使中國的一些作品（頁 1～9）和另一位紹治期間正使的作品。今存抄本一種，殘本，19 頁，館藏編號 R.459。歷來學術界對黎文德燕行作品少有提及，因此雖然黎文德現存的使程作品數量相當少，但意義非常重大，可補充這一期使團的空缺。

7. 《華程詩集》

本書收集很多作者的詩文作品，包括武輝珽、范貴適、張登桂、阮德達、阮思僩、裴文禩等。其中與燕行有關的有《華程詩集》、《增補雲麓阮吏部詩集》，可與《越南漢文燕行文獻集成》所收錄的作品作比對與補充。現存抄本一種，館藏編號 R.38.

8. 陳名案《了庵詩集》

本書為後人收集陳名案詩歌集，其中收錄作者若干燕行作品。今存抄本一種，49 頁，館藏編號 R.1710

9. 《四家詩集》

本書包括陳名案、范貴適、阮秉謙和香亭四人詩集，分別為《了齋詩集》、《立齋詩集》、《白雲庵詩集》和《香亭古月詩》。其中只有陳名案《了齋詩集》收錄了若干燕行作品。現存抄本一種，66 頁，館藏編號 R.423。

10. 張登桂《張廣溪公文集》

本書收錄張登桂詩文作品，其中序部分收錄了張登桂為各越南使節作品寫的序，包括〈阮子方亭使程萬里集序〉、〈燕臺嬰語曲序〉。現存刻本一種，

47 頁，館藏編號 R.315。惟越南國家圖書館作品越南文名稱打錯，應為「Trương Quảng Khê công văn tập」而不是「Thương Quảng Khê công văn tập」。

除了上述作品之外，越南國家圖書館還館藏另外兩種燕行書籍，但這兩種據考察與漢喃研究院館藏一樣，且已被收錄在《越南漢文燕行文獻集成》，分別是阮文超《方亭文類》，館藏編號 R.1218 和李文馥《周原雜詠》，館藏編號 R.240。

三、美國各大學圖書館

美國一些大學圖書館所館藏的漢喃資料庫中也有若干與燕行錄有關的資料。根據筆者的初步調查，這些資料的來源有二。第一是收藏者捐贈給當地圖書館，第二是美國單位與越南學術機構合作而來，因此基本上這些資料在越南都有館藏。這些美國大學收藏的資料的不同點就是，它們很多作品已經被數位化可供讀者線上閱讀，對世界各地學者的研究大有助益。具體情況如下：

（一）耶魯大學莫里斯‧杜蘭德（Maurice Durrand）資料庫

耶魯大學圖書館莫里斯‧杜蘭德（Maurice Durrand）〔註4〕資料庫（全名為莫里斯‧杜蘭德漢喃資料庫）收錄了不少與越南燕行錄相關的資料。莫里斯‧杜蘭德資料庫所收的漢喃書籍有部分是耶魯大學圖書館跟莫里斯‧杜蘭德太太購買，一部分是莫里斯‧杜蘭德太太捐贈給耶魯大學。該資料庫所收資料種類繁多，包括出版品、音譯、照片、研究記錄、縮微資料等，都是莫里斯‧杜蘭德先生在其學術生涯中所使用的資料。其內容涉及亞洲，特別是十八到二十世紀的越南的資料。莫里斯‧杜蘭德的研究記錄多與越南文學、越南和印度支那語言有關。

莫里斯‧杜蘭德漢喃資料庫由五個部分組成，分別是：

第一是「沒有現代越南語的漢喃資料」，作品創作時間大約在 1700～1900 年之間。耶魯大學根據巴黎遠東博古學院的資料作處理，共 30 本書，包括《征婦吟》（喃文）、《大越史記本紀全書》卷一、二、十五（漢文）、《漢文書籍總錄守冊》、《花箋記》（漢）、《皇越地輿誌》（漢）等。

第二是「有現代越南語的漢喃資料」，時間大約在 1700～1900 年之間。這部分作品除了漢喃字，還有現代越南文的翻譯，耶魯大學根據巴黎遠東博

〔註 4〕莫里斯‧杜蘭德（Maurice Durrand）（1914～1966），法國著名越南、中國研究專家。莫里斯‧杜蘭德曾任河內遠東博古學院經理，也是巴黎德拉索邦高等研究應用學院的校長。

古學院的資料作處理。

第三是「視覺資料」，時間大約在 1959～1959 間。包括黑白照片（多為複製），有法文註釋，貼在卡片紙上，內容涉及中國、香港、越南、老撾和暹羅的民族、生活、習慣、藝術、肖像等，且主要為香港的客家和蜑家／疍家人。語言都為英文。另外還有兩幅手印地圖，分別是古代越南和鎮國廟地圖和 16 張有漢喃字為背景的彩色版。耶魯大學根據巴黎遠東博古學院的資料作處理。

第四是「研究記錄」，1930～1966 之間。包括零星的有關中國、越南文學、文化、語言的法文研究記錄，還有莫里斯・杜蘭德的論文、西山有關的資料。

第五是「微縮資料」，1825～1955 之間。包括 94 個縮微捲軸，由莫里斯・杜蘭德於 1950 年代初向巴黎遠東博古學院購買。主要為二十世紀初越南漢喃資料書籍，大部分有越南文翻譯，或只有越南文。

其中第一、第二部分已經被全文數位化，共 187 本書，可以取得全文，其他資料要在耶魯大學圖書館借閱。

莫里斯・杜蘭德資料庫有四種與燕行錄相關的資料。如上面所述，莫里斯・杜蘭德資料庫的資料均為前遠東博古學院的的書籍，因此內容多與越南漢喃研究院館藏相同。為了讓讀者更易於掌握與比對，筆者將莫里斯・杜蘭德資料庫所館藏的燕行文獻整理如下表：

表 1　美國耶魯大學莫里斯・杜蘭德資料庫所藏越南燕行錄作品

序號	資料名稱	耶魯大學館藏編號	漢喃院館藏編號	書寫語言	備註
1.	使程便覽曲	MS 1728 2.0007.039	AB.149	喃文和現代越南文	有電子檔檔
2.	燕臺嬰話（阮登選）	MS 1728 2.0010.082	AB.285	喃文和現代越南文	有電子檔檔
3.	西山邦交集	Request Box 118	耶魯圖書館說其編號為 A.2304。經查漢喃院圖書館 A.2304 為《西浮詩草附諸家詩錄》，另有兩本《西山邦交集》，編號 A.2364 和 A.1916。		耶魯大學微縮資料
4.	使程圖版（1825 年）	Request Box 78	耶魯大學沒有註明漢喃研究院圖書館的館藏編號。經查漢喃研究院圖書館有《使程圖版》（或《使程圖畫》）手寫一種，法國館藏編號 Paris.SA,HM.2196。		耶魯大學微縮資料

（二）坦普爾大學館藏資料

坦普爾大學越南哲學、文化與社會中心〔註5〕所有的漢喃資料庫目前有一些與燕行錄有關的資料。關於這個資料庫，實為「ISSI Project」（ISSI計劃）的成果，由英國圖書館贊助以針對越南社會科學通訊院所藏的珍貴漢喃資料進行整理和數位化，以達到最好的館藏、保存效果。資料庫分成四個部分，分別為漢喃資料（2056種）、鄉約（2種）、神蹟神敕（1種）和漢喃神敕（3種）。目前數位化進度為鄉約全文數位化2種，神蹟神敕數位化0種，漢喃神敕全文數位化3種，漢喃資料全文數位化234種，其餘還在進行當中〔註6〕。

目前該資料庫所公布的資料沒有燕行錄的專集，只有兩本詩集裡面有收藏若干燕行作品，具體如下：

1. 《國朝詩鈔》

本書收藏各家詩集，包括《從善王倉山詩集》、《綏理王葦野詩集》、《雅堂詩抄》、《梅庵詩抄》、《金江阮仲合公西踏詩抄》、《范富庶公竹堂詩抄》、《可庵探花阮德達公詩抄》和《榆林進士阮雲麓公詩抄》。其中《榆林進士阮雲麓公詩抄》從201頁至206頁收錄了阮思僩些燕行詩歌。今存抄本一種，越南社會科學通訊院臨時館藏編號 ISSI HN 0437。

2. 《詩集》

本書蒐集陳朝、胡朝詩歌。從頁26～47收錄陳朝范師孟等人北使作品，如〈北行有感〉、〈遊岳陽樓〉、〈桂林〉等詩歌。今存抄本一種，越南社會科學通訊院臨時館藏編號 ISSI HN 0445。

四、法國各家圖書館

除了越南、美國的館藏資料，法國國家圖書館和法國亞洲圖書館也收藏了一些越南燕行錄作品。這部分請參考陳正宏〈法國所藏越南漢文燕行文獻述論〉的著作〔註7〕。

〔註5〕參考該中心網站 http://www.cla.temple.edu/vietnamese_center/welcome.htm。
〔註6〕資料庫網站 http://vietcenter.temple.edu/issi/issi_lib.php 或英國圖書館鏈接 http://eap.bl.uk/database/results.a4d?projID=EAP219。
〔註7〕參考陳正宏：〈法國所藏越南漢文燕行文獻述論〉，《燕行使進紫禁城——14至19世紀的宮廷文化與東亞秩序學術研討會》，北京：故宮博物院、故宮學研究所，2014，69～74。

附錄三：其他燕行作品

這部分介紹其他漢喃書籍所提到但目前找不到文本的越南燕行作品，具體如下表：

序號	使節名稱	作 品	時代	備 註
1.	黎澄	《南翁夢錄》	陳朝	又名元澄，字孟源，號南翁，書中有記述元朝使節黃裳與越南軍官莫記的友好事跡。
2.	武覯	《星軺紀行》	莫朝	今未見，見載於潘輝注《文籍志》。
3.	梁覯	《使軺詩集》	莫朝	今未見，見載於潘輝注《文籍志》。
4.	黃仕愷	《使北國語詩集》	莫朝	今未見，見載於潘輝注《文籍志》和黎貴惇的《芸臺類語》。
5.	梁世榮	《明良錦繡》	黎朝	
6.		《瓊花九歌集》	黎朝	
7.	阮翹	《浩軒詩集》	後黎朝	見載於潘輝注《文籍志》。
8.	丁翔甫	《古驪溪亭丁翔甫使程詩集》	阮朝	
9.	阮有立	《使程類編》	阮朝	字懦夫。
10.	阮廷素	《使軺吟錄》	阮朝	
11.	武文俊 1803～1857	《周原學步集》	阮朝	字宅卿，號白山。
12.	潘清簡 1796～1867	《使程詩集》	阮朝	收錄在《梁溪詩草》。
13.	鄧文啟	《華程記詩畫集》	阮朝	

附錄四：越南燕行錄相關研究論著目錄（越南文）

1. Philippe 張（Philippe Truong）：〈鄧輝燆在廣東定做的祭祀陶瓷初探〉（Đồ Sứ Tế Tự Do Đặng Huy Trứ Đặt Làm Tại Trung Quốc），《順化：古與今》（Huế xưa và nay），2006 年第 78 期，頁 11。

2. Shimizu Taro、梁氏秋譯‧阮氏鶯校訂（Shimizu, Taro, Lương Thị Thu dịch, Nguyễn Thị Oanh hiệu đính）：〈十八世紀越南與朝鮮使節在中國的相遇〉（Cuộc Gặp Gỡ Của Sứ Thần Việt Nam Và Triều Tiên Ở Trung Quốc Trọng Tâm Là Chuyện Xảy Ra Trong Thế Kỷ Xviii），《漢喃研究院》（Tạp chí Hán Nôm），2001 年第 3 期，頁 88～99。

3. 〈北史佳話〉，《南風雜誌》中文版，1929～1930 年第 139～143 期。

4. 阿雀殿（A Chước Đen sưu tầm và biên soạn）：《鄧輝燆：民族與時代的真正智者》（Đặng Huy Trứ - Nhà Trí Thức Chân Chính Của Dân Tộc Và Thời Đại），順化：文學出版社，2013 年。

5. 安山司（An Sơn Tư）：〈阮嘉吉的出使行程〉（Nguyễn Gia Cát-Đem Chuông Đi Đấm Xứ Người），《知新》（Tri Tân），1941 年第 18 期，頁 20。

6. 寶琴（Bửu Cầm）：〈阮朝嘉隆到嗣德遣使中國的使團〉（Các Sứ Bộ Do Triều Nguyễn Phái Sang Nhà Thanh（Từ Triều Gia Long Đến Đầu Triều Tự Đức）），《史地集刊》（Tập san sử địa），1966 年第 2 期，頁 46～51。

7. 編輯部（Nhiều người soạn）：《段阮俊詩文（《海翁詩集》）》（Thơ Văn Đoàn Nguyễn Tuấn（Tức Hải ng Thi Tập）），河內：社會科學出版社，1982 年。

8. 編輯部（Nhiều người soạn）:《阮偍漢文詩選集》（Tuyển Tập Thơ Chữ Hán Nguyễn Đề），河內：社會科學出版社，1995 年。

9. 茶嶺組（Nhóm Trà Lĩnh）:《鄧輝煂：生平與作品》（Đặng Huy Trứ-Con Người Và Tác Phẩm），胡志明市：胡志明市出版社，1990 年。

10. 陳伯志（Trần Bá Chí）:〈阮思僩的本領〉（Bản Lĩnh Nguyễn Tư Giản Qua Biến Động Của Cuộc Đời），《漢喃雜誌》（Tạp chí Hán Nôm），2000 年第 3 期。

11. 陳德英山（Trần Đức Anh Sơn）:〈鄧輝煂兩次廣東公幹初探〉（Hai Chuyến Công Vụ Quảng Đông Của Đặng Huy Trứ（1865 Và 1867～1868）），《峴港經濟、社會發展雜誌》（Tạp chí Phát triển Kinh tế-Xã hội Đà Nẵng），2012 年第 30 期，頁 47～55。

12. 陳德英山（Trần Đức Anh Sơn）:〈清代越南使團的貿易活動初探〉（Hoạt Động Thương Mại Kiêm Nhiệm Của Các Sứ Bộ Việt Nam Ở Trung Hoa Thời Nhà Thanh），收入世界出版社（Nhà xuất bản Thế giới）:《歷史遺產和新的切入點》（Di Sản Lịch Sử Và Những Hướng Tiếp Cận Mới），河內：世界出版社，2011 年。

13. 陳德英山（Trần Đức Anh Sơn）:〈清代越南使團的貿易活動初探〉（Hoạt Động Thương Mại Kiêm Nhiệm Của Các Sứ Bộ Việt Nam Ở Trung Hoa Thời Nhà Thanh），收入世界出版社（Nhà xuất bản Thế giới）:《歷史遺產和新的切入點》（Di Sản Lịch Sử Và Những Hướng Tiếp Cận Mới），河內：世界出版社，2011 年。

14. 陳金英（Trần Kim Anh）:〈「奉往北使左記」碑文再探〉（Nói Lại Tấm Bia "Phụng Vãng Bắc Sứ Tả Ký"），收入漢喃研究院（Viện nghiên cứu Hán Nôm）:《漢喃學通報》（Thông Báo Hán Nôm Học），河內：漢喃研究院，1998 年，頁 13～18。

15. 陳氏冰清（Trần Thị Băng Thanh）:《吳時仕》（Ngô Thì Sĩ），河內：河內出版社，1987 年。

16. 陳氏冰清、范秀珠（Trần Thị Băng Thanh, Phạm Tú Châu）:〈陳朝與元朝的使程詩初探〉（Vài Nét Về Văn Thơ Bang Giao, Đi Sứ Đời Trần Trong Giai Đoạn Giao Thiệp Với Nhà Nguyên），《文學雜誌》（Tạp chí văn học），1974 年第 6 期。

17. 陳氏詩（Trần Thị The）:〈使程詩文的形成、發展與特徵〉（Vài Nét Về Sự

Hình Thành, Phát Triển Và Đặc Điểm Của Thơ Đi Sứ），《河內師範大學科學學報》（Tạp chí khoa học, đại học sư phạm Hà Nội），2012 年第 57 期，頁 52～57。

18. 陳雄（Trần Hùng）：〈吳時位題詩黃鶴樓〉（Ngô Thì Vị đề thơ ở lầu Hoàng Hạc），刊登於 2012 年 08 月 06 日，http://trankieuam.blogspot.tw/2013/08/ thi-vi-e-tho-hoang-hac-dong-ho-ngo-thi.html，登錄於 2014 年 8 月 15 日。

19. 陳益源：《越南阮朝所藏中國漢籍與使華詩文》，河內：師範大學出版社，2018 年。

20. 陳義（Trần Nghĩa）：〈阮思僩──我國 19 世紀大名人〉（Nguyễn Tư Giản，Một Tri Thức Lớn Của Nước Ta Thế Kỷ Xix），收入東西文化語言中心（Trung Tâm Ngôn Ngữ Văn hóa Đông Tây）：《阮思僩：生平與作品》（Nguyễn Tư Giản：Cuộc Đời Và Thơ Văn），河內：東西文化語言中心，2001 年，頁 13～21。范瓊（Phạm Quỳnh）：《南風雜誌》，1917 年至 1934 年。

21. 丁益全（Đinh Ích Toàn）：〈諒山名勝與南北交流〉（Danh Tích Xứ Lạng Điểm Hội Tụ Sự Giao Lưu Nam Bắc），《漢喃雜誌》（Tạp chí Hán Nôm），1990 年第 2 期，頁 80～83。

22. 杜秋水（Đỗ Thu Thủy）：〈越南中代外交的三大基本特徵〉（Ba Đặc Trưng Cơ Bản Trong Hoạt Động Ngoại Giao Văn Hóa Việt Nam Thời Trung Đại），收錄在《融入國際時期的對外文化研討會》論文集（Văn hóa đối ngoại thời kỳ hội nhập），2011 年。

23. 杜氏好（Đỗ Thị Hảo）：〈阮思僩《神仙冊》詩歌唱和初探〉（Đôi Điều Về Lối Họa Thơ Trong Thần Tiên Sách Của Nguyễn Tư Giản），收入《漢喃學通報》（Thông Báo Hán Nôm Học），河內：漢喃研究院，2008 年。

24. 杜氏秋水（Đỗ Thị Thu Thủy）：黎景興到嘉隆時期的使程詩初探（1740～1820）（Vài Nét Về Thơ Sứ Trình Việt Nam Từ Thời Lê Cảnh Hưng Đến Hết Thời Gia Long（1740～1820）），《文化研究雜誌》（Tạp chí Nghiên cứu Văn hóa），2013 年第一期，頁 2～5。

25. 范黃江（Phạm Hoàng Giang）：〈阮公基與 1715 年的使程〉（Nguyễn Công Cơ Và Chuyến Đi Sứ Nhà Thanh Năm 1715），收入漢喃研究院（Viện nghiên cứu Hán Nôm）：《漢喃學通報》（Thông Báo Hán Nôm Học），河內：漢喃研究院，2005 年，頁 233～239。

26. 范黃軍（Phạm Hoàng Quân）：〈《往使天津日記》和《往津日記》略考〉（Lược Tả Về Sách "Vãng Sứ Thiên Tân Nhật Ký" Của Phạm Thận Duật Và "Vãng Tân Nhật Ký" Của Nguyễn Thuật），《研究與發展雜誌》（Tạp chí Nghiên cứu và Phát triển），2008 年第 6 期，頁 110～117。

27. 范俊慶（Phạm Tuấn Khánh）：〈鄧輝㷸使程和一份尚未公佈的資料〉（Chuyến Đi Sứ Của Đặng Huy Trứ Và Một Tư Liệu Chưa Được Công Bố），《科學與工藝通訊》（Thông tin Khoa học và Công nghệ），1995 年第 3 期，頁 3～6。

28. 范邵、陶芳平（Phạm Thiều, Đào Phương Bình）：《使程詩》（Thơ Đi Sứ），河內：社會科學出版社，1993 年。

29. 范文映（Phạm Văn Ánh）：〈陳朝外交文件：內容與藝術〉（Văn Thư Ngoại Giao Đời Trần: Nội Dung Và Nghệ Thuật），《研究與發展雜誌》（Tạp chí Nghiên cứu và phát triển），2012 年第 5 期，頁 3～20。

30. 范文映（Phạm Văn Ánh）：〈陳朝外交文件：資料、數量、作者與體裁〉（Văn Thư Ngoại Giao Thời Trần（Các Nguồn Tư Liệu, Số Lượng, Tác Giả Và Thể Loại）），《漢喃雜誌》（Tạp chí Hán Nôm），2008 年第 1 期，頁 19～28。

31. 范仲正（Phạm Trọng Chính）：〈阮攸於 1790 年在黃州見西山使團〉，刊登於 2013 年 3 月 2 日，http://nguyentrongtao.info/2013/03/02/nguy%E1%BB%85n-du-g%E1%BA%B7p-doan-nguy%E1%BB%85n-tu%E1%BA%A5n-s%E1%BB%A9doan-tay-s%C6%A1n-t%E1%BA%A1i-hoang-chau-1790/，登入時間 2014 年 8 月 12 日。

32. 高自清（Cao Tự Thanh）：〈鄭懷德的二十首喃文使程詩〉（Hai Mươi Bài Thơ Nôm Lúc Đi Sứ Của Trịnh Hoài Đức），《漢喃雜誌》（Tạp chí Hán Nôm），1987 年第 1 期，頁 86～93。

33. 華程便覽曲（Hoa trình tiện lãm khúc），《中北新聞》（Trung Bắc tân văn），1944 年，第 195～198 期。

34. 華鵬（Hoa Bằng）：〈關於武輝瑨〉（ng Võ Huy Tấn），《知新》（Tri Tân），1942 年第 40 期，頁 17～18。

35. 華鵬（Hoa Bằng）：〈武輝瑨及其《華程隨筆》〉（Võ Huy Tấn Và Tập Hoa Trình Tùy Bút），《知新》（Tri Tân），1942 年第 37 期。

36. 華鵬（Hoa Bằng）：〈武輝瑨及其《華程隨步集》〉（ng Võ Huy Tấn Và Tập

Hoa Trình Tùy Bộ），《知新》（Tri Tân），1942 年第 35 期，頁 6〜7。

37. 華鵬（Hoa Bằng）：〈武輝瑨及其《華程隨步集》〉（ng Võ Huy Tấn Và Tập Hoa Trình Tùy Bộ），《知新》（Tri Tân），1942 年第 36 期，頁 8〜9。

38. 黃春憾（Hoàng Xuân Hãn）：〈北行叢記〉（Bắc Hành Tùng Ký），《史地集刊》（Tập san sử địa），1969 年第 13 期，頁 3〜32、181〜183。

39. 黃春憾（Hoàng Xuân Hãn）：〈北行叢記〉（Bắc Hành Tùng Ký），《史地集刊》（Tập san sử địa），1969 年第 14,15 期，頁 140〜152。

40. 黃春憾（Hoàng Xuân Hãn）：〈黎貴惇出使清朝〉（Lê Quí Đôn Đi Sứ Nước Thanh），《團結春節專刊》（Đoàn Kết số Giai Phẩm Xuân 80），1980 年第 1 期。

41. 黃春憾（Hoàng Xuân Hãn）：〈黎貴惇景興庚辰年北使及其喃文奏摺（第二期）〉（Vụ Bắc Sứ Năm Canh Thìn Đời Cảnh Hưng Với Lê Quý Đôn Và Bài Trình Bằng Văn Nôm-Kỳ ?），《史地集刊》（Tập san sử địa），1968 年第 11 期，頁 193〜215。

42. 黃春憾（Hoàng Xuân Hãn）：〈黎貴惇景興庚辰年北使及其喃文奏摺〉（Vụ Bắc Sứ Năm Canh Thìn Đời Cảnh Hưng Với Lê Quý Đôn Và Bài Trình Bằng Văn Nôm），《史地集刊》（Tập san sử địa），1967 年第 6 期，頁 3〜5、142〜162。

43. 黃芳梅（Hoàng Phương Mai）：〈越南阮朝遣使清朝的使團介紹〉（Về Những Phái Đoàn Sứ Bộ Triều Nguyễn Đi Sứ Triều Thanh（Trung Quốc）），《漢喃雜誌》（Tạp chí Hán Nôm），2012 年第 6 期，頁 51〜68。

44. 黃文樓（Hoàng Văn Lâu）：〈《梅驛諏餘》作者與創作時間考〉（Về Tác Giả Và Niên Đại Của Tập Thơ Đi Sứ "Mai Dịch Tâu Dư"），《漢喃雜誌》（Tạp chí Hán Nôm），1999 年第 2 期，頁 55〜57。

45. 黃文樓（Hoàng Văn Lâu）：〈阮思僴《燕軺詩文集》之研究〉（Về Tác Phẩm Yên Thiều Thi Văn Tập Của Nguyễn Tư Giản），《漢喃雜誌》（Tạp chí Hán Nôm），2000 年第 3 期，頁 38〜40。

46. 黃文樓（Hoàng Văn Lâu）：〈陶公正及其《北使詩集》〉（Đào Công Chính Với Bắc Sứ Thi Tập），收入漢喃研究院（Viện nghiên cứu Hán Nôm）：《漢喃學通報》（Thông Báo Hán Nôm Học），河內：漢喃研究院，2004 年，頁 314〜318。

47. 金安國有跟越南使節見面嗎？（Kim an Quốc Có Gặp Sứ Giả Việt Nam Tại Trung Quốc?）東阿網。

48. 金英（Kim Anh）：〈潘輝注的一篇賦之研究〉（Bài Phú "Buông Thuyền Trên Hồ" Của Phan Huy Chú），《漢喃雜誌》（Tạp chí Hán Nôm），1992 年第 1 期，頁 84～86。

49. 黎侗：〈北行略記〉，《南風雜誌》中文版，第 125 期。

50. 黎光長（Lê Quang Trường）：〈阮朝儒士鄭懷德出使中國的心理演變〉（Trịnh Hoài Đức Và Tâm Sự Nho Thần Triều Nguyễn Trên Đường Đi Sứ Trung Quốc），收錄在《越南與中國的文化、文學關係國際學術研討會》論文集（Kỉ yếu Hội thảo khoa học quốc tế Việt Nam và Trung Quốc：những quan hệ văn hóa，văn học trong lịch sử，tháng 9-2011），胡志明市：胡志明市人文社會科學大學、湖南師範大學，2011 年。裴維新。詠史詩，使程詩與愛國精神〔M〕／／越南中代文學考論。河內：河內國家大學出版社，2005：235～239。

51. 黎光長（Lê Quang Trường）：〈鄭懷德使程詩初探〉（Bước Đầu Tìm Hiểu Thơ Đi Sứ Của Trịnh Hoài Đức），收入漢喃研究院（Viện nghiên cứu Hán Nôm）：《漢喃學通報》（Thông Báo Hán Nôm Học），河內：漢喃研究院，2007 年。

52. 黎光長：〈王有光及其使華詩文〉，《科學與工藝發展雜誌》（社會科學版），第四期，2020 年，頁 789～801。

53. 黎貴惇著，阮氏雪翻譯，阮氏冰清校訂：《北使通錄》，河內：師範大學出版社，2018 年。

54. 黎氏偉鳳（Lê Thị Vỹ Phượng）：〈《使華叢詠》簡介〉（Một Số Thông Tin Về Tác Phẩm Sứ Hoa Tùng Vịnh），《漢喃雜誌》（Tạp chí Hán Nôm），2012 年第 5 期，頁 38～47。

55. 黎雄風（Lê Hùng Phong）：〈在黃鶴樓題詩的第一位越南人〉（Người Việt đầu tiên đề thơ tại lầu Hoàng Hạc），刊登於 2011 年 10 月 10 日，http://vanng hequandoi.com.vn/802/news-detail/389515/van-hoc-voi-nha-truong/nguoi-viet-dau-tien-de-tho-tai-lau-hoang-hac.html，登錄於 2014 年 8 月 15 日。

56. 李春鐘（Lý Xuân Chung）：〈阮公沆與朝鮮使節詩文唱和作品〉（Về Văn Bản Thơ Xướng Họa Giữa Nguyễn Công Hãng（Việt Nam）Với Du Tập Nhất，

Lý Thế Cẩn（Hàn Quốc）Trong Chuyến Đi Sứ Trung Quốc Năm 1718），收入漢喃研究院（Viện nghiên cứu Hán Nôm）:《漢喃學通報》（Thông Báo Hán Nôm Học），河內：漢喃研究院，2007 年。

57. 李春鐘（Lý Xuân Chung）:〈武輝瑨與朝鮮使臣新發現的兩首唱和詩〉（Hai Bài Thơ Xướng Họa Giữa Vũ Huy Tấn Với Sứ Thần Triều Tiên Mới Được Phát Hiện），收入漢喃研究院（Viện nghiên cứu Hán Nôm）:《漢喃學通報》（Thông Báo Hán Nôm Học），河內：漢喃研究院，2005 年，頁 110～117。

58. 李春鐘（Lý Xuân Chung）:〈越韓歷史關係初考——以漢喃資料為中心〉（Bước Đầu Tìm Hiểu Quan Hệ Bang Giao Việt Hàn Qua Tư Liệu Hán Nôm），收入漢喃研究院（Viện nghiên cứu Hán Nôm）:《漢喃學通報》（Thông Báo Hán Nôm Học），河內：漢喃研究院，1996 年，頁 57～69。

59. 李春鐘（Lý Xuân Chung）:《越南與韓國使節詩文唱和之研究》（Nghiên Cứu，Đánh Giá Thơ Văn Xướng Họa Của Các Sứ Thần Hai Nước Việt Nam，Hàn Quốc），漢喃研究院博士論文，2009 年。

60. 李文馥（Lý Văn Phức）:〈李文馥出使歌：使程便覽曲〉（Bài ca đi sứ của cụ Lý Văn Phức: Sứ trình tiện lãm khúc），《南風雜誌》越南語版（Nam Phong tạp chí），1925 年第 99 期，頁 253～261。

61. 李文馥（Lý Văn Phức）:《華程便覽曲》,《中北新聞》（Trung Bắc tân văn），1944 年，第 198 期，頁 5。

62. 李文雄（Lý Văn Hùng）:〈光中與乾隆的交涉——以 16 州與岑宜棟廟為中心〉（Cuộc Giao Thiệp Giữa Quang Trung Với Càn Long. Vụ 16 Châu Và Xây Đền Sầm Nghi Đống），《史地集刊》（Tập san sử địa），1969 年第 13 期，頁 135～142。

63. 劉德意（Lưu Đức Ý）:范師孟——詩人、外交家、軍事家（Phạm Sư Mạnh: nhà thơ, nhà ngoại giao, nhà quân sự），《古與今》第 273 期，線上版網址 https://xuanay.vn/pham-su-manh-nha-tho-nha-ngoai-giao-nha-quan-su/。

64. 梅國聯（Mai Quốc Liên）:〈使程詩——愛國與戰鬥之聲〉（Thơ Đi Sứ, Khúc Ca Của Lòng Yêu Nước Và Chí Chiến Đấu），《文學雜誌》（Tạp chí văn học），1979 年第 3 期。

65. 梅國聯（Mai Quốc Liên）:《阮攸全集》（Nguyễn Du Toàn Tập），河內：文學出版社，1996 年。

66. 潘士嫡（Phan Sĩ Điệt）:〈潘仕熟及其 1872 年的使程〉（Phan Sĩ Thục（1822～1891）Và Chuyến Đi Sứ Sang Trung Quốc Năm 1872），《古與今》（Xưa và nay），2005 年第 243 期，頁 19～21。

67. 潘氏秋賢（Phan Thị Thu Hiền）:〈《李文馥《閩行》作品中的民族自尊感探析〉，《文學、藝術和漢喃研究改革：三十年的回顧 學術研討會論文集》，河內：河內國家大學出版社，2016 年，頁 206～2017。

68. 潘氏秋賢（Phan Thị Thu Hiền）:《李文馥的《閩行詩話》——史料、文學、文化和外交價值》（Mân hành thi thoại tập của Lý Văn Phức: Những giá trị sử liệu, văn chuwong, văn hoá và ngoại giao），河內：河內國家大學出版社，2020 年。

69. 潘氏秋賢（Phan Thị Thu Hiền）:《李文馥及其閩行著作之研究》（Nghiên cứu nhóm văn bản Mân hành của Lý Văn Phức（1785～1849）），河內人文社會科學大學博士論文，2018 年。

70. 潘氏豔（Phan Thị Diễm）:《裴櫃《燕臺嬰話曲》的介紹與翻譯》（Phiên Dịch, Giới Thiệu "Yên Đài Anh Thoại Khúc" Của Bùi Quỹ），胡志明市人文社會科學大學學士論文，2013 年。

71. 潘文閣（Phan Văn Các）:〈阮思僩出使事件初探〉（Chuyến Đi Sứ Của Nguyễn Tư Giản），《漢喃雜誌》（Tạp chí Hán Nôm），2000 年第 3 期，頁 33～37。

72. 潘英（Phan Anh）:越華邦交（Bang giao Việt Nam）,《清議》（Thanh Nghị）,1944 年第 95 期，頁 3。

73. 裴維新（Bùi Duy Tân）:〈馮克寬——全君命、壯國威的使者〉（Phùng Khắc Khoan-Sứ Giả "Toàn Quân Mệnh-Tráng Quốc Uy"），收入河內國家大學（Nhà xuất bản Đại học quốc gia Hà Nội）:《文學研究與傳授新發現》（Những Vấn Đề Mới Trong Nghiên Cứu Và Giảng Dạy Văn Học），河內：河內國家大學出版社，2006 年，頁 241～252。

74. 裴維新（Bùi Duy Tân）:〈阮宗窐的使程與使詩：喃文使程詩的開創人〉（Nguyễn Tông Quai（1693～1767）Đường Đi Sứ-Đường Thơ（Người Khai Sáng Dòng Ca Nôm Sứ Trình）),《漢喃雜誌》（Tạp chí Hán Nôm），2007 年第 2 期，頁 3～10。

75. 裴維新（Bùi Duy Tân）:〈使者與詩人——論李睟光與馮克寬的關係以及

韓越關係的開端〉（Lý Toái Quang-Phùng Khắc Khoan: Quan Hệ Sứ Giả-Nhà Thơ-Mở Đầu Tình Hữu Nghị Hàn Việt），收錄在《漢越文化交流研討會》論文集（Hội thảo giao lưu văn hoá Hàn-Việt），河內：1996 年。

76. 裴維新（Bùi Duy Tân）：〈四海皆兄弟：越南使臣與韓國使臣在中國的交流〉（Tứ Hải Giai Huynh Đệ: Những Cuộc Tao Ngộ Sứ Giả Nhà Thơ Việt-Triều Trên Đất Nước Trung Hoa Thời Trung Đại），《文學雜誌》（Tạp chí văn học），1995 年第 10 期，頁 12～15。

77. 裴維新（Bùi Duy Tân）：《馮克寬：作家和作品》（Trạng Bùng Phùng Khắc Khoan: Tác Gia, Tác Phẩm），河西：河西文化通訊處，2000 年。

78. 日岩（Nhật Nham）：〈阮忠彥〉（Nguyễn Trung Ngạn），《知新雜誌》（Tri Tân），165 期，頁華鵬。武輝瑨和「華程隨步集」〔N〕。知新。1942 年，35：6～7。

79. 阮春面（Nguyễn Xuân Diện）：〈越南十八世紀初詩人、尚書黎英俊小傳〉（Về Tiểu Sử Của Lê Anh Tuấn Thượng Thư Nhà Thơ Đầu Thế Kỷ Xviii），《漢喃雜誌》（Tạp chí Hán Nôm），1991 年第 2 期，頁 77～79。

80. 阮翠城（Nguyễn Thúy Nga）：〈阮貴德詩文：文木與作品〉（Thơ Văn Của Nguyễn Qúy Đức：Văn Bản Và Tác Phẩm），《漢喃雜誌》（Tạp chí Hán Nôm），1991 年第 2 期，頁 43～46。

81. 阮德春（Nguyễn Đắc Xuân）：〈黃甲阮思僩與阮朝各皇帝的優待〉（Hoàng Giáp Nguyễn Tư Giản Trước Những Ưu i Của Các Vua Nguyễn），《漢喃雜誌》（Tạp chí Hán Nôm），2000 年第 3 期。

82. 阮德銳（Nguyễn Đức Nhuệ）：〈越南使節劉庭質與朝鮮使節於十七世紀的會面〉（Cuộc Tiếp Xúc Giữa Sứ Thần Việt Nam Lưu Đình Chất Và Sứ Thần Triều Tiên Lý Đầu Phong Đầu Thế Kỷ Xvii），《漢喃雜誌》（Tạp chí Hán Nôm），2009 年第 5 期，頁 20～23。

83. 阮德昇（Nguyễn Đức Thăng）：〈西山朝越南與中國的使程詩初探〉（Thơ Văn Bang Giao Việt Nam Và Trung Quốc Dưới Triều Tây Sơn），收錄在《越南與中國的文化、文學關係國際學術研討會》論文集（Hội thảo quốc tế "Việt Nam-Trung Quốc: Những quan hệ văn hóa,văn học trong lịch sử"），胡志明市：胡志明市人文社會科學大學、湖南師範大學，2011 年。

84. 阮德雄（Nguyễn Đức Hùng）：〈阮思僩及其 1859 年的密奏〉（Nguyễn Tư

Giản Và Bản Mật Sớ Năm 1859），《軍事歷史雜誌》（Tạp chí lịch sử quân sự），1993 年第 3 期，頁 44～48。

85. 阮登挪（Nguyễn Đăng Na）:〈阮攸在《華原詩草》的評語〉（Lời Bình Của Thi Hào Nguyễn Du Trong Hoa Nguyên Thi Thảo），《文學研究》（Nghiên cứu Văn học），2005 年第 3 期，頁 112～113。

86. 阮董芝（Nguyễn Đồng Chi）:〈李文馥——阮朝出色的外交鬥爭筆斗〉（Lý Văn Phúc Ngòi Bút Đấu Tranh Ngoại Giao Xuất Sắc Thời Nguyễn），《文學》（Văn học），1980 年第 2 期，頁 52～58。

87. 阮公理（Nguyễn Công Lý）:〈越南中代使程詩與湖南文化——以阮忠彥詩為例〉（Thơ Đi Sứ Trung Đại Việt Nam Viết Về Danh Thắng Ở Hồ Nam-Trung Hoa Và Trường Hợp Nguyễn Trung Ngạn），收錄在《越南—中國關係：文化與文學研討會》論文集（Hội thảo Việt Nam-Trung Quốc: quan hệ văn hoá, văn học），胡志明市：胡志明市人文社會科學大學，2011 年。

88. 阮黃貴（Nguyễn Hoàng Quý）:〈潘輝植及其《使程雜詠》〉（Phan Huy Thực Và Tác Phẩm Sứ Trình Tạp Vịnh），收入漢喃研究院（Viện nghiên cứu Hán Nôm）:《漢喃學通報》（Thông Báo Hán Nôm Học），河內：漢喃研究院，1997 年，頁 506～516。

89. 阮黃貴（Nguyễn Hoàng Qúy）:〈潘輝族與使程詩〉（Dòng Họ Phan Huy Sài Sơn Và Những Tập Thơ Đi Sứ），收入漢喃研究院（Viện nghiên cứu Hán Nôm）:《漢喃學通報》（Thông Báo Hán Nôm Học），河內：漢喃研究院，2003 年，頁 457～463。

90. 阮黃燕:〈出使中國的越南使節蒐集西方訊息之管道〉,〈漢喃雜誌〉第二期，2015 年，頁 24～35。

91. 阮黃燕:〈陌生的熟人：論越南知識分子對中國的期待與想像〉,《越南與東方文化、思想的交流國際學術研討會論文集》，胡志明市：胡志明市國家大學出版社，頁 940～955。

92. 阮黃燕:〈十九世紀後半葉越南與日本文人在中國的接觸〉,〈東北亞研究雜誌〉第四期，2016 年，頁 60～69。

93. 阮輝儅:《皇華使程圖》，榮市：榮市大學出版社，2018 年和 2021 年版；阮輝儅:《皇華使程圖》，榮市：榮市大學出版社，2018 年和 2021 年版。

94. 阮輝儅:《燕軺日程》，榮市：榮市大學出版社，2021 年。

95. 阮俊良（Nguyễn Tuấn Lương）：〈十八世紀初的詩人——黎英俊尚書〉（Lê Anh Tuấn Thượng Thư, Nhà Thơ Đầu Thế Kỷ Xviii），《漢喃雜誌》（Tạp chí Hán Nôm），1990 年第 1 期，頁 64～68。

96. 阮明祥（Nguyễn Minh Tường）：〈黎貴惇與朝鮮使節於 1760 年在中國的相遇〉（Cuộc Tiếp Xúc Giữa Sứ Thần Đại Việt Lê Quý Đôn Và Sứ Thần Hàn Quốc Hồng Khải Hy, Triệu Vinh Tiến, Lý Huy Trung Tại Bắc Kinh Năm 1760），《漢喃雜誌》（Tạp chí Hán Nôm），2009 年第 1 期，頁 3～17。

97. 阮明祥（Nguyễn Minh Tường）：〈中代越南使臣與韓國使程的一次接觸〉（Một Số Cuộc Tiếp Xúc Giữa Sứ Thần Việt Nam Và Sứ Thần Hàn Quốc Thời Trung Đại），《漢喃雜誌》（Tạp chí Hán Nôm），2007 年第 6 期，頁 3～12。

98. 阮明遵（Nguyễn Minh Tuân）：〈再發現四首黎貴惇與朝鮮使臣的唱和作品〉（Thêm 4 Bài Thơ Xướng Họa Giữa Lê Quý Đôn Với Sứ Thần Triều Tiên Đăng Trên Tạp Chí Hán Nôm Phát Hành Ở Việt Nam），《漢喃研究》（Tạp chí Hán Nôm），1999 年第 4 期，頁 79～84。

99. 阮青松（Nguyễn Thanh Tùng）：〈阮輝瑩《皇華使程圖版》文本初探〉（Vài Nét Về Tình Hình Văn Bản Hoàng Hoa Sứ Trình Đồ Bản Của Nguyễn Huy Oánh），《漢喃雜誌》（Tạp chí Hán Nôm），2011 年第 1 期，頁 23～32。

100. 阮青松（Nguyễn Thanh Tùng）：〈阮輝瑩的外交事業〉（Sự Nghiệp Ngoại Giao Nguyễn Huy Oánh），收錄在《紀念阮輝□研討會》論文集（Hội thảo danh nhân văn hóa Nguyễn Huy Oánh），河靜：文學院，2007 年，頁 124～128。

101. 阮青松（Nguyễn Thanh Tùng）：〈友好與競爭：大越與朝鮮使節 1766～1767 年在中國的會面〉（Giao Hảo Và Cạnh Tranh: Về Cuộc Hội Ngộ Giữa Sứ Thần Đại Việt Và Sứ Thần Joseon Trên Đất Trung Hoa Năm 1766～1767），收錄在《越南—韓國關係：過去、現在與未來國際學術研討會》論文集（Hội thảo khoa học quốc tế "Quan hệ Việt Nam-Hàn Quốc: Quá khứ, Hiện tại và Tương lai"（International Conference on Vietnam-Korea Relationship in the past, the present and the future）），胡志明市：胡志明市人文社會科學大學、韓國中央文化研究院，2012 年。

102. 阮青松（Nguyễn Thanh Tùng）：《范師孟——生平與作品》（Phạm Sư Mạnh-Cuộc đời và thơ văn），河內：師範大學出版社，2018 年。

103. 阮石江、張正編輯和註釋（Nguyễn Thạch Giang, Trương Chính biên khảo và chú giải）：《阮攸年譜和作品》（Nguyễn Du Niên Phổ Và Tác Phẩm），河內：文化通訊出版社，2001 年。

104. 阮氏鳳（Nguyễn Thị Phượng）：〈阮偍詩研究〉（Về Văn Bản Thơ Nguyễn Đề），《漢喃雜誌》（Tạp chí Hán Nôm），2001 年第 88 期，頁 63～65。

105. 阮氏黃貴（Nguyễn Thị Hoàng Qúy）：〈《華程雜詠》作品作者簡介〉（Giới Thiệu Tác Giả Tác Phẩm Hoa Trình Tạp Vịnh），《漢喃雜誌》（Tạp chí Hán Nôm），2005 年第 6 期，頁 37～46。

106. 阮氏錦戎（Nguyễn Thị Cẩm Nhung）：《潘清簡使程詩》（Thơ Đi Sứ Của Phan Thanh Giản），胡志明市人文社會科學大學碩士論文，2014 年。

107. 阮氏美幸（Nguyễn Thị Mỹ Hạnh）：〈阮朝與清朝邦交關係中的朝貢活動〉（Hoạt Động Triều Cống Trong Quan Hệ Bang Giao Giữa Triều Nguyễn（Việt Nam）Với Triều Thanh（Trung Quốc）），《中國研究》（Nghiên cứu Trung Quốc），2009 年第 7 期，頁 65～74。

108. 阮氏青鐘（Nguyễn Thị Thanh Chung）：〈《方亭萬里集》的萬里思初探〉（Tứ Thơ Vạn Lí Trong Phương Đình Vạn Lí Tập），《河內師範大學科學學報》（Tạp chí Khoa học trường Đại học sư phạm Hà Nội），2008 年第 6 期。

109. 阮氏銀（Nguyễn Thị Ngân）：〈鄧廷相：使者與詩人〉（Đặng Đình Tướng-Sứ Thần, Nhà Thơ），收入——（Nhà xuất bản Khoa học xã hội）：《越南喃文文學總集》（Tổng Tập Văn Học Nôm Việt Nam Tập 2），河內：社會科學出版社，2008 年，頁 556。

110. 阮氏玉英（Nguyễn Thị Ngọc Anh）：《越南中代詩人使程詩研究》（Tìm Hiểu Về Thơ Đi Sứ Của Các Nhà Thơ Trung Đại Việt Nam），榮市大學語文學系碩士論文，2009 年。

111. 阮思僩：〈石農詩集）、《南風雜誌中文版》，1917 年第 1 期，頁 34～35。

112. 阮廷馥（Nguyễn Đình Phức）：〈對阮登挪博士〈阮攸在《華原詩草》的評語〉的一些看法〉（Về Bài Viết "Lời Bình Của Thi Hào Nguyễn Du Trong Hoa Nguyên Thi Thảo" Của Phó Giáo Sư Tiến Sỹ Nguyễn Đăng Na），《漢喃雜誌》（Tạp chí Hán Nôm），2008 年第 1 期，頁 63～76。

113. 阮維正（Nguyễn Duy Chính）：〈1790 年越南與朝鮮使團在清朝的會面〉（Cuộc Gặp Gỡ Giữa Phái Đoàn Triều Tiên Và Đại Việt Ở Triều Đình Nhà

Thanh Năm Canh Tuất（1790）)，《研究與發展雜誌》（Tạp chí Nghiên cứu và Phát triển），2010 年第 6 期，頁 3～22。

114. 阮文超：(方亭文集)，《南風雜誌》中文版，1917 年第 3 期。

115. 阮文超：(阮文超詩歌)，《南風雜誌》中文版，1922 年第 58 期。

116. 阮文成（Nguyễn Văn Thành）:〈阮思僩故鄉初探：地理、文化方面〉（Quê Hương Nguyễn Tư Giản, Vấn Đề Địa Lý-Văn Hóa），《漢喃雜誌》（Tạp chí Hán Nôm），2000 年第 3 期。

117. 阮文玄（Nguyễn Văn Huyền）:《范慎遹：生平與作品》（Phạm Thận Duật Cuộc Đời Và Tác Phẩm），河內：社會科學出版社，1989 年。

118. 阮攸著，陳文耳、丁寧選（Nguyễn Du, Trần Văn Nhĩ，Đinh Ninh）:《阮攸漢詩：《青軒詩集》、《南中雜吟》、《北行雜錄》》（Thơ Chữ Hán Nguyễn Du : Thanh Hiên Thi Tập, Nam Trung Tạp Ngâm, Bắc Hành Tạp Lục），河內：文藝出版社，2007 年。

119. 阮攸著，丕維選（Nguyễn Du, Phi Duy）:《阮攸 249 首漢詩》（249 Bài Thơ Chữ Hán Nguyễn Du），河內：民族文化出版社，2003 年。

120. 阮攸著、黎𣎿選（Nguyễn Du, Lê Thước）:《阮攸漢詩選》（Thơ Chữ Hán Nguyễn Du），河內：文學出版社，1978 年。

121. 阮攸著、裴幸謹選（Nguyễn Du, Bùi Hạnh Cẩn）:《阮攸 192 首漢詩》（192 Bài Thơ Chữ Hán Của Nguyễn Du），河內：文化通信出版社，1996 年。

122. 阮有進（Nguyễn Hữu Tiến）:〈我國前輩接待北國使節的故事〉（Nói Về Chuyện Các Cụ Nước Ta Đi Sứ Nước Tàu），《南風雜誌》（Nam Phong tạp chí），1924 年第 91 期，頁 113～22。

123. 阮有心（Nguyễn Hữu Tâm）:〈莫挺之兩次出使元朝初探〉（Mạc Đĩnh Chi Với Hai Lần Đi Sứ Nguyên），《古與今》（Xưa và nay），2004 年第 219 期，頁 23～24。

124. 阮肇（Nguyễn Triệu）:〈吳仁靜〉（Ngô Nhân Tĩnh），《知新》（Tri Tân），1941 年第 6 期，頁 15～16。

125. 阮重格（Nguyễn Trọng Cách）:〈河北省新發現的關於越南使臣碑文〉（Một Tấm Bia Quí Nêu Việc Một Sứ Thần Việt Nam Đi Sứ Trung Quốc Không May Qua Đời, Mới Phát Hiện Ở Xã Phúc Tăng, Huyện Việt Yên, Hà Bắc），收入

漢喃研究院（Viện nghiên cứu Hán Nôm）:《漢喃學通報》（Thông Báo Hán Nôm Học）,河內:漢喃研究院,1997 年,頁 40～45。

126. 阮族李朝後裔（Vân Lâm Nguyễn Tộc Lý Triều Hậu Duệ）:《黃甲阮思僩：生平與作品》（Hoàng Giáp Nguyễn Tư Giản: Cuộc Đời Và Thơ Văn）,河內:東西文化語言出版社,2001 年。

127. 吳德壽（Ngô Đức Thọ）:〈《北行叢記》作者的自述篇〉（Bài Tự Thuật Của Lê Quýnh, Tác Giả "Bắc Hành Tùng Ký"）,《漢喃雜誌》（Tạp chí Hán Nôm）,1988 年第 2 期,頁 78～80。

128. 吳德壽（Ngô Đức Thọ）:〈丁儒完及其《默翁使集》〉（Hoàng Giáp Đinh Nho Hoàn Với Mặc ng Sứ Tập）,《義安文化》（Văn hóa Nghệ An）,2008 年。

129. 吳時任著,杜氏好、梅國聯、國學研究中心介紹（Ngô Thì Nhậm, et al.）:《吳時任作品》（Ngô Thì Nhậm: Tác Phẩm）,順化:國學研究中心,2001 年。

130. 吳時任著,林江、漢喃研究院介紹（Ngô Thì Nhậm, Lâm Giang, Viện nghiên cứu Hán Nôm）:《吳時任全集》（Ngô Thì Nhậm Toàn Tập）,河內:社會科學出版社,2004 年。

131. 吳時任著、高春輝選（Ngô Thì Nhậm, Cao Xuân Huy）:《吳時任詩文選集》（Tuyển Tập Thơ Văn Ngô Thì Nhậm）,河內:社會科學出版社,1978 年。

132. 武宏輝（Võ Hồng Huy）:〈阮偲的《華程消遣後集》〉（Quế Hiên Nguyễn Nễ Với Hoa Trình Tiêu Khiển Hậu Tập）,《文學藝術》（Văn học nghệ thuật）,2010 年第 316 期,頁 20～25。

133. 武世魁（Vũ Thế Khôi）:〈湖亭掌門阮思僩與縷庵先生〉（Nguyễn Tư Giản-Trưởng Môn Hồ Đình Với Lỗ Am Tiên Sinh）,《漢喃雜誌》（Tạp chí Hán Nôm）,2000 年第 3 期。

134. 楊氏詩（Dương Thị The）:〈《使程便覽曲》——李文馥的一部喃文作品〉（Sứ Trình Tiện Lãm Khúc-Tác Phẩm Thơ Chữ Nôm Của Lý Văn Phức）,《漢喃雜誌》（Tạp chí Hán Nôm）,1992 年第 1 期,頁 87～90。

135. 佚名:〈黎光定〉（Lê Quang Định）,《知新》（Tri Tân）,1941 年第 8 期,頁 10。

136. 佚名：〈使華閒詠〉（Sứ Hoa Nhàn Vịnh），《南風雜誌》（Nam Phong tạp chí），1921 年第 48 期，頁 482～485。

137. 佚名：〈鄭懷德〉（Trịnh Hoài Đức），《知新》（Tri Tân），1941 年第 7 期，頁 12～13。

138. 詹志和、阮廷馥譯（Zhan Zhihe, Nguyễn Đình Phức dịch）：〈越南北使漢詩與湖南地理文化〉（Thơ Đi Sứ Chữ Hán Của Việt Nam Trong Mối Quan Hệ Với Văn Hóa Hồ Nam），收錄在《越南—中國關係：文化與文學研討會》論文集（Hội thảo Việt Nam-Trung Quốc: quan hệ văn hoá, văn học），胡志明市：胡志明市人文社會科學大學，2011 年。

139. 鄭克孟（Trịnh Khắc Mạnh）：〈阮思僴生平與作品〉（Nguyễn Tư Giản Cuộc Đời Và Tác Phẩm），《漢喃雜誌》（Tạp chí Hán Nôm），2000 年第 3 期。

140. 鄭克孟、阮德全（Trịnh Khắc Mạnh, Nguyễn Đức Toàn）：〈越南使臣阮登與朝鮮使節的唱和作品〉（Thơ Xướng Hoạ Của Sứ Thần Đại Việt-Hoàng Giáp Nguyễn Đăng Với Sứ Thần Joseon-Lý Đẩu Phong），《漢喃雜誌》（Tạp chí Hán Nôm），2012 年第 3 期，頁 3～10。

141. 鄭克孟、阮德全（Trịnh Khắc Mạnh，Nguyễn Đức Toàn）：〈再發現兩位越南使節與韓國李氏使節有唱和作品〉（Thêm Hai Sứ Thần Đại Việt Có Thơ Xướng Hoạ Với Sứ Thần Joseon），《漢喃雜誌》（Tạp chí Hán Nôm），2012 年第 5 期，頁 32～37。

142. 周春交（Chu Xuân Giao）：〈《使華叢詠》作者名稱的再確定〉（Trở Lại Để Tiếp Tục Khẳng Định Cách Đọc Nguyễn Tông Quai Cho Danh Xưng Tác Giả Sứ Hoa Tùng Vịnh），《漢喃雜誌》（Tạp chí Hán Nôm），2012 年第 1 期，頁 54～78。

143. 周春交（Chu Xuân Giao）：〈《使華叢詠》作者名稱考〉（Đi Tìm Căn Cứ Gốc Cho Danh Xưng Của Tác Giả "Sứ Hoa Tùng Vịnh" Khuê Hay Quai?），《漢喃雜誌》（Tạp chí Hán Nôm），1994 年第 1 期，頁 39～42。

附錄五：越南燕行錄相關研究論著目錄（中文及西文）

1. GFY. Tsang, HY Nguyen. The Vietnamese Confucian Diplomatic Tradition and the Last Nguyễn Precolonial Envoys' Textual Communication with Li Hongzhang. Asian Studies 8（2），213～232.

2. Liam C, Kelley, 2001. Whither the Bronze Pillars? Envoy Poetry the Sino-Vietnamese Relationship in 16th to 19th Centuries. PhD. University of Hawaii.

3. 小峰和明、冉毅：〈瀟湘八景在東亞的展開〉，《湖南科技學院學報》2017年05期。

4. 王丹：《清代來華越南使臣筆下的廣西詩研究》，廣西民族大學碩士論文，2019年。

5. 王志強、權赫秀：〈從 1883 年越南遣使來華看中越宗藩關系的終結〉，《史林》，2011 年第 2 期，頁 85～91+189。

6. 王志強：〈越南漢籍《阮述〈往津日記〉》與《建福元年如清日程》的比較〉，《東南亞縱橫》，2012 年第 12 期，頁 56～59。

7. 王志強：〈越南漢籍《往津日記》及其史料價值評介〉，《東南亞縱橫》，2010 年第 12 期，頁 71～74。

8. 王志強：〈從越南漢籍《往津日記》看晚清中越文化交流〉，《蘭台世界》，2013 年第一月期，頁 31～32。

9. 王雨：《清代以來龍州地區馬援崇拜研究》，廣西民族大學碩士論文，2012。

10. 王勇:〈燕行使筆談文獻概述——東亞筆談文獻研究之一〉,《外文研究》, 2013 年第 1 期,頁 37～42。

11. 王雙葉:《19 世紀越南使臣在華交遊研究》,西南交通大學碩士論文,2018 年。

12. 史蓬勃:《清代越南使臣在華交遊述論——以《越南漢文燕行文獻集成》為中心》,山東師範大學碩士論文,2014 年。

13. 白鷺:《越南燕行使臣的中國勝景詩文研究》,西南交通大學碩士論文, 2018 年。

14. 劉曉敏:《清代越南使臣筆下的左江地區社會風貌研究》,廣西民族大學碩士論文,2017 年。

15. 朱春潔:〈晚清壯族詩人黎申產與越南使臣的詩文交往〉,《河池學院學報》2018 年第 03 期。

16. 朱春潔:《晚清詩人黎申產研究》,南京師範大學碩士論文,2017 年。

17. 何永艷:〈越南花山岩畫文獻研究〉,《民族藝術研究》,2017 年第 6 期, 頁 114～121。

18. 何哲:《越南使臣眼中的清代湖南社會風貌》,廣西民族大學碩士論文, 2016 年。

19. 吳清香:《越南中國觀的發展演變研究》,雲南大學博士論文,2016 年。

20. 呂小蓬:〈文學地理學視域下的華北一景——越南如清使臣紀行詩中的雄安書寫研究〉,《河南大學學報》(社會科學版)2020 年第 06 期。

21. 呂小蓬:〈馮克寬獻萬曆帝祝嘏詩的外交文化解讀〉,《北京社會科學》 2017 年第 10 期,頁 74～81。

22. 李小亭:《后黎朝時期安南使臣眼中的中國——以《越南漢文燕行文獻集成》為中心》,暨南大學碩士論文,2015 年。

23. 李宜樺:《清代越南燕行使節的北京書寫研究》,國立成功大學博士論文, 2017 年。

24. 李炎:《越南後黎朝詩人丁儒完北使詩研究》,天津外國語大學碩士論文, 2019 年。

25. 李帥、楊寧寧:〈清代越南使臣詠豫讓詩注評〉,《邢台學院學報》2020 年第 2 期,頁 35～40 頁。

26. 李帥：〈明清越南使臣眼中的橫縣──以《越南漢文燕行文獻集成》為中心〉，《老區建設》2020 年 04 期。

27. 李帥：〈清代越南使臣詠董仲舒詩五首〉，《德州學院學報》2020 年第 36 卷第 5 期，頁 73～75。

28. 李帥：〈越南使臣燕行心態──以南寧詩為例〉，《名作欣賞》2020 年 21 期。

29. 李修章：〈讀越南詩人阮攸《北行雜錄》有感〉，《東南亞研究》，1991 年第 1 期，頁 97～99+106。

30. 李娜：〈1849 年越南如清使臣與清朝伴送官唱和詩芻議〉，〈南寧師範大學學報〉（哲學社會科學版），2014 年第 06 期。

31. 李惠玲、陳奕奕：〈相逢筆墨便相親──越南使臣李文馥在閩地的交遊與唱和〉，《百色學院學報》2017 年第 2 期，頁 122～27。

32. 李惠玲：〈「他者」之眼：中越使臣詩中的廣西形象〉，《江西社會科學》2020 年 06 期。

33. 李慶新：〈清代廣東與越南的書籍交流〉，《學術研究》2015 年第 12 期，頁 93～103。

34. 李標福：〈寓粵越南使臣鄧輝𤀡與清人之交誼及其他〉，《五邑大學學報》（社會科學版），2015 年第 17 卷第 2 期，頁 28～33。

35. 李曉媛：〈古代越南使臣筆下的廣西扶綏──以《越南漢文燕行文獻集成》為視角〉，《廣西教育學院學報》2020 年第 6 期。

36. 李謨潤：〈《拒斥與認同：安南阮攸《北行雜錄》文獻價值審視〉，《廣西民族學院學報（哲學社會科學版）》，2005 年第 6 期，頁 157～161。

37. 阮氏成李：〈《越南漢文燕行文獻集成》中的湘桂走廊歷史旅游資源研究〉，廣西大學碩士論文，2017 年。

38. 阮玉郡、胡玉明：〈阮述與當時中國官員、知識分子之文化交流〉，《國文天地》2020 年第 424 期，頁 39～44。

39. 阮述撰、陳荊和註：《往津日記》，香港：香港中文大學新亞研究所東南亞研究室，1980。

40. 阮黃燕：〈「遠海驚看牛馬及」──越南使節眼中的西方見聞〉，《國文天地》2020 年第 424 期，頁 45～50。

41. 周大程：《1868 年越南阮朝黎峻如清使團研究》，雲南大學碩士論文，2017年。

42. 周亮：《清代越南燕行文獻研究》，暨南大學碩士論文，2012。

43. 武氏清簪：〈吳時位未及獻上的祝壽詞〉，《國文天地》2020 年第 424 期，頁 21～27。

44. 邱文彬：《項羽形象的塑造與轉變》，國立成功大學碩士論文，2017 年。

45. 姚瑤、何氏錦燕：〈1840～1885 年越南使臣入清日記研究〉，《紅河學院學報》2021 年第一期，頁 16～20。

46. 後玉潔：《越南光中三年使團燕行文獻的研究與整理》，西南交通大學碩士論文，2016 年。

47. 胡夢飛：〈《奉使燕京總歌並日記》所見江蘇運河風物考述〉，《江蘇地方志》2017 年 02 期，頁 33～37。

48. 胡鑫蓉：《越南使者武輝瑨北使漢詩研究》，山西師範大學碩士論文，2019年。

49. 范嶸嶸：《越南使者阮宗奎及其《使華叢詠》集研究》，山西師範大學碩士論文，2018 年。

50. 姬芳序：〈越南後黎朝使者筆下的山東形象探析〉，《山東農業大學學報（社會科學版）》2020 年 03 期。

51. 孫宏年：〈從傳統到「趨新」：使者的活動與清代中越科技文化交流芻議〉，《文山學院學報》，2010 年第 1 期，頁 39～44。

52. 孫宏年：〈清代中國與鄰國「疆界觀」的碰撞、交融芻議──以中國、越南、朝鮮等國的「疆界觀」及影響為中心〉，《中國邊疆史地研究》，2011年第 4 期，頁 12～22。

53. 張宇：〈越南貢使與中國伴送官的文學交流──以裴文禩與楊恩壽交遊為中心〉，《學術探索》，2010 年第 4 期，頁 140～144。

54. 張京華：〈「北南還是一家親」──湖南永州浯溪所見越南朝貢使節詩刻述考〉，《中南大學學報（社會科學版）》，2011 年第 5 期，頁 160～163。

55. 張京華：〈三「夷」相會──以越南漢文燕行文獻集成為中心〉，《外國文學評論》，2012 年第 1 期，頁 5～44。

56. 張京華：〈從越南看湖南──《越南漢文燕行文獻集成》湖南詩提要〉，

《湖南科技學院學報》，2011 年第 3 期，頁 54～62。

57. 張京華：〈黎貴惇《瀟湘百詠》校讀〉，《湖南科技學院學報》，2011 年第 10 期，頁 41～48。

58. 張恩練：《越南仕宦馮克寬及其《梅嶺使華詩集》研究》，暨南大學碩士論文，2011。

59. 張茜：《清代越南燕行使者眼中的中國地理景觀》，復旦大學碩士論文，2012。

60. 張崑將（Trương Côn Tương），（2015），越南〔史臣〕與〔使臣〕對〔中國〕意識的分歧比較，臺灣東亞文明研究學刊，12（1），167～191。

61. 張惠鮮、王曉軍、張冬梅：〈淺論越南使臣與花山岩畫〉，《廣西民族研究》2016 年第 4 期。

62. 張惠鮮：〈左江流域視野下安南貢使與中越文化交流〉，《廣西社會科學》2018 年 12 期。

63. 張惠鮮：〈淺析越南阮攸的左江流域印象〉，《東南亞縱橫》2015 年第 5 期，頁 57～61。

64. 張晶晶：《潘輝注《華軺吟錄》《華程續吟》考論》，北京外國語大學碩士論文，2019 年。

65. 張澤槐：〈談談湘桂走廊的越南使者詩文〉，《廣西教育學院學報》2016 年第四期，頁 17～27。

66. 曹雙：《越南使臣所見乾隆時期的清代社會》，鄭州大學碩士論文，2015 年。

67. 曹良辰：《越南北使詩略論——以出使明清為中心》，上海師範大學碩士論文，2017 年。

68. 莊秋君：〈十九世紀越南華裔使節對中國的書寫——以越南燕行錄為主要考察對象〉，《漢學研究集刊》2015 年第 20 期，頁 113～135。

69. 莊秋君：〈十九世紀越南華裔使節對中國的書寫——以越南燕行錄為主要考察對象〉，《漢學研究集刊》2015 年第 20 期，頁 113～135。

70. 莊秋君：〈丈夫之志——兩次廣東使程對越南使節鄧輝燡的影響探析〉，《雲漢學刊》2016 年第 33 期，頁 116～134。

71. 莊秋君：《清代越南使臣在廣東的文學活動研究》，國立成功大學博士論文，2017 年。

72. 許文堂：〈范慎遹《如清日程》題解〉，《亞太研究通訊》，2002 年第 18 期，頁 24～27。

73. 陳三井：〈中法戰爭前夕越南使節研究──以阮氏為例之探討〉，收入中法戰爭前夕越南使節研究──以阮氏為例之探討（中央研究院東南亞區域研究計畫）：《越南‧中國與臺灣關係的轉變》，2000 年，頁 63～76。

74. 陳三井：〈阮述《往津日記》在近代史研究上的價值〉，《台灣師大歷史學報》，1990 年，第 231～244。

75. 陳文：〈安南黎朝使臣在中國的活動與管待──兼論明清朝貢制度給官名帶來的負擔〉，《東南亞縱橫》，2011 年第 5 期，頁 78～84。

76. 陳正宏：〈越南燕行使者的清宮游歷與戲曲觀賞〉，《故宮博物院院刊》，2012 年第 5 期，頁 31～40。

77. 陳柏橋：《14～19 世紀中越使臣詩歌中的瀟湘印象》，廣西民族大學碩士論文，2017 年。

78. 陳益源、凌欣欣：《清同治年間的黃鶴樓詩文》，2011 年。

79. 陳益源：〈在閩南與越南之間──以越南使節李文馥家族為例〉，《應華學報》2016 年第 17 期，頁 1～16。

80. 陳益源：〈范仲淹《岳陽樓記》對清代越南使節岳陽樓詩文的影響〉，《長江學術》2015 年第 01 期，頁 19～29。

81. 陳益源：〈清代越南使節在中國的購書經驗〉，《越南漢籍文獻述論》，北京：中國書局，2011 年，頁 1～48。

82. 陳益源：〈清代越南使節與孝感〉，《成大中文學報》2015 年第 50 期，頁 85～107。

83. 陳益源：〈寓粵文人繆艮與越南使節的因緣際會──從筆記小說《塗說》談起〉，《明清小說研究》，2011 年第 2 期，頁 212～226。

84. 陳益源：〈越南李文馥筆下十九世紀初的亞洲飲食文化〉，《越南漢籍文獻述論》，北京：中華書局，2011 年，頁 263～282。

85. 陳益源：〈越南使節鄧輝𤏸與越中書籍的交流〉，《國文天地》2020 年第 424 期，頁 28～39。

86. 陳益源：《十九世紀越南使節於中國購書記錄之調查與研究》，國立成功大學國科會計劃，2010 年。

87. 陳益源：《清代越南使節岳陽樓詩文之調查、整理與研究》，國立成功大學國科會計劃，2012 年。

88. 陳益源：《清代越南使節黃鶴樓詩文之調查、整理與研究》，國立成功大學國科會計劃，2011 年。

89. 陳益源：《越南李文馥的北使經歷及其與中國文學之關係》，國立成功大學國科會計劃，2008 年。

90. 陳國寶：〈越南使臣與清代中越宗藩秩序〉，《清史研究》，2012 年第 2 期，頁 63～75。

91. 陳雅婷：《吳時任《皇華圖譜》的用典研究》，北京外國語大學碩士論文，2019 年。

92. 彭丹華：〈東越觀風記〉，《湖南科技學院學報》，2012 年第 9 期，頁 205～208。

93. 彭丹華：〈越南使者詠永州（一）〉，《湖南科技學院學報》，2013 年第 7 期，頁 14～20。

94. 彭丹華：〈越南使者詠永州（二）〉，《湖南科技學院學報》，2013 年第 9 期，頁 15～20。

95. 彭丹華：〈越南使者詠永州（三）〉，《湖南科技學院學報》，2013 年第 10 期，頁 26～29。

96. 彭丹華：〈越南使者詠永州（五）〉，《湖南科技學院學報》，2014 年第 2 期，頁 40～42。

97. 彭丹華：〈越南使者詠永州（六）〉，《湖南科技學院學報》，2014 年第 5 期，頁 55～59。

98. 彭丹華：〈越南使者詠永州（四）〉，《湖南科技學院學報》，2014 年第 1 期，頁 26～32。

99. 彭丹華：〈越南使者詠屈原詩三十首校讀〉，《湖南科技學院學報》，2011 年第 10 期，頁 35～40。

100. 彭丹華：〈越南使者詠柳宗元〉，《湖南科技學院學報》，2011 年第 3 期，頁 27～29。

101. 彭茜：〈試論國內學界對越南來華使節及其漢詩的研究〉，《東南亞縱橫》，2013 年第 8 期，頁 52～55。

102. 彭敏：〈元結紀詠詩文研究——以湖南浯溪碑林與越南燕行文獻為中心〉，《湖南科技學院學報》，2012 年第 1 期，頁 16～20。

103. 復旦大學文史研究院、漢喃研究院：《越南漢文燕行文獻集成（越南所藏編）》，上海：復旦大學出版社，2010。

104. 景秀穩：《阮攸詩集《北行雜錄》中的中國形象研究》，廣東外語外貿大學碩士論文，2019 年。

105. 賀春曉：《越南後黎朝使臣在華交遊考》，西南交通大學碩士論文，2018 年。

106. 馮小祿、張歡：〈越南馮克寬《使華詩集》三考〉，〈文獻〉，2018 年第六期。

107. 黃騰：〈清代越南使臣桂林詩的生態美學意蘊——以《越南漢文燕行文獻集成》為視角〉，《桂林師範高等專科學校學報》2020 年 01 期。

108. 黃騰：〈清代越南使臣興安靈渠詩文研究——以《越南漢文燕行文獻集成》為視角〉，《桂林師範高等專科學校學報》2019 年 06 期。

109. 黃權才：〈明清兩朝來華使節的花山詩篇〉，《廣西師範學院學報》（哲學社會科學版），2013 年第 34 卷第 2 期，頁 48～52。

110. 黃權才：〈古代越南來華使節的南寧詩篇〉，《廣西文史》2014 年第 1 期，頁 70～76。

111. 楊大衛：《越南使臣李文馥與 19 世紀初清越關係研究》，暨南大學碩士論文，2014 年。

112. 楊煜涵：《越南西山朝使清詩歌研究》，雲南師範大學碩士論文，2019 年。

113. 葉楊曦：《近代域外人中國行紀里的晚清鏡像》，南京大學碩士論文，2012。

114. 葛兆光：〈朝貢、禮儀與衣冠——從乾隆五十五年安南國王熱河祝壽及請改易服色說起〉，《復旦學報（社會科學版）》，2012 年第 2 期，頁 1～11。

115. 詹成燕：《宋代中越文化交流研究》，西南交通大學碩士論文，2012 年。

116. 詹志和：〈越南北使漢詩與中國湖湘文化〉，《中南林業科技大學學報（社會科學版）》，2011 年第 6 期，頁 147～150。

117. 廖寅：〈宋代安南使節廣西段所經路線考〉，《中國歷史地理論叢》，2012 年第 2 期，頁 95～104。

118. 劉玉珺：〈從清代粵越地方文獻看中越書籍交流〉，《中國文化研究》2017110.年春之卷，頁 169～180。

119. 劉玉珺：〈晚清壯族詩人黎申產與中越文學交流〉，《民族文學研究》，2013

年第 3 期，頁 29～38。

120. 劉玉珺：〈晚清壯族詩人黎申產與中越文學交流〉，《民族文學研究》，2013
    年第 3 期，頁 29～38。

121. 劉玉珺：〈越南使臣與中越文學交流〉，《學術交流》，2007 年第 1 期，頁
    141～146。

122. 劉源：〈原型批評視閾下古代越南使節旅桂詩的意象研究〉，《欽州學院學
    報》2018 年第 33 卷第 9 期，頁 38～42。

123. 劉源：〈清朝越南使節旅桂詩中的靈渠文化〉，《廣西民族師範學院學報》
    2019 年 04 期。

124. 劉源：〈論古代越南使節旅桂詩的廣西文化景觀〉，《名作欣賞》2018 年
    第 17 期，頁 98～99。

125. 劉曉敏、滕蘭花：〈清代越南使臣與廣西士人交遊探析〉，《玉溪師範學院
    學報》2017 年第 33 卷第 1 期，頁 8～13。

126. 劉曉聰：《清代越南使臣之燕行及其詩文外交研究——以《越南漢文言性
    文獻集成》為中心》，廣西民族大學碩士論文，2013 年。

127. 潘怡君：〈清代越南使臣眼中的廣西少數民族形象及成因——以吳時任
    的《皇華圖譜》為中心〉，《科教導刊》2017 年第 08 期。

128. 鄭幸：〈《默翁使集》中所見越南使臣丁儒完與清代文人之交往〉，《文獻》，
    2013 年第 2 期，頁 174～80。

129. 鄭維寬、林炫臻：〈從禮儀之爭看歷史上中越宗藩關係的複雜性〉，《文山
    學院學報》2018 年第 31 卷第 1 期，頁 17~23。

130. 黎光長：〈「萬里關河夢未圓」——論潘清簡使節詩〉，《國文天地》，2020
    年第 424 期，頁 21～28。

131. 韓紅葉：《阮攸《北行雜錄》研究》，首都師範大學碩士論文，2007。

132. 羅長山：〈越南陳朝使臣中國使程詩文選輯〉，《廣西教育學院學報》，1998
    年第 1 期，頁 205～211。

133. 羅賓·維瑟（Robin，Visser）、樂鋼主編：〈朝貢與創作——越南使節燕
    行詩文研究意涵探析〉，《東亞人文》，2014 年卷，頁 255～271。

134. 嚴艷：〈18～19 世紀越南華裔如清使及其家族漢文學創作述論〉，《暨南
    學報（哲學社會科學版）》2017 年 06 期。

135. 嚴艷：〈越南如清使燕行詩中的洞庭文化探析〉，《廣西民族大學學報（哲學社會科學版）》2017 年 02 期。

136. 嚴艷：〈論越南使臣阮攸對杜甫的接受與承繼〉，《中國文化研究》，2019 年第四期。

137. 嚴艷：《越南如清使漢文文學研究》（上下兩部），台北：花木蘭文化事業公司，2019 年。